高等教育学前教育专业实践应用型系列教材

# 学前教育学


主　编　王小溪

副主编　朱雯珊　凌晓俊　翁治清

参　编　贾慧慧　赵　楠　万慧颖　孔翠薇　王　影
　　　　符　洁　辛琦媛　梁进龙　钟文华





东南大学出版社

·南京·

**图书在版编目(CIP)数据**

学前教育学 / 王小溪主编. —南京:东南大学出版社，2016.3

ISBN 978-7-5641-5864-4

Ⅰ.①学… Ⅱ.①王… Ⅲ.①学前教育—教育理论 Ⅳ.①G610

中国版本图书馆 CIP 数据核字(2016)第 013112 号

学前教育学

| | |
|---|---|
| 出版发行 | 东南大学出版社 |
| 社　址 | 南京市四牌楼 2 号　邮编　210096 |
| 出 版 人 | 江建中 |
| 网　址 | http://www.seupress.com |
| 电子邮箱 | press@seupress.com |
| 经　销 | 全国各地新华书店 |
| 印　刷 | 常州市武进第三印刷有限公司 |
| 开　本 | 787mm×1092mm　1/16 |
| 印　张 | 18.25 |
| 字　数 | 405 千字 |
| 版　次 | 2016 年 3 月第 1 版 |
| 印　次 | 2016 年 3 月第 1 次印刷 |
| 书　号 | ISBN 978-7-5641-5864-4 |
| 定　价 | 38.00 元 |

本社图书若有印装质量问题，请直接与营销部联系。电话(传真):025-83791830

# 前　言

学前教育学是学前教育专业学生的必修课程，是成为一名合格的学前教育工作者必须学习的基础课程。因此，本教材希望学生对学前教育有一个全景式的理解，导论和第一章从学前教育与学前教育学的基本理论知识开始，阐述随着儿童观的转变，儿童开始被发现的本能，并在此基础上讨论学前教育与儿童发展的关系。第二章把视野放大，探讨在一个大系统内学前教育和社会系统中经济、政治和文化的相互影响与作用。第三章解读国家依据学前教育发展制定的三个重要的政策法规，让学生进一步理解学前教育中的儿童、幼儿园教育和幼儿园教师。承接第三章的内容，第四章到第七章探讨学前教育的主要承担者幼儿园的学前教育、幼儿教师的专业发展、家庭和社区的学前教育以及幼儿园和小学的衔接。最后，第八章讲述国外学前教育的发展概况及其对我国学前教育的启示。

为了更好的使学生掌握学前教育学的理论知识，本教材力图把学前教育学理论学习和实践相融合，体现以下几个特点：

1. 实践性。教材理论与实践相结合，在系统讲述理论知识的同时，融入大量鲜活的“案例”及其“评析”，每一章的每一节都有“案例导入”及其“思考”，每一章后面还有相应的“本章检测”和“实践拓展”栏目，鼓励学生借助学前教育学的理论去思考问题，引导学生利用所学的知识去解决现实中存在的问题。

2. 延展性。本教材强调学科基础知识，通过在每章前设置“学习目标”和“本章导读”、每章后设置“本章结构图”，努力做到结构脉络清晰，着重探讨学前教育的基本问题。在相应的知识点学习中，有“扩展阅读”栏目，旨在促进学生对知识点的深入理解，拓展学生的学习视野。同时在每章的最后设置“课后推荐”栏目，拓宽学生的学习维度。

3. 科学性。本教材的编写人员大部分是从事学前教育专业的学者和教师，有着深厚的学科基础和丰富的实践经验。在编写教材的过程中，编写者们以严肃的态度共同学习相关规范、商讨内容的编排，在总结国内外经验、参阅国内外文献的基础上进行写作，并且认真修订编写内容，这使得本教材内容阐述清晰而富有逻辑，保证了教材的科学性。

本教材由沈阳师范大学王小溪担任主编并进行全书的大纲制定与统稿工作，宁波教育学院朱雯珊、吉林师范大学凌晓俊、常州纺织服装职业技术学院翁治清担任副主编，其他参编人员有大同大学贾慧慧、吉林师范大学博达学院赵楠、北京城市学院万慧颖、北华大学孔翠薇、阳江职业技术学院王影、长沙职业技术学院符洁、吉林师范大学博达学院辛琦媛、张家口学院梁进龙和赣州师范高等专科学校钟文华。各章节编写分工如下：导论由王小溪、万慧颖和孔翠薇编写；第一章由王小溪编写；第二章由朱雯珊、王小溪和王影编写；第三章由朱雯珊编写；第四章由贾慧慧编写；第五章由赵楠编写；第六章由凌晓俊、钟文华和符洁编写；第七章由凌晓俊、辛琦媛和梁进龙编写；第八章由翁治清编写。第二章、第三章、第四章、第六章、第七章由王小溪负责统稿，导论、第八章由凌晓俊负责统稿，第一章、第五章由朱雯珊负责统稿。

本教材在编写的过程中，参考了许多同行编写的教材和撰写的论文，并且从中深受启迪，在此对这些研究者表示诚挚的谢意。同时，非常感谢东南大学出版社的张丽萍编辑，为教材的编辑与出版付出了诸多心血。

由于水平所限，虽然经过了全体编写成员的多次修订和改正，但教材中仍有可能存在疏漏和不当之处，希望能够得到同行和读者的批评指正，以便我们不断的修订与完善。

编　者

2016 年 2 月

# 目　录

习惯真是一种顽强而巨大的力量，它可以主宰人生。因此，人自幼就应该通过完美的教育，去建立一种好的习惯。

——培根

# 导　论

## 学习目标

- 识记：学前教育；学前家庭教育；学前公共教育；托幼机构教育；社区学前教育；学前教育学
- 领会：学前教育的类型和特点；学前教育学的研究对象；学前教育学产生和发展的四个阶段；学前教育学的基本任务
- 理解：学前教育学产生和发展各阶段代表人物的主要著作和思想
- 应用：能够应用学前教育学相关知识解释学前教育现象

## 本章导读

本章主要讲述学前教育和学前教育学的基本理论知识，共有三个小节。第一节重点讲述学前教育的概念、学前教育的类型和特点、学前教育的产生与发展、学前教育学的概念和研究对象；第二节重点讲解学前教育学的产生和发展；第三节则重点阐述了学前教育学的意义和基本任务。在这一章中，需要学习者把每个知识点连成线，再把线连成网，结合实践形成自己对学前教育与学前教育学的理解。

# 第一节　学前教育与学前教育学

## 案例导入

**大一新生小王的困惑1：学前教育是什么？**

小王是学前教育专业的一名大一新生，刚入大学，小王对自己的专业还很懵懂。

同宿舍的几个小伙伴在熄灯的时候聊天，有的说是妈妈让报学前教育专业的，因为妈妈担心自己以后是否有耐心带小孩；还有的说是家里找人帮忙报的志愿，因为国家这几年重视学前教育，以后工作前景好。小王说："我学姐是硕士，研究方向是学前教育学，大家有条件也可以考虑读研究生。"大家七嘴八舌地问小王，"学前教育到底是什么啊？""除了幼儿园，我们还能去哪工作啊？""学前教育学不是我们发的教材吗？""你学姐到底研究什么呀？"小王说："你们别问我了，我也不懂，我明天去问问我学姐。"

[思考]

1. 学前教育是什么？
2. 学前教育学的研究对象是什么？

1899 年，瑞典作家爱伦·凯曾预言 20 世纪是"儿童的世纪"。的确，随着社会的进步和儿童研究的不断深化，学前教育越来越受到世界各国政府和每个家庭的重视。掌握学前教育和学前教育学的知识，并加深理解，可以使我们更好地回顾过去，展望未来，使人生最初阶段的学前教育真正发挥其不可替代的奠基作用。

任何一门学科的学习都离不开对核心概念和基本事实的把握。学前教育是什么？学前教育有哪些类型？不同类型的学前教育具有什么样的特点？学前教育的产生与发展是怎样的？学前教育学的概念是什么？它的研究对象是什么？对这些问题的认识，是了解与研究学前教育和学前教育学的基本前提。

## 一、学前教育的概念

教育是人类社会特有的一种社会性活动，教育区别于其他社会活动的本质特征是：教育是培养人的社会活动，是以影响人的身心发展为目标的社会活动。广义的教育是指能增进人们知识、技能、身体健康，形成或改变人们思想意识的活动，这种活动包括了家庭教育、社会教育和学校教育，范围很广。狭义的教育则专指学校教育，是指由专门机构和专职人员依据一定的社会要求和受教育者的特点，有目的、有计划、有系统地对受教育者进行的知识和技能传授、思想品德培养等活动的总和。

作为人类教育活动的重要组成部分，学前教育也是一种社会现象，是一种以特定年龄的儿童为对象的教育活动。广义的学前教育是指对从出生至入小学前 0～6 岁儿童实施的，旨在促进其身心全面、健康和谐发展的各种活动与措施的总和。狭义的学前教育是指由正规的学前教育机构对从出生至入小学前 0～6 岁儿童所实施的，有目的、有计划的促进其身心全面、健康和谐发展的各种活动与措施的总和。

在理解学前教育概念的时候，需要注意到，对学前教育的儿童年龄阶段的划分不是完全绝对的。比如在西方，19 世纪之前，传统上是把从出生到入学前作为一个阶段来对待，这个阶段的教育主要在家庭中进行；到了 19 世纪，随着学前公共教育的出现，趋向于把3岁至入学前的儿童划分为学前教育的对象；20世纪50年代以来，在世界范围内，学前教育的儿童年龄阶段又开始向低龄延伸。目前从国际上看，对学前教育大致的年龄阶段已经达成共识，但是具体的年龄分期并不相同。例如：日本的学前教育是对出生4个月～6岁儿童进行的教育，主要在保育园和幼儿园进行；英国的学前教育则招收从不足1岁到5岁的儿童，英国的托儿所和幼儿园是合二为一的，通常以Nursery（保育所）或者Children Center（儿童中心）命名；俄罗斯的学前教育则主要招收出生2个月～6岁的儿童，托儿所主要招收出生2个月～3岁的儿童，幼儿园则对3～6岁的儿童进行教育；在美国，学前教育主要对出生至6岁的儿童进行教育，由于美国的学前教育机构类型较多，每个机构招收的儿童的年龄分期不太一样，例如儿童保育中心招收出生至6岁的儿童；幼儿学校招收2～4岁的儿童；学前教育中心招收2.5～5岁的儿童；幼儿园则招收4～6岁的儿童。

## 二、学前教育的类型和特点

学前教育按照实施的形式，可以分为两种类型：学前家庭教育和学前公共教育。学前家庭教育是由父母或其他年长者在家庭中对从出生至入小学前0～6岁的子女或监护人实施的教育；学前公共教育则是指家庭以外的社会组织机构（包括国家、社区、单位、私人）指派专业人员对从出生至入小学前0～6岁儿童实施的教育。

### （一）学前家庭教育

学前家庭教育是历史悠久的学前教育形式。家庭是人一生中最早接触且生活时间最长的社会场所，是儿童出生后第一个重要的学习环境。很多研究证明，儿童年龄越小，家庭教育对他们身心发展的影响越大。

和学前公共教育相比，学前家庭教育具有以下几个特点：

1. 学前家庭教育是儿童最早接触的教育

学前家庭教育早在人类社会产生之初就随之产生了，学前公共教育则是在18世纪末19世纪初才出现的。儿童一出生就开始接受来自父母或年长者的影响和教育。

2. 学前家庭教育是在潜移默化中进行的

学前家庭教育对儿童的影响常常渗透在日常生活的点滴之中，父母或年长者的言行举止是儿童直接的模仿对象。

3. 学前家庭教育影响儿童的终身

家庭是所有社会组织和群体中最为普遍和持久的组成形式，是人生存过程中保持最为持久的生活环境，家庭教育将伴随儿童的终身发展。而学前家庭教育作为最初几年的教育对儿童的影响是巨大的，这种影响也将伴随儿童终身。

4. 学前家庭教育是个别实施的

父母或年长者与子女或被监护人的交流与影响过程往往是一对一进行的，学前家庭教育以个别教育为主。

**(二)学前公共教育**

学前公共教育主要包括托幼机构教育、社区学前教育两种形式。其中托幼机构教育是学前公共教育的主要组成部分。

1. 托幼机构教育

托幼机构教育主要是指学前儿童在托儿所、幼儿园和学前班中所接受的教育。它是由托幼机构组织的,由专职幼教人员以促进儿童身心全面健康和谐发展为目的,同时根据社会的要求实施的教育活动和措施。

托儿所是招收3岁前婴幼儿的集体教养机构。幼儿园是对3～6岁学龄前儿童实施保育和教育的机构,是基础教育的有机组成部分,是学校教育的预备阶段。学前班是接收5～7岁,即入学前一年儿童的学前教育机构,是我国农村发展学前教育的重要形式。此外,由于每个地区的特点和自身的情况,还有巡回辅导站、游戏点、学前教育基地、儿童游戏场、大篷车等形式的托幼机构。

与学前家庭教育相比,托幼机构教育具有其自身的特点:

(1) 托幼机构教育是面向学前儿童全体实施的教育,具有群体性;

(2) 托幼机构教育是有关组织根据国家和社会的教育目的,有组织、有计划地进行的教育,具有计划性;

(3) 托幼机构教育对学前儿童进行的是专门化的教育,具有专业性。

托幼机构教育的这些特点使得它在整个学前教育系统中有着重要的作用,一是辐射作用,即向各种形式的学前教育发挥指导作用、示范作用和带动作用;二是凝聚作用,即促进各种形式的学前教育相互沟通,形成教育合力。

2. 社区学前教育

"社"是指相互有联系、有某些共同特征的人群,"区"是指一定的地域范围。所以,社区可以说是相互有联系、有某些共同特征的人群共同居住的一定的区域。从发达国家的经验来看,第二次世界大战之后,社区教育成为一种重要的教育形式,并逐步发展成为与学校教育、家庭教育互惠互利的一种教育形态。

社区学前教育是指社区内为0～6岁儿童设置的教育设施和教育活动,是多层次、多内容、多种类的学前公共教育。社区学前教育可以根据当地人口分布、经济状况、教育条件,适宜地为学前儿童提供学前教育机会,使更多学前儿童接受教育;社区学前教育可以向家庭普及优生优育知识,并提供相应指导,提高全社区居民的学前教育水平;社区学前教育可以给儿童提供博物馆、图书馆等教育设施,并组织家庭参与其中,提高全体社区成员的文化素质。

社区学前教育的特点是:

(1) 具有区域性

社区学前教育是在一定地域范围内进行的,具有明显的地域性特征。

(2) 具有灵活性

社区学前教育强调适应社区需要、服务社区,具有极大的灵活性。

(3) 具有融合性

社区学前教育将学前教育与社会有机地融合在一起,使其相互联系、相互作用、相互促进,形成学前教育社会化、社会生活教育化的整体格局,提倡学前儿童"在社区中学,与社区共学,为社区而学"。

(4) 具有全面性

社区学前教育是一种发展和增长社区成员新知识和新能力,提高社区成员生活质量的教育,是全员、全程、全方位的全面性教育。

**扩展阅读 0-1**

### 2014 儿童十大舆情热点

**家庭教育立法有新突破**

2014 年 3 月两会期间,全国妇联向第十二届全国委员会第二次会议提交提案,吁请全国人大将制定家庭教育促进法列入立法规划,从法律上规范家庭教育的主体与相关责任,促进儿童健康成长。据悉,目前"家庭教育立法及其制度建构研究"已在积极进行中,预计今年上半年立法建议稿有望出笼。

在国家家庭教育促进法推进过程中,各地已纷纷先试先行,例如重庆市已率先将家庭教育促进条例纳入当地立法规划。

**"家风是什么"报道引发全国大讨论**

自央视《新春走基层·家风是什么》系列报道在去年春节期间播出后,引发了一场全民性关于"家风"问题的大讨论。相关报道遍布各媒体,成千上万网友通过网络、微博主动发声、跟帖、点赞,晒自家家规、热议家风;专家学者也纷纷撰文、开讲座、出镜做访谈,通过各种方式发表评论、见解,解读什么是家风、家风传承与家庭教育的关系、如何培育良好家风等。

人们在谈古论今中重温了中华传统文化中教从家始、育人先立德的道理,对当今社会家庭教育的功用和内涵又有了新认识。

**反家庭暴力法没有忘记孩子**

2014 年 11 月 25 日,国务院法制办网站公布《中华人民共和国反家庭暴力法(征求意见稿)》,首次明确了家庭暴力的范围。值得注意的是,法条中大篇幅、大力度地提出了对"未成年人"的保护,如规定中小学校、幼儿园在工作中发现无民事行为能力人,因无法报案遭受家庭暴力的,应当及时向公安机关报案。

在新法征求意见中,公众的议题已经更多地放在告诉孩子什么是家暴和如何让孩子有能力与家暴绝缘等方面。

**立法机构赞成废除嫖宿幼女罪**

“废除嫖宿幼女罪”再度成为2014年两会的焦点，多位代表、委员就此再提议案。

2014年3月2日，“全国两会代表委员女童保护座谈会”召开，公布的《2013年儿童安全教育及相关性侵案件情况报告》显示，性侵儿童的恶性案件仍在全国各地持续高发，平均每3天被媒体曝光一起，受害人以8岁到14岁的小学生居多。

全国人大常委会法制工作委员会在答记者问时称，人大立法机构已对此进行调查研究，将在广泛听取各方意见基础上依法定程序推进法律的调整完善。

（笔者注：普遍认为“嫖宿幼女罪”中的“嫖宿”二字将幼女判定为卖淫者，在尚未惩戒施暴者前先把板子打在被害者身上，极大损害了幼女的人格和尊严，因此此条款被大部分人认为应该废除，重新修订。）

**广州宣布“婴儿安全岛”暂停引起关注**

2014年3月16日，运行仅50天的广州“婴儿安全岛”因不堪重负宣布暂停运行。这是全国第一个被迫关闭的弃婴岛，相关报道立即出现在各大主流媒体、网站上，吸引了公众的眼球。

弃婴激增，凸显了我国儿童大病救助和婚检、孕检等工作的缺失。婴儿安全岛接收婴儿的数量直接说明了我国弃婴保护工作的紧迫性。

**新版小学生守则：做家务成为“必修课”**

2014年8月1日至20日，教育部就新版《中小学生守则（征求意见稿）》公开征求意见。信息一经发布，立即引起社会的广泛关注。与老版《守则》相比，新版《守则》中不见了“见义勇为”，增加了“奏唱国歌肃立”“积极承担家务”“热心志愿服务”“不抄袭不作弊”“控制上网时间”等内容。家长纷纷表示，新版《守则》没了空话，用直白的语言告诉孩子们如何做人做事，更加亲民接地气。

**中国式父母群体焦虑现象引发热议**

人民网强国论坛开展的一项调查显示，在有子女的被调查者中，92.8%的家长认为自己对孩子的成长、教育存在焦虑。而在全部被调查者中，98.6%的人认为身边有家长存在焦虑现象。

家长的焦虑在一定程度上能够推动孩子学习进步，但随着竞争的不断加剧，这种焦虑状态愈发严重，也会逐渐影响到亲子关系及孩子的个体发展。社会、家庭对孩子成功的评价标准变得粗暴而单一，最终都会转变成父母及孩子身上的持续高压，中国父母出现群体性焦虑，几乎在所难免。

**点赞还是否定：孩子用50万元压岁钱做慈善**

2014年11月，一则为帮助贫困孩子，三名中小学生捐出积攒10余年的50万元压岁钱，用于设立上海市慈善基金会“青春之光爱心专项基金”的报道出现在各媒体上。消息传开后，引来了社会舆论的普遍关注，有的叫好、有的批评。此间舆论认为，孩子设立慈善基金意义大于争议、"爱的萌芽"弥足珍贵、捐款无关"富二代"身份、"富一代"已经开始走出教子误区,值得点赞和期待。

上海市慈善基金会秘书长回应,善不论大小,行善的人也不应论贫富,任何人都有选择正确的人生目标和价值追求的权利。

**房娃事件、刘铁男父子案直击官富人家家庭教育硬伤**

"我们家有14套房子,收房租就够了,为什么要上学?"2014年秋季开学不久,北京一位初中生面对心理咨询师的反问语出惊人,不仅令其父母哑口无言,也迅速引爆社会舆论。显然,随着社会变革和财富的积累,如果"富一代"忽视精神财富对子女的传承,他们迅速积累起来的财富,势必成为子女成长进步的包袱。

无独有偶,刘铁男父子案也给"官二代"的家庭教育敲响警钟。刘铁男滥用权力走捷径的"言传身教",注定了父子俱腐、俱败的结局。"一人不廉,全家不圆",这给所有为官者的家庭教育敲响了警钟。

**"杀妹不后悔"给生二胎父母敲响警钟**

2014年8月12日一篇"杀妹不后悔"的报道引起广泛关注。8月10日,西安市阎良区振兴街办谭家村一名14岁男孩用菜刀杀害了年仅1岁半的亲妹妹,并连称"不后悔"。而更让人吃惊的是,男孩杀害妹妹的动机仅仅因为害怕父母将原本属于他一个人的爱分给妹妹。不能否认该事件在当前"单独二胎"政策放开的背景下,对广大家长十分具有警示意义。

生"二胎"政策放开后,想要第二个孩子的家庭不在少数。其实生"二胎"不仅仅是多养了个孩子这么简单,教育的责任也要跟上。首先"爱"的教育就是其中之一,要给予孩子正确的爱,无论是"老大"还是"老二",都要教他们先学会爱父母、爱兄弟姐妹、爱自己的亲人,也要爱他人,帮助孩子形成健全的人格、人生观、价值观。

资料来源:2014儿童十大舆情热点"废除嫖宿幼女罪"上榜[EB/OL].[2015-01-08].http://finance.chinanews.com/life/2015/01-08/6948374.shtml.(有删减)

## 三、学前教育的产生与发展

简述学前教育的产生与发展的历史,主要目的是从教育和社会的联系中,洞察社会的发展对学前教育的影响和制约,洞察学前教育发展的时代特点和变化,为阐明学前教育的基本规律打下坚实的基础。

### (一)原始社会的学前教育

在漫长的原始社会时期,由于生产资料公有,所有的成员在以血缘关系为纽带组成的集团内生活、生产和劳动,因此对儿童的教育是由整个部落承担的。这一时期对儿童实施教育的基本形式是社会公育,主要任务是保证儿童的存活,以及把年长一代积累的生产劳动和生活经验传授给他们。由于生产力的低下,这一时期的学前教育是和生活、劳动完全融合在一起的。社会没有阶级的划分,所有儿童接受的教育都是平等的,部落老人是儿童教育的主要承担者，采用口耳相传的方式在实践活动中对儿童进行教育。

**案例 0-1**

**原始社会儿童共育向奴隶社会学前家庭教育转变的历史必然性**

原始社会时自然条件恶劣，原始人类生存很艰难，在这个时候，部落人们要团结在一起，才能更好的生存下去，所以那时候个体价值不是那么凸显的，维持部落存在下去的理念占据了所有人的思维，这时候幼儿，不论是部落里谁的孩子，他们是部落的延续，男娃是未来的战斗力，女娃能带来生育能力，这时候更看重人类性别的本属能力，所以原始社会儿童是部落共有的宝贵资源，共育是一种必然。当生产力继续发展，人类开始能够战胜野兽有自己家园时，那些部落里的英雄和部落酋长就转变成了最早的奴隶主，这时候他们必然要保证自己血脉的纯正，这时候儿童不再是宝贵的资源，对于那些奴隶主来说，血脉的纯正更重要，他们可能会因此反而杀掉那些不纯的血脉。这种儿童共育向家庭教育转变的必然性是生产力发展、私有化觉醒必然伴随的现象。

**评析**：原始社会儿童的学前教育是社会共育，到了奴隶社会由于生产力的发展、阶级的产生，儿童共育转变为了儿童家庭教育。这说明了学前教育的发展受着社会的影响与制约，这种影响和制约在案例中更多的体现为政治、经济的影响和制约。

### （二）古代社会的学前教育

古代社会包括奴隶社会和封建社会两个历史阶段。在奴隶社会，由于家庭的出现，家庭开始承担学前儿童的教育任务。由于这一时期奴隶主贵族垄断着教育，因此在奴隶主家庭中开始进行有目的、有计划的教育。有一种教育形式是由朝廷的高官担任教师，在宫廷内对处于学龄前的世子进行教育，被称为宫廷教育。到了封建社会，新兴的地主阶级登上历史舞台，私学开始兴起，学前教育的规模开始扩大，内容开始丰富。总的来说，在这个时期，随着生产力的不断提高，私有财产的出现，人类社会进入了阶级社会，儿童的教育也发生了变化。一方面教育出现了阶级性，上层统治阶级家庭注重对子女的学前教育，以便把他们培养成为未来的统治者。另一方面，儿童教育的成人化倾向非常严重。

### （三）近代社会的学前教育

随着 17 世纪以来资本主义制度在西方各国的建立，人类社会进入了近代社会。资本主义大工业生产兴起以后，一方面增加了社会物质财富，为学前教育的发展提供了物质条件；另一方面由于越来越多的妇女被迫走出家庭，进入工厂做工，而不能在家养育孩子，因此开始对学前公共教育产生需求，从而推动了学前公共教育的建立和发展。

学前公共教育机构最初在欧洲建立，在当时以收容、教养工人的孩子为主。如 1776 年法国牧师奥贝尔林建立了第一所收养贫困家庭儿童的教养机构——编织学校，聘请妇女帮在田间劳动的父母照顾孩子，带他们做游戏，收集植物标本和散步，如果孩子大一些，还可以跟随妇女学习纺纱和缝纫。1816 年欧文在英国创办了幼儿学校，主要面向工人阶级招收 2～5 岁的儿童。

在这一时期，学前公共教育的最主要机构——幼儿园在德国出现了，是由德国教育家福禄贝尔 1837 年建立的，1840 年正式命名为幼儿园，它为世界各国幼儿园的建立与发展奠定了最初的基础。据不完全统计，在 1900 年左右，一些经济发达国家的幼儿园建设有了较大的发展。如法国在 1897 年有幼儿园 5 859 所，意大利在 1901 年有幼儿园 3 314 所，比利时在 1905 年有幼儿园 2 771 所。

**(四) 现当代社会的学前教育**

20 世纪以来，随着社会的迅速发展，特别是科学技术的发展，生产力水平的不断提高，世界性的竞争加剧。各国为了培养人才，开始普遍重视对学前儿童的教育。学前教育的价值开始为全社会所认识，学前教育得到了前所未有的发展。具体表现在各国开始普遍重视学前教育立法，许多国家开始重视学前教育阶段的政府财政投入。

纵观学前教育的历史与发展，可以看到学前教育是随着社会经济发展和学前教育实践的丰富而不断发展进步的。社会的政治、经济、文化等各方面的因素都直接或者间接影响着学前教育事业的发展。

**扩展阅读 0-2**

**雅典的学前教育**

雅典位于希腊半岛南端，作为国家约形成于公元前 8 世纪。此处有优良的海港、丰富的自然资源及发达的手工业。又因地理上靠近埃及及腓尼基，彼此接触频繁，先进的东方文化遂源源不断地流入，促进了雅典科学文化的发展。

公元前 6 世纪末，通过经商发迹的新兴工商贵族战胜了保守的农业贵族，确立了奴隶制度下的民主政体。在民主政治下，雅典全体公民(包括奴隶主及有公民权的平民)都有参加公民大会的权利，决定国家一切重要事务。这种政治要求雅典公民具有全面的认识与“无所不包的才能与活动”。

雅典的教育与其民主政体及社会需要相适应，不仅要训练身强力壮的军人，更要培养具有多种才能、能说会辩、善于通商交往的政治活动家和商人。适应这种需要，在雅典的教育中，除了军事、体育以外，还有较多的智育成份；并随着政治、经济的发展，在雅典人中间，渐渐形成一种身心和谐发展的教育理想。身的教育不仅着眼于军事准备，而且注意到躯体的健美匀称、动作的灵活适度。心的教育在雅典又称为“音乐教育”，既包括狭义的音乐教育，也包括文字、文学等文化教育。至于宗教、道德教育则贯穿在全部身的教育和心的教育之中。雅典的统治者认为这种教育兼顾个性与公民性两方面的要求，只有身心和谐发展的个人才能最好地履行公民的职责。

这种身心和谐发展(或称体、智、德、美多方面发展)的教育思想充分反映在雅典的教育制度中。

雅典儿童在7岁以前,由家庭负责教养。孩子的诞生对雅典人的家庭来说,通常是一件喜庆之事。婴儿出生后第5天要举行一项仪式,以向神灵表示敬意。仪式通常由奶妈或祖母主持。仪式中,家中的女性成员怀抱婴儿在燃烧着的祭坛前绕行几圈。除举行仪式外,还要设宴庆祝,并在门上为女孩悬挂羊毛,为男孩悬挂橄榄树制作的王冠。孩子出生第7天时,为婴儿取名,并再次设宴。第40天时,孩子的名字就被注册登记在部族的花名册上。雅典有重男轻女的倾向,故男孩的出生较之女孩的出生,更被看成是一件值得庆贺之事。

雅典儿童在襁褓期间,通常由母亲或奶妈抚育。富裕人家喜欢雇佣斯巴达妇女,因为她们善于调教婴儿,而且身体健康,奶水充足。婴儿断奶后,则由家庭女教师照料。家庭女教师通常是一个上了年纪的、人生经验丰富的女奴。家庭幼儿教育的内容包括听摇篮曲、唱歌、听寓言、童话或神话故事、掷骰子、玩玩具,以及礼貌行为习惯的培养等。雅典的幼儿们享有许多玩具,如娃娃、皮球、小马、小狼、铁环、陀螺、玩具车、拨浪鼓等。其中拨浪鼓是数学家阿契塔(Archytas,约公元前420—前350)发明的。童话、故事和《伊索寓言》在他们的教育中占有重要的地位。儿童们还时常听到母亲和女仆们做针线活时,在乐器的伴奏之下吟唱歌曲。7岁以前,男女儿童在家庭中享受同样的教育。7岁后,女孩仍留在家中过着幽居的生活,男孩子则先后(或同时)进入文法学校、弦琴学校、体操学校等各类学校学习,获得智、德、体、美和谐发展的教育。

资料来源:杨汉麟,周采.外国幼儿教育史[M].南宁:广西教育出版社,1993:22-24.

## 四、学前教育学的概念和研究对象

### (一) 学前教育学的概念

学前教育学是教育学科的一个年龄分支学科,是整个教育科学体系的一部分。苏联学者A.B.查包洛塞兹和T.A.马尔科娃在《学前教育原理》一书中指出:学前教育学是关于儿童出生后头几年,即从出生到入学这一时期教育的科学,是整个教育体系中一个不可分割的部分。它研究学前教育的目的、内容和方法等问题,而且在进行这些研究时,还应考虑到学前儿童独有的一些特点。黄人颂主编的《学前教育学》把学前教育学定义为专门研究学前教育的规律的科学。祝士媛、唐淑主编的《幼儿教育百科辞典》认为学前教育学研究0～7岁儿童在专门的教育机构——托儿所、幼儿园中如何实施全面发展教育。

结合前人的观点,对学前教育学的界定是:学前教育学是以教育学和心理学的基本原理为基础,研究学前教育现象、揭示学前教育规律,阐明学前教育理论的一门科学。

### (二) 学前教育学的研究对象

每一门学科都有自己的研究对象,任何一门学科因其研究对象的特殊性而与其他学科区别开来成为一门特定的学科。学前教育学的研究对象问题,是学前教育学的基本理论问题，直接关系到学前教育学学科内容和理论体系的构建，是衡量学前教育学发展成熟度的重要标志。结合学前教育学的概念，认为学前教育学的研究对象包括以下三方面内容：学前教育现象、学前教育规律、学前教育理论。

学前教育现象是学前教育活动的外在表现形式。学前教育现象是一种可以感知、可以认识的古今中外已经存在或正存在于现实中的存在物；学前教育现象是学前教育实践的表现物或正从事着的学前教育实践，它包括各种形式、各种类型、各种模式的教育事实、教育活动、教育问题等；学前教育现象是以教与学为主体形式的客观存在，主要包括两个方面：学前儿童在家庭、幼儿园等场所中的表现和学前教育工作者在教育过程中的表现。

学前教育规律是学前教育现象内部各个要素之间本质的、内在的、必然的联系或关系。学前教育活动不仅有其历史性，而且是遵循着一定的规律进行的。学前教育中有很多矛盾、很多规律，但从根本上看，贯穿学前教育活动的基本矛盾、基本规律是：学前教育与社会发展之间的矛盾或关系；学前教育与儿童的发展之间的矛盾或关系。学前教育中方方面面的矛盾或关系都是由此派生出去，最终又复归到这两个基本规律中的。

学前教育理论是对学前教育规律的具体阐释。学前教育规律是抽象的，因此，需要学前教育理论把学前教育规律用具体的语言表达出来。学前教育理论应该贯彻理论与实践相结合的原则，帮助建立系统完整的有中国特色的学前教育实践体系。

具体来说，学前教育学主要研究学前教育与儿童的关系；学前教育与社会的关系；学前教育的政策法规；幼儿园的学前教育；幼儿教师的专业发展；家庭、社区的学前教育；幼小衔接；国外学前教育的发展与启示。

## 第二节　学前教育学的产生和发展

### 案例导入

**大一新生小王的困惑2：学姐给列的代表人物和著作意义何在？**

小王把寝室小伙伴的问题一股脑告诉了学姐，学姐给小王做了详细的解释，现在小王终于对自己的专业有一个大致的了解。小王是个爱看书的人，临走之前，希望学姐给她介绍一些学前教育的经典著作，学姐给她列了几个人名，让她自己去找相关书籍。名单如下：柏拉图、颜之推、朱熹、卢梭、裴斯泰洛齐、福禄贝尔、杜威、蒙台梭利、陈鹤琴、张雪门、皮亚杰、维果斯基……小王心里琢磨着：这些人都是什么年代的，他们的代表作都是什么呢？

[思考]

1. 学前教育学发展的历史阶段有几个?

2. 学前教育学发展历史阶段中的代表人物和著作是什么?

学前教育作为一种社会现象和社会活动,其历史可以说与人类社会历史一样久远。但对学前儿童的教育进行研究,并发展成为独立学科却经历了一个漫长的发展过程。学前教育学是在社会对学前教育的需要日益增长的情况下,随着相关学科的发展而产生和发展建立起来的,是人类社会和学前教育实践发展到一定历史阶段的产物。直到19世纪中叶,学前教育学才开始成为一门独立的学科。

## 一、孕育阶段(16世纪以前)

在这一时期,社会上正确的儿童观还没有完全形成,儿童还没有独立出来,学前公共教育尚未产生,但是随着生产力的缓慢发展和哲学学科的发展,开始有学者对学前教育进行了初步的论述,出现了学前教育思想的萌芽,但是这些论述有些仅仅是研究者的设想,学前公共教育的实践还没有开始。尤其是在5世纪以后,欧洲进入中世纪,文化和教育几乎为教会所垄断,当时的宗教认为儿童天生有罪,学前教育思想为之禁锢,发展缓慢。

### (一) 代表人物及其主要思想

在古代西方,一些哲学家和教育家很早就提出了学前教育的看法和主张。柏拉图(公元前427—前347)是古希腊著名的哲学家、教育家。在《理想国》中,他提出了关于学前教育的思想。柏拉图很重视学前教育,是西方历史上最早提出优生优育和公共学前教育思想的教育家,他主张婚配和育儿都要由国家负责,被认定优良的孩子要送到国家的育婴所,由优秀的女仆照管,用摇篮曲和儿歌对婴儿施加教育影响,母亲可以去喂奶,但是不会知道哪一个是她的孩子。儿童满3岁后要集中到附设于神庙的儿童游戏场,由国家指定专人负责照管、抚养,学前教育的重要内容是唱歌、做游戏和讲故事。

亚里士多德(公元前382—前322)是柏拉图的学生,被称为百科全书式的学者。《政治学》《伦理学》《逻辑学》是亚里士多德的重要著作,从中可以发现他丰富的学前教育思想。亚里士多德首次提出并论证了教育要与人的自然发展相适应的原则。认为从出生到7岁,是学龄前教育时期,主要的任务是保育。亚里士多德主张实行优生,注重孕妇保健。他提出要特别注意儿童的营养,儿童应该从小多运动,并习于寒冷,5岁前不应要求儿童学习课业,以免妨碍发育,主要活动应该是游戏和听故事。他认为环境对于儿童来说非常重要,任何卑鄙的见闻都可能导致不良的习惯。

昆体良(公元35—95年)是古罗马最有成就的教育家。他的学前教育思想主要体现在他的《雄辩术原理》一书中。昆体良提出人的教育应从摇篮开始,婴儿期注意发展语言,强调周围环境对儿童最初概念形成的重要影响。他认为儿童是从教育者那里获得关于世界的知识和道德观念，主张为儿童挑选好的乳母和教育者，同时也要注意为儿童选择良好的同伴，因为同伴中的粗鄙语言和丑恶行为同样会损及儿童的心灵。他肯定儿童发展的可能性，指出儿童一般都生而具有智力活动与理解能力，愚钝和低能只是一种反常现象，是稀有的。他主张教儿童认识字母、书写和阅读，并在历史上第一次提出了双语教学的问题。他认为教师必须以父母般的态度对待儿童，并彻底了解儿童能力的差异和倾向。昆体良坚决反对体罚，认为这是对儿童的凌辱。他认为，用体罚的方法来驱使儿童学习，不但不能调动儿童学习的积极性和自觉性，相反会使儿童产生厌学的情绪。

我国一些古书中也很早就有了关于学前教育思想的记载。先秦至秦汉时期的《礼记·内则》篇中提出关于小儿出生后选择保姆的要求："择于诸母与可者，必求其宽裕、慈惠、温良、恭敬、慎而寡言者，使为子师；其次为慈母，其次为保母，皆居子室。他人无事不往。"随着儿童年龄的增长要对儿童进行相应的教育："子能食食，教以右手。能言，男'唯'女'俞'。男鞶革，女鞶丝。六年，教之数与方名。七年，男女不同席，不共食。八年，出入门户及即席饮食，必后长者，始教之让。九年，教之数日。十年，出就外傅，居宿于外，学书计，衣不帛襦袴，礼帅初，朝夕学幼仪，请肄简、谅。十有三年，学乐，诵诗，舞《勺》。成童，舞《象》，学射、御。……女子十年不出，姆教婉娩、听从，执麻枲，治丝茧，织纴组紃，学女事，以共衣服。观于祭祀，纳酒、浆、笾、豆、菹、醢，礼相助奠。"

晋魏南北朝时期，颜之推的《颜氏家训》是我国古代第一部系统完整的家庭教科书，其中的《教子》详细地论述了对幼小儿童的家庭教育，认为学前教育应该注重胎教，孩子出生以后父母就应该对儿童进行教育，他指出："婴稚识人颜色，知人喜怒，便加教诲，使为则为，使止则止。"批评"无教而有爱""恣其所欲"的做法，会造成孩子"逮于成长，终为败德"。要求父母应该"威严而有慈"，从而使儿童"畏慎而生效"。

南宋时期，朱熹在其著作《童蒙须知》和《小学》中指出，应该注重对儿童的胎教，孕妇应该注意自己的"一寝一坐，一言一念，一视一听"，以使胎儿能够"气禀正而方理全"。在学前儿童出生后要重视乳母的作用，"乳母之教，所系尤切"。乳母必须有"宽裕、慈、惠、温、良、恭、敬"等道德品质。主张利用实际发生在儿童生活中的事情对儿童进行教育。

**（二）主要特点**

由于缺乏丰富的文字记载，对这一时期学前教育的研究主要通过考古学者发掘的文物资料及人种学者对现存的、具有原始性的民族的教育活动进行的观察与描述来推断，少数古代典籍的追记也可提供若干材料。这时候的学前教育为历史条件所制约，在文化学习上有其局限性。

在学前教育学的孕育阶段，许多教育家、思想家有关学前教育的思想、主张汇集在他们的政治、哲学、伦理学等著作中，论述是零散的，缺乏系统性和完整性，是处于经验水平上的。这时的学前教育思想还没有形成较为完善的理论体系，但是已经为学前教育学的萌芽奠定了基础。

## 扩展阅读 0-3

### 昆体良论儿童道德教育(节选)

教育目的问题,即把受教育者培养成什么样的人的问题,是任何一个教育家不容回避的并首先应回答的问题。在这个问题上,昆体良指出,他的教育的最高目标乃是培养和造就理想的雄辩家。他为理想的雄辩家做了如下界定,即必须同时具备两方面的素养:"良好的德行和精于演说的才能。"并强调二者必须兼备,缺少任何一方都不可能达到理想的境界,他说:"德行和雄辩才能这两者是密不可分的。"一个没有良好德行的人或无雄辩才能的人都称不上真正的雄辩家。但在德行与才能的问题上,昆体良又不是平均对待的。他认为,二者之中,德行是主要的,居第一位的,而才智相对于德行而言,则处于次要位置上。他说:"我的目标是完美的雄辩家的教育。这样一种雄辩家的首要因素是他应当是一个善良的人,因此,我要求他不仅具有非凡的演说天才,而且同时要具有一切优良的品格。"又说:"在我看来,有德行的生活较之最出色的雄辩才能也要重要得多。"因为缺少良好德行的人,即便他富于雄辩天才,这种才智也会迷失方向,最终为邪恶去辩护,它甚至比无德无才更有害。"如果一个人掌握了雄辩术却用之教唆犯罪,陷害无辜,与真理为敌,倒不如生来聋哑、没有理智更好。"所以,他要求学生"不仅要学习什么是雄辩才能,更重要的是学习什么是良好的道德",成为高尚的、值得尊敬的、在德行上无可指责的人。他认为这是全部教育的核心。

昆体良之所以把良好的德行置于理想的雄辩家应具有的素养之首,是因为当罗马人接触希腊文化之后,希腊文化和罗马文化的交融和冲突便成了罗马文化发展不可避免的纽结。进入帝国时期以后,这种文化的交会、冲突并未完结,而文化的冲突、社会的转型使许多人出现了道德价值观念的迷惘,即原有的道德观念与规范被冲破,而新的观念、规范一时还难以建构起来,道德失范现象较普遍,成为社会的一大问题。一些有识之士都在探讨怎样在思想文化上重筑新秩序的问题,昆体良的道德教育主张就是企图以其倡导的德行规范人的思想及行动来达到治世的目的。同时,帝国时代的统治者骄奢淫逸、生活腐化、政治腐败、上流社会风气不正……所有的这些都在腐蚀着青少年,面对社会风气的沉沦给青少年带来的严重危害,昆体良认为,关键在于加强青少年的道德教育,以恢复古代罗马优良的遗风。此外,昆体良还从心理学角度出发,认为儿童成长中存在一个"危险期",在危险期内,如果忽视了道德教育,儿童就可能走向社会要求的反面,只有加强道德教育,儿童才能顺利地渡过"孟浪的年龄",为驶向雄辩家的征程奠定基础。

为了实现塑造美德的目标,昆体良认为,道德教育应包括以下几方面内容:

1. 远大的理想教育和坚贞、顽强的道德品质教育。使儿童为正义和真理献身,做到"贪欲不能动,权势不能倾,威武不能屈的洁白无瑕的美德"和"对共和国的正义事业永不动摇的忠诚"。

2. 严于律己、与人为善的道德风范教育。他反复强调,"从一开始就要告诫学生,决不能表现出自私、无耻和失去自制"。在德行修养和雄辩才能的学习方面都要严格地要求自己,不做有损于完美雄辩家形象的事。在处理人我关系上,不能自私、贪婪、无节,应处处为他人着想。认为"他的受益是与他给予人的快乐成正比"。

3. 谦虚谨慎的学习态度教育。在学习上,他要求儿童态度要端正,要虚心好学。他严厉地批评那些学习态度不端正、自以为是,掌握了一点皮毛就放言高论,或者是相互吹捧的学生。他说,有这样一些儿童,"他们刚刚开始学习就被厚颜无耻所驱使,自负而迫不及待地要显露一下自己。但是他们用来显露身手的,也不过就是刚刚学到的一点东西;他们把单字拼凑起来,毫无惧色地炫耀自己的一点儿知识,一点儿也不谦虚。他们的言词虽流利,却很浅薄"。而真正成就事业者,向来都是那些时时意识到自己无知的人。因此,学当虚心,力戒"华而不实"。

资料来源:刘振天.昆体良论儿童道德教育[J].烟台师范学院学报(哲学社会科学版),1992(4):82-83.

## 二、萌芽阶段(16世纪至18世纪初期)

欧洲从14世纪到16世纪,出现了文艺复兴运动,资产阶级向中世纪教会的宗教神权宣战,要求个性解放。经过文艺复兴的思想解放运动之后,教育学逐渐从哲学中分化出来,开始成为独立的学科,出现了许多著名的教育家,出版了许多有名的教育著作,许多教育家在教育论著中提出了学前教育思想,主张为儿童身体和智力的发展提供有利的条件。

### (一) 代表人物及其思想

捷克教育家夸美纽斯(1592—1670)是教育史上里程碑式的人物,堪称封建社会的最后一位教育家,同时也是资产阶级新时期的最初一位教育家。夸美纽斯的学前教育思想主要体现在《母育学校》和《世界图解》两本著作中。夸美纽斯设计的学校系统分为四个阶段:第一阶段为母育学校(0～6岁);第二阶段为小学(6～12岁);第三阶段为拉丁学校(12～18岁);第四阶段为大学(18～24岁)。在第一阶段,夸美纽斯专门编写了一本学前儿童教育手册《母育学校》,这是历史上第一部论述学前教育的专著。在《母育学校》中,夸美纽斯提出家庭是一所学校,母亲是主要的教师。母育学校是为儿童以后要学的一切奠定基础。他还提出了儿童应该学习的各种科目,尤其重视儿童的游戏,教育内容应由简到繁,从感觉(看、听、尝、触)训练到宗教信仰的培养,形成梯度,循序渐进,教育方法应简单灵活,易于操作。他的《世界图解》是为儿童编的教科书,是西方教育史上第一本附有插图的儿童百科全书,里面的内容包罗万象。

卢梭(1712—1778)是18世纪法国启蒙思想家、教育家。卢梭的教育思想主要体现在

《爱弥儿》一书中。卢梭对儿童教育的首要贡献是"发现了儿童",他指出儿童不是小大人,儿童有自己独特的生活。儿童期的存在是自然的规律,有其独立存在的价值,而不是为了成年做准备。卢梭的第二个贡献就是提出教育要使儿童归于自然,符合儿童的自然本性。他的自然主义教育主张,强调尊重儿童的自由,反对教育对儿童的束缚。他按人的身心发展将教育划为四个时期,不同时期教育的侧重点不同:婴儿期(0～5岁),身体柔嫩,以身体养护为教育重点;儿童期(5～12岁),感觉发达,以身体锻炼和感官训练为主;少年期(12～15岁),注重知识的教育;青年期(15～20岁),注重道德、宗教以及情感的教育。

瑞士教育家裴斯泰洛齐(1746—1827)是18世纪末、19世纪初期著名的资产阶级民主教育家,著有《林哈德与葛笃德》《葛笃德怎样教育她的子女》等书。他认为,儿童不是自然地、自发地发展,教育的目的就在于有组织地帮助和激发儿童的天赋能力,使各种内在的能力得到和谐的发展。他提出了著名的要素教育理论,主张教育应该从最简单的要素开始。他把传授知识和发展智力看作是教育要完成的两个相互联系的任务。他深入研究教学方法,特别提倡直观教学法。他还提倡学习和手工劳动相结合,要求学校努力做到知和行的统一。他努力把教育心理化,对儿童心理学的研究起到了推动作用。他提出爱的教育,强调要激发儿童的良心,培养儿童善良的情感。裴斯泰洛齐还强调了劳动教育的重要性,认为儿童应该学习生活必需的劳动技能。

我国在唐宋以后,长期闭关自守,同时推行文化专制主义,实施按八股文取士的科举制度,阻滞了科学技术和文化教育的发展。18世纪以后,学前教育仍因袭传统的封建教育,与国外学前教育没有交流,发展缓慢。但也有一些思想家提出了一些可贵的学前教育思想,如明代的王守仁将培养德性作为儿童教育的主要任务,认为应该让儿童从小了解道德规范,"今教童子,惟当以孝悌忠信礼义廉耻为专务",懂得做人的道理,从而实现"蒙以养正"之功。他还对儿童每天的功课做了精心的安排,认为儿童教育的主要形式是考德、读书、习礼和歌诗。他提出教育儿童应该使儿童受到鼓励,心中喜悦,"大抵童子之情,乐嬉游而惮拘检,如草木之始萌芽,舒畅之则条达,摧挠之则衰痿。今教童子,必使其趋向鼓舞,中心喜悦,则其进自不能已";吕坤认为学前教育是极其重要的,教师应该启发儿童去思考,鼓励儿童的提问,教导儿童的内容应该是儿童可以理解和接受的,儿童应该从小知礼节、懂礼貌,他还十分注重诗歌对儿童的陶冶功能。

### (二)主要特点

在学前教育学的萌芽阶段,许多教育家开始专门针对学前教育的问题进行论述,学前教育学开始模糊的形成自己独立的研究对象,教育家开始努力挖掘学前教育现象背后的规律。和孕育阶段相比,这一时期的学前教育思想已经开始形成自身的体系和逻辑结构,对学前公共教育的重视程度超过对学前家庭教育的重视。这时候的学前教育学虽尚未从教育学中分化出来,但是学前教育的思想已经大大丰富起来,日渐系统、完整,且更具现实性。

## 扩展阅读 0-4

### 传统与变革：王守仁儿童教学法剖析（节选）

传统教学法强调循序渐进。王守仁在儿童教学中继承并在实践中发挥了这一方法。他说："为学须有本原，须从本原上用力，渐渐盈科而进。"他以种树为例作了说明：开始种时，只有树根和幼芽，慢慢有了树干，有了树枝，长出了树叶，最后开花结果，树就是这样循序渐进地长大的。人们种树时，只能踏踏实实地栽培灌溉，不能好高骛远。种树是这样，教学也是如此。既已下了"必为圣人之心"，就得一步一个脚印地前进。由此出发，他反对"超人圣人"，认为学习上不存在捷径。他说："功夫最不可助长。上智绝少，学者无超人圣人之理。一起一伏，一进一退，自是功夫节次。"因此，儿童教学只能循序渐进，不可揠苗助长。

循序渐进的原则贯彻在教学过程中，就是量力而行。王守仁认为，在教学中必须考虑儿童的接受能力，量力而行。他说："我辈致知，只是各随分限所及。今日良知见在如此，只随今日所知扩充到底；明日良知又有开悟，便从明日所知扩充到底，如此方是精一功夫。与人论学，亦须随人分限所及。"王守仁主张教学要讲究少而精。他说："凡授书不在徒多，但贵精熟，量其资禀能二百字者，止可授以一百字。"使儿童精神力量有余，这样他们就"无厌苦之患，而有自得之美"，不会因学习艰苦而厌学，而乐于接受教育。这种主张量力而行，留于余地，坚持少而精的教学方法，是值得借鉴的。

传统教学法主张儿童在学习中应独立思考。王守仁在前人的基础上发展了这一传统方法。他在教学中不仅主张独立思考，而且反对人云亦云，反对偶像崇拜。他说："夫学贵得之心，求之于心而非也，虽其言之出于孔子，不敢以为是也，而况其未及孔子者乎！求之于心而是也，虽其言之出于庸常，不敢以为非也，而况其出于孔子者乎！"学习贵在独立思考，不要因人废言。由此出发，王守仁认为，学问应当是属于天下人所公有的。他说："大道，天下之公道也；学，天下之公学也，非朱子可得而私也，非孔子可得而私也，公言之而已矣。"因而，研究学问，不能盲目崇拜权威，要有自己的独立见解和看法。当然，在学习中坚持独立思考，并非固执己见。他说："言之而是，虽异于己，乃益于己也。言之而非，虽同于己，适损于己也。益于己者，己必喜之；损于己者，己必恶之。"就是说，一种正确的看法，哪怕是和自己的看法大相径庭，我们也要接受下来，因为它是有益于自己的；一种错误的看法，虽然和自己的看法吻合，我们也要更正，因为它是有害于己的。总之，对的，就要坚持，错的，就要改正。这种主张独立思考，而不固执己见，反对迷信盲从而不因人废言的治学精神，是值得我们借鉴的。

经过独立思考求得学问后怎么办？王守仁认为应该"行"，他主张在儿童教学中要"着实躬行"，反对"悬空思索"，强调"学"与"行"的结合。他说："大问、思、辨、行，皆所以为学，未有学而不行者也。"如学孝道，就必须按照孝道去做孝敬父母的实际行动，然后才称得上是在学习孝道，如果只是口若悬河地说一通“什么是孝道”，而不着实躬行，就称不上学孝。学射箭，拉满弓，射中的；学写字，就必须铺纸握笔，反复书写。推而广之，学任何事情，都离不开实际行动。由此，他得出一个结论：“尽天下之学无有不行而可以言学者，则学之始，固已即是行矣。”“学是学做这件事。”做这件事就是行，学就是行，“故知不行之不可以为学。”学习必须着实躬行，离开了着实躬行，就谈不上学习。这个结论无疑是正确的。

资料来源：吕福松，卢剑. 传统与变革：王守仁儿童教学法剖析[J]. 江西教育科研，2006(8)：11-12.

## 三、初创阶段(18 世纪后期至 20 世纪前半期)

伴随着资本主义大机器工业生产的发展，从 18 世纪后期到 20 世纪前半期，有不少人顺应工业时代需要，积极创办学前公共教育机构，随着专门的学前公共教育机构的出现和新教育运动的影响，学前公共教育的实践极大地促进了学前教育理论的发展，并使学前教育理论与学前公共教育实践更紧密地联系起来，一些具有较完整体系的学前教育著作相继问世。学前教育学从普通教育学中分化出来，开始形成一门独立的学科，并初步发展起来。

### (一) 代表人物及其思想

学前教育学的创立是从德国教育家福禄贝尔(1782—1852)开始的。1837 年，福禄贝尔在卡伊尔霍附近的一座名为勃兰根堡的小城开办了一所幼儿教育机构，专收3～7 岁的儿童。1840 年，他将此机构命名为“儿童花园”(Kindergarten)，从此以后“Kindergarten”便成为表示幼儿园的专用词汇而传遍全球，福禄贝尔则被尊称为“幼儿园之父”。福禄贝尔重要的教育著作有《人的教育》《慈母曲及唱歌游戏集》《幼儿园教学》等。福禄贝尔非常重视学前教育在人发展中的作用，认为幼儿期是人生的重要发展阶段。幼儿园教育应该促进儿童身体和精神的健康成长，培养训练有素的教师，向社会推广好的幼儿教育的经验。学前教育要遵循儿童身心发展的阶段特点，实现儿童的天然禀赋。他认为教育是以儿童的自我活动为基础的，儿童是通过自我活动实现内部发展的，教师要为儿童提供活动的条件，不要进行干预，必要时才要儿童服从一定的活动要求。他尤其重视游戏在儿童发展中的重要作用，认为“儿童早期的各种游戏，是一切未来生活的胚芽”，并且专门设计了一套游戏与作业材料“恩物”，供幼儿游戏时使用。

英国空想社会主义者欧文(1771—1858)十分重视幼儿教育，为了使每一个孩子，特别是劳动人民出身的孩子从出生起就受到最好的教育，欧文主张应当立即为劳动阶级安排一种国家教育制度，通过一项“联合王国全体贫民与劳动阶级教育法案”。欧文还详细地列举了教育法案的具体条款，如教育部门的领导人选、教师的培养、经费开支、教学内容、教学计划、教学方法等内容和家庭教育与社会教育等，并论证和阐述了立法的理由。为了使幼儿得到完善的教育，欧文设计出了一种学前教育机关，即专门招收不满 6 岁的儿童学习的“幼儿学校”。这种学校包括了托儿所、幼儿园和游戏场等学前教育机构，为幼儿的成长发育创造良好的环境和条件。欧文提出儿童应受到全面教育，在智、德、体、美、行方面都得到发展，以便能从事全面的实践活动。他大力提倡在幼儿教育中实行直接经验法，通过直接视听、乡间散步、观察自然、唱歌跳舞和直观教学课等方法帮助儿童学习。

赫尔巴特(1776—1841)是19世纪德国哲学家、心理学家。在西方教育史上，他被誉为“科学教育学的奠基人”，而反映其教育思想的代表作《普通教育学》则被公认为第一部具有科学体系的教育学著作。赫尔巴特认为，教育的起点是人的个性，其本质与直接目标是以各种观念丰富儿童心灵，因此原则上人具有可塑性，可塑性不依赖心灵初始的各种能力，而是已经获表象之间的关系。他谨慎地论证了儿童的可塑性是教育的基础，为教师找到了工作蓝本，认为教师可通过组织观念来构筑儿童心灵。赫尔巴特对心理过程的重视及其统觉理论构成了教育与心理学联姻的媒介，明确提出教育学应以心理学为理论基础。他认为“由于早期年龄阶段儿童具有巨大的敏感性和易兴奋性”，因此3岁前儿童的智育是重要的，要注意发展儿童的感官。他认为“在儿童很早的年龄阶段就必须加强管理”，必须让儿童学会必要的服从，从小培养儿童的合群精神。

杜威(1859—1952)是美国实用主义教育家，也是20世纪影响最大的教育家。他的主要著作有《民主主义与教育》《学校与社会》《儿童与课程》等。在杜威看来，“学校的重心在儿童之外，在教师、教科书以及你所高兴的任何地方，唯独不在儿童自己即时的本能和活动之中”，去除这种弊病的出路是使教育实现重心的转移，使教育的一切措施围绕着儿童转动，以儿童为中心。杜威认为人们在社会中参加真实的生活，才是身心成长和改造经验的正当途径。所以，教师要把教授知识的课堂变成儿童活动的乐园，引导儿童积极自愿地投入活动，从活动中不知不觉地养成品德和获得知识，实现生活、生长和经验的改造。在教材的选择上，杜威建议学校科目相互联系的真正中心，不是科学，而是儿童本身的社会活动。在教学方法上，杜威主张“从做中学”，他认为儿童不从活动而由听课和读书所获得的知识是虚渺的。杜威认为德育在教育中占有重要地位，极力强调道德才是推动社会前进的力量。

玛利亚·蒙台梭利(1870—1952)是教育史上一位杰出的幼儿教育思想家和改革家、意大利历史上第一位学医的女性和第一位女医学博士，著有《蒙台梭利教育法》《童年的秘密》《有吸收力的心理》等书。她认为儿童的心理发展既不是单纯的内部成熟，也不是环境、教育的直接产物，而是机体和环境交互作用的结果。蒙台梭利肯定，创造良好的环境，采取正确的教育措施，及早进行教育，丰富儿童的经验，可以消除和防止智力落后的现象。她否定奖励、惩罚等强化的作用，强调儿童的内在力量、主观能动性，要求环境要适合儿童的内在需要和兴趣，认为儿童不是消极被动地接受外界刺激，他们每个人都有自己的内部结构、变化和发展。认为在童年期，儿童的各种心理机能也存在不同的发展敏感期,忽视了敏感期的训练,就会造成难以弥补的损失。不同的个体有不同的发展节律,教育要与儿童发展的敏感期吻合,就必须用不同的教育来适应不同的成熟节律,因此她十分强调个别教学,让儿童各按自己的需要自由活动,使个性得到充分发展。蒙台梭利认为感官教育符合幼儿心理发展的需要,是重要的,通过感官教育可以在早期发现某儿童在感觉机能的某方面所存在的欠缺,以便及时治疗和纠正。

我国,在改革旧教育制度、提倡西学、设学校的同时,学者们相继提出了实施学前公共教育的思想,一些教育家和教育工作者致力于研究和创立适合我国国情的学前教育理论。维新运动的领导人康有为(1858—1927)在《大同书》中提出应由政府来设立公共教育机构:妇女怀孕应入人本院;0～3 岁婴儿在慈幼院养育;3～6 岁的儿童进育婴院;6～10 岁的儿童进入小学院;中学院则招收小学院毕业后的 11～15 岁的学龄儿童;进入大学院学习的则是 15～20 岁的青年人。可以说,由人本院、慈幼院和育婴院组成的教育机构,是康有为对学前教育公共机构的设想,是其教育体系建构中最具浪漫气息的组成部分。他的理想虽然在当时的社会是不可能实现的空想,但是他反映了新兴资产阶级的要求,对我国近代儿童学前公共教育的发展以及学前教育机构的产生都起到了促进作用。

蔡元培(1868—1940),是我国著名民主革命主义者和杰出的教育家。蔡元培崇尚自然主义教育,强调教育者应该让儿童个性得到自然、自由的发展。他同样也提出了建立学前公共教育的主张,主张设立的学前教育机构由胎教院、乳儿院(后又称育婴院)、蒙养院(后改称幼稚园)三部分组成。胎教院是给孕妇住的;婴儿出生后和母亲一起进入乳儿院,一岁之后断奶后便可进入蒙养院接受教育。

人民教育家陶行知(1891—1946)在学前教育方面提出了很多进步的主张。他重视早期教育,认为小学教育是建国之根本,幼稚教育尤为根本之根本,应当普及。针对当时的社会学前教育普遍效仿西方教会幼儿园的现状,陶行知指出“幼稚园害了三种大病”:外国病、花钱病、富贵病。因此他主张在工农中普及学前教育,并创办了我国第一所乡村幼稚园和劳工幼稚园,提出了一整套为劳苦大众子女服务的学前教育理论。他倡导建设中国的、省钱的、平民的幼稚园,并论述了工厂和农村是幼稚园之新大陆。幼稚园的办学也应该以工农需要为宗旨,扩大招生范围,放假时间要考虑女工农妇的需要。陶行知认为,幼儿教育应该包括健康、道德、科学、艺术和劳动等方面的教育,并对这些内容的重要性和如何培养做了许多论述。无论是在课程内容来源还是在组织上,陶行知都强调了生活教育的思想,他认为应将教育内容渗透于幼儿一日生活的各项活动中。他反对束缚儿童个性的传统教学,提出“六大解放”。陶行知针对幼稚师范培养师资的局限性,提出用“艺友制”的方法来培养幼稚教育师资,以实现普及学前教育。

教育家陈鹤琴(1892—1982),毕生从事儿童心理、幼儿教育、家庭教育、师范教育的教学和研究工作。他认为,幼儿教育是人的一生教育的基础,儿童期具有很强的可塑性。

他尤其强调了要为广大劳动人民办教育，把劳动妇女从养育子女的负担中解放出来，还要使那些盲、聋、哑等残疾儿童和贫童、难童获得社会的养护。陈鹤琴运用观察记录的方法，全面系统地研究了儿童的心理特点，提出了儿童的发展阶段及相应的教育重点。在幼儿园课程内容方面，陈鹤琴提出过九项内容和五指活动。陈鹤琴还提出了编制课程的三种方法：圆周法、直进法和混合法。陈鹤琴不主张幼儿园分科教学，认为这是违反儿童的生活和心理的，他提倡"整个教学法"，就是把儿童所应该学的东西整个地、有系统地去教儿童学，还主张最好由一位老师去教，以体现整体性。他主张要在做中教、做中学、做中求进步，并提出了"活教育"的 17 条教学原则。陈鹤琴非常重视游戏在教学中的作用，认为儿童以游戏为生活，因此应在游戏和活动中学习。他还根据幼儿年龄和个性的不同提出了小团体教学法，以适应不同儿童的发展需要。在关注幼儿园教育的同时，陈鹤琴对家庭教育也有专门的论述。

张雪门(1891—1973)是我国著名的幼儿教育家，对我国北方和台湾地区的幼儿教育产生了重要的影响。张雪门 1918 年在家乡创办了星萌幼稚园，开始了对中国幼儿教育的探索，他出版了《幼稚园课研究》《幼稚园课程活动中心》《幼稚园行为课程》《幼稚教育》等几十本专著。张雪门认为，考虑幼儿教育的目的，要将环境、儿童身心特点与国家未来联系起来。张雪门认为课程是经验，幼稚园的课程是给 3～6 岁的孩子所能够做而又欢喜做的经验的预备，生活就是教育，5～6 岁的孩子们在幼稚园生活的实践，就是行为课程。他比较了幼稚园课程与其他教育阶段课程的不同，提出幼稚园的课程有其自身的特点：第一，"幼稚生对于自然界和人事界没有分明的界限，他看宇宙间一切，都是整个儿的"；第二，"当幼稚生的时期中，满足个体的需要，实甚于社会的希求"；第三，"幼稚园的课程，须根据儿童自己直接的经验"。张雪门还对幼稚师范的见习和实习作了系统的论述，主张师范教育三年六个学期中都要有实习，在实习内容上，他提出要从幼儿教育扩展到婴儿保育、小学教育，从只实习教育和教学扩展到实习行政管理以及缝纫炊事。

张宗麟(1899—1976)，师从陶行知、陈鹤琴，是我国幼稚园第一位男老师。张宗麟分析了幼儿时期儿童心理、生理的特点，认为这个时期的教育对儿童生理、心理的影响最深，几乎一生不消。他认为，幼儿教育应该是一切教育的起点，应该被正式列入学制。张宗麟认为"幼稚园课程者，由广义的说之，乃幼稚生在幼稚园一切之活动也"，"课程须以儿童全面发展为目的，包括健全的身体，灵敏的感官，人生必需的习惯，相当的知识"。张宗麟认为课程可以根据两种标准分类：以儿童活动可以分为开始的活动、身体的活动、家庭的活动、社会的活动、技巧的活动；以学科分类可以分为音乐、游戏、手工、自然、社会、读法、数法等科目。他提出了选择课程内容的两条标准，即儿童自身的需要和社会对儿童的希望，并在此基础上提出了课程内容四个方面的来源和编制课程的"中心制"原则。张宗麟对幼稚师范的设置，招生条件，课程安排都提出过具体的要求，主张幼稚园教师非为女子之专业，必须有男子加入，他还强调了在职幼儿教师的非正规学习和进修的重要性。

**（二）主要特点**

在学前教育学的初创阶段，由于心理学，尤其是实验心理学及相关的自然科学的迅速发展，使研究对象的重心从成人转移到儿童。此外，这一时期欧美各国都已普遍实施初等义务教育，学前教育也朝社会化的方向迅速发展。大批儿童的入学要求教育工作者认真考虑如何根据儿童的特性，更有效地实施教育或做好入学前的准备。

学前教育学开始成为一门独立的学科，学者们开始专门针对学前教育各阶段的教育问题进行研究，描述学前教育的现象并揭示现象背后的规律，学前教育理论已经形成较为完善的体系。但是由于认识水平的局限性，学前教育还缺乏科学的方法作指导，大部分理论研究停留在经验的描述和简单的逻辑推理上，抽象和概括的水平不高。

**扩展阅读 0-5**

**蒙台梭利的“工作”教育理论**

根据蒙台梭利的儿童发展学说，儿童的生命潜力是通过自发的冲动表现出来的，其外在表现就是儿童的自由活动。因此她十分重视儿童的活动。她给活动以极高的评价：“活动、活动、活动，我请你把这个思想当作关键和指南；作为关键，它给你揭示了儿童发展的秘密；作为指南，给你指出应该遵循的道路。”而工作就是活动，是儿童的自由活动。蒙台梭利认为“人是通过工作而塑造自己的”，“儿童通过运动的生长，他那建设性的努力构成了一种在外界环境中发生的真正工作”。但为什么蒙台梭利把儿童的活动称之为“工作”而不是像福禄贝尔一样称之为“游戏”呢？这主要是因为她认为游戏特别是假想游戏会把儿童引向不切实际的幻想，不能培养儿童严肃、认真、准确、求实、责任感和严格遵守纪律的精神和行为习惯。她在“儿童之家”里发现儿童“喜欢工作，甚于喜欢游戏”。因此，在她看来，只有“工作”才是儿童最主要和最喜爱的活动，而且只有“工作”才能培养儿童多方面的能力并促进儿童心理的全面发展。蒙台梭利认为 3～7 岁幼儿的发展是在“工作”中实现的。

蒙台梭利所说的工作是儿童在“有准备的环境”中，与环境相互作用的活动，是一种自由、自主、自助的活动，是满足儿童内在活动需要的活动，是儿童喜欢并乐在其中的活动，是一种手脑结合、身心协调的活动。

蒙台梭利所说的“工作”和成人的工作是不一样的。它是儿童的自由活动，是非强制性的。它不是为了实现一个外部目的，也不遵循劳动效益规律。儿童工作的目的就是工作本身，儿童把大量的精力消耗在一个满足其内在需要的目的上，“无疑地，儿童工作的愿望体现了一种生气勃勃的本能。因为没有工作他就不可能形成他的个性，就会违背他自己的正常发展的方式”。蒙台梭利认为儿童的工作有以下特征，以区别于成人的工作：(1)遵循自然法则，服从内在的引导本能；(2)无外在目标，以“建构为人”或称自我实现，自我完美为内在目标；(3)是一种创造性、活动性与建构性的工作；(4)须独立完成、无人可替代或帮助完成；(5)以环境为媒介来改进自己，形成自己与塑造自己的人格；(6)以自己的方式、速率进行，为自己的内在需求而重复。

资料来源：姚素慧.蒙台梭利的“工作”教育理论及其在幼儿园中的应用[J].学前教育研究，2006(7-8)：110-111.

## 四、发展阶段(20 世纪中叶以后)

20 世纪中叶以来，人类社会不断发展，哲学、人类学、生态学、教育学、心理学、脑科学等学科的发展，不断丰富着学前教育学的研究视角和研究内容，提高了学前教育学的理论化和科学化水平。学前教育的研究领域异常活跃，斯金纳的行为主义心理学、马斯洛的人本主义教育思想、布朗芬布伦纳的人类发展生态学理论等为学前教育学在思想体系、科学性和理论水平上的提升提供了充足的养料。同时，学前教育学在心理科学发展和教育实验研究的基础上得以进一步深化，进入发展阶段。

### (一) 代表人物及其思想

瑞士心理学家皮亚杰(1896—1980)，其认知发展学说是 20 世纪对儿童教育影响最大的理论。皮亚杰将儿童思维的发展划分为四个阶段，这四个阶段分别是：感知运动阶段(0～2 岁)，处于这一时期的儿童主要是靠感觉和动作来认识周围世界的；前运算阶段(2～7 岁)，儿童在 2 岁时，活动不再以主体的身体为中心了，但儿童还不能形成正确的概念，他们的判断受直觉思维支配；具体运算阶段(7～12 岁)，儿童的思维已具有可逆性和守恒性，但这种思维运演还离不开具体事物的支持；形式运算阶段(12 岁至成人)，儿童能对抽象和表征性的材料进行逻辑运演。皮亚杰认为儿童认知发展的三个基本过程是同化、顺应和平衡，通过同化和顺应，儿童能够形成自己的“图式”。影响儿童认知发展的主要因素是成熟、对物理环境、社会环境以及具有自我调节作用的平衡过程。皮亚杰还通过考察和研究儿童对规则的理解和使用、对过失和说谎的认识、对公正的认识，把儿童道德认知发展划分为三个有序的阶段：前道德阶段(出生～3 岁)、他律道德阶段或道德实在论阶段(3～7 岁)以及自律或合作道德阶段(7～12 岁)。

维果斯基(1896—1934)是前苏联建国时期卓越的心理学家，首次将历史主义原则引进心理学，在此基础上创立了“文化一历史发展理论”。维果斯基认为教学必须符合儿童的年龄特征，必须与儿童的发展水平相一致，以儿童一定的成就作为基础。他在 1931—1932 年将总的发生学规律应用于儿童的学习与发展问题时提出“最近发展区”概念，将“最近发展区”定义为“实际的发展水平与潜在的发展水平之间的差距”。前者由儿童独立解决问题的能力而定，后者则是指在成人的指导下或是与能力较强的同伴合作时，儿童能够解决问题的能力。维果斯基强调架构的作用，认为儿童应该从与一位比自己知识更渊博的人的互动过程中建构其所处的社会所重视的智能，成人在与儿童互动的过程中，会将其所处社会所重视的智能传递给儿童。在教学过程中，架构有六个步骤，分别是引入、示范、简化作业、维持参与、给予回馈及控制挫折感。维果斯基认为，在学前阶段，游戏是儿童发展的最重要源泉。他指出在游戏中，一个孩子的行为总是超越于他的实际年龄、他的日常行为；在游戏中，他比他本身的实际水平要高出一点；在游戏中，儿童的言语、符号活动作为中介可以促进儿童认知水平的提高。

20世纪80年代美国著名的发展心理学家、哈佛大学教授加德纳提出了一个全新的理论——多元智能理论。加德纳至今已提出了九种智能：言语—语言智能、逻辑—数理智能、音乐—节奏智能、视觉—空间智能、身体—运动智能、人际交往智能、自我反省智能、自然观察者智能和存在智能。他认为以上九种智能是相对独立的，各自有着不同的发展规律并使用不同的符号系统，各种相对独立的智能以不同的方式和程度有机地结合在一起，使得每个人的智能结构各具特点，同一种智能在每个个体身上的表现形式也是不一样的，每一种智能在人类认识世界和改造世界的过程中都发挥着独特的作用，且具有同等的重要性。每个人与生俱来就在某种程度上拥有八种以上智能的潜能，环境和教育对这些智能的开发和培育有重要作用。

据1991年的美国《新闻周刊》报道，世界十大最佳学校中，学龄前学校首推瑞吉欧·艾米里亚的学前教育机构，并称其为“全世界最好的学前班”。瑞吉欧是意大利东北部的一座城市，自20世纪60年代以来，洛利斯·马拉古齐和当地的幼教工作者一起兴办并发展了该地的学前教育。数十年的艰苦创业，使意大利在举世闻名的蒙台梭利之后，又形成了一套“独特与革新的哲学和课程假设，学校组织方法以及环境设计的原则”，人们称这个综合体为“瑞吉欧·艾米里亚教育取向”。瑞吉欧教育主张：儿童的学习不是独立建构的，而是在诸多条件下，主要是在与家长和教师、同伴的相互作用过程中建构的；是在特定的文化背景中建构知识、情感和人格的。在互动过程中，儿童既是受益者，又是贡献者。正如马拉古齐在《儿童的一百种语言》中写到的：

孩子/是由一百种组成的/孩子有/一百种语言/一百双手/一百个念头/一百种思考方式、游戏方式及说话方式；还有一百种/聆听的方式，惊讶和爱慕的方式；一百种欢乐/去歌唱去理解。一百个世界/去探索去发现。一百个世界/去发明。一百个世界/去梦想。

孩子有/一百种语言(一百一百再一百)/但被偷去九十九种。学校与文明/使他的身心分离。他们告诉孩子：不需用手思考/不需用头脑行事/只需听不必说/不必带着快乐来理解。爱和惊喜/只属于复活节和圣诞节。他们催促孩子/去发现已存在的世界，在孩子的一百个世界中，他们偷去了九十九个，他们告诉孩子：游戏与工作、现实与幻想、科学与想象、天空与大地、理智与梦想/这些事/都是水火不容的。

总之,他们告诉孩子:没有一百存在/然而,孩子则说:不,其实真的有一百!

新中国成立后,我国学前教育主要学习借鉴前苏联社会主义学前教育的思想、策略,颁布了《幼儿园暂行规程》,明确了幼儿园的双重任务和教养并重方针,强调学前教育的目的性、计划性和各科教学的思想性、系统性和科学性,逐步形成了受苏联社会主义学前教育理论影响的、反映建国初期我国社会主义建设现实的社会主义学前教育理论体系。

改革开放以来,我国在学前教育理论体系的构架上逐步摆脱了前苏联学前教育学的束缚,从我国学前教育理论研究现实和学前教育实践的基本特征出发,注重吸收和借鉴西方学前教育的理论研究成果,以及与学前教育相关领域的理论研究成果,开始建构具有中国特色的学前教育学,例如对幼儿园综合教育进行了理论研究与实践,同时在"素质教育"思潮的影响下,进行了幼儿园素质教育课程的实践探索,形成了新型的儿童观、儿童教育观、学前课程观和学前教师观等等,随着对本土学前教育研究的重视,我国学前教育学的发展进入了一个新的阶段。

**(二) 主要特点**

经过数百年的发展,学前教育已经成为世界范围内的热点问题,众多教育家、心理学家、社会学家开始致力于学前教育的研究与宣传,学前教育学获得了繁荣和进一步的发展。科学技术的发展和相邻学科的发展都为学前教育提供了科学基础,学前教育学在重新审视传统学前教育理论的基础上,继承并发扬了优秀的学前教育思想,在相互交流与切磋的过程中,学前教育学不断吸收儿童发展以及课程的相关理论,构建了具有时代特色的学前教育理论。随着学前教育实践的发展,学前教育学开始不断地分化和互相渗透,对学前教育的研究不断趋向于综合,学前教育学的发展进入了一个学派纷呈、蓬勃发展的时期。

**扩展阅读 0-6**

### 意大利瑞吉欧儿童中心

瑞吉欧儿童中心成立于20世纪80年代初,儿童中心的主要工作是推广瑞吉欧的理论和实践经验,运用适宜的方式促进教育理论和实践经验的提升。儿童中心承担着23所托儿所和22所幼儿园的教育方案的计划与发展工作。由教育家、教研员、园长、教师、家长及社区工作人员组成的研究小组在共同的价值观、互动交流、平等协作、责任共担的基础上,围绕同一个研究计划或者方案进行长期深入的专题研究。有丰富教育经验的教研人员担任二到三所幼儿园的课程负责人,他们定期指导教师进行观察、记录,指导教师如何分析观察记录的资料,与每位教师交流、沟通,及时吸取各类信息,这些研究人员还负责总结瑞吉欧地区的幼儿教育经验,将日常观察记录所得的资料加以总结、整理、开发。教育协调员根据价值观、教育目的和不同的儿童把学校系统和家长连成一个有机的整体。

儿童中心的核心精神与工作宗旨是:学术研究的充分自由与民主;实践工作的永恒发展与创新;团队合作的积极回应与共同发展。儿童中心还吸纳许多具有不同专业背景的人员,共同参与该机构的运转,哲学家、社会学家、建筑师、设计师、艺术工作者和市民志愿者也经常来到这里,构成一个名副其实的"创新服务机构"。在儿童中心设置了极富教育价值和意义的"公园"和"广场",儿童和青年教师会在这里通过游戏进行学习。每年,儿童中心定期举办学习班、研讨会和各种交流活动,接纳来自各国的教育理论与实践专业人员,探讨、研究共同关注的教育问题,分享经验,促进全球儿童共同发展。

资料来源:尹坚勤.意大利瑞吉欧儿童中心[EB/OL]. http://www.cqvip.com/QK/81148A/200703/2408803.html.

## 第三节　学前教育学的意义和基本任务

### 案例导入

**大一新生小王的困惑3:学前教育的理论和实践什么关系?**

今天,小王寝室来了一个幼儿园老师,是小王同学的亲戚。大家伙都很感兴趣地询问:"在幼儿园都做些什么工作?""累不累?""在学校学什么以后工作能用得上?"这位幼儿园老师说:"等你们去幼儿园实习就知道了,学的那些理论知识到幼儿园根本就用不上,唱歌、跳舞啥的还能用上,还有那些教法什么的,也有点用。"小王听完很困惑,跑去问学姐,学姐告诉她说:"你们现在所学的理论知识大部分都是学前教育学包涵的内容,有没有用要看你的理论知识学习得是否透彻和扎实,你要只是学了一些皮毛,到幼儿园当然不知道什么事情要用到什么理论。在幼儿园要想成为一名优秀的幼儿园教师必须理论和实践都要强,读万卷书和行万里路是缺一不可的。"

[思考]

1. 学习学前教育学有什么意义?
2. 要怎么学习学前教育学?

### 一、学前教育学的意义

#### (一) 理论意义

作为一门学科,学前教育学是在学前教育活动不断发展和学前教育研究的理论成果不断积累的基础上发展起来的。学前教育学对学前教育的各种理论与实际问题给予理性分析和探讨，从而使人对学前教育有全面系统的理性认识，把握学前教育规律。

学前教育学有助于推动学前教育改革实践和学前教育理论的发展。在学前教育改革中出现的新情况、新问题需要分析研究，在学前教育改革中得到的新经验、新方法需要总结概括，学前教育学能指导我们科学地分析学前教育改革的问题，将学前教育改革中产生的经验上升为科学的理论，在推动学前教育改革实践的同时，使得学前教育理论得到不断地发展和完善。

那么，学习者要如何进行学前教育学的理论学习呢？首先，学习者应该深入地理解和领会学前教育学的基本概念、基本知识、基本原理、基本观点，初步了解学前教育学的基本结构。反复推敲、弄懂和理解章节的内容和每一章节之间的逻辑关系；其次，在此基础上，对自己感兴趣的内容进行广泛的阅读，并尝试批判性地思考、分析和比较，勇于探索新问题，提出新见解。同时和老师与同学们相互交流、切磋，让不同的观点相互碰撞，激起思想的火花；最后，学习与学前教育学相关的学科知识和理论。在科学技术飞速发展的今天，学科之间的综合性与渗透性已是学科发展的大趋势。学前教育学在不断地吸收和综合其他相关学科的知识和理论，并在此过程中不断地获得完善和发展。教育人学、教育人类学、教育生态学等等都是与学前教育学相关的学科。学习相关学科的知识和理论可以让学习者从更多、更新的视角看待和理解学前教育学的理论，有利于学习者充盈和拓展学前教育学知识，使学习者的思路更开阔、学习更加深入和全面，从而形成正确的学前教育观念，形成自身热爱学前教育事业的信念。

**（二）实践意义**

学前教育学在研究学前教育的现象、规律与理论的过程中，蕴含着对学前教育工作的引导，能够为解决学前教育的实践问题提供理论依据。学前教育学在准确分析学前教育现状的基础上，可能会找到突破的路径，促使人们做出恰当的判断，进行适宜的行动，推动学前教育改革的步伐。当前，学前教育政策与立法问题、学前教育经费投入不足问题、学前儿童食品安全与卫生问题、学前独生子女社会性发展问题、学前农民工子女受教育问题的解决都需要学前教育学相关理论的帮助和指导。

学前教育学所阐述的学前教育理论是评价学前教育工作是否科学、有效的潜在依据。学前教育学是对学前教育进行研究的一门科学，在对学前教育相关问题的论述中，学前教育学的应然研究，可以在学前教育实践中起到评估的作用。

学前教育学的理论是为学前教育实践服务的，对于学习者来说，理论联系实际是学习学前教育学的重要路径。知识的学习并不仅仅靠书本和课堂学习，学习者还应该积极参加课外的各种专业活动，如学前教育的论坛、关于学前教育的讲座和心理实验等等。学习者还可以到幼儿教育机构进行见习和实习，就一些感兴趣的问题在社区、家庭和幼儿园展开调查，尝试做一些行动研究和实验研究。这些活动的参与，都有助于学习者拓宽知识面，加深对学前教育学知识、理论的认识和理解，有效的提高自身的理论修养、锻炼自身从事学前教育工作的能力。另外，在今天这样一个信息化的时代，学习者应该学会利用各种传媒来获得学前教育的相关信息，让自己一直站在学科发展的前沿。可以通过图书馆的书籍和报纸杂志、数据库的期刊和学位论文、网上的精品课程等，了解到学前教育研究的动向和成果，了解国内外学前教育的发展与变革，这将有助于学习者开阔视野、活跃思维。

## 二、学前教育学的基本任务

学前教育学的基本任务是学前教育学意义的实际体现，具体来讲，学前教育学主要的任务有以下三个方面：

### （一）探讨学前教育工作规律

学前教育学的一个重要任务是揭示学前教育工作的基本规律。认识和掌握学前教育规律，才能促进学前教育的科学化、规范化。如对幼儿园课程内容设计与组织的有效性研究，可以揭示幼儿园教学中的目标、内容与方法之间的内在一致性规律，从而使学前教育者的工作内容更加科学化、合理化。

### （二）丰富和发展学前教育理论

学前教育学是指导和推动学前教育实践不断发展的重要理论基础。学前教育实践的发展不仅客观上要求学前教育学的指导，同时也要求学前教育学不断更新完善。丰富和发展学前教育理论，建构科学的、具有中国特色的学前教育理论是学前教育学的任务。

### （三）指导学前教育改革与实践

在当今社会，学前教育越来越受到社会与家庭的特别关注，在学前教育适应时代发展的需要而进行改革的过程中，不断遇到各种新的问题，发生新的教育现象，需要学前教育学做出相应的回答。学前教育学必须关注学前教育实践的发展，不断研究新情况、新问题，为实践中问题的解决提供必要的指导。

当然，学前教育学还是一门年轻的学科，还有许多进步和发展的空间，相信通过学前教育理论工作者和实践工作者的努力，学前教育学的理论和实践意义将会提高到一个新的水平，在它日趋完善的同时，学前教育学将会更好地完成它的三个基本任务。

### 扩展阅读 0-7

**本土困境与学前教育学的文化转向**

20 世纪 80 年代以后，中国学前教育学的理论建设取得了巨大的成绩，在借鉴国外特别是西方的学前教育模式过程中，不断推动着中国幼儿教育实践的繁荣。但与此同时，中国的学前教育学学科发展也面临着一些困境，主要表现为学前教育学的原创性话语较缺乏，“殖民”色彩较浓。中国的学前教育学逐渐失去了自己的声音与话语权，从模仿日本到借鉴美国，从介绍蒙台梭利到引入瑞吉欧、方案教学、生成课程等，在学习国外幼儿教育经验的同时，却很少有属于自己的原创性内容。中国的学前教育学者理应而且必须追问：研究的是中国问题吗？是中国本土情境中产生并急待解决的教育问题吗？

学前教育学既不是价值中立、文化无涉的，也并非完全客观、普适的，学前教育学的每一环节均渗透、体现着特定的文化与价值，均与其所产生的国家或地区的民族背景、历史文化有密切的联系。我们也只有从文化视野的角度出发审度学前教育学，才能对学前教育学的根本问题，特别是中国学前教育学的诸种特有现象与时代问题，及其未来趋势与走向，对如何重建中国学前教育学的文化有一个完整而深刻的理解。

要克服中国学前教育学目前无“中国味”的处境，就必须从文化视角追问之、审思之。忽视了中国文化这一根基，我们就总也找不到未来发展的方向，就只会囿于我们到底可以向国外的学前教育理论学些什么，而总也不明白中国的学前教育学究竟要解决哪些重要问题。迄今为止，还没有超越国家和民族的学前教育学，没有普适性的学前教育学，不管哪一个国家的幼儿教育都是建立在其特定的文化土壤之上的。“皮之不存，毛将焉附”，离开了文化土壤，学前教育学就是抽象的，必不能适合中国幼儿教育的实际。学前教育学是一门价值关涉的学科，具有浓厚、不可压抑的文化品性……中国的学前教育学者也应着力探讨如何以中国文化为底基，沟通学前教育学的中西文化，打通中国学前教育学之传统与现代的内在关联，让中国学前教育学焕发出文化张力，而不能任由“文化迷失”的现象持续下去。

资料来源：姜勇，邓素文. 本土困境与学前教育学的文化转向[J]. 学前教育研究，2008(4)：11-12.

## 本章结构图

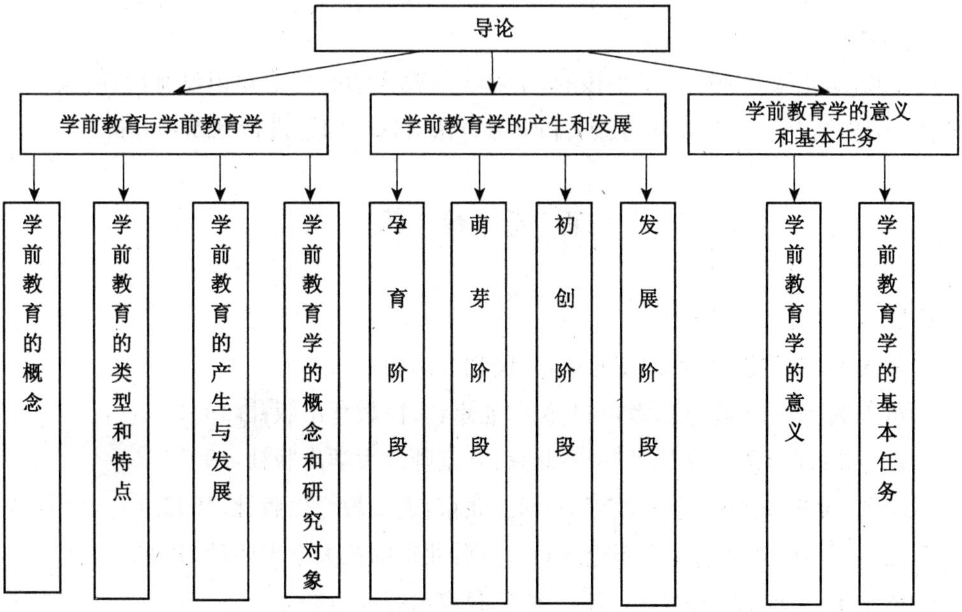

# 本章检测

**一、名词解释**

1. 学前教育
2. 学前家庭教育
3. 学前公共教育
4. 托幼机构教育
5. 社区学前教育
6. 学前教育学

**二、简答题**

1. 学前教育的类型。
2. 学前家庭教育的特点。
3. 托幼机构教育的特点。
4. 社区学前教育的特点。
5. 学前教育学的研究对象。
6. 学前教育学产生和发展的四个阶段。
7. 学前教育学的基本任务。

**三、论述题**

利用所学知识，查找一个学前教育学产生和发展阶段代表人物的代表著作，并写下自己的读后感。

**四、案例分析**

有人说，幼儿园老师就是带小孩的，学习学前教育学的理论知识没有用，解决不了实际问题。请你结合学前教育学的意义和学习方法对这个问题进行判断和分析。

# 课后推荐

**图书：**

1. 黄人颂. 学前教育学[M]. 北京：人民教育出版社，1989.
2. 黄人颂. 学前教育学参考资料[M]. 北京：人民教育出版社，1991.
3. 卢乐山. 学前教育学原理[M]. 北京：北京师范大学出版社，1991.
4. 唐淑，钟昭华. 中国学前教育史[M]. 北京：人民教育出版社，1993.
5. 陈帼眉，刘炎. 学前教育新论[M]. 北京：北京师范大学出版社，1996.
6. 虞永平. 学前教育学[M]. 南京：江苏教育出版社，1996.

7. 郑慧英. 幼儿教育学[M]. 福州:福建教育出版社,1996.

8. 李季湄,肖湘宁. 幼儿园教育[M]. 北京:北京师范大学出版社,1997.

9. 杨汉麟,周采. 外国幼儿教育史[M]. 南宁:广西教育出版社,1998.

10. 唐淑. 学前教育思想史[M]. 北京:人民教育出版社,2009.

**期刊:**

1. 侯莉敏. 百年中国幼教事业的变化及发展[J]. 幼儿教育,2004(2).

2. 侯莉敏. 不同学科视野中的儿童研究及其对早期教育的启示[J]. 幼儿教育,2006(4).

3. 侯莉敏. 理论的引入与我国学前教育的变革与发展[J]. 幼儿教育,2010(7-8).

4. 王春燕. 学前教育价值取向的百年追思与启示[J]. 学前教育研究,2011(9).

5. 张利洪,李静. 学前教育学的研究对象[J]. 学前教育研究,2011(9).

**网站:**

1. 中国学前教育网:http://web.preschool.net.cn/

2. 中国学前教育研究会:http://www.cnsece.com/

## 实践拓展

1. 观看 2014 年 8 月 26 日央视 3 套《向幸福出发》栏目中“腹隐珠玑　心怀锦绣　六岁神童　世所罕有”部分,阐述你对学前家庭教育的看法。

2. 去图书馆查阅学前教育学发展阶段代表人物的书籍,手写摘抄其中你喜欢的语句,并在旁边画出他的头像。

每当看见天上的彩虹，我的心弦就会铿然而动。生命开始时就是这样，长大成人了还是这样，将来衰老时愿仍这样。不然，就让我速朽！儿童乃成人之父，我希望以赤子之心，贯穿颗颗生命之珠子。

——华兹华斯《每当看见天上的彩虹》

# 第一章 学前教育与儿童

## 学习目标

- 识记：儿童观；社会主导形态的儿童观；学术理论形态的儿童观；大众意识形态的儿童观；儿童发展
- 领会：儿童观的形态；儿童观的结构；儿童观历史演变的几个阶段；科学儿童观的内涵；儿童发展的规律；学前教育对儿童发展的意义；儿童发展对学前教育的要求
- 理解：影响儿童发展的因素
- 应用：能够辩证地看待影响儿童发展的因素

## 本章导读

本章主要讲授学前教育与儿童，一共三小节。第一节阐述对学前教育和儿童有重要影响的儿童观，包括儿童观的概念、形态、结构，儿童观的历史演变以及科学儿童观的内涵；第二节儿童的发展，阐述儿童发展的概念，厘清影响儿童发展的因素，明晰儿童发展的规律；第三节学前教育与儿童发展，阐述学前教育对儿童发展的意义以及儿童发展对学前教育的要求，讲解儿童发展的年龄特征与学前教育。

## 第一节 儿童观

### 案例导入

**“我讨厌刘亦婷”**

近日有报道说，青岛一位5岁的孩子因为不满母亲按照哈佛女孩刘亦婷的成长模式对她进行培养，强烈抗议："我讨厌刘亦婷，我再也不想听名著了。"原来，母亲在读了《哈佛女孩刘亦婷》这本书之后，就开始在她身上"做实验"，结果原本开朗听话的孩子变得孤僻暴躁，不得不求助于医生。在纷繁复杂的图书市场，《哈佛女孩刘亦婷》《轻轻松松上哈佛》《我家笨笨上剑桥》等类似的书籍炙手可热，高居排行榜前列。父母们恨不能把别人的成功经验在自己的子女身上复制。

［思考］

1. 案例中体现了一些父母什么样的儿童观？

2. 父母应该具有什么样的儿童观？

## 一、儿童观概述

不论是学前家庭教育还是学前公共教育，要想对儿童实施适宜的教育活动，就必须拥有正确的儿童观。儿童观可以说是学前教育理论中的基本和核心概念，学前教育工作者的儿童观会直接影响到他对学前教育理论的研究以及对学前儿童实施的教育行为。因此，理清儿童观问题，是学前教育理论建设和实践活动中首先需要解决的问题。

### （一）儿童观的概念

儿童观是指人们对儿童的根本看法和态度。在学前教育中，教育者对儿童看法和态度的不同，会导致他们对教育过程要素认识的不同，进一步导致他们不同的教育目标、教育手段和教育行为。可以说，儿童观影响着教育者的教育观和教师观。在社会中，儿童观以不同的形态存在着，这些儿童观都或多或少的影响着或代表着学前教育工作者的儿童观。

### （二）儿童观的形态

对于儿童观形态的划分，是对所有儿童观进行归纳和总结的过程，可以从儿童观的内容、儿童观的历史进程、儿童观的持有主体等角度来区分不同形态的儿童观。在本书，我们以儿童观的持有主体为依据来区分儿童观的形态，认为儿童观包含以下三种形态：

1. 社会主导形态的儿童观

社会主导形态的儿童观是指在一定社会中的政府机构、法律机构对儿童的根本看法和态度。这种儿童观往往以法律、政令、规章等形式来体现。一般说来，社会主导形态的儿童观是一元的，一个国家一般只认可一种儿童观。这种儿童观一般具有法律性，阐述简单明了。

2. 学术理论形态的儿童观

学术理论形态的儿童观是指哲学、伦理学、心理学、教育学、文化学、人类学等学术领域的研究人员在深入思考和研究的基础上对儿童的根本看法和态度。这种儿童观也可以称为是理性的儿童观,阐述系统、全面。

与社会主导形态的儿童观不同,学术理论形态的儿童观不具有法律效应,但具有明显的多元性。这是因为不同领域的研究者研究的视角不同,与儿童观有关的思想、理论背景不同,与儿童实际接触交往的状况不同,个人生活经验、家庭背景不同、对现实社会的认知不同,这些都可能导致研究者在儿童观上的差别,有时甚至可能导致产生两种完全对立的儿童观。当然,学术理论形态的儿童观也可能和社会主导形态的儿童观达成一致,或者成为社会主导形态儿童观的主要参照源。

3. 大众意识形态的儿童观

大众意识形态的儿童观是指广大人民群众对于儿童的根本看法和态度。这是一种最具实际意义的儿童观,因为儿童就是在这种现实的儿童观的作用和影响下生活和成长的。社会主导形态的儿童观和学术理论形态的儿童观都需要通过内化到大众意识形态中从而对儿童发挥作用。大众意识形态的儿童观具有差异性和不系统性,它总是与一定的实际情景和行为相联系,很多并没有上升为真正的观念。所以每个人的儿童观不同,同一个人在不同因素影响下,儿童观也会随之发生变化。

**(三) 儿童观的结构**

对儿童观结构的分析,是从整体上把握儿童观的重要步骤,可以从以下三个方面去分析和把握儿童观的结构:

1. 自然层面

儿童的身体、身体组织是长期在自然界的制约下进化、发展的产物。作为生物个体,一方面,儿童有其自身发展的规律,在其生长发展的历程中,逐步形成和发展着维持其生命的一般能力,这种能力的发展是一个自然的、有规律的历程。因此,儿童并不是被动的,儿童的发展是儿童自身生命成长的结果。另一方面,儿童又对外部世界和周围事物具有依赖性,他要从周围环境中获得食物、照料和刺激。从这一层面来看,儿童又是被动的,他需要成人给予食物、爱和环境。

2. 社会层面

儿童是社会的希望和未来,是社会生活中不可缺少的组成部分。由于儿童的存在,社会才得以延续和发展,社会生活才更加绚丽多彩。作为社会的存在,儿童应该享受相应的社会地位和权利,同时,社会应该为儿童提供有利于其成长发展的物质环境和精神环境。

3. 精神层面

除了自然赋予儿童的身体,社会赋予儿童的身份,儿童还有其自己丰富的精神世界。这个世界是一个神奇的世界。虽然时常表现出稚嫩和脆弱,但儿童却有独立的人格,并正在形成自己的个性;虽然经常处于被照料的状态,但儿童却有其自己的需要和愿望。所以,作为精神层面的儿童,他应该有表达自己内心世界的机会,并且这种表达应该得到承认和尊重。当然这种表达的自由是在约束的前提下进行的，而不是成人有求必应，儿童为所欲为。

## 扩展阅读 1-1

### 儿童是花朵——花朵论

花朵是美的象征，是观赏的对象，也是需要保护的对象。花朵论一方面把儿童看作是一个有独立存在价值的实体，承认儿童有自己固定的发展周期，承认儿童个体发展的差异性；另一方面，又把儿童看成是脆弱的，易受伤害的，是需要保护的对象。有学者认为这脆弱的一面也正是儿童优越性的一面：儿童的世界确实是一个美丽而脆弱的世界，就像所有的高级生物一样，越高级越脆弱，他的脆弱正是因为他的可贵，正是因为他高级，所以他脆弱。

看来，花朵美丽而脆弱的特点也能用来恰当地描绘儿童的特点。花朵可分为自然环境中的花朵、温室里的花朵。把儿童看作是自然环境中的花朵，反映的是自然主义的观点，即尊重儿童具有的纯洁美好、独立平等的自然本性。这种观点认为儿童的生长发展是按自然法则运行的，儿童的成熟都有其内部的时间表。这种观点与夸美纽斯的种子论和蒙台梭利的儿童观相一致。把儿童看作是自然环境中的花朵，反映出人们已意识到儿童的生存与外部环境的关系，即当外部环境（如土壤、阳光、水分等）适合花朵生长时，花朵就会姹紫嫣红、争奇斗艳；当外部环境恶劣时，花朵就会枯萎、凋零。这也反映出儿童作为自然的存在，其命运必须接受自然选择——"物竞天择，适者生存"这一规律，这种观点与皮亚杰的认知发展理论十分相似，即个体生存的智慧就是对自然与社会的适应。把儿童比作自然环境中的花朵，似乎忽略了成人在儿童成长过程中的作用，这种观点认为成人只要顺其自然，在一旁静静观赏就可以了。把儿童看作是温室里的花朵，则反映出当代中国父母普遍存在的溺爱儿童，对儿童过分保护，使儿童养成依赖习惯的现象。这是一种重知识不重能力的教育观念，在这种教育观念指导下，成人只关注花朵在温室里是否长得茁壮，而不关注花朵是否适应温室以外的环境。可见，自然环境中的花朵是自由的、冒险的，温室里的花朵却有很大的依赖性。其实，儿童既应该享有最大的自由，又应该具有最大的依赖性。因此，儿童的成长既需要自由，也需要依赖，而上述两种花朵论却走向了两个极端。

另外，我们也把儿童比作祖国的花朵。这种观点认为儿童是国家最宝贵的财富，是国家最有潜力的资源，是未来的接班人和建设者，对儿童进行教育就是对未来进行最有价值的投资，高投入才能高产出，这实际上也成了当代中国父母在儿童教育投资方面慷慨大方的充足理由。

资料来源：何媛. 儿童是什么——关于儿童观的隐喻分析[J]. 幼儿教育(教育科学版)，2006(9)：36-37.

## 二、儿童观的历史演变

随着历史的演进,儿童观的内容也相应地变化着。不同历史时期内儿童观内容不同,正恰恰说明了作为观念而存在的儿童观同时也是一种历史的存在。

### (一) 西方儿童观的历史演变

1. 古代的儿童观

在古代,人们尚未发现儿童和成人有什么根本的不同,因而也没有明确的儿童观。对于原始氏族来说,由于当时生产力水平极端低下,原始人急切地希望儿童加入成人行列,因此他们没有把儿童作为儿童看待,而仅仅当作氏族部落的未来成员,当作缩小的成人。儿童的概念在很长时间内被淹没在黑暗中,即使在被后人认定为相当文明的古希腊,世人对于儿童的社会存在仍然视而不见。

**案例 1-1**

**历史上不同国家对儿童的极端做法**

在古罗马和希腊,人们可以任意地把虚弱的、残疾的、女性的、健康的婴儿残杀或丢弃,罗马人杀一个成人是谋杀,但父母遗弃和残杀自己的婴儿拥有绝对的权力。曾经几度辉煌的古罗马,第一任国王罗慕洛就是弃婴。凡去过罗马的人,都应该记得罗马的城徽是一只母狼在给两个孩童哺乳。这两个孩子就是罗马战神和女祭司的私生子罗慕洛(Romulo)和勒莫斯(Remus)——一对被叔公丢在台伯河的弃婴,后来侥幸由一只母狼哺养而活命,成为一代英雄。

在美洲,北美的原住民因资源匮乏、母亲生活压力沉重,无力抚养不断出生的婴儿。就会把孩子放在沼泽地淹死或用苔藓使之窒息而死。北方的爱斯基摩人和加拿大西北部的土著会把不受欢迎的婴儿遗弃在自然界,在极地严寒的天气下婴儿如果失去人类的照顾,死亡就是他们生命必然的结果。

建立在南美洲秘鲁库斯科城西北 112 公里高原上的马丘比丘的印加帝国敬拜"太阳神",为了风调雨顺,印加人每年都会举行盛大的生命祭献典礼,一些儿童被活埋在冰天雪地的安第斯峰巅;有些儿童被活活残杀,用于祭祀,仪式举行之后被贵族阶层分食。

亚洲的日本、南亚地区杀婴历史悠久,尤其印度,杀害女婴更是臭名昭著。中国从春秋战国时期就有杀婴记载,韩非子有文为证:"产男则相贺,产女则杀之。"(《六反》)还有《南史·刘湛传》:"湛每生女,辄杀之,甚为时流所怪。"

宋代苏东坡的《与朱鄂州书》写道:"岳鄂间田野小人,例只养二男一女,过此辄杀之,尤讳养女,以故民间少女,多鳏夫。初生,辄以冷水浸杀,其父母亦不忍,率常闭目背面,以手按之水盆中,咿嘤良久乃死。";清代陆心源《宋史翼·罗钦若传》:"绍兴间,通判赣州。州俗憎女，生则溺之。乃下《诫溺女文》，下于十邑，禁民之溺女者。”

**评析：**儿童的存在，在很长的一段历史内是被忽视甚至漠视的，从以上杀婴和弃婴的历史中可以看到这种漠视的极端做法，看到不同国家历史发展的相似性，看到历史对儿童观发展的深刻影响。

2. 中世纪的儿童观

到了中世纪(5—15世纪)，教会变成了维护封建制度的强大精神支柱，僧侣阶级获得了高贵的地位。这种政治经济状况决定着当时的社会意识形态，教会认为儿童生来具有原罪，是有罪的“羔羊”，卑贱无知，成人要用鞭笞和惩戒来教训儿童，使他们能够不断地赎罪，消除体内的各种罪恶。在中世纪的基督学校中，学校严格地要求儿童按照刻板的作息方法进行学习，儿童完全没有游戏和自由活动的时间。儿童被迫重复着枯燥地读书、劳动、唱赞美诗等活动，如果违反规定，便要受到体罚。

## 案例1-2

### 中世纪基督教儿童观的由来

据《创世纪》记载，亚当、夏娃被造后，住在伊甸园中过着幸福生活。上帝给他们立了诫命：“园中各样树上的果子，你可以随意吃，只是分别善恶树上的果子，你不可吃，因为你吃的日子必定死。”

上帝禁止亚当、夏娃吃“禁果”，但隐身于蛇形的魔鬼却引诱他们背叛上帝，劝他们吃“禁果”，并说：“你们不一定死……你们吃的日子眼睛就明亮了，你们便如上帝能知道善恶。”夏娃经不住引诱，吃了“禁果”，又让亚当也吃了一个。他们吃了“禁果”后，果然眼睛就亮了，能分别善恶，知道羞耻，也就是说开始成为有思维能力的“人”。

基督教认为，亚当、夏娃偷吃“禁果”，违背上帝的旨意，是“亏欠了上帝的荣耀”，这罪遗传给后世子孙，成为人类一切罪恶、灾难、痛苦和死亡的根源。人一生下来，在上帝面前就是一个“罪人”。

即便是刚出世即死去的婴儿，虽未犯何罪，但因其有与生俱来的原罪，仍是罪人。这“罪”与生俱来，故称为“原罪”。“原罪”是基督教教义、神学的根本，因为有了“原罪”，才需要“救赎”，才需要“救世主”，才产生了基督教。否定了“原罪”，就否定了基督的“救赎”，基督教就没有存在的必要了。

**评析：**在西欧的中世纪，除了宫廷教育和骑士教育之外，教育被基督教统治和掌握，为了基督教自身的利益，儿童被认为生来有罪，可以想见在这种儿童观指引下中世纪儿童悲惨的童年生活。

3. 文艺复兴时期的儿童观

16世纪，文艺复兴的余光照进了儿童观领域。从肯定人的价值、尊严、地位，讴歌人的体魄、智慧、力量的新人类观中，推导出来了一种新的儿童观。如荷兰教育思想家伊拉斯谟认为要研究孩子的自然能力和才智，不要想象他们的兴趣与成人的一样，不要指望他们像小大人一样的举止。他明确指出，对待儿童，首先是爱。然后渐渐随之以某种自然和温柔的尊严，而不是畏惧，前者比后者更有价值，用恐怖的手段来使儿童弃恶，乃是一种奴性的做法。因此，自由的教育是符合儿童的。用教育手段把本来是自由的儿童奴隶化，是极其荒谬的。同时，在这一时期捷克人文主义思想家和教育家夸美纽斯提出了著名的“种子论”，认为在儿童的身上自然地播有知识、道德和虔诚的种子，通过教育便可以把他们发展出来，一切儿童都可以造就成人。

4. 启蒙时代的儿童观

17 世纪至 18 世纪，思想启蒙运动兴起和发展。英国出现了一种新的儿童观，认为儿童生来就是没有原罪的纯真无暇的存在，反对体罚，主张激励和竞争的教育。最有代表性的是洛克的“白板说”，洛克认为应当允许儿童有适合他们年龄的自由和自主，不要用不必要的约束去限制他们，不能阻碍他们的特点，不能反对他们游戏和要做的事情。但是不要让他们做坏事，除此之外，他们享有一切自由。洛克的这种儿童观折射了自由资本主义时期自由、民主、平等、博爱的社会思潮和当时的人性解放运动。

同一时期，法国教育家卢梭认为，儿童期的存在是自然规律，人们应当尊重儿童，尊重儿童期。他指出，大自然希望儿童在成人以前就要像儿童的样子，如果我们打乱了这个次序，就会造成一些早熟的果实，它们长得既不丰满也不甜美，而且很快就会腐烂，我们将造就一些年纪轻轻的博士和老态龙钟的儿童。他还认为儿童具有不同于成人的精神生活，儿童是有他特有的看法、想法和感情的，儿童是真正意义的人，儿童具有独立的存在价值。他还提出，儿童长大为成熟的儿童，他过完了童年的生活，然而他不是牺牲了快乐的时光才达到他的这种完满成熟的程度，恰恰相反，他们是齐头并进的。在获得他那样年纪的理智的同时，也获得了他的体质许可他享有的快乐和自由。由此可以看出，卢梭否定了儿童期仅仅是为将来的成人生活做准备这一观念，指出儿童有独立存在的价值。这一观点在儿童观演变史以及儿童教育史上都具有重大的意义。

5. 新教育和进步主义教育的儿童观

19 世纪，继卢梭之后，教育领域出现“教育心理学化”运动。裴斯泰洛齐首次明确提出“使教育教学心理化”的主张，认为教育应当与儿童心理特点相一致，从而使儿童在发展中处于主动地位。福禄贝尔接受裴斯泰洛齐的主张，认为儿童的本性是善良的，对儿童教育就是要循序渐进地使儿童善良的天性发展起来。到 19 世纪末 20 世纪初，新教育运动和进步主义教育运动进一步强调儿童是教育的主体和中心，强调儿童期自身的价值。

在 19 世纪向 20 世纪的过渡中，伴随着科学儿童心理学的建立，尊重儿童的呼声愈益高涨，使儿童成为全人类共同瞩目的焦点之一。在这个时期，出现了一些著名的儿童教育家，如杜威和蒙台梭利。杜威认为儿童是未成熟的人，是发展中的人；儿童期的生活有自身的价值;儿童是起点,是中心,而且是目的。蒙台梭利认为儿童具有内在的生命力,拥有积极的精神生活;儿童心理发展有自身的特点;儿童心理发展是通过自由"工作"实现的。

同时,在这一时期出现了空前的儿童研究盛况,出现了皮亚杰、维果斯基等著名的儿童心理学家,他们以科学方法研究儿童心理,揭示儿童心理的内部机制和发展规律,创立了各具特色的儿童心理发展理论,为科学地认识儿童作出了贡献。

**(二) 中国儿童观的历史演变**

通过西方儿童观的历史演变,我们可以看出在不同的历史时期,不同的国家,不同的文化背景下的儿童观是不同的,并且每一次历史的变革都是儿童观发展的巨大动力。那么,在中国独特的文化背景和文化传统下孕育出来的儿童观是什么样的,它的历史分期又如何呢?

1. 封建社会到新文化运动前的儿童观

中国传统文化是以成人为本位的,儿童在传统文化中受到蔑视。在中国漫长的封建社会里,人们对于儿童多不能正常理解,不是将他当作缩小的成人,拿圣经贤传尽量地灌下去,就是将他看作不完全的小人,说小孩懂什么,一笔抹杀,不去理他。古人推崇的是那种"小时了了"的少年老成,对天真无邪、童年无忌则讥讽为乳臭未干。

具体的儿童观体现为以下两种:

第一种儿童观:"子子"。传统儒学认为,父让子亡,子不得不亡。子女在父亲面前是没有自身权利的,父母可以随意打骂子女,可以自由安排子女的命运,就像暴君可以随意地对待子民一样。

第二种儿童观:传宗接代,光耀门庭,养子防老。父母将儿童看成传宗接代的工具,认为子女是他们身体和精神的后代,是家族权利和财产的继承者,所以生儿育女是延续生命,追求不朽的一种方法。同时还将子女当作光耀门庭的工具,认为父以子贵。养子防老则是父母抚育子女的另一种主观愿望。

可以说这两种儿童观,直到现在还影响着大部分父母的儿童观。

2. 新文化运动开始到建国初期的儿童观

新文化运动时期,鲁迅先生提出了儿童本位的儿童文学观,认为儿童文学必须以儿童为本位,适应儿童心理,服务于儿童,儿童文学必须以儿童为中心,以儿童为主体,以儿童的心理特征、认识水平、接受能力、精神需要为准绳,使之成为儿童喜爱的文学。由此,儿童成为文学舞台上最受宠爱的主人公之一。可以说,在我国首先是儿童文学领域发现了儿童。1919 年前后,出现了一批为儿童写作的作者(周作人、鲁讯、丰子恺等)和作品,这些作品表现出一种强烈的"儿童崇拜"倾向,代表人们对"童心"世界的向往。新文化运动明确提出要把儿童当作人、把儿童当作儿童,认为儿童有他自己的内外两面的生活,要任儿童的天性自由发展。在教育领域,陶行知和陈鹤琴在西方哲学、心理学、教育学的影响下，为建立起中国的、崭新的儿童观而身体力行，躬身于实践，提出要尊重儿童，解放儿童。

3. 建国以后的儿童观

新中国成立后，关于儿童的观念与国家意识形态紧密相连，儿童不再是小大人，而是又红又专的社会主义事业的接班人。人们对儿童的认识和看法不是从儿童本位出发，而是从社会本位出发的。在十年动乱期间，出现了“自来红”和“自来黑”的儿童，儿童的主体地位被抹杀。十一届三中全会以后，随着人们观念的解放，人们对儿童的观念也解放了。人们开始重新建立起一种以儿童为中心的教育观，以人的方式来理解儿童，以儿童的方式对待儿童。在我国的许多法律文件和政府报告中不断地明确指出，儿童是社会的未来，是民族的期望，全社会都应关心和保护儿童，支持儿童工作。中国政府不仅在国内不断加强儿童的福利和教育工作，而且还积极参与国际社会为发展儿童事业而一致采取的行动。

**扩展阅读 1-2**

**儿童观的三种研究方法**

（一）短时段的事件研究法

短时段对应的概念是“事件”和“现象”，它强调特定历史时期的社会事件和社会现象对研究者儿童观的形成、儿童观研究方法的选择所造成的影响。具体来说，“事件”和“现象”影响下的儿童观研究大致可分为典型现象分析和科学实证两大类。

1. 典型现象分析法

典型现象分析法关注不同社会历史时期的典型现象，并试图从这些典型现象中挖掘出当时人们所持的儿童观，如“留美幼童”、科举中的“童子科”等社会设置中所反映出来的儿童观，“三岁看大、七岁看老”“不打不成器”“猫儿狗儿”的育儿观中反映出来的儿童观，《闪闪红星》《小兵张嘎》《王二小》等电影作品中所表现出来的儿童观等。

2. 科学实证法

科学实证法是一种注重历史还原、“考辨源流”的思路。它强调对儿童观的研究不能远离目录学、版本学、校勘学，仅以研究者自身强烈的主观意图及理论选择笼罩一切。科学实证法强调基本的历史事实，强调古人、今人所提倡的某种儿童观的确切形态和具体出处。如陈映芳的《图像中的孩子》，通过对不同历史阶段的儿童图像的研究推断出图像背后所表达的儿童观。而钟叔河对《周作人丰子恺儿童杂事诗图笺释》的解读则是从亦诗亦画中分析出民俗学和儿童学的诸多意义。显然，这两种研究基于图像和绘画的基本事实。这种科学实证、考辨源流的研究方法为儿童观的历史演进提供了客观的依据，也为后人进行进一步的研究提供了前提和借鉴。

（二）中时段的态势研究法

中时段的态势研究法强调的是以年为单位的历史研究所呈现出来的儿童观的变化，这种研究思路较多地带有演绎与推理色彩，是一种逻辑思辨的结果，它呈现的是儿童观的周期性变化，是一种发展路径和发展规律的提炼。中时段的态势研究通常以"从……到……"的方式来表述，体现出一种过程性。

总体而言，20世纪人们对于儿童观的研究大致可以表述为如下几个方面：从揭示压迫到诉求解放；从争论到立法；从观念到行动。

（三）长时段的结构研究法

长时段的结构研究法关注以世纪为单位的儿童观的变迁，具有将各种儿童现象摆到历史进程中加以考察的自觉意识，它不止于就现象论现象，就作品论作品，而重在关注现象间的历史关联，探讨现象的"存在之由和变迁之故"。与西方的儿童史研究相比较，中国的长时段的儿童史研究是相当欠缺的，几乎还是一片空白，这里的概括只是基于一些零散的论文，中国还没有象样的儿童史类的专著。在西方的历史上，对儿童史的长时段研究多采用"现代性比较"的方法，如阿利埃斯的《儿童的世纪》、让-皮埃尔·内罗杜的《古罗马的儿童》等。20世纪中国的长时段儿童观研究大致有两种方法：进化论研究方法和复演论研究方法。

资料来源：王海英.20世纪中国儿童观研究的反思[J].华东师范大学学报（教育科学版），2008(6)：19-22.

## 三、科学儿童观的内涵

从儿童观的历史演变中可以看出，儿童观不是一成不变的。随着社会的发展，儿童观也在变化发展。但是这种动态的变革发展不是频繁出现的，儿童观在很长一段时期内又是稳定的。学前教育工作者的儿童观对学前教育的过程和结果都有重要影响，因此，使学前教育工作者具有科学的儿童观，是非常重要的，这同时也是一项需要职前培养和职后培训共同努力才能完成的长期而艰巨的任务。就当前来说，科学的儿童观应该包涵以下两方面内容：

### （一）儿童是权利的主体

儿童是生活在社会中的，作为社会的一份子，儿童不仅受到法律的保护，而且是有能力、积极主动的权利主体。儿童权利的尊重和保护既是人类文明的产物，也是衡量文明程度的重要标志，更是科学儿童观必不可少的组成部分。

1. 儿童有生存的权利

生存权是儿童其他权利获得的前提。所有儿童有存活的权利，以及有权接受可行的最高标准的医疗保健服务。

2. 儿童有受保护的权利

儿童是稚嫩的个体，身心各方面发展尚不完善，需要科学地、合理地照顾和保护。包括：保护儿童免受身体及性虐待和经济剥削，免受战乱、遗弃、照料疏忽；当儿童需要时，随时提供适当的照料或康复服务。

3. 儿童有受教育的权利

受教育是每个儿童的权利，儿童先天的生理遗传充分赋予了他们受教育的条件，只有受到教育，才能满足儿童发展过程中的身体和心理的需要。儿童受教育的权利包括：接受一切形式的教育（正规和非正规的）；获得良好的道德和社会环境（儿童的本质是积极的，他们本能地喜欢和需要探索学习，他们的认识结构是其自身在与客观环境交互作用的过程中建构的）。

4. 儿童有参与的权利

儿童是独立的个体，有参与家庭、文化和社会生活的权利；儿童有权对影响他的任何事情发表意见。

5. 儿童有受尊重的权利

任何事情如果涉及儿童本人，必须认真听取儿童自己的观点和意见；尊重儿童的人格和尊严；尊重儿童的个体差异（如儿童的学习形式是多种多样的，有模仿学习、交往学习、游戏学习、探索学习、操作学习、阅读学习。成人应尊重儿童的各种学习形式，为他们创造相应的学习条件）。

所有的这些权利都是儿童应该享有的权利，而且这些权利对所有的儿童来讲都是适用的。儿童不应因其本人或父母的种族、肤色、性别、民族、语言、宗教、出身、财产、伤残等原因受到任何歧视，他们所享有的一切权利也不应因其父母、监护人和家庭成员的身份、活动、信仰和观点而受到影响。

**（二）儿童是文化的创造者**

儿童有儿童的思考方式和行为方式，这构成了儿童特有的文化世界。儿童接受文化的影响不是简单的复制过程，而是一个能动的创造过程。儿童是文化的创造物，也是文化的创造者。儿童文化是儿童自己的文化，是一种以儿童自己的思想和行为来决定其价值和标准的文化。儿童文化是充满激情、易变的文化；儿童文化是感性的文化；儿童文化是游戏精神占主导地位的文化。

儿童文化是诗性的、游戏的、童话的（或神话的）、梦想的，是好奇的、探索的，是从本能的无意识的逐步迈向有意识的，是历史沉积的因而是复苏的，是转变的生长的。儿童文化现象最重要的特征是古而常青的特征：它有悠远历史但却是从头开始生长的，是复演的但又是创新的，它是新与旧的和谐统一，它是历史与现实、文化与自然的和谐统一。

儿童文化是与儿童不断发育的身心相联系的。在一定的文化背景中，儿童的成长是以基因这一生物学层面的逐步展开和表达为基础的，在这种逐步展开中，文化发生了；儿童的这种文化同原始人类文化从自然界的混沌未开中发生和演化一样，它是从自然层面上发生的，因而代表了文化中最本质、最核心、最基础、最具活力的一面，这种文化与自然最为亲近，因而本真、纯朴。儿童的生活是史诗一般的生活。儿童在自己的生命里使文化史（神话、儿歌、思想史、科学史等）得到了整合，使逝去的精神情怀（趣味、好奇等）再次复活。

儿童更接近自然、天空、大地、江河，他代表了人性的自然层面和历史层面，因而他更接近健康的生活本质，更接近属于人的生活的本质。

儿童文化是演进着的，它的目的地是成人文化。然而，任何成人文化的目的地又是儿童文化——成人通过与儿童的交往而将成人文化传递给儿童，成人文化与儿童文化相互作用后，部分成人文化被儿童所吸收，成为儿童生命和生活中的内容，那么成人文化才找到了真正的归宿，才真正找到了永恒的安居之所。不能为儿童所吸收的成人文化将会在历史进程中丢失。

成人文化要想成为儿童生命和生活中的内容，它就必须与儿童的天性相符合，否则就不可能为儿童的生命所真正接受而成为儿童生命中充满生长力的成分。强行灌输给儿童的那部分成人文化只能败坏儿童的生活，是使儿童的生命发生异化的外部干扰因素。①

### 扩展阅读 1-3

#### 以人的方式理解儿童

“人化”的反思方法要求我们以理解人的方式理解儿童，把儿童看作是与理解主体一样具有全方位人性的人；要从儿童之为人和儿童之为儿童的自身根据去理解儿童，把握儿童，把儿童理解为生成性的存在，把儿童理解为自身的创造者；还要从对儿童认识的辩证发展历程去把握儿童的历史性和具体的本性，把儿童理解为规定性和生成性、历史性和超越性、自然性和社会性、现在性和未来性相统一的存在。只有采用“人化”的思维方式才能认识和把握立体的儿童和丰富的儿童生活。

……

狄尔泰提出：“我们解释自然，我们理解心灵活动。”对人的认识不同于对自然的认识，因为“自然是由外界赋予我们的，对我们来说它是一种陌生的东西。我们设法通过把它分解成一个个最小的简单成分，并借助起初为假设后来由经验证实的法则，再在结构上使这些最小的简单成分重新构成整体，由此而了解它、掌握它。但人的心灵活动不存在这种简单成分，其本身就是一种有一定结构的整体。我们也无需先借助假设去尝试说明心灵活动的状况和人的精神世界的构造，因为我们可以从自身的经历出发由其内部来认识它们”。狄尔泰把人从内部来认识人的心灵活动称为“理解”。对于儿童，我们必须通过活生生的个体的灵性去感受，去理解，走入儿童的生命世界。在理解时，将自己的生

① 刘晓东. 儿童文化与儿童教育[M]. 北京：教育科学出版社，2006：35.

命置于儿童的心理及产生此心理的背景之中，把自己的生命与儿童的生命融为一体。在这个过程中，不仅有观察，也有体验；不仅有认识，也有反省，而不是通过理性的逻辑分析解剖儿童，阉割儿童世界。只有以“体验”和“生命”为根据，才能了解真实的儿童，才能真实地了解儿童。

人是一个未完成的生物，他必须在文化环境中通过意义的引导使自己真正成为人。“人追求事物的意义，在对意义的追求中实现自己。”当我们领悟儿童意义时，我们不是闭上眼睛设想一个儿童世界，而是把自己投身于儿童世界之中，爱其所爱，乐其所乐，和他一起快乐、哭泣、成长。通过体验与理解，我们也完成了自我生命的某种转移，融入所体验的精神关系之中。与其说我们领悟了儿童世界的意义，不如说儿童的意义占有了我们，影响着我们。当我们寻求意义时，我们已经赋予生命以意义。

资料来源：姚伟．以人的方式理解儿童——儿童观的方法论思考[J]．学前教育研究，2003(5)：6-7.

# 第二节 儿童的发展

## 案例导入

**班上来了4个淘气鬼**

金秋九月，幼儿园迎来了新的成员。小张老师的班级里来了4个淘气鬼，他们每天一到幼儿园班级里就闹哄哄的，小张老师心想要是这几个孩子没到我的班里就好了。又过了一段时间，小张老师发现这几个孩子都很聪明，还各有所长。小A喜欢听故事，一听到故事就乖得很，听得特别认真。小B喜欢画画，而且画得不错。小C做事独立，生活能够完全自理。小D社会性发展得好，特别愿意帮助别人。自从发现了他们的优点后，小张老师越来越喜欢他们，再也不觉得他们闹哄哄了。

[思考]

1. 案例中的4个孩子的特点体现了儿童什么样的发展规律？
2. 造成4个孩子特点不同的可能因素是什么？

## 一、儿童发展的概念

### (一) 发展的概念

发展是我们在日常生活中最常用的词语之一。它既可以指人的发展，也可以说事物的发展、整个社会的发展乃至宇宙的发展。发展意味着变化，它有可能是进步、提高，也有可能是退步、后退。发展中既有量的变化，又有质的变化。

在人的一生中，个体的发展是身高体重的增加、生理器官的成熟过程，是心理各方面适应能力不断发展演变的过程。本书中的发展就是指个体成长过程中生理成熟和心理发展的过程。其中，生理成熟是指身体正常的生长与发育，生长就是我们常说的身高、体重等外部形态的增长，发育则是指身体内在各部分功能的成熟；心理发展指认知、情感、意志和个性等各个方面的发展。需要注意的是，不是所有的心理变化都可以叫作发展。例如，由于疾病、疲劳、药物等原因所导致的心理变化就不属于发展，因为这类变化只是一种暂时性的变化，可以通过休息或治疗而得到恢复。

**（二）儿童发展的概念**

儿童发展就是指在儿童成长过程中生理和心理方面有规律地进行的量变与质变的过程。具体来说，儿童的生理发展是指儿童正常的生长、发育；儿童的心理发展是指儿童的认知、情感、意志和个性等方面的发展。儿童的生理发展与心理发展是密不可分的，也是相互作用的。生理发展是心理发展的物质基础，如儿童大脑、神经系统的发育完善为儿童的感知觉、思维等心理发展提供了保证。同时，心理发展对儿童的生理发展有一定的影响作用。儿童厌食症就是最好的例子，儿童厌食的起因往往不是因为某一个身体部位出现病变，而是因为情绪压抑或紧张等心理方面的原因造成的。可见，儿童发展是其生理发展和心理发展不断相互作用、相互支持、相互影响从而达到某种状态的统一的不可分割的过程。

**扩展阅读 1-4**

**儿童发展阶段的划分**

如何根据儿童发展本身的规律科学地划分发展阶段，是一项复杂而艰巨的科学难题，也是儿童发展研究的一个重要内容。

目前依据一定标准划分人生发展阶段的典型理论，可归为如下几类：

1. 单纯以生物的变化或种系的演化规律来分

柏曼（L. Berman）以内分泌腺的发育优势为年龄阶段的划分标准，将发展阶段划分为：①胸腺时期（幼年）；②松果腺时期（童年）；③性腺时期（青年）。

弗洛伊德（Freud）以性本能的发展为划分标准，将发展阶段划分为：①口唇期（0～1岁）；②肛门期（1～3岁）；③前生殖器期（3～6岁）；④潜伏期（6～11岁）；⑤青春期（11～20岁）。

施太伦（W. Stern）根据复演论的思想，把人类个体的发展等同于种系的发展，分为三个阶段：①幼儿期（6岁以前）是从哺乳期动物到原始人类阶段；②意识的学习期（从入学到13岁）是人类古老文化阶段；③青年成熟期（从14岁到18岁）是近代文化阶段。

2. 以心理特质的变化为依据来分

皮亚杰以智慧或认知结构的变化为依据来划分发展阶段：①感知运动智慧阶段（0～

1.5、2岁)；②前运算智慧阶段(1.5、2～6、7岁)；③具体运算智慧阶段(6、7～11、12岁)；④形式运算智慧阶段(11、12～14、15岁)。

苏联心理学家达维多夫以儿童活动形式的转变作为划分的标准：①直接情绪性交往活动(0～1岁)；②摆弄实物活动(1～3岁)；③游戏活动(3～7岁)；④基本的学习活动(7～11岁)；⑤社会有益活动(11～15岁)；⑥专业的学习活动(15～17岁)。

以上几种划分儿童发展阶段的标准相对早期的划分标准来说更具合理性，但儿童发展阶段的划分是一个动态的过程，是适切性和相对性的统一。我国学者根据以上各种划分标准和我国儿童自身活动的特点，形成了自己的儿童发展阶段划分标准：①新生儿期(出生到一个月)；②乳儿期(1岁以内)；③婴儿期(1～3岁)；④幼儿期(3～6岁)；⑤儿童期(6～12岁)；⑥少年期(12、13～14、15岁)；⑦青年期(14、15～17、18岁)；⑧成年期(18岁以后)。如果配以我国的学制，则个体的发展阶段可分为：①先学前期，即婴儿期(3岁以前，托儿所)；②学前期，即幼儿期(3～5、6岁，幼儿园)；③学龄初期，即学龄儿童期(6、7～11、12岁，小学)；④学龄中期，即少年期(12、13～14、15岁，初中阶段)；⑤学龄晚期，即青年期(14、15岁～17、18岁，高中阶段)。

资料来源：秦金亮.儿童发展概论[M].北京：高等教育出版社，2008：9-11.

## 二、影响儿童发展的因素

儿童发展受到哪些因素的影响，起主导作用的是遗传和生理成熟，还是环境和教育，抑或是遗传、生理成熟与环境、教育相互作用的结果。只有科学地分析这两种因素在儿童发展中的作用，才能有效地促进儿童的发展。

### (一) 遗传和生理成熟

遗传是一种生理现象，是指双亲的身体结构和功能的各种特征通过遗传基因传递给下一代的现象。人类通过遗传将祖先在长期生活过程中形成和固定下来的生物特征传递给下一代。儿童通过遗传获得的生理解剖特征，也叫遗传素质。主要是指那些与生俱来的有机体的构造、形态，如五官、皮肤、体型，神经系统特别是大脑结构和机能的特点等。儿童出生以后，具有一定遗传素质的身体各部分及其器官的结构和机能并没有发育好，还要经过一个很长时期的生长、发展过程，才能达到结构上的完善和机能上的成熟，这就是我们一般所说的生理成熟。

遗传是儿童发展必要的物质前提。如果没有从遗传获得的生理结构和特点，儿童的发展就无法实现。比如色盲或失明的儿童就无从发展视力，也就难以培养成画家。一个出生就没有大脑的畸形儿，没有思维的器官就无法学习知识和掌握技能。

遗传素质的差异性为儿童发展的个别差异提供了最初的可能。儿童在智力、才能、个性等方面都是有个别差异的，这些差异在一定程度上来自遗传素质的影响。如儿童心理研究表明，刚刚出生的新生儿，在惊跳反应的类型、条件反射的形成上和睡眠清醒的周期上，表现出明显的个别差异。又如儿童高级神经系统生理机能的不同，造成了儿童智力和认知活动的差异。神经过程灵活性高的儿童，思维敏捷；神经过程强而灵活的儿童，知觉广度较大；神经过程平衡性高的儿童，注意分配较快。

生理成熟在一定程度上制约着儿童发展的过程、阶段及水平。如儿童绘画能力发展是以手部精细动作能力、手眼协调能力及手骨和肌肉发展为基础的。让刚满 12 个月的儿童学习用笔写字，不但是徒劳的，而且是无益的；儿童大脑皮层言语中枢的发展与儿童抽象思维的发展有关；儿童内抑制的发展及皮质调节作用的加强与支配自己行为能力的增加有关。

遗传和生理成熟为儿童的发展提供了生理上的可能性，但是遗传和生理成熟并不能决定儿童的发展，儿童具有的遗传和生理成熟只有经与环境和教育的相互作用才能实现其对儿童发展的影响。如出生后与人类社会隔绝，生活在动物群的儿童，就不可能获得根据其遗传条件而应有的发展，甚至连人类最基本的能力（如言语能力）都不能获得。儿童心理学研究表明，遗传和生理成熟在环境和教育的深刻影响下，是会发生变化的。例如儿童大脑的发育在胚胎阶段就受母体环境的影响，出生后早期经验则会进一步影响儿童大脑的结构和机能发展，如大脑的髓鞘化进程。

历史上曾出现过“生而知之”“一两遗传胜过一吨教育”的遗传决定论观点。遗传决定论认为，儿童的发展是由先天的遗传因素决定的，在儿童发展的整个过程中，遗传因素具有统帅性和决定性的作用，儿童的发展只不过是内在遗传因素的自我展开和自我暴露的过程。从儿童发展的最终结果来看，环境的影响也是极为有限的，环境和教育只是给儿童发展提供适当的时机，其作用仅在于引发、促进或延缓这种过程的实现。

遗传决定论的代表人物有柏拉图与格塞尔。古希腊哲学家柏拉图不承认物质世界的客观性和其真实性，他提出了两种世界论，“现象世界”和“理念世界”。他认为“现象世界”是不真实的、不稳定的，而“理念世界”才是真实的、永恒的。现象世界只不过是理念世界的反映而已。理念世界的思想又被分成许多的等级，最高级是纯理念（神），是真理的化身，是宇宙万物的本源。神创造了人，人是由肉体与灵魂构成的，人的灵魂就来自于理念世界，它支配人体的活动。他认为，一个人的认识只不过是对理念世界的回忆。因为灵魂在理念世界中，具有理念世界一切真实的知识，在它投入人体后受到了污浊而被人忘掉了，需要通过感觉经验提醒灵魂重新予以回忆。因此，柏拉图认为，人生来就具有一种基本上在发展过程中展现并成为有意识的先天知识（理念）。后天环境对人不具影响，一切研究、学习都只不过是对先天理念的“回忆”。

美国心理学家格塞尔认为，儿童发展是一个有规律的顺序模式的过程，整个顺序是由物种和生物进化的顺序决定的。所有儿童都按照这个顺序发展，发展速度由每个儿童的遗传类型决定。环境和教育不是发展的主要原因，它虽然可能暂时影响儿童发展的速度，例如营养不良或教育剥夺就可能影响其发展的速度，但后者最终还是由生物因素所控制。

格塞尔通过同卵双生子爬梯实验来证明环境和教育并不影响儿童的发展。双生子有同卵与异卵之分,同卵双生子是由一个卵细胞分裂而成的,所以在遗传因素方面是相同的。有同卵双生子T和C,T从出生48周起每天进行10分钟的爬梯训练,而C不进行这种训练。在T进行了6周训练之后,C从53周开始每天也做10分钟的爬梯训练,结果表明,C的爬梯能力在2周以后就达到了T经过6周训练后的爬梯水平。C开始爬梯训练的年龄大于T,但获得同样能力所需的时间却远远少于T。根据这个实验,格塞尔认为,人的发展首先依赖于机体的成熟,在机体器官与机能没有成熟以前,对儿童进行任何提前开始的学习训练都是收效甚微的。格塞尔过分夸大了生理成熟的作用,而忽视了儿童发展的其他条件,他也从未考虑过早期环境剥夺和教育剥夺的问题,只是把环境和教育对儿童的影响进行比较,以致于犯了以偏概全的错误。

总之,遗传决定论夸大了遗传及生理成熟的作用,忽视了影响儿童发展的其他条件,如环境和教育的作用。

**(二)环境和教育**

一切生物的生存和发展不能离开一定的时空条件,即环境。人和其他生物不同,人所处的环境包括社会环境和经过人改造的自然环境。布朗芬·布伦纳的"生态系统学理论"认为,儿童自出生后就在社会中生活,周围环境、家庭及照管儿童的成人等各类"社会生态系统"对儿童的发展有着极大的影响,儿童是在与周围各层生态系统发生直接或间接的交互作用过程中得到发展的。

首先,儿童的发展容易受到外界环境影响。如我国古代就有所谓"胎教说",认为母亲的营养、情绪,甚至走、坐等行为举止都会影响胎儿的生长发育以及其出生后的发展。现代科学研究也证明了胎内环境对胎儿的生长发育及出生后的发展有重大影响。如母亲缺乏营养,尤其是严重缺乏蛋白质会影响胎儿脑细胞的数量。母亲食物中严重缺碘,可能会生下患有呆小症的孩子。此外,母亲的疾病、不良生活习惯以及药物、辐射等都会影响胎儿的发育,从而影响其后代的智力发展。最近还有研究发现,中国儿童在断奶之前身高发展曲线与西方国家儿童并无二异,但是在断奶后身高增长速度显著低于西方儿童,这主要是因为断奶后中国儿童转以喝粥为主,而西方儿童则以喝牛奶为主。因此,有些学者认为,除了种族遗传等先天性原因以外,喂养方式的不同等后天因素也是导致我国儿童成人后平均身高低于其他国家的原因。

其次,儿童的发展离不开与环境的相互作用。儿童如果不生活在社会环境里,那么虽然遗传素质提供了儿童发展的可能性,但这种可能性也不会变成现实。野兽抚养大的孩子,虽然具有人类的遗传素质,却不具备儿童的心理。典型的例子如印度狼孩卡玛拉和阿玛拉,法国的阿韦龙野男孩,以及近年来发现的印度10岁男狼孩巴斯卡尔等,他们都不会直立行走,不能学会说话,没有人类的动作和情感。儿童的发展与动物不同,动物发展主要依靠本能、成熟，依靠个体的直接经验，而儿童发展主要依靠学习、文化传递，群体经验，依靠社会生活条件和教育的影响。也正是这种多样的环境和教育，使儿童个体发展的差异性得以形成。

最后，教育作为一种特殊的环境，在儿童的发展过程中具有主导作用。因为教育是根据一定的社会要求，采用特定的内容和方法，有目的、有计划、有系统地引导儿童进行各种活动的过程，通过教育可以有针对性的使遗传素质所提供的某种可能性变为现实。

历史上曾经出现过“染于苍则苍，染于黄则黄”和儿童是“一张白纸或一块蜡”等观点的环境决定论。环境决定论强调环境和教育影响对儿童发展的作用，认为儿童发展的原因在于环境，在于教育，否认遗传和生理成熟在儿童发展中的作用。

环境决定论的代表人物有洛克和华生。17 世纪英国哲学家洛克继承和发展了培根和霍布斯的唯物主义经验论，提出了著名的“白板说”。他认为，人脑开始只是一张白纸，没有特性也没有观念。人的一切观念都来自(后天)经验，根本就没有什么天赋原则。他认为，观念的来源有两个，一是感觉(外部经验)，一是反省(内部经验)，我们大部分经验来自于感觉。洛克认为儿童发展的原因在于后天，在于教育。在《人类理解论》一书的开头，他就提出了观念是与生俱来还是后天获得这样一个根本性问题。他用大量的篇幅系统地批判了“天赋观念说”。他说，儿童和白痴以及没受过教育的人，对数学公理、形式逻辑既不知道，也根本不会想到。我们日常生活所见的人中，他们之所以或好或坏，或有用或无用，9/10 都是由他们的教育所决定的。人类之所以千差万别，便是由于教育之故。

美国行为主义心理学家华生从其行为主义心理学思想出发，提出了儿童发展的教育万能论。他否认遗传在儿童发展中的作用，指出在心理学中再不需要本能的概念了。在华生看来，行为发生的公式是刺激—反应。行为的反应是由刺激所引起的，刺激来自于客观而不是决定于遗传，因此行为也不可能取决于遗传。另外，他认为生理构造上的遗传作用并不导致机能上的遗传作用。自遗传而来的构造，其未来的形式如何，要取决于所处的环境。环境和教育是儿童行为发展的唯一条件和因素。

华生认为任何动物的行为都可以通过学习和训练来塑造和控制，对年幼儿童更是如此。其著名的论断是:请给我一打健康而没有缺陷的婴儿，让我把他们放在特殊的环境中教养，那么我可以保证，在这十几名婴儿中，随便拿出一个来，我都可以把他们训练成为任何一方面的专家——无论其能力、爱好、兴趣、职业及种族如何，我都可以使他成为一名医生、一名律师、一名艺术家，或者是商界首领、乞丐或窃贼。

这是典型的教育万能论观点，华生否认了遗传和生理成熟在儿童发展中的作用，夸大了环境和教育的作用，否定了儿童的积极性、主动性和创造性，忽视了儿童在环境和教育中的地位和作用。

其实，无论是柏拉图还是洛克，无论是格塞尔还是华生，他们的观点和理论都有一定的道理但都失之偏颇。但也正是因为这样的理论，才使得我们后人可以在一个理论高度上理解遗传和生理成熟、环境和教育与儿童发展的关系。

我们认为遗传和生理成熟与环境和教育对儿童发展的影响是不能用简单、静止的观念来解释的。对于儿童发展这一动态、复杂的系统过程，也不能只靠遗传和生理成熟、环境和教育两因素在二维空间排列组合来解释清楚。仅用遗传和生理成熟或环境和教育两因素来解释儿童发展的内在机制，把遗传和生理成熟与环境和教育当作两个相对独立的因素，在二者之间进行非此即彼的选择是错误的。儿童的发展既有遗传和生理成熟的作用，又有环境和教育的影响。也只有两者的相互作用才能促进儿童的发展，遗传和生理成熟与环境和教育因素在儿童发展的过程中完全交织融合在一起，不可分离。

**案例 1-3**

**印度狼孩的故事**

1920 年 10 月，一位印度传教士辛格在印度加尔各答的丛林中发现两个被狼哺育的女孩。大的女孩约 8 岁，小的 1 岁半左右。据推测，她们必是在半岁左右时被母狼带到洞里去的。辛格给她们起了名字，大的叫卡玛拉、小的叫阿玛拉。当她们被领进孤儿院时，一切生活习惯都同野兽一样，不会用双脚站立，只能用四肢走路。她们害怕日光，在太阳下，眼睛只开一条窄缝，而且，不断地眨眼。她们习惯在黑夜里看东西。她们经常白天睡觉，一到晚上则活泼起来。每夜 10 点、1 点和 3 点循例发出非人非兽的尖锐的怪声。她们完全不懂语言，也不发出人类的音节。她们两人经常动物似地蜷伏在一起，不愿与他人接近。她们不会用手拿东西，吃起东西来真的是狼吞虎咽，喝水也和狼一样用舌头舔。吃东西时，如果有人或有动物走近，便呜呜作声去吓唬他们。在太阳下晒得热时，即张着嘴，伸出舌头来，和狗一样的喘气。她们不肯洗澡，也不肯穿衣服，并随地便溺。

她们被领进孤儿院后，辛格夫妇异常爱护她们，耐心抚养和教育她们。总的说来，小的阿玛拉的发展比大的卡玛拉的发展快些。进了孤儿院两个月后，当她渴时，她开始会说“bhoo（水，孟加拉语）”，并且较早对别的孩子的活动表现兴趣。遗憾的是，阿玛拉进院不到一年，便死了。卡玛拉用了 25 个月才开始说第一个词“ma”，4 年后一共只学会了 6 个字，7 年后增加到 45 个字，并曾说出用 3 个字组成的句子。进院后 16 个多月卡玛拉才会用膝盖走路，2 年 8 个月才会用两脚站起来，5 年多才会用两脚走路，但快跑时又会用四肢爬行。卡玛拉一直活到 17 岁。但她直到死还没真正学会说话，智力只相当于三四岁的孩子。

**评析：**通过卡玛拉和阿玛拉的故事，可以看到学前教育阶段如果没有在适宜的环境中，得到相应的刺激和教育，遗传和生理成熟就不可能在正确的轨道上进行。由此可见遗传和生理成熟受到环境和教育的影响和制约，同时遗传和生理成熟也影响并制约着环境和教育。

## 三、儿童发展的规律

儿童发展在个体发展中有独特的地位，了解儿童发展规律，才能更好地遵循规律，促进儿童的健康发展。

### (一) 连续性和阶段性

儿童的发展过程中既有连续性又有阶段性。在一定时期内，相对平稳的、细微的变化属于量的积累，体现了发展的连续性；当某些要素的量积累到一定程度时就取代旧要素而占据优势的主导地位，这时在量变的过程中就发生了质的飞跃，表现为发展中的间断或跳跃现象，即阶段性。儿童发展的过程中会表现出若干连续的阶段，不同的阶段表现出区别于其他阶段的典型特征和主要矛盾。

如从儿童的动作发展来看，儿童一般从出生半年以后开始爬行。刚开始时他们腹部着地慢慢地移动，然后靠手和膝爬行，逐渐能够摇摇晃晃地站立住，最后能够东倒西歪地前进了。随着时间的推移，他们爬得比较快了，动作也更协调，这些技能上的变化是逐渐的、连续的。但是，双足站立和行走需要一组完全不同的动作，从爬行到行走的变化，不只是爬行技能的简单扩展，而是出现了本质不同的行为模式，即进入了一个新的阶段。

从儿童思维的发展也可以看到这样一个从连续的量变积累到阶段性质变的过程。0～2 岁的儿童虽然已开始出现对一些词的概括认识，但由于这时儿童的认知特点还以感知动作为主，思维是在动作中进行的，与儿童自身的动作直接相联系，所以，儿童通常总是以尝试错误的动作来解决问题；随着时间的进展，儿童在认知事物、解决问题时渐渐可以摆脱直接的感知动作，从而可以在头脑中间接地操作内化了的概括化形象，这种借助于表象或具体的词而对事物进行间接、概括的认识是具体形象思维的表现，这种思维在2～7 岁儿童之间占主导地位。

可以看出，儿童发展中的各个阶段之间不是突然的中断和全新的开始，而是在继承上一阶段特性的基础上萌发下一阶段的特质。所以我们有时会在处于特定阶段的儿童身上，发现在某些时候或某些问题上出现较低一阶段心理特征的倒退现象，或者超前地表现一些较高阶段的特征的萌芽。如最初开始行走时，儿童还有些困难，他们如果想要移动得快些或疲劳了，就会恢复到爬行。当行走得较为熟练时，他们爬行的可能性就小了。

### (二) 定向性与顺序性

儿童的发展在正常的条件下总是指向一定的方向并遵循一定的先后顺序，而且这种顺序是不可逆的，也不可逾越。在儿童发展的过程中，无论是生理的发展还是心理的发展都表现出定向性与顺序性。

如儿童身体和运动机能的发展是按照两条法则进行的，一是从上至下法则(头尾法则)，一是从中心到边缘法则(近远法则)。从上至下法则是指儿童的动作发展从头部开始依次向身体的下部发展。最早发展的动作是头部动作，其次是躯干动作，最后是脚的动作。儿童最先能够抬头和转动头部，然后会翻身和坐，接着会使用手和臂，最后才学会腿和脚的动作，能直立行走和跑跳。不同的儿童学会某一动作的具体时间可能各不相同，但任何一个儿童的动作发展一定遵循着抬头、翻身、坐、爬、站、行走的方向和顺序。从中心到边缘法则是指以人体直立的中轴线为起点，动作的发展从身体的中部开始，越接近躯干的部位动作的发展就越早，而远离身体中心的肢端动作发展则较晚。如上肢动作中，肩头和上臂动作先发展，然后依次是肘、腕、手，最后发展的是手指的动作。下肢动作发展的顺序也是如此。

在心理机能的发展方面也遵循着一定的方向性和顺序性。如思维的发展由感知运动思维到具体形象思维；记忆的发展由无意识记到有意识记；注意的发展由无意注意到有意注意等。

**（三）不平衡性**

儿童发展的不平衡性主要表现为发展的不同阶段、不同方面在发展进行的速度、到达某一水平的时间以及最终达到的高度等方面都表现出多样化的发展模式。

从儿童发展的不同阶段来看，不同阶段的发展速度会有很大的差别。如儿童出生的第一年是身长和体重增长最快的时期，身长可增长 20～25 厘米，增长值是出生时身长的 50%；体重在一岁时则达到出生时的 3 倍。一岁以后身高和体重的增长速度就放慢了。

从儿童发展的不同方面来看，个体内部不同的组织系统、不同的机能特性的发展也各不相同，神经系统的发展和生殖系统的发展就是很好的例子。神经系统的发展是先快后慢，人类个体在幼儿期以前大脑的重量就已发展到成年期的 80%，在 9 岁左右就接近成人水平；而生殖系统则先慢后快，在青春期以前进展很小，一到了青春发育期才大幅度增长。

**（四）个别差异性**

儿童发展的个别差异性，是指每一个儿童的发展，在表现形式、内容和水平方面，都有自己的独特之处。儿童的发展既有共同规律，又表现出个别差异。也就是说，正常儿童的发展总是要经历一些共同的基本阶段，但在发展速度、最终达到的水平、发展的优势领域、发展的类型及时间上往往是千差万别的。如有的儿童早慧，有的大器晚成；有的儿童对音乐特别敏感，有的儿童对舞蹈有浓厚的兴趣；在性格方面也是如此，有的好动、善于与人交往、能说会道，有的喜欢安静、独处、沉默寡言。

**扩展阅读 1-5**

**埃里克森人格发展的阶段理论**

埃里克森是美国著名的精神病医生，是美国现代最有名望的精神分析理论家之一，也是新精神分析学派的重要代表人物。在他的代表作《儿童期与社会》中，埃里克森提出了著名的人格发展阶段理论。其中，与学前儿童相关联的主要是前三个阶段。

婴儿期(0～1 岁)：基本信任与不信任的心理冲突。埃里克森认为这个阶段的发展任务是培养信任感，即对周围世界和人的基本接纳态度。在这一时期，如果婴儿能从保育中感到温暖和舒适，就能把这种经验扩大到以后的经验之中，感到母亲之外的其他人也是可以信赖的；如果照料是不合适的或不一致的、消极的，儿童则会在恐惧和怀疑中成长起来。

儿童期(1～3岁)：自主与害羞和怀疑的冲突。埃里克森认为这一阶段的基本任务是发展自主性。在这一时期，婴儿为了实现自主愿望，会进行最基本的独立性探索，以此超越环境的限制，相应地会引起内心的胆怯。此时如果允许儿童按自己的方式去做力所能及的事情，那么儿童将会形成自信和自主感；如果成人支配一切活动，那么儿童就会对自己应付环境的能力表示怀疑，并对自己的行为产生羞怯感。埃里克森发现，父母的过度保护会阻碍这个年龄儿童自主性的发展。

学龄初期(4～6岁)：主动对内疚的冲突。埃里克森认为这个阶段的主要任务是发展主动性。在这一时期，儿童朦胧地意识到生活是一种有一定目的的活动，常以攻击性行为来表示自己的创造能力，随之也会带来内心的矛盾。此时，如果成人对他们的行为做出过多的限制，或让他们感到无用、羞怯，那么儿童就会时常出现内疚感。相反，如果成人对儿童表现出的主动探究行为给予鼓励，儿童就会形成主动性，为其将来成为一个有责任感有创造力的人奠定坚实的基础。

在埃里克森看来，“人的发展是一个生物与社会事件所引起的进化过程，发展中包括成熟和偶然事件所带来的影响”。人的心理发展持续一生，其发展阶段的顺序由遗传决定，但是每一阶段能否顺利度过却是由环境决定的。每一阶段都有其特殊的矛盾冲突，解决这些矛盾的过程也就是儿童心理发展不断社会化的过程。他指出，后一阶段发展任务的完成依赖于早期任务、冲突的解决。前一阶段的危机解决后会向下一阶段转化，自我就获得发展。否则，自我的发展就会受到阻碍。总之，“个体解决危机的方式会对个体自我概念、社会见解产生持久性的深刻影响”。

资料来源：王家军.埃里克森人格发展理论与儿童健康人格的培养[J].学前教育研究，2011(6)：37-38.

# 第三节 学前教育与儿童发展

## 案例导入

### 薛薛和彤彤的妈妈

薛薛的妈妈冲进园长办公室，气冲冲地质问园长：“我邻居家的孩子所在的幼儿园每天布置家庭作业，要孩子们背3首古诗，做30道计算题，还要拼读抄写20个汉字，咱们幼儿园为什么不做？”

彤彤的妈妈听说什么好，就叫4岁的彤彤去学什么，彤彤每天都要学习钢琴、珠心算、围棋、英语、画画，时间被各种任务安排得满满的。

[思考]

1. 如果你是园长，你如何回应薛薛妈妈的质问？

2. 如果你是彤彤的老师，你应该对彤彤的母亲说什么？

学前教育与儿童发展是学前教育研究的基本问题。学前教育与儿童发展之间存在一个复杂的相互依赖、相互制约的互动关系。学前教育工作者必须正确理解学前教育与儿童发展之间的关系。只有这样，才能使学前教育有效地促进儿童的发展。

## 一、学前教育对儿童发展的意义

学前教育通过有目的、有计划、有系统地组织和开展各种活动，帮助、支持和引导儿童沿着特定的方向发展。它有别于其他环境和诸如经济活动、政治活动、文化活动、休闲活动、日常活动等活动对儿童的自发影响。正因如此，学前教育对儿童发展具有重要的意义。

### (一) 促进儿童的生理成熟

生理成熟是指机体器官和系统在形态、结构上由不完善到完善，机能由简单到复杂的变化过程。生理成熟与早期的刺激和经验有关，生理成熟在很大程度上取决于儿童获得的经验的量与质。如果早期获得的刺激不充分，或过于单调，就会延迟或者破坏生理成熟。早期剥夺实验表明，具备正常遗传素质的儿童的发展受到环境(教育)的决定性影响。如1970年在美国加利福尼亚发现的一个13岁女孩基尼，因受父亲虐待，自婴儿期起就没有人和她说话，被隔离在一个小房间里，几乎不能听到什么声音，只是由哥哥匆匆地、沉默地供给她食物。当基尼被发现并送到医院时，严重营养不良，臂和腿都不能伸直，不知道如何咀嚼，安静得令人害怕，最初几个月的测查得分只相当于1岁正常儿童。调查认为，基尼的缺陷不是天生的。尽管如此，13岁以后，经过7年的精心教育，她虽然学得了一些语言，但却没有学会人类语言的语法规则。

### (二) 影响儿童的发展水平和方向

儿童发展是在一定社会生活条件下，通过掌握一定社会经验而实现的。在发展的任何阶段，儿童发展的水平和方向都依赖于他所获得的经验的性质，以及他是通过什么方式来实现对这种经验的掌握的。

与自发的、吸收经验的形式相比，教育能导致水平更高、方向更好的发展。儿童吸取社会经验的途径一是在教育中，在教育者有目的、有计划的指导下掌握社会经验；二是在日常生活中自发吸取经验，日常生活中的经验往往是不完全的、片面的。先前有研究认为，处境不利的学前儿童在认知发展方面落后，其原因是他们得到的感性认识有限，生活在较少感官刺激的环境中。而后续研究发现,这些儿童的环境刺激是充分的,不足的是缺乏如何吸取知识经验的指导。教育是教育者根据儿童发展特点,选择学习内容,依据儿童认识事物的规律,来设计和组织儿童学习的方式,是科学有效的过程,对儿童发展的水平和方向有积极的提高和引导作用。

此外,教育是形成儿童个性差异的最重要因素。据加拿大的布莱兹报告,一家同卵生5姐妹的性格、能力有很大差别:老大严肃自信,最得姐妹喜爱;老二表现出一定的社交领导才能;老三似乎很自得;老四有点反复无常,不可捉摸;老五则需要别人照顾,依赖性极大。造成这些差别的原因,主要是外界(父母)对每个在五姐妹中处于不同地位的孩子有不同的要求。

## 扩展阅读 1-6

### 早期经验与后来经验的作用

在儿童的成长过程中,究竟是早期经验,尤其是婴儿期的经验,还是后来经验对发展起了关键性的影响?这种影响的程度有多大?也就是说,如果婴儿曾经生活在不利的环境中,这种消极影响能否被后来的积极经验所消除?换句话说,是否由于婴儿期的经历是人最早的元经验,它如此重要,以至于早期环境的不利影响不能通过后来环境的改善加以消除?那些强调早期经验的人认为:人的发展有一个连续的完整的轨迹可循,任何心理特点都可以沿着这条轨迹追根溯源,找到它的起源。相反,那些强调后来经验的人则认为,发展更像一条河流潮起潮落,川流不息。

早期经验和后来经验对发展的影响这一争论有很长的历史。早在两千多年前,希腊的哲人柏拉图就相信那些经常被大人摇动的婴儿将来会成为优秀的运动员。19世纪新英格兰的牧师们在布道会上就常常告诫做礼拜的父母:他们的育婴方式将决定孩子将来的个性。今天,一些发展心理学家认为,在生命的第一年,如果婴儿营养不良,没有一个温暖的环境,那么他的发展状况将永远无法达到最佳水平。

然而这一问题仍然没有定论。拥护后来经验的反对者认为儿童具有心理的恢复能力。后期的养育与婴儿期的悉心哺育同等重要。持毕生发展观的心理学家强调人们给予后期发展的关注过分缺少。他们承认早期经验对发展的重要性,但也认为不能因此否认人生其他阶段的经历。杰罗姆·卡根指出即使孩子表现出某种遗传决定的天生气质,也具有改变由这些气质所影响的行为的可能性。他研究发现,2岁时表现出天生羞涩个性的孩子中有三分之一在4岁时不再表现得那么羞涩。

生活在西方文化中尤其是深受弗洛伊德理论影响的人们,倾向于支持早期经验比人生其他阶段经验更加重要的观点。然而,大多数人并不这样认为。例如,亚洲许多国家的人们就相信6岁到7岁时的经历比更早期的经验更加重要。这是由于东方人长期以来就认为童年中期是儿童发展推理能力的重要时期。

资料来源：[美]约翰·W. 桑特洛克. 儿童发展[M]. 上海：上海人民出版社，2009：17-18.

## 二、儿童发展对学前教育的要求

在学前教育与儿童发展的关系中，学前教育是促进儿童发展的重要因素，同时学前教育也要适应儿童发展规律，受儿童发展规律的制约。学前教育是儿童发展的外部条件，要实现其对儿童发展的作用，必须使外部的教育符合儿童发展的需要，转化为儿童自己活动的动机、兴趣和情感，学前教育的作用必须通过儿童内部的转化才能实现。因此，学前教育应该做到：

### （一）尊重儿童发展的自然规律

2011年4月15日，钱江晚报报道，一个9岁的山东女孩，从去年下半年开始，视力一直下降，从5.0下降到4.4，既不是近视，也不是远视，去过很多医院，从眼科到脑科，从内科到神经科都检查了，可就是检查不出孩子究竟得了什么病。4月12日上午，这对年轻夫妇带着孩子，不远千里到温州一家眼科医院求医。让他们想不到的是，医生最后查出的病因是“压力过大”，开出的药方是“不要练琴”。

是什么样的压力让一个9岁孩子出现了这样的问题？据闻她已考出古筝10级，还要苦练葫芦丝、画画、作文、英语。皮亚杰的理论表明：“儿童的心理是在两架不同的织布机上编织出来的，而这两架织布机好像是上下层安放着的。儿童头几年最重要的工作是在下面一层完成的。这种工作是儿童自己做的……这就是主观性、欲望和幻想层。相反上面一层是一点一滴在社会环境中构成的，儿童的年龄越大，这种社会影响越大，这就是客观性、言语、逻辑观念层，总之，现实层。”①

蒙台梭利告诉教育者，儿童一出生就是自身发展的积极动因，他们具有“有吸收力的心理”，他们在与环境的交互作用中建构自己的世界。充分地认识到了这一点，教育者就应该让教育学会等待，尊重儿童发展的自然规律。

### （二）为儿童提供适宜的环境

如果儿童所遇到的环境是有趣的，富有吸引力的，并且有足以使其中枢神经结构发生适应性变化的难度要求，那么这种环境就必然会引起学习。这种环境与他们以往的学习经验相匹配但是不完全一致，这好比是维果斯基的最近发展区理论在环境上的体现。环境是支持儿童社会互动、探索与学习的容器。

行为主义者认为刺激会引起反应，那么如果没有人为的影响，儿童时时刻刻所受到的刺激其实是各种环境的刺激。马克·罗兹维格的小白鼠试验告诉教育者，丰富的环境能引起大脑构造的改变。环境是儿童的第一教师，因为儿童时时刻刻处在环境当中。

我国著名的教育家陈鹤琴曾指出环境中布置的东西如果长时间一成不变，就会失去

① 刘晓东. 解放儿童[M]. 北京：新华出版社，2002：150.

教育意义。瑞吉欧更是主张环境的设计变化必须按照孩子兴趣的变化而变化。

儿童是敏感的，比我们成人敏感得多，因为他们的神经还没有发育完全，他们的神经连接还在延伸当中。教育者有责任创造一种有益儿童发展的环境，在这种环境下的儿童可以接受有益的刺激，自由地学习、生活、游戏，建构自己的世界。

## 扩展阅读 1-7

### 反对超前教育

蛹未必就一定会变成蝴蝶，而蝴蝶却一定是由蛹变来的。当蝴蝶还潜在于蛹的形态之中的时候，我们任意地要求蛹长出美丽的翅膀，要求蛹也像蝴蝶那样翩翩飞翔，这种要求不过分么？不滑稽么？

明白了这个道理，我们的教育对儿童的要求，特别是对幼小儿童的要求也就不会像我们曾经去做的那样强求、蛮横了。要想让向日葵开出花结出籽来，难道我们不应当按照向日葵的自然要求而耐心地护理吗？如果我们心急，像揠苗助长的宋人那样，其结果又将会怎样呢？

要让儿童结出“善果”来，我们也需要“导其根器”，需要尊重儿童自己的生长规律，满足他成长的一系列阶段里相应的需要。这样，到了应当开花结果的年龄，他会自然而然地大有收获的。

……

历史上早就有人反对超前教育。在《爱弥儿》一书中，卢梭认为教师也应当顺应儿童自然成长的天性，像园丁一样精心护理儿童。“大自然希望儿童在长大以前就要像儿童的样子。如果我们打乱了这个次序，我们就会造成一些早熟的果实，它们长得既不丰满，也不甜美，而且很快就会腐烂，我们将造成一些年纪轻轻的博士和老态龙钟的儿童。”很显然，卢梭认为教育的过程应当是顺应儿童成长的过程。

日本教育家小原国芳曾写过这样一段话：“去年冬天，我在院子里栽了几株水仙，把两、三株长势好的水仙移入花盆，加以精心照料。但两、三个月后，这几株水仙却枯萎了。而另外几株留在院子里的水仙却长势很好，现仍在开花。卢梭的高明就在于此。”这段话即体现了小原国芳对卢梭教育思想的理解与验证，又表现了他对卢梭教育思想的欣赏与信仰。

……

超前教育教给儿童的内容、方法都是驴头不对马嘴。你非要将马嘴放到驴头上，马嘴成活不了，驴头也白挨了手术刀的折腾；即使接上了，也会有排异反应。超前教育也是这样，儿童对所学的东西不感兴趣，难以自然而然地消化；即使勉强接受，要“闹肚子”，他会很烦恼——这还将影响儿童身心的健康成长，会影响他对教育、对文化、对世界、对生活、对未来的态度。

超前教育、催早熟的教育不对，放慢的教育亦不对。适度的教育只有一种，那就是尊重儿童成长的自然速度。这个速度是大自然安排的,它是儿童成长的客观规律之一,违背了它就是违背了客观规律,违背了客观规律就办不好事,就要受到客观规律的反抗与惩罚。

资料来源:刘晓东.解放儿童[M].北京:新华出版社,2002:12,16,17.

## 三、儿童发展的年龄特征与学前教育

儿童发展的年龄特征是指在不同年龄阶段的儿童表现出的一般的、本质的、典型的生理和心理方面的特征。不同年龄儿童的发展特点不同,对教育提出的要求和侧重点也就不同。在本节,我们对学前儿童不同称谓的年龄分期是:从受精卵发育到儿童娩出称为胎儿,出生至 28 天称为新生儿,出生后到 1 岁称为婴儿,1~3 岁称为幼儿(为了语境考虑,当提及具体年龄时会称儿童),3~6 岁称为儿童。当无法区分新生儿和婴儿的时候,统一称儿童。

### (一) 出生至周岁儿童的年龄特征与教育

儿童在从出生到满一周岁的一年中,适应着从母体内到母体外生活环境的巨大变化。一般来讲,出生前的胎内环境是非常舒适和安全的:胎儿通过脐带从胎盘中得到养分,进行呼吸和排泄,胎儿周围有羊水包围,使胎儿保持稳定和恒温,同时胎儿很少受到外界环境的直接刺激。出生后儿童生活环境发生巨变,面对变化万千的外在世界,儿童必须学会依靠自己独立进行维持生命的活动,要自己吃奶、自己消化和排泄、独立呼吸,要对光线、温度、声音的变化进行适应等等。就这样,在与外界环境相互斗争、相互适应的过程中,儿童生存下来并获得了最终的发展。

1. 出生至周岁儿童的年龄特征

在这第一年中儿童以最快的速度发育成长,从完全无力支配身体、不会翻身,到独自站立并开始会走;从只有感觉活动到能听懂一些语言,会用动作、表情和声音表达自己的意愿,参加社会生活;儿童出生后还渐渐显示了在身体发育、精神和气质上的各不相同的个性。

(1) 生理发展

在第一年里儿童的身长和体重增长最快,身长可增长 20~25 厘米,体重在一岁时则达出生时的 3 倍。儿童身体各器官的构造和机能,也在不断发育成熟。如新生儿平均脑重 390 克,约为成人脑重的 25%,而 6 个月时就增加到 700~800 克,约为成人脑重的 50%。婴儿 6、7 个月时,脑的基本结构就已具备。出生时脑细胞已分化,细胞构筑区和层次分化已基本上完成,大多数沟回都已出现,脑岛已被邻近脑叶掩盖,脑内基本感觉运动通路已髓鞘化。

(2) 心理发展

动作的发展:儿童各种动作的发展是其心理发展的外在表现。儿童动作发展有着严密细致的内在规律,遵循一定的原则,存在一定的常模,是一个复杂多变而又有规律可循的动态发展系统。儿童在出生后动作迅速发展，2个月时可以稍微抬头，5个月能仰卧翻身，6个月可独坐片刻，7个月可以由成人搀扶着站或扶着物体站，9个月能独自爬。手眼协调动作也逐渐发展，到第8个月可以100％准确地抓住看到的物体。5、6个月左右婴儿的手指动作中出现了五指分工和双手配合动作。

感觉的发展：触觉在新生儿的生长过程中起着重要作用，新生儿在他们出生的开始几天内就明显地表现出对触摸的敏感，他们的手掌、脚掌和面颊对触碰感觉敏锐；嗅觉则是婴儿对母亲辨认的最佳方式，出生后6周的婴儿就可以辨认母亲的气味；儿童从出生起就对味觉敏感，当婴儿4个月大时，他们开始对咸味感兴趣，吮吸甜的流体能使婴儿从哭泣中平静下来；新生儿的视觉还没有完全发育成熟，他们能看到东西，但是比较模糊，不过，婴儿的视敏度、颜色辨别能力已接近成人；儿童在出生前就有了听觉能力。正常产期的胎儿，怀孕第20周就已具备这种能力，他们听到声音可能出现生理变化和身体反应。到第28周时，胎儿对呈现在靠近母亲腹部的声响出现紧闭眼睑的反应。新生儿可以区分声音的音高、音响和持续时间，婴儿能辨别音乐中的旋律、音色、音高、音调。

社会性发展：儿童自出生以后，即开始了由"自然人"向"社会人"转化的过程。社会性微笑的出现是儿童社会化的开端，约5周始，婴儿能区分人和其他非社会性刺激，对人的声音、面孔开始有特别的反应，大人的声音、面孔特别容易引起婴儿的微笑，社会性微笑开始出现。从4个月开始，随着处理刺激内容能力的增加，婴儿能够分辨熟悉的脸和其他人的脸，开始对不同的人报以不同的微笑，出现有差别、有选择性的社会性微笑。到6、7个月时，婴儿见到陌生人开始感到害怕，和母亲分开时产生分离焦虑，8个月时，婴儿明显怕生。

2. 出生至周岁儿童的教育

在哺乳过程中加以抚摸。哺乳对新生儿和婴儿来说是影响其发展的重要过程，母亲要保持愉快的心情给儿童哺乳，可以在哺乳过程中伴以温柔的抚摸。孩子吃饱后也不要立即放回床上，让孩子在满足的状态下更多地感受母亲的抚摸。

帮助儿童发展基本动作。1岁以内的儿童全身动作发展变化很大，应按儿童动作发展的顺序，为之创设相应的练习条件，帮助儿童发展基本动作。如对儿童进行早期爬行的练习，应尽量设法创造条件让婴儿在床(硬床)上爬、地(铺有软垫的地面)上爬，最初的爬行需成人用手掌帮助婴儿蹬脚，推助前进，继而可用玩具引诱婴儿向前爬行。

提供适宜的玩具。可以提供给儿童的玩具很多，但不要同时拿出，因为婴儿还没有学会行走，他们活动的天地是很有限的，玩具过多地堆积，妨碍儿童的选择和活动，正确的做法是轮换地提供玩具，有时只需提供一种，有时可以提供两种供儿童选择。

**(二) 1～2岁儿童的年龄特征与教育**

儿童1岁以后学会走路，他的生活就发生了急剧的变化，从被动的、不能自主的生活，变为主动的、可以随意到处走动的生活，儿童的活动范围扩大了，可以到处去看、去触摸，去拿取，从而丰富自身的认识，感知觉能力得到发展；2岁的儿童喜欢从早到晚不停地到处活动。

1. 1～2 岁儿童的年龄特征

1～2 岁儿童发展的重大变化是可以独立行走；开始用语言交流；从事最初的游戏活动以及在与事物的接触中进行思维活动。

(1) 动作发展

大肌肉动作：12 个月左右的幼儿能扶着东西走路，14 个月的幼儿能不用支持物自己独自走几步，18 个月的幼儿就可以行走自如了。16～18 个月的幼儿可扶着栏杆爬几步楼梯。19～21 个月的幼儿开始会跑，并能控制跑与走，22～24 个月的幼儿能够跑很长一段距离，用双脚蹦。

小肌肉动作：16～18 个月的幼儿可以搭 4～5 块积木而不倒。19～21 个月的幼儿可以很好地使用双手，做一些精细的运动。25～27 个月的幼儿会搭各种形状的积木。31～36 个月的幼儿可以画圆圈、折纸。

(2) 社会性发展

1 岁后儿童可以表现多种情感，如喜欢、生气、伤心、害怕、得意、害羞等，这些情感的发泄对象多是以母亲为主的周围成人；幼儿在日常生活中开始学习做很多事情，如自己喝水、吃饭、漱口、大小便、脱衣服等，只是做事的动作比较迟缓，需要经过较长时间的练习以后才能逐渐达到熟练自如的程度；1～2 岁的儿童和母亲有着亲密的交往，对母亲表现出依赖、听从、提要求、求帮助、寻保护等行为；1 岁后儿童喜欢和小朋友在同一个环境中玩，但常常是各玩各的。

(3) 认知发展

1～1.5 岁的儿童理解语言的能力发展很快，在此基础上，开始主动说出一些词。2 岁以后，语言表达能力迅速发展，能用语言表达自己的需要、意愿和见闻；2 岁儿童已开始会认自己的家门，认自己的房间，知道在房间里的什么地方能找到自己想要的东西；2 岁左右儿童的想象基本上是记忆的简单加工，记忆中的经验是发展儿童想象力的基础，在 2 岁以后想象迅速发展起来；1～2 岁的儿童已具有关于数量的模糊概念，如两个苹果，知道哪个大，哪个小，一粒糖和一堆糖，知道一堆糖较多；1～2 岁是儿童感知运动思维的发展时期，儿童的各种心理活动都带有明显的直觉动作的性质。

2. 1～2 岁儿童的教育

带幼儿去户外活动。在天气和幼儿身体许可的情况下，父母应该带幼儿到户外去活动，到自然环境中呼吸新鲜的空气，去观察大自然，这样有助于增强幼儿身体的适应力和抵抗力，还可以扩大幼儿的眼界，丰富幼儿的早期经验。

进行早期亲子阅读。父母和幼儿一起阅读是一项很有益的活动，可将幼儿抱坐在腿上或坐在父母的身旁，由父母拿着书，让幼儿看着，父母边指边讲。最好每天都能有一个固定的时间进行早期亲子阅读。

提供幼儿游戏的环境。提供幼儿练习运动的游戏、认识物品的游戏、练习创造力的游戏、练习概念的语言游戏和认识数字的数学游戏环境。同时给幼儿选择一些好玩的、能满足他游戏的材料，并且保证幼儿游戏的时间。

**(三) 3岁儿童的年龄特征与教育**

儿童长到3岁可以说完成了人生第一个发展时期。常言说：三岁看老，正是说明3岁这个阶段对儿童发展的重要作用。儿童发展到3岁，身心两个方面都进一步地发展与成熟起来了，走向了具有个性的人生起点。

1. 3岁儿童的年龄特征

3岁的儿童行为受情绪支配，喜爱模仿，思维缺乏可逆性和相对性，同伴关系初步发展。

(1) 行为受情绪支配

3岁儿童的行为常常受情绪的支配，还不能用理智支配行为。3岁儿童高兴时听话，不高兴时说什么也不听，常常为了一件小事哭个不停。3岁儿童的情绪很不稳定，很容易受到外界环境的影响和周围人的感染，看见别的小朋友哭了，自己也很容易莫名其妙地哭起来。

当然，让儿童感兴趣的事物或活动会激发其积极的情绪。3岁儿童一般对活动的物体感兴趣，对形状奇特的物体感兴趣，熟悉的人也容易引起儿童的积极情绪。3岁儿童有强烈的依恋情感，对经常和他生活在一起，经常照料他的亲人有强烈的依恋，时刻离不开他们。一般在3岁入幼儿园时就会明显地表现出来，他们知道要上幼儿园了，但情感上却舍不得离开他依恋的亲人，表现为大哭大闹、拉着成人的手不放，不许亲人离去。

(2) 喜爱模仿

3岁儿童的模仿能力很强，喜欢模仿一些具体的、外部的活动或动作。能引起他们新鲜感的活动或动作，他们都想去模仿。如在家里他们喜欢模仿大人的活动和动作，拿起电话装作在打电话，用成人的口吻接电话。成人在家看书看报，孩子也爱翻翻书、看看报。在幼儿园，他们喜欢模仿其他小朋友和观看的动画片里的活动和动作。

(3) 思维缺乏可逆性和相对性

3岁儿童的思维活动缺乏可逆性和相对性，以具体形象思维为主。他们遇到问题不会进行复杂的分析，总是习惯直接推理。对3岁儿童不能讲反话，他们非但不理解，相反，还会强化反面理解。

(4) 同伴关系发展

3岁儿童的社会性交往关系已不限于父母和亲人之间，而是表现在和同伴的关系上。他们很愿意和小朋友在一起，常把小朋友发生的事告诉妈妈或其他大人。儿童进入幼儿园后，除家庭生活之外又过上了另外的一种群体生活。同伴关系的发展扩大了他们的生活圈子，促使儿童学习如何与同伴交往与相处。

2. 3岁儿童的教育

处理好入园焦虑问题。3岁儿童大部分面临一个上幼儿园的问题，尤其大多数幼儿是初次离开父母，刚入园的几天甚至更长的时间内会哭闹不止，也就是所谓的入园焦虑。送幼儿上幼儿园的时候，父母要在前几天做好幼儿的思想工作，交代接孩子的时间，千万不要骗孩子。把孩子送到幼儿园后最好马上离开幼儿园，不要逗留。

做儿童模仿的榜样。3岁儿童喜欢通过模仿来学习，模仿是他们主要的学习方式。通过大量的模仿他们尝试经验，学习经验。所以成人要特别注意给孩子做出好的榜样。在儿童面前注意自己的言谈和行为举止，这些都有可能被儿童模仿学习。

坚持正面教育。由于3岁儿童的思维不具可逆性，他们只能从表面去理解事物。因此对3岁儿童要注意正面教育，不能讲反话。此外，对3岁儿童提出要求要具体详尽，因为他们不容易接受抽象性的要求。

发展儿童的人际交往能力。在安全的情况下，让儿童和更多的人接触，在接触中学会交往。让儿童认识与各种人的关系，懂得用不同的称呼，知道在各种环境和场合中怎样与人交往。如家里来客人了，要礼貌地叫人；有人问话要回答；在父母和客人讲话时不要打扰；到别人家做客，也要先叫人，不要乱翻人家的东西，得到允许后才能玩人家的玩具；人家给东西要说谢谢；和邻居或幼儿园的小朋友在一起要友爱；爱护比自己小的弟弟妹妹，不独占玩具。在家庭中应创造一些条件让儿童有机会和同伴一起玩，发展儿童的人际交往能力，在直接接触中体验到自己与别人的关系。

**(四) 4岁儿童的年龄特征与教育**

4岁儿童出现了较大的变化与发展，如果说3岁儿童还具有某些前一年龄段的特点，那么4岁以后儿童的发展出现了较大的飞跃。4岁儿童的一切潜在的能力开始生气勃勃地发展着，表现出不惧怕、好交往、富有独立精神和自信心等特征。

1. 4岁儿童的年龄特征

4岁儿童身体结实，初步成熟，活泼好动，思维以具体形象为主，有意性增强。

(1) 活泼好动

4岁儿童的身体更加结实，动作更加灵活，比3岁前更加活泼好动。他们对未知的一切都充满好奇，具有无限的精力，不知疲惫地去探索。他们总是手脚不停地变化姿势和活动方式，如果要求他们安静地坐一会，很快就会有倦意的表现，如果此时让他们自由活动，一个个立即又生龙活虎。他们的好动突出表现在对游戏的兴趣上，4岁左右是游戏活动的黄金时期，这时的儿童不但爱玩，而且会玩，他们可以自己玩，也可以和几个小朋友一块儿玩，在游戏中会玩出花样，兴致勃勃，以至于忘记时间。

(2) 以具体形象思维为主

4岁儿童的思维具有明显的具体形象性特点，以表象来思考、解决问题，用事物具体形象的联想来进行思维。因此，事物的形象常常影响他们的思考和对问题的理解。比如，在他们的头脑中，儿子一定是小孩或年轻人，长胡子并满脸皱纹的人是爷爷；他们理解能吃苦的意思就是能吃掉很多苦味的东西。

(3) 有意性行为发展

3 岁儿童的行为多受情绪支配，4 岁儿童则可以听得进成人向他提出的要求，听懂一些道理，他们可以接受成人给的一些任务。如在幼儿园里可以开始当值日生了，在家里可以做一些固定的事情，如摆碗筷、管理好自己的玩具等。有意性行为的发展还表现在 4 岁儿童游戏时已经可以先想一想玩什么，拿什么玩，游戏有简单的角色分配，能够发展游戏的情节。此外，有意性行为的发展还表现在儿童注意、记忆、想象的有意性都有了发展。

2. 4 岁儿童的教育

引导儿童观察周围环境。扩大 4 岁儿童的生活视野，有意地引导他们观察周围的环境。在观察环境中增长儿童的见识，发展儿童的注意、记忆、思维、想象、语言等能力。在观察中，儿童会提出许多问题，有的是远远出人意料的。对儿童的问题要抱着尊重的态度给他以解答。

发展儿童的表现力和创造力。4 岁儿童精力旺盛，给他们更多的通过手、口、动作、表情进行表现和创造的机会，可以发展他们的表现力和创造力。给儿童提供可以独自活动的环境，鼓励儿童用语言和表情进行表现和创造。不要太看重儿童表现与创造的成果，而是要看重儿童表现和创造的过程。对儿童的表现与创造活动给予适当的指导和帮助，但不宜过多更不要取代儿童。

**(五) 5～6 岁儿童的年龄特征与教育**

5～6 岁儿童正处于学前晚期，要为进入学龄期做必要的身心准备。进入学龄期后，游戏已不再是儿童的主要活动，而是要让位于学习活动。

1. 5～6 岁儿童的年龄特征

5～6 岁儿童处于学前晚期，发展继续着 4 岁年龄的心理特征，但又有着一些新的特点。

(1) 强烈的好奇心

好奇心是学前儿童普遍的心理特征，5～6 岁儿童好奇心特别强烈。他们不光问是什么，还要问为什么。问题的范围也很广，上至天文地理，下至花鸟鱼虫，无所不有。他们不仅希望得到成人的帮助解答，同时还愿意通过自己实际地尝试、实验，发现和解决问题。

(2) 抽象逻辑思维萌芽

5～6 岁儿童的思维仍以具体形象思维为主，但抽象逻辑思维已经明显地开始萌芽了，他们已经能进行一些概括和抽象的思维活动。例如，他们已经开始掌握一些比较抽象的概念，如左、右；能对熟悉的物体进行简单的分类；也能初步理解事物的因果关系。

(3) 个性初步形成

个性是人较稳定的、具有一定倾向的心理活动的总和，主要表现在自我意识、性格和能力方面。5～6 岁的儿童开始能够控制自己，做事也不再随波逐流，而是比较有主见。对人、对己、对事物开始有了相对稳定的态度和行为方式;5～6 岁的儿童开始表现出不同的性格特征,有的热情大方,有的胆小害羞,有的活泼,有的文静,有的自尊心很强,有的具有强烈的责任感。由于遗传和环境因素的综合作用,儿童发展到 5、6 岁时能力差别也已经比较明显。

2. 5～6 岁儿童的教育

鼓励儿童的探究行为。5～6 岁儿童已经具备了一定的知识储备和生活经验,成人在日常生活中可以就经常或偶然遇到的事,向儿童简单明了地讲述其中的一些道理,鼓励儿童进行探究,引导他们去发现事物间的各种内在联系。

做好幼小衔接。6 岁儿童即将进入小学,在这一年中为儿童入小学做准备是非常重要的事情。儿童入学所面临的困难主要是学习适应困难和社会性适应困难。幼儿园和家庭应注意对儿童入学适应能力进行培养,同时培养儿童的主动性。

### 扩展阅读 1-8

#### 爬行期和学步期儿童的发展

对刚开始爬和走的婴儿来说,自由且安全的活动非常重要。当他们继续拥有亲切的和个别的关注时,婴儿能大胆地独自离开然后返回慈爱的成人的安全庇护之中。下面是这方面的一个观察实例。

$13\frac{3}{4}$个月的琼和 17 个月的克蒂斯正在书橱旁边的地板上玩。他们在玩偶床上争先恐后地爬上爬下。由于克蒂斯靠琼太近,将琼挤着了。琼大声哭起来,直到吉娜将她抱起来并紧紧搂着她时她的情绪才恢复,爬上一辆黄色的卡车,半坐半靠着,一边吃饼干一边观察它。然后绕着屋子漫步,又爬上摇椅,坐着摇啊摇。

一次,她靠近哲理。当哲理跟她讲话时,她抚摸着哲理的笔记本,然后蹒跚地走到小床边,爬到小床下,从小床底部的栏杆中坐着往外瞧了一会儿。接着,她爬出来但并没有碰着头,站起身,再次蹒跚地绕屋子走,并走近看莱斯利、克蒂斯和杰克在做什么,但她没有加入任何一项活动。

还有一次,当玛萨抱起杰克时,琼爬着穿过地板并跪在地上,似乎想让玛萨知道她不愿意玛萨抱杰克。玛萨蹲下身,抚摸着她的头问:"怎么啦,琼?难道你不想做点什么吗?"琼对这种关注很满意,又开始玩她所能得到的玩具。她时常回到玛萨身边寻求简洁的交流,如一次微笑,一次轻抚或一句话,然后回到房间继续她的活动。

吉娜和玛萨允许琼花大量的时间去探索她所感兴趣的物体,如卡车、摇椅、笔记本、小床栏杆后的世界以及其他三个婴儿。只有两次成人直接与她接触,但都是关键的时刻:一次是她身体不舒服时,一次是她主动靠近时。吉娜的回应不仅仅是将琼从不舒服的处境中解救出来,还包括自然地唤起琼被爱的感觉。当琼需要更频繁的鼓励时,玛萨也抓住琼靠近的时机进行简洁的语言交流,使她得到了心理满足。

善于回应的成人若能鉴别婴儿情感和知觉的变化并精心对待他们，最好在他们未提出要求之前，婴儿对自己情感和能力的认识就会得到扩展。例如，一个成人可能说：“你想知道如果你试着把杯子放进盒子里会发生什么？它是太大？还是太小？或是正好？”当婴儿变得更活泼和更多话时，身体的接触可使他们感到安全。在仁爱和安全的环境中，当婴儿被期待显示能力和展现适宜的社会行为时，活泼的婴儿能更健康地成长。

资料来源：陈红梅.0～3岁儿童发展的阶段特点[J].学前教育研究，2002(2):48-49.

## 本章结构图

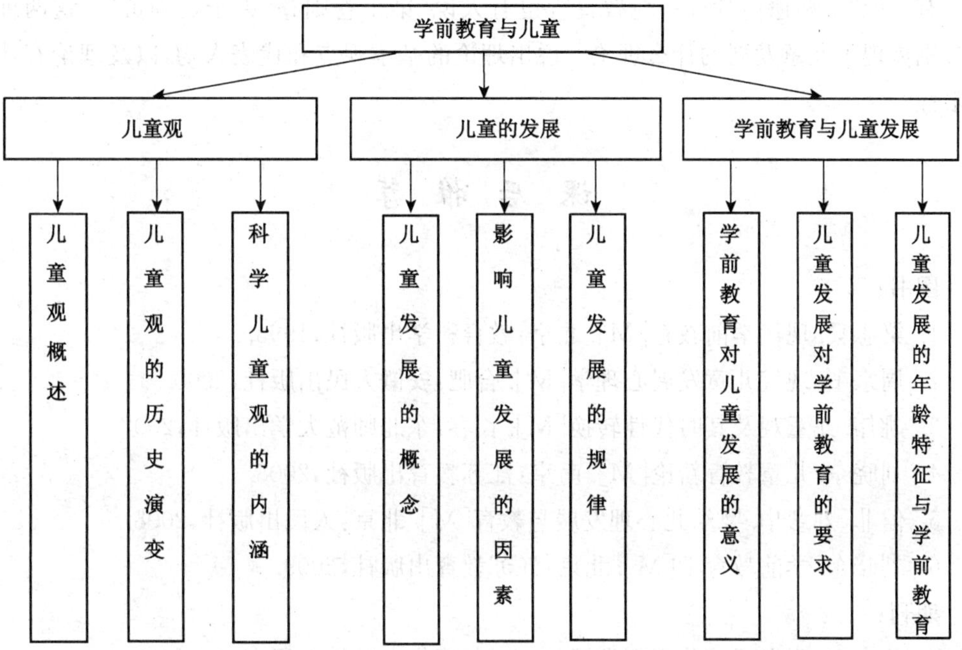


## 本章检测

### 一、名词解释

1. 儿童观
2. 社会主导形态的儿童观
3. 学术理论形态的儿童观
4. 大众意识形态的儿童观
5. 儿童发展

### 二、简答题

1. 以儿童观的持有主体为区分依据，儿童观的形态有几种？

2. 儿童观的结构。

3. 儿童观历史演变的几个阶段。

4. 科学儿童观的内涵。

5. 儿童发展的规律。

6. 学前教育对儿童发展的意义。

7. 儿童发展对学前教育的要求。

**三、论述题**

结合实际论述影响儿童发展的因素和因素之间的关系。

**四、案例分析**

有人说“一两遗传胜过一吨教育”，也有人说“染于苍则苍，染于黄则黄”。这两种观点分别体现了儿童发展的什么理论？说出理论的基本观点和代表人物，以及理论有什么局限性？

## 课后推荐

**图书：**

1. 梁志燊.现代学前教育[M].北京：教育科学出版社，1993.
2. 周宗奎.现代儿童发展心理学[M].合肥：安徽人民出版社，2000.
3. 姚伟.儿童观及其时代性转换[M].长春：东北师范大学出版社，2007.
4. 刘晓东.儿童教育新论[M].南京：江苏教育出版社，2008.
5. 但菲，刘彦华.婴幼儿心理发展与教育[M].北京：人民出版社，2008.
6. 刘晓东.学前教育学[M].北京：江苏教育出版社，2009.

**期刊：**

1. 单中惠.西方现代儿童观发展初探[J].清华大学教育研究，2003(4).
2. 贾云.论儿童观的范式转型——社会建构主义视野中的儿童观[J].南京师大学报(社会科学版)，2009(2).

## 实践拓展

1. 以中世纪杀婴和弃婴为辩论主题，组成辩论小组，正方辩题“杀婴和弃婴是合理的”，反方论证“杀婴和弃婴是不合理的”。

2. 上网查找关于4岁小姑娘Mayhem设计服装的相关新闻，谈一谈你对儿童发展及其影响因素的理解。

3. 去幼儿园进行实际观察，看一看小、中、大班幼儿的学前教育内容有何不同？

幼儿从出生之日起，生于其中的文化就在塑造着他的经验与行为，到他能说话时，他就成了自然文化的小小的创造物，而当他长大成人并能参与这种文化时，其文化的习惯就是他的习惯，其文化的信仰就是他的信仰，其文化的不可能性就是他的不可能性。

——鲁思·本尼迪克特

# 第二章　学前教育与社会

## 学习目标

- 识记：政治；经济；文化
- 领会：政治与学前教育的相互影响；经济与学前教育的相互影响；文化与学前教育的相互影响
- 理解：政治、经济和文化与学前教育的相互关系
- 应用：能够应用学前教育与社会的辩证关系，分析实际问题

## 本章导读

本章主要讲授学前教育与社会诸因素之间的辩证关系，共有两个小节。第一节重点讲述社会诸因素对学前教育的影响，包括政治、经济、文化对学前教育的影响；第二节重点讲解学前教育对社会诸因素的影响，包括学前教育对政治、经济、文化的影响。

学前教育作为一种社会实践活动，是随着人类社会的产生而产生，随着人类社会的发展而发展的。它受到社会诸多因素的影响，同时又影响着社会的诸多因素。因此要想进一步地研究和理解学前教育，就必然要知道学前教育与社会诸因素之间的关系，这样才能更好地为学前教育的发展精确定位，为学前教育发展开拓新的空间，使学前教育与社会诸因素之间形成良性循环，促进学前教育与社会诸因素的共同发展。在本章中我们选取社会诸因素中重要的三个因素：政治、经济、文化，阐述它们与学前教育的相互影响。

# 第一节　社会对学前教育的影响

**案例导入**

**"芝麻街"的诞生与成功**

20世纪60年代的美国正处于社会动荡时期，当时很多孩子都在贫穷的条件下生活，他们没有足够的准备去上学。这时候约翰逊总统首先发起了对贫穷的战争，宣称要减少贫穷和社会两极分化的根源，在这些话题里面有一个问题就是儿童早期教育的问题。

《芝麻街》的诞生正是始自一个当时具有革命性而又简单的想法：可不可以用电视来帮助儿童学习。这个节目由芝麻街工作室制作，以"大鸟"等住在芝麻街上的玩偶小伙伴们作为主角，在没有任何广告宣传的情况下，在当时高居全美儿童节目收视之冠。《芝麻街》从1969年播出至2009年间已荣获一百五十三座艾美奖，并先后在全球一百五十多个国家推出，受到全球数千万儿童及家长的喜爱与肯定。

[**思考**]

可以说，《芝麻街》的诞生与成功从一个侧面说明了这样一个问题：社会诸因素影响着学前教育的发展。那么，社会中究竟有哪些因素影响着学前教育的发展？这种影响体现在哪些方面？

## 一、政治对学前教育的影响

政治主要指各种团体进行集体决策的一个过程，也是各种团体或个人为了各自的利益所结成的特定关系，尤指对于某一政治实体的统治，亦指对于一国内外事务之监督与管制。一般来说，这个词多用来指政府、政党等治理国家的行为。政治会对学前教育及其发展产生以下几方面的影响：

### (一) 政治制约学前教育的性质

在不同形态的社会中，由于社会统治阶级不同，学前教育的性质也不同。统治阶级始终代表本阶级的利益，负责或干预学前教育的开展。

1. 政治制约学前教育的目的

学前教育的根本目的是为社会培养所需的人才，在一定的社会中，培养具有什么样规格的人才，很大程度上是由政治决定的。

在原始社会中，由于没有阶级，人们共同占有生产资料，共同参加劳动，共同生活。对于儿童的教育是共养公育，主要目的是把儿童培养成为能够从事生产劳动的人。老人是儿童教育工作的主要承担者，教育的内容与日后将要进行的生产、生活实际密切相关。

教育的手段是口耳相传，在实践活动中对儿童进行教育。

到了奴隶社会，由于家庭的出现，原始社会的儿童公育已经消失。奴隶主贵族居于统治地位，垄断着受教育权力的分配，儿童的教育仅限在奴隶主贵族的家庭中实施，目的是为奴隶主贵族培养他们需要的统治者和统治的维护者，对儿童实施的学前教育有着鲜明的阶级性。

封建社会以后，打破了过去奴隶主贵族垄断儿童学前教育的局面，普通平民家庭也可以进行儿童的学前教育，但是教育仍然具有鲜明的等级性，目的主要是为地主阶级培养统治人才和培养供他们驱使的劳动者。

发展到社会主义社会，学前教育的目的有了很大的变化。学前教育以培养德、智、体、美、劳诸方面全面和谐发展的社会主义事业建设者和接班人为主要目的。政府通过颁布一系列学前教育政策法规，依法切实地保证学前教育目的的有效实现。

2. 政治制约学前教育的领导权

教育的领导权由谁来掌握，是由社会的政治制度决定的。在阶级社会中，统治阶级通过国家颁布的政策法规，规定开办托儿所、幼儿园等学前公共教育机构的宗旨和方针，并对其加以监督。同时，各级政权机构利用其拥有的组织、人事权力，任免学前教育机构的领导人和教师。可以说统治阶级利用自己在政治方面的统治地位，控制了大部分学前公共教育机构，掌握着学前教育的领导权。

我国学前教育的领导权掌握在政府手中，特别是教育行政部门的手中。随着《国家中长期教育改革和发展规划纲要（2010—2020年）》和《国务院关于当前发展学前教育的若干意见》的贯彻落实，各地出台并实施了学前教育三年行动计划，各省政府纷纷把学前教育作为本地教育工作和改善民生的重要方面，采取了一系列措施，大力发展学前教育，有力地促进了各地学前教育事业的发展。

3. 政治制约儿童的受教育权

在原始社会中，为了保证基本的生存，所有的儿童一起接受同样的教育，只是由于男女分工不同，向男童和女童实施的教育内容稍有不同。

到了奴隶社会和封建社会，由于阶级的出现，统治阶级和被统治阶级在政治上是不平等的，因此，不同阶级的儿童在受教育权上也是不平等的。

发展到社会主义社会，保证儿童具有平等的受教育权具备了可能性。政府为了保障更多的儿童平等地接受学前教育，颁布了相关的政策法规。如在《国家中长期教育改革和发展规划纲要（2010—2020年）》中提出了关于学前教育入园的具体目标，见表2.1。

**表2.1　学前教育事业发展主要目标**

| | 2009年 | 2015年 | 2020年 |
|---|---|---|---|
| 幼儿在园人数(万人) | 2 658 | 3 530 | 4 000 |
| 学前三年毛入园率(%) | 50.9 | 62.0 | 75.0 |
| 学前一年毛入园率(%) | 74.0 | 90.0 | 95.0 |

有数据显示，在政府和社会的共同努力下，截至2013年年底，全国共有幼儿园19.86万所，比2010年增加4.82万所，增长了32%；在园幼儿达到3 895万人，比2010年增加918万人，增长了31%，超额完成了2015年幼儿在园人数的目标。据计算，全国学前三年毛入园率达到67.5%，比2010年增加了10.9个百分点。

当然，因为地域差异的存在，儿童的受教育权还不能完全实现绝对的平等。尤其在中西部很多地区，儿童在园人数还比较少，入园率还比较低。但是我们相信，随着社会的持续发展，政府会通过各种努力、各种途径消除学前教育的不公平现象，为实现学前教育公平创造更多的条件。

### 案例2－1

#### 纳粹统治下的儿童教育

“他们一生都将不再有自由!”1938年希特勒发出的这个阴森恐怖的威吓改变了几百万德国男女的命运。独裁者为“他的青年人”将“一体化”做了具体的规划：10岁参加少年队，14岁参加希特勒青年团，然后加入纳粹党，然后再参加青年义务劳动军以及应征参加国防军。战争中，这一代青年男子做出了无谓的牺牲，青年女子则在前线野战医院或者家乡做出了她们的贡献。希特勒所设计的让德国一体化的目标将整个德国社会带入了纳粹的统治中。那个时代的年轻人从孩提时代开始就受到国家的全面控制，并且被灌输加入纳粹党保家卫国的思想。上百万的德国年轻人被希特勒所鼓吹的扩大生存空间和种族主义理论所迷惑，纷纷加入纳粹青年团，而一小部分抵制纳粹统治的年轻人则被逐出德国并且受到种种迫害。1945年5月8日，德国无条件投降使许多年轻人对纳粹的幻想一夜破灭。

**评析**：希特勒的纳粹主义是20世纪20—30年代德国资本主义危机时期特定历史条件下的产物。希特勒和纳粹思想家们兼收并蓄了德国历史上各种思想，尤其是19世纪后半叶以来各种反动思潮，企图以战争为手段夺取生存空间，建立世界霸权。统治阶级通过此强权政治思想，将德国一代儿童牢牢地控制了，并对这代儿童进行了精神压迫和剥削，使得教育带有强烈的政治统治性。

### （二）政治影响学前教育的发展

政治对学前教育发展的影响具体表现在以下两个方面：

1. 政府部门对学前教育的重视与领导，是发展学前教育的决定条件

纵观中外学前教育历史，我们可以看到，一些资本主义国家在发展的过程中出于政治上的需求，非常重视并积极发展学前教育事业。如日本在战后振兴计划中重视发展学前教育，战后学前教育发展的速度居资本主义国家之首；美国联邦政府为了对处境不利儿童进行教育补偿，自1965年起开始实施“开端计划”(Head Start Program)这一早期儿童项目。该项目以联邦政府及州政府为主投入资金，由受过培训的教师对3～6岁处境不利的儿童提供免费的学前教育，使他们从早期开始就能

获得较好的发展，以改变其不利处境。这一项目遍设美国联邦各州，仅 1965 年就收托 536 108 名儿童。

社会主义国家同样关怀儿童的健康成长，积极为儿童提供良好的教育环境，重视学前教育的发展。如前苏联在十月革命胜利后，政府十分重视学前教育，采取措施大力发展学前教育，并在世界上首先建立了国家层面的学前教育制度，学前教育科研也取得了惊人的成绩；朝鲜制订了"儿童保育教养法"，政府执行"教育工作走在一切工作的前面，为了搞好下一代教育不惜牺牲一切"的方针，全部学前儿童可进入幼儿园，费用由国家承担，实施学前一年的义务教育。

我国政府在解放后也逐渐认识到了学前教育的重要性，开始关注和推进学前教育的发展。如为了解决"入园难"问题，开始采用多种形式扩大学前教育资源，多种途径加强幼儿教师队伍建设，多种渠道加大学前教育投入、规范幼儿园收费管理；在《教育部 2012 年工作要点》中明确规定：要积极发展学前教育，推动各地全面落实学前教育三年行动计划。实施中央财政支持学前教育重大项目。建设完善学前教育管理信息系统。贯彻落实《幼儿园工程规程》和《3～6 岁儿童学习与发展指南》，坚决防止出现幼儿园小学化倾向。出台幼儿园教师配备标准。加大力度，多种形式宣传科学育儿知识。

事实充分表明，国家政府部门的重视与领导对学前教育发展有着决定性影响，如果政府部门能充分认识到学前教育的重要性，并大力支持学前教育的发展，那么学前教育的发展一定会更加顺利。

2. 政治对学前教育财政投入具有直接影响

政治对学前教育财政的影响主要体现在两个方面：一是政治决定学前教育经费份额的多少。统治阶级根据其政治发展及其利益的需要，按照社会发展不断调整学前教育经费在整个社会总投入中的份额。二是政治决定学前教育经费的筹措。政府根据其财政收支情况以及政治需要，决定学前教育经费的筹措办法，或者是完全由政府财政支出，或者是由民间集资、私人出资，或者三者皆有。目前世界范围内的学前教育财政投入体系有两种，一种是地方分权的学前教育财政投入体系，一种是中央与地方合作的学前教育财政投入体系。

越来越多的国家和政府意识到，学前教育不仅有益于个体的健康成长和家庭和谐氛围的营造，更有助于社会的稳定和国家实力的增强。因此政府的责任意识日益增强，经费投入越来越多。

在 2011 年，我国财政部会同教育部印发了《关于加大财政投入支持学前教育发展的通知》，就财政支持学前教育发展提出了"坚持政府主导，社会参与；坚持地方为主，中央奖补；坚持因地制宜，突出重点；坚持立足长远，创新机制"的四条原则。从 2011 年起，我国中央财政设立专项资金，支持实施学前教育 4 大类 7 个重点项目，以中西部农村地区和东部困难地区为重点，引导支持各地加大对农村学前教育的投入。

数据显示，从2011年起到2013年5月，中央财政已累计投入341亿元支持学前教育发展。一是重点支持中西部农村地区利用闲置校舍改建幼儿园，支持具备条件的农村小学增设附属幼儿园，在偏远农村地区开展学前教育巡回支教试点，着力扩大办学资源，缓解农村幼儿入园难问题；二是通过奖补方式，支持普惠性民办幼儿园发展，鼓励城市集体、企业、事业单位等举办的幼儿园面向社会提供普惠性服务，着力支持城市普惠性幼儿园，解决农民工随迁子女入园难问题；三是将中西部地区农村幼儿教师纳入“中小学教师国家级培训计划”，引导地方科学制定幼师培训规划，创新培训模式，完善培训体系，着力提升幼师队伍整体素质和专业化水平；四是按照“地方先行、中央奖补”的原则，鼓励地方因地制宜建立学前教育资助制度，着力解决家庭经济困难和孤残儿童入园难问题。

### 扩展阅读2-1

#### 世界主要国家和地区弱势儿童学前教育扶助政策研究(节选)

弱势儿童学前教育权利的实现需要特别扶助，而政府应当成为实施特别扶助的责任主体和主导力量——近年来，世界主要国家和地区日益在强化政府扶助弱势儿童学前教育的责任上形成共识，并制定相关法律和政策进一步明确政府的主导责任，确保弱势儿童学前教育扶助和学前教育公平的推进和实现。

首先，许多国家和地区通过立法和制定政策明确规定政府是扶助弱势儿童学前教育的责任主体。许多国家议会和政府对本国政府扶助弱势儿童学前教育的责任做出高位、明确的规定。如美国，一直十分关注各类处境不利儿童的学前教育，其《不让一个儿童落后法》即明确要求政府必须“促进弱势儿童群体的教育与发展，不让一个儿童落后”；印度不仅在《国家儿童宪章》(2003年)中指出“国家向所有儿童提供学前教育”，并进一步在《国家儿童行动计划》(2005年)中要求政府向“最弱势的、最贫穷的和获得最少服务的儿童提供最大程度的优先”。同时，不少国家和地区对于政府扶助某一类特定弱势儿童教育的主导责任也做出了明确规定。美国、英国、印度、我国台湾地区等明确指出政府必须保障贫困、残疾、少数种族或少数民族儿童的学前教育权利。如巴西《教育指导方针和基础法》(1996年)规定，“提供特殊教育服务，作为国家的宪法义务，应开始于0～6岁阶段”，从宪法责任的高度指出政府必须扶助0～6岁特殊儿童获得学前教育；我国台湾地区在《原住民族教育法》《儿童教育及照顾法》(草案)和《扶持5岁弱势幼儿及早教育计划》(2005年)等多部法律和相关政策中要求各级政府确保农村弱势地区、原住民、低收入家庭幼儿和身心障碍儿童等学前教育机会的均等。上述法律和政策明确规定了政府的责任与义务，使政府成为扶助各类弱势儿童学前教育的责任主体和主导力量。

其次，进一步明确弱势儿童学前教育投入责任是政府主导责任的重要内容。世界主要国家和地区注重立法或制定政策明确并强化政府优先保障弱势儿童学前教育的财政投入责任，为发展和保障弱势儿童学前教育提供财政支持。例如印度明确规定政府在教育预算分配上“要确保优先那些属于最弱势群体的儿童”；我国台湾地区在《教育基本法》中规定，政府对包括学前教育在内的偏远及特殊地区的各级各类教育，“应优先予以补助”；英国通过《拨款法》要求政府不断加大对主要面向弱势儿童的“确保开端”项目的财政投入。不仅如此，一些国家和地区还根据不同类别弱势儿童处境不利的状况，明确政府对于各类弱势儿童学前教育财政资助的不同责任。如我国台湾地区，明确要求政府对于进入幼儿园就读的身心障碍儿童，“得发给教育补助费”，对于进入幼儿园的原住民幼儿，得视实际需要“补助其学费”；日本也规定各级政府为使残障儿童充分接受适应的教育，必须给予必要的财政援助；等等。由于明确和强化了政府对弱势儿童学前教育财政投入的责任，使弱势儿童学前教育发展获得了较为充足的经费保障。

资料来源：庞丽娟，夏靖，孙美红. 世界主要国家和地区弱势儿童学前教育扶助政策研究[J]. 教育学报，2010(5)：50-55.

## 二、经济对学前教育的影响

“经济”一词源于希腊语，原意为“管理一个家庭的人”。经济是人类社会的物质基础，是构建人类社会并维系人类社会运行的必要条件。其具体含义随语言环境的不同而不同，本章所谈的经济是指社会物质资料的生产和再生产过程，包括物质资料的直接生产过程以及由它决定的交换、分配和消费过程。其内容包括生产力和生产关系两个方面，但主要是指生产力。学前教育的产生、发展与完善都与经济息息相关，并为经济所制约。

### （一）经济影响学前教育机构的产生和发展

1. 经济促进学前教育机构的产生

在资本主义大工业生产以前，社会生产力水平很低，学前儿童主要在日常生活和劳动中接受教育。到了18世纪至19世纪初，蒸汽机和其他机器逐渐运用于生产，资本主义工业快速发展，大大发展了社会经济，提高了生产力和国民生产总值，增加了社会物质财富，从而为建立学前教育机构提供了坚实的物质基础。同时由于工厂的发展，需要雇用大批女工，如1839年英国41万工人中妇女占24万，约占工人总数的58%。母亲外出劳动，致使幼小儿童无人照料，产生社会问题，进而从客观上提出了建立学前教育机构的需要。当时工业发达的英、法、德、美等国首先建立起学前教育机构，以解决小孩无人照管的社会问题。

经济发展缓慢的国家和地区建立学前教育机构则一般较晚。就我国学前教育发展来看，20世纪前叶，社会经济发展缓慢，学前教育机构的建立也相应较晚，最先仅在沿海经济较发达的工业地区建立和发展起来。新中国成立后，随着社会经济的发展，生产力水平提高，对学前教育机构的需求也越来越高，才使得学前教育机构在数量上有了快速的增加。

2. 经济制约学前教育机构的发展

首先，社会经济发展水平影响人民对学前教育的需求。一般来说，经济发展水平较高的国家和地区，儿童入园率相应比较高。如非洲在1970年，儿童入园率仅为0.4%，而同一时期，一些经济富裕国家3～6岁儿童的入园率分别为：比利时96%，法国84%，荷兰70%，英国58%，美国57%，日本50%，西德45%，瑞典27%。①

其次，如果学前教育发展不适应社会经济发展水平，就会使学前教育的发展受到严重阻碍。如1958年，我国幼儿园由1957年的16 400余所增至695 000所，增长了42倍；而这一时期的工农业总产值增速相对较慢，1958年仅比1957年增至18.2%。显而易见，幼儿园的发展缺乏相应的经济基础。于是在1961年后许多幼儿园纷纷停办，逐渐退回到1957年的水平。②

最后，经济发展水平较快的地区学前教育的发展也相对较好。如2010年上海率先基本实现学前教育现代化，3～6岁幼儿入园率达98%；浙江省宁波市鄞州区至2011年，有幼儿园186所，学前三年儿童入园率达到99.9%，学前教育经费占财政性教育投入比重达到8.5%，财政性投入占生均培养成本比重达55%。

**（二）经济影响学前教育的任务、内容和手段**

不同形态的社会，经济发展水平各不相同，对受教育者的素质要求也不相同。这直接导致学前教育的任务、内容和手段的不同。

首先，由于社会经济发展水平不同，对人才培养的要求不同，学前教育的任务也有所不同。如随着时间的推移和经济的发展，英国的学前教育任务自20世纪以来经历了以下变化：1918年注重保育、营养和照管；1939年注重儿童情感和创造力的培养；1969年注重儿童智力的发展。美国在19世纪50年代设立的学前教育机构是为贫穷家庭的子女服务的，设备比较简陋，任务也只是照看儿童。随着经济的发展，人们对学前教育机构的需求也随之提高。因此，“开端计划”的实施就是从教育机会均等出发，对处境不利的儿童进行补偿教育，促进其身体、情感和社会性等多方面的发展。③

我国学前教育的任务也在社会历史发展中经历了四个阶段的变化：初创时期，主要为工作的母亲照顾儿童，只负责儿童生活与安全方面的照顾；19世纪下半叶至20世纪上半叶，不限于看护儿童，开始对儿童实施促进其发展的教育；20世纪60年代至70年代，以发展儿童智力为中心；20世纪80年代以后，促进儿童德、智、体、美的全面发展。

其次，经济的发展为丰富和更新学前教育的内容和手段提供了条件。自1840年福禄贝尔创立了世界上第一所幼儿园并为幼儿园制订了教育内容，设计了玩教具以来，随着经济

① 华东七省市，四川省幼儿园教师进修教材协编委员会.幼儿文学——幼儿园教师进修教材[M].上海：上海教育出版社，1987：31.

② 黄人颂.学前教育学[M].北京：人民教育出版社，1989：33.

③ 黄人颂.学前教育学[M].北京：人民教育出版社，1989：34.

的发展，学前教育的内容和手段有了很大的变化。在内容方面，要求儿童掌握相应的信息技术知识；引导儿童树立文化多样性的价值观，尊重其他国家、民族的生活方式与生活习惯；要求儿童增强环保意识、养成绿色生活的态度与习惯；不仅注重儿童语言、数学两大传统能力的发展，还要求扩大他们对社会环境和自然环境的认识，注重培养儿童认识周围事物的兴趣和求知欲，注重儿童创造力的培养，注重儿童社会交往能力的培养。在手段方面，儿童游戏的内容与形式更为丰富多彩；教师利用儿童的日常生活环节开展各种观察、操作和实验活动；教师运用录像、幻灯片、视频、电子白板、平板电脑开展教学活动。

## 扩展阅读 2-2

### 经济发展必然带来学前教育的发展吗
### ——基于对广州市学前教育发展现状与问题的分析(节选)

在国家的大力重视和支持下，我国学前教育正呈现出前所未有的发展态势。中西部和经济不发达地区更是得到了长足的发展。然而，广东省学前教育的发展水平却相对滞后。与全国和学前教育发达地区相比，广州市学前教育发展呈现出“一高三低”的特点，即高入园率、低投入率、低公办园率、教师学历偏低。从各项发展指标而言，广州市虽优于广东省，却远弱于上海、北京、天津等学前教育发达地区。实施学前教育三年行动计划的前两年(2011～2012)，广州市虽然在学前教育投入、公办园比例、幼儿园大专以上学历的教师比例方面有明显提高，但总体发展指数没有显著提升，进步幅度不仅低于上海、北京、天津，甚至低于全国和广东省的整体进步水平，其问题主要表现在以下方面：

（一）学前教育投入不足而 GDP 领先

广东省 GDP 全国领先，广州市 GDP 在广东省内领先。然而，广州市学前教育投入却并非如此。从绝对投入来看，广州市学前教育财政投入虽逐年增长，尤其是近几年的投入幅度更大，但占财政教育经费的比例没有明显增幅，波动在 1.74%～2.33%之间，占广州市 GDP 的比例也没有明显增幅。这与发达地区的学前教育投入有很大差距，如广州市 2012 年学前教育投入只占其教育投入的 2.12%，上海市学前教育投入则占其财政教育投入的 8.59%，两者相差 6.47 个百分点。低投入通过教师的低素质、职业的低声望和家长的低期待等中介因素导致学前教育的低质量，由此形成低投入和低质量的恶性循环。

（二）公办园匮乏民办园发达

2010 年，广州市公办园的比例只有 15.27%，上海等发达地区均在 60%以上，全国是 32%，广东省平均水平是 22.50%，可见广州市公办园严重匮乏。与公办园发展薄弱相对照，广州市民办园一直呈上升发展趋势，超过 75%的幼儿园为民办幼儿园。可见，民办园是广州市学前教育的主力军。这一方面说明有必要发展公办园，另一方面也反映发达地区具有充裕的民间资金来举办民办园。政府有必要对民办园进行大力的支持、引导和监督，以充分发挥民办园的育人和社会发展功能。

(三) 师幼比正常但教师学历偏低

师幼比和大专及以上教师比例是学前教育质量的两个重要指标。广州市的学前教育发展数据表明,广州市幼儿园师幼比波动在1∶15.53～1∶14.63之间,与上海等发达地区接近,低于广东省和全国的平均水平,说明发达地区只要不设立高门槛,幼儿园教师队伍数量的补充可能会相对容易。但另一方面,广州市幼儿园教师的学历水平偏低,2005年大专以上学历教师占40.34%,2012年提高到58.85%,但这一比例不及全国的同年平均水平(65.13%),更赶不上发达地区的水平(80%以上)。较为充足的教师数量和明显偏低的教师学历层次,说明广州市的幼儿园教师门槛较低,素质不高,较低的师幼比是以大量低素质的幼儿园教师作保证的。

(四) 入园率奇高但学前教育综合发展指数偏低

广州市入园率超过100%,一般在150%以上,2010年前上升,后有下降趋势,但仍然保持在150%以上,不仅超过广东省和全国的水平,还超过了发达地区的水平。作为人口流动率很高的城市,广州市较高的入园率可能与其庞大的流动人口数量有关。这一方面说明广州市的入园难问题不突出,另一方面说明广州市不仅要负责户籍适龄幼儿的学前教育,还要负责庞大的流动人口适龄幼儿的学前教育,负有更大的教育和社会责任。入园率(毛入园率)虽然是衡量地区学前教育发展的一个重要指标,但不能作为唯一的指标,因为数量不能客观地反映质量。广州市奇高的入园率和偏低的学前教育综合发展指数就说明了这一点。

资料来源:叶平枝,汤建静.经济发展必然带来学前教育的发展吗——基于对广州市学前教育发展现状与问题的分析[J].学前教育研究,2014(8):44-51.

## 三、文化对学前教育的影响

文化的概念有广义和狭义之分,广义的文化是指人类在社会生产实践过程中所创造的物质成果和精神成果的总和,包括物质文化、制度文化、精神文化。

物质文化是指人类创造的种种物质文明,包括交通工具、服饰、日常用品等,是一种可见的显性文化;制度文化是指生活制度、家庭制度、社会制度;精神文化是指思维方式、宗教信仰、审美情趣。狭义的文化特指社会的精神文化,本章中的文化,取的是其狭义的概念。

文化与人类社会共存,社会以文化的形式存在并发展,没有人类文化就没有人类社会的进步。要考察学前教育及其发展规律,必须把握文化对学前教育的影响,否则就无法全面客观地认识学前教育及其发展规律。文化对学前教育的影响表现在以下两个方面:

**(一) 文化制约学前教育目标的制订**

教育目标所体现出来对人才培养规格的要求在某种程度上可以说是文化的人格化,一个民族或国家人才培养的规格很大程度上是由文化塑造出来的。不同的文化对人才规格有不同的要求。

作为一种价值引导工具,学前教育具有明显的目标指向,即通过学前教育培养什么样规格的儿童。文化作为一种沉淀于人们深层心理结构中衡量事物的基本尺度，极大地制约着学前教育目标的制订。

如我国文化传统中侧重群体性的发展，忽视个性需要，因此，多年来我国学前教育一直整齐划一。直至近年来，随着我国学前教育事业的不断发展，学术界开始关注儿童个性的培养和发展，我国学前教育开始将“注重培养幼儿良好的个性心理品质”作为目标调整的动向，并要求学前教育领域能够切实践行这种价值尺度和衡量标准。再如，同是资本主义国家的美国、法国和日本，政治制度和生产力水平相近，但由于各自文化背景的差异，在学前教育目标的制订上仍表现出不同的特点。美国是典型的联邦制国家，其中46个州分别制定了各自的州立学前教育目标，基本认同国家“提倡个性发展，需要民主社会的理想公民”的文化构想，在学前教育目标中，强调“鼓励幼儿独立思考和行动”和“培养良好的社会态度”；法国是典型的中央集权制的教育管理体制，教育深受启蒙运动的影响，在学前教育目标的制定上注重公民的普遍教养及理智训练，因此，法令中明确规定“注重幼儿诚实、礼貌、守纪律等良好习惯，培养完整的人格”；日本二战前大和文化占主流，重视培养儿童的整体精神和神道、忠孝、集团意识，随着文化的变迁，汲取了西方文化中的有益成分后，学前教育则转变为“以人格之完成为目标”，特别是90年代以后逐渐突出强调幼儿个性的发展。

**（二）文化影响学前教育内容的选择**

教育是文化的子系统，同时也是人类历史文化继承和发展的主要途径。如果说人类社会的起源得益于物质生产资料和生产方式的产生和发展，那么，文化传承和发展就是人类社会不断走向进步的内动力。文化再生产的主要方式是通过教育活动，教育使传统文化得以发扬和继承，新兴文化得以发现和创造，这是教育与文化间不能割裂的联系。一般来说，文化的发展超前于教育的发展，文化发展的内容并不总是与教育内容一一对应，教育行业是以“育人”为己任的特殊行业，其发生变革的成效总是长期的、缓慢的、滞后的。但显然，教育的内容选择离不开文化，并深受文化的影响。对于学前教育来讲，文化影响其内容的选择体现在以下三个方面：

首先，学前教育内容选择倾向于当时社会的文化积累。在中国历史上，长期成为儿童读物的“三、百、千”等蒙学作品，所反映的主要就是儒家的文化思想、伦理道德。另外，中国的成人受“万般皆下品，唯有读书高”的思想影响，习惯于把儿童看成光宗耀祖、光耀门庭的工具，忽视童年存在的价值和儿童与生俱来的探索精神。在这种文化积累的影响下，学前教育历来重视道德教育、重视知识的传授，而忽视儿童自身对外部世界的主动探究，这从在幼儿园课程发展历程中持续时间相当长、在一段时间内产生重要影响的幼儿园分科教学中便可看出。随着西方先进教育思想的传播，卢梭、杜威、蒙台梭利等教育家的教育思想对我国学前教育的改革和发展产生了重要影响，人们逐渐认识到原来的幼儿园课程教育内容不合时宜，因此在2001年9月颁布的《幼儿园教育指导纲要（试行）》中明确指出：幼儿园的教育内容是全面的、启蒙性的，可以相对划分为健康、语言、社会、科学、艺术五个领域,也可以有其他类型的划分。各领域内容相互渗透,促进幼儿的认知、能力、情感态度价值观等多方面的发展。

其次,传统文化是学前教育内容选择的重要影响因素。世界各国各地区各民族都有强烈地保存自己民族传统文化的趋向,都有对民族传统文化的认同感和归属感,而传统文化中的特定内容,需要通过学前教育的途径传递给儿童。如德国有宗教传统,其学前教育内容中就有宗教课程和活动;英国古典主义文化在传统文化中占优势地位,因而其学前教育内容至今较重视人文课程;在我国学前教育快速发展的新形势下,党的十八届三中全会作出了"完善中华优秀传统文化教育"的重要指示,对学前教育的内容选择提出了明确的要求。我国本就是礼仪之邦,尊老爱幼、文明礼让等传统文化都可以体现在儿童教育内容当中,以儿童能够接受的形式传递给他们。需要注意的是我国传统文化并不都适合现在的时代,需要教育者对传统文化认真加以清理,精心地进行研究分析,以学前教育的现实需要和未来发展为出发点,在学前教育内容中选择和继承优秀的传统文化遗产,清除腐朽的历史糟粕,使学前教育的内容有丰富健康传统文化内涵。

最后,多元文化冲击学前教育的内容选择。多元文化是指在人类社会越来越复杂化,信息流通越来越发达的情况下,文化的更新转型也日益加快,各种文化的发展均面临着不同的机遇和挑战,新的文化层出不穷,在现代复杂的社会结构下,要求各种不同的文化服务于社会的发展,这些服务于社会发展的不同文化,造就了文化的多元化。

多元文化教育产生于20世纪60、70年代的西方,脱胎于西方各国的社会民族复兴运动,随后演变成一场席卷欧洲大陆各国和美国、澳大利亚以及加拿大的国际教育运动。在近50年的发展历程中,它逐渐成为西方社会的一种政治或教育理念。多元文化教育的实质是通过持续不断的课程改革和其他教育改革途径,培养学习者的跨文化适应能力,使他们获得适应本民族文化、主流文化以及全球化社会所必需的知识、态度、技能,消除在种族、性别、宗教、民族、社会阶层等方面存在的歧视与偏见。

### 案例2-2

**华德福教育引入中国**

1994年,一对在中国旅游的澳大利亚夫妇,在一次聊天中把华德福教育介绍给黄晓星和张俐。在他们的帮助下,1995年秋天,黄晓星和张俐先后在英国的爱默生学院和美国的Sunbridge学院接受了华德福教师培训,并在美国继续学习和实践华德福教育和人智学工作。期间,在他们的介绍和帮助下,李泽武、吴蓓也先后在英国和美国接受了华德福教师培训。同时,来自德国的华德福学校毕业生卢安克,志愿在广西的一个偏僻农村里为孩子做教育实验和研究,实践华德福教育多年,吸引各媒体的注意,很多朋友通过媒体对卢安克的报道而知道华德福教育。通过这些朋友的著作、翻译等各种介绍,国内的很多人已经对“华德福教育”有了初步的了解,其中不少的朋友急切地盼望着华德福学校能在中国的大地上出现。2004年的夏天,由从美国回来的黄晓星、张俐和英国回来的李泽武等人发起,由十几位包括大学生、学者、工人和商人(其中包括外籍人士)等共同参于,在成都建立了国内第一所华德福幼儿园和学校。

**评析:**华德福教育是奥地利教育家鲁道夫·史代纳根据人智学理论创建的一种以人为本,注重身体和心灵整体健康和谐发展的全人教育。世界上第一所华德福学校于1919年在德国创立,历经90多年的发展,如今华德福教育已成为世界上规模最大、发展最快的、非宗教的独立教育运动。当然,对中国来说,华德福教育的引进才十来年,如何与我国本土文化和社会价值观进行更好地融合与创造,如何深入理解儿童发展,形成课程和知识的体系化都还有很长的路要走。

多元文化促使学前教育的内容选择也趋于多元化。在我国,除了传统的学前教育课程内容以外,还有一些幼儿园以某些特定的文化为理念,来实施学前教育内容。如南京市太平巷幼儿园实施的田野课程,北京、成都等幼儿园开展的华德福课程等。当然,不同的文化在交流的过程中不可避免的会产生摩擦与冲突,这种冲突在学前教育领域内的反映,就是学前教育在内容选择时产生的冲突。历史反复证明,任何一个国家和民族的发展,必须不断引进和吸收世界各个国家和民族的先进文化,闭关自守必然落后。但需要注意的是,这种对文化的引进和吸收必然要立足于本国和本民族的文化土壤,实现本土文化与外来文化的有机融合,这样才能创造出具有先进水平而又极富民族特色的文化。

## 扩展阅读 2-3

### 社会文化与教育(节选)

**一、社会文化是人类心智发展的素材**

Bruner(1996)提出,文化型塑了人类的心智。许多研究者将跨文化研究中所测得的认知差异归因为文化因素的影响。不同文化背景下或不同时代的人,其心智作用与认知结构并无差别,但是认知与思考时所用的素材却有根本上的差异,这是因为每种文化都会将其特有的价值观、规范与信仰传递给生活于其中的人们,进而影响了人们在认知与思考过程中所用的素材。笔者将以智力观为例,说明社会文化对人类心智活动的影响。

针对什么能力能代表智力的问题,已有研究显示各种文化对这个问题有不同的答案。如Grigorenko等人(2001)与Sternberg等人(2001)研究发现,西方文化的智力观是指能促进科技发展与进步的能力,强调的是技术性智力与学业智力;非洲肯尼亚部落文化的智力观则强调在大自然中生存的能力,强调的是生活智力。在非洲肯尼亚的一个部落中,大部分儿童会因为寄生虫感染而经常肚子痛。在部落传统医术中有许多治疗寄生虫病的草药知识,懂得利用这些草药知识来自我治疗的儿童比不懂这类知识的儿童具有更大的生存适应上的优势,因此在这个部落的文化中,会运用草药治疗寄生虫病是一项有价值、有意义的智力表现。

即使在同一社会中,各族群之间的智力观也可能因为族群文化的影响而有所不同。Okagaki和Sternberg(1993)的研究指出,美国加州拉丁美洲裔家长倾向于强调社会适应能力的重要性,白人家长比较强调认知能力,而亚裔家长则更明显地倾向于强调认知能力的重要性;代表主流文化的教师也比较强调认知而非社会适应能力的重要性;依照各族群家长与教师对智力的不同看法,可以预测各族群儿童的学业表现。

可见,文化对心智的影响,不是改变心智作用与认知结构。而是以其灌输给人们的价值观、信仰与规范,影响人们思考时所使用的素材。拥有不同文化背景的人可能有共同的核心认知技巧(如认知过程、认知策略、心智表征等),但文化会影响人的价值观和信念,促使拥有不同文化背景的人在教育目的、内容与方法的选择上有所差异。

归纳上述智力观的例子,可以发现不同文化的成员都倾向于发展适合自身文化所需的能力,而较少发展适应其他文化所需的能力。育儿观是特定文化中的人在养育子女时的信念与价值观,智力是“人们为了能适应特定文化的生活所需而具备的认知、社会与行为特性”。可以说,两者都随着文化内涵的不同而改变。

既然社会文化是人类心智发展的素材,智力观、育儿观都随着文化内涵的不同而改变,那么当我们所处的社会环境快速变化时,我们这些从事教育工作的人是否应该了解当前及未来社会发展的趋势与特性,省思我们对教育宗旨、教育内容与教育方法的选择,特别是省思我们应该为儿童提供哪些学习素材?

### 三、从当前社会文化特性看人类心智发展所需的素材

从当前社会发展的三个相互牵动的趋势——全球化、本土化与信息化——所产生的社会文化特性及其对教育的影响看,对于小至为学习者提供学习素材、大至文化的型塑所应强调的方向或内容,笔者有如下看法。

(一) 多元背景知识的学习

在当下社会,知识日益趋向整合,学习者以单一领域的专长知识去面对快速变迁的社会存在巨大风险,容易在瞬间就被社会淘汰而不知原因何在,因此多元背景知识的学习很有必要。

(二) 素养的教育

对于未来不可知的知识发展方向以及知识发展在数量与速度上的提高,目前在某一学科知识(Subject Knowledge)内的教与学是不够的,学习者惟有具备各学科的素养(Subject Literacy)才能应对社会的需要。所谓学科素养是指抽象程度较高、能代表该学科的那些核心概念。

(三) 健康价值观与良好品格的培养

在多元化、两极化及矛盾两难的社会背景下,凡是包含关怀意味的种种特定价值观,

如平等与公正、权利与责任、弱势群体的保护、人性尊严等，均应在现今教育内容中占重要地位。目前许多国家都大力推动品格/公民教育，期望从小培养儿童良好的品格，以提高公民素质，进而提升国家的人才竞争力。

（四）终身学习的观念与态度的养成

信息科技的大力发展使学习者可以超越原有的学习时间与空间，配合自己的需要来学习。此外，信息科技也促使知识既瞬间存在又不断创新，迫切需要学习者形成终身学习的观念与态度。

（五）家庭伦理的重建与宗教信仰的培养

在当下社会，不确定的自我漂泊在生命的汪洋中，唯有通过家庭伦理的重建、社会道德的重整与宗教信仰的坚持等以及尊重与包容的胸襟，才能寻得自我归属感及心灵安身立命的场域。

资料来源：简楚瑛.社会文化与教育[J].幼儿教育(教育科学)，2010(1—2)：7-12.

# 第二节 学前教育对社会的影响

## 案例导入

### 学前教育政策对美国经济的影响

**学前教育项目带来的效益以及因此产生的政府支出变化**

| 儿童收益 | 政府支出变化 |
|---|---|
| 减少儿童受虐发生率 | 降低儿童福利系统的支出 |
| 减少儿童意外事故和伤害 | 降低紧急救助和其他公共卫生支出 |
| 减少未成年母亲 | 降低公共卫生系统和社会福利项目支出 |
| 减少留级 | 减少K-12教育的年限 |
| 减少特殊教育 | 降低特殊教育的支出 |
| 增加高校毕业率 | 增加K-12教育的年限 |
| 增加大学入学率 | 中等后教育的年限延长 |
| 增加就业率 | 增加财政收入 |
| 减轻福利负担 | 降低社会福利的管理费用和福利项目的转移支付 |
| 减少犯罪率 | 降低司法系统费用 |
| 提高怀孕质量 | 更少的体重不足婴儿出生，减少了医疗支出 |

当今最负盛名的决策咨询机构，美国的兰德公司从经济投入和产出的角度对美国学前教育政策做出过的一个报告。报告用人力资本理论和货币理论论证了学前教育政策

对长远经济发展的积极作用，得出的结论见上表。

[思考]

上述案例说明了什么问题？学前教育对社会诸因素的发展具有哪些影响？

从辩证唯物主义的角度来看，一方面社会中的政治、经济和文化对学前教育具有重要影响，另一方面学前教育同样影响社会中的政治、经济和文化，并对其发展具有推动和促进作用。

## 一、学前教育对政治的影响

学前教育虽然受政治的影响，但它并不是消极被动地受政治的制约，作为一种能动的社会因素，学前教育也影响着政治。在不同社会和不同历史时期，学前教育表现出不同的政治功能。它既可以为维护和巩固某一政治制度服务，也可以为推翻某一旧的政治制度、建立新的政治制度服务。学前教育对政治有怎样的影响，是由学前教育的社会性质决定的。在一般情况下，学前教育对政治有以下两方面影响：

### （一）学前教育为儿童公民素质的培养奠定基础

学前教育通过对儿童的社会化教育，使他们初步了解作为一个公民应有的基本行为规范，为儿童今后成为合格的公民奠定基础。具体来讲，是在公民素质培养的宗旨下，培养儿童的社会认知，即培养儿童获得对自我与社会中的人、社会环境、社会规范等方面的认识；激发儿童的社会情感，即儿童在社会生活、社会适应、社会交往的过程中体验到自尊心、同情心等情感；培养儿童的社会行为技能，即培养儿童在与人交往、参与社会活动时使用的行为技能，包括谦让、分享、合作等。

### （二）学前教育影响学前儿童的政治观念

任何一种教育总是要向受教育者宣传一定的政治观念，培养他们逐渐形成特定社会所要求的政治观念和政治抱负。如封建社会的教育是培养维护封建制度的捍卫者；资本主义社会的教育向受教育者灌输资本主义的政治观念，用以巩固资本主义的制度。

在我国学前教育作为学校教育和终身教育的奠基阶段，是培养国家所需政治人才的初始阶段。学前教育向儿童传授政治观念，使儿童认同并服从现有的政治关系格局。如从国家利益和民族前途出发，学前教育通过环境创设、日常生活渗透、家园共育等多种形式将爱国主义教育渗透在儿童生活中，激发幼儿的爱国情感，对儿童实施爱国主义情感教育。

**扩展阅读 2-4**

**试论教育的政治价值（节选）**

毫无疑问，教育具有政治价值，那么，到底什么是教育的政治价值呢？我们认为，教育的政治价值，是指客体的教育能满足主体政治生活的需要的那种本质属性和功能。而由于政治的核心是国家政权的建立、巩固、发展和运用,因此,教育的政治价值,也主要在于能满足一定社会主体建立、巩固、发展和运用国家政权的需要。具体表现在两个方面:

(一)教育能培养一定社会和一定阶级所需要的人

人(受教育者)是教育的直接对象,而教育的直接功能则是培养人——一定政权和一定社会所需要的人(就政治价值而言),这里"培养一定社会和一定阶级所需要的人"主要从两个方面进行:

第一,传递一定社会的政治文化,促进青年一代的政治社会化。

一般地说,所谓人的政治社会化,主要指一个人的政治态度和政治信念的形成过程,是个人认识自己所处的社会制度,并在此基础上内化为自己的政治态度,并愿意自觉地为巩固这一制度而努力的过程,通过教育促进青年一代的政治社会化的目的在于培养青少年,使其具有政治上和社会上都合适的信仰和行为。这就是说,教育所培养的人,无论今后是否从事专门的政治活动,都必须具备一定的政治素质——政治认知、政治情感和政治行为方面的能力。社会实践表明:青年一代的政治社会化程度,直接关系着一定社会制度的稳定与巩固,甚至关系着它的存在和发展。

青年一代的政治社会化,主要是在学校教育、家庭教育以及社会舆论等的影响之下完成的。今天,学校教育在青年的政治社会化中起着特别重要的作用,它具有其他社会化机构所不具备的优越性。首先,学校一般都开设有专门的课程以促进青少年的政治社会化。只是各国使用的名称各异而已,日本称之"道德教育",美国称之"公民"或"民主问题",而苏联等国则是通过加大民族史等的教育来进行政治教育,据统计,苏联的历史教科书中,有70%的内容是关于450年的俄罗斯历史,只有6%是论述非欧洲的历史文化的。在我国社会主义学校教育中,同样也在各级各类学校中开设了专门的思想品德课和政治思想课,对广大青少年学生进行马克思主义基本理论、坚持四项基本原则、爱国主义、法纪等教育,引导他们学会对种种政治现象和政治理论作出正确的判断,从而有利于他们形成正确的政治认知。其次,学校通过教育者和教育集体组织的各种活动,将社会政治意识融汇,贯穿于整个教育活动或直接引导青少年学生积极参与国家政治生活,以提高其参与政治生活的能力。可见,在所有向青少年进行政治社会化工作的机构中,学校教育的作用是巨大的。

第二,培养造就专门的政治人才。

在奴隶社会和封建社会中,国家最高统治者和政府官员的确立主要依靠世袭或等级制度,随着民主制度的深入,社会政治生活的复杂化、世界化,使得这种传统的获得高级政治人才的方式已远远不能满足需要,因此,在现代,通过学校教育来造就专门的政治人才的重要性是不言而喻的。关于学校教育造就专门的政治人才,可从如下两方面去理解:其一是在现代社会中,接受正规教育的程度或水平是影响政治人才形成的重要条件,一定意义上甚至可以说是必要条件。例如,在英国,1951年32.5%的保守党议员上过伊顿和哈罗公学，有80.5%的人上过牛津和剑桥大学；有些国家，如土耳其，则明文规定任高级行政机构职务——诸如总督（省长）和副总督（副省长）的先决条件是上过大学，尤其是安卡拉大学政治学院和法律学院，其二是通过专门的院校大量培养各种政治、军事和党务等方面的人才。前面提到的安卡拉大学政治学院和法律学院就是属于这类专门院校；又如，美国的西点军校便是专门培养军事人才的学校，它以其培养的大批军事家、政治家如马歇尔、麦克阿瑟等闻名全球。

现在，我国也越来越深刻地认识到，单纯依靠在实践中自然成长的方式来选拔政治人才的方式，已远不能适应、满足四化发展的需要。近几年来，我国各级各类院校，如管理学校、军事院校和法律学校都有了较大的发展。

（二）为一定阶级（政权）传播政治文化，制造社会舆论

学校是青少年一代比较集中的场所，又是一个知识分子比较集中的场所，学校通过他们的言论和各种活动，教材以及刊物等，来宣传一定的政治思想、意识，为一定的政权制造舆论，进而影响广大群众。学校教育这种从思想舆论上对社会所产生的作用是不可低估的。正因如此，我国古代不少政治家和教育家都很重视通过学校来“化民成俗”。

在教育的政治价值的两方面中，其核心是为一定阶级培养人才，即为谁培养人才的问题。因为：

首先，教育虽然有传播政治文化、制造舆论的功能，但毕竟教育不是专门的宣传和舆论工具。就对象而言，教育对象是特定的主体——受教育者，而宣传舆论，则是面向全体社会成员；就内容而言，教育是依据一定社会的多方面需要来传递一定文化知识和思想意识的，而宣传与舆论主要是指向一定阶级和国家的意识形态；就途径而言，教育的主要途径是教学活动，而宣传与舆论的途径则要广得多。

其次，教育是一种培养人的社会活动，它的主要任务是培养人才。我们知道，教育对社会的影响是多方面的，有政治的、经济的、文化的，实现这些影响的途径是多方面的，其中最主要的途径则是培养人才，教育根据一定社会的需要培养出具有一定规格的人，使这些人具有各自的社会角色所要求的素质，正是这些人走上社会以后，对社会的政治经济文化所产生的适应、改善和改造作用，从而实现教育对社会所产生的各种影响。

总之，教育的主要任务和功能，是为一定阶级或社会培养具有一定政治素质、业务素质和文化素质的人。所以，教育的政治价值的核心是培养什么样的人和为谁培养的问题。实际上，这是阶级社会以来，学校教育的共同特征。如我国奴隶社会设立学校教育的基本目的，就在于使受教育者成为自觉维护宗法等级制度的人，封建社会的教育则是为封建皇朝培养官僚和实际掌握地方政权的士绅服务；而资产阶级的教育，一方面是为把本阶级的子弟培养成能够掌握国家机器和管理生产的统治人才，另一方面，“是为资本家培养恭顺的奴才和能干的工人”。正因为如此，杜威曾公开宣称：“教育是我们获得政治安全的唯一方法”，“它的效用和警察及消防队一样”。在社会主义制度下，教育的政治

价值的核心是十分明确的，即培养德、智、体、美全面发展的无产阶级革命事业的接班人。

资料来源：王雁玲. 试论教育的政治价值[J]. 四川师范学院学报(哲学社会科学版)，1991(6)：37-42.

## 二、学前教育对经济的影响

教育的经济价值早已被世界各国所重视。一方面，教育能够为经济发展培养所需的人才，把潜在的劳动力转化为现实的劳动力，是劳动力再生产的重要手段；另一方面，教育使人掌握科学技术，从而创造和改进生产工具，提高社会劳动效率，并在科学技术上有所创新和发明，从而促进经济的发展。学前教育作为我国社会主义教育事业的组成部分，作为我国基础教育和终身教育的奠基阶段，既受到经济的影响，又影响经济。

### (一) 学前教育能够促进劳动力再生产，提高劳动力素质

马克思在《资本论》中曾分析，在资本主义生产方式的条件下，教育在劳动力再生产过程中的必要性，指出“要改变一般的人的本性，使他获得一定劳动部门的技能和技巧，成为发达的和专门的劳动力，就要有一定的教育或训练……”。① 教育担负着培养劳动力的任务，是劳动力再生产的必要条件，也是社会经济增长的必要条件。通过教育，年轻一代可以掌握一定工作岗位所需的文化知识和劳动技能，变成现实的劳动力。学前儿童年龄较小，生理发展不成熟，身体抵抗力较弱，独立生活能力差。通过学前教育科学的保教，可以在保证儿童的生命健康的同时培养儿童的劳动技能和技巧，这对保护下一代劳动力的有力延续起着重要作用，是促进劳动力再生产的重要手段。

此外，随着科学技术的发展，对劳动力文化科学知识水平和技术的熟练程度要求越来越高，一个国家的经济发展在很大程度上取决于劳动力的素质。学前教育可以从小培养儿童的文化素质和科学素养，在提高劳动力素质中发挥积极作用。

### (二) 学前教育能够解放妇女，提高其就业率

在旧中国妇女受政治、族权、夫权等压迫，挣扎在社会的最底层。新中国的成立在一定程度上铲除了妇女受压迫、受歧视的阶级根源，在法律上、政治上、经济上保证了男女平等。但是，只有妇女参加社会劳动，经济上独立，才能得到真正的解放。正如恩格斯所说“只要妇女仍然被排除于社会的生产劳动之外，而只限于从事家庭的私人劳动，那么妇女的解放，妇女同男人的平等，现在和将来都是不可能的”。② 由于母亲和子女天然的、血缘的联系，教养年幼子女是母亲的主要职责。妇女参加社会生产劳动的首要困难就是年幼子女无人照管。正是在这种意义上，学前教育通过承担保教儿童的任务，采用灵活的时间安排，减轻母亲的负担，使她们精力充沛地投入社会生产劳动中，从而解放妇女，减少甚至消除她们在社会生产和社会生活上与男人之间的不平等。

---

① 中共中央马克思恩格斯列宁斯大林著作编译局. 马克思恩格斯全集(第23卷)[M]. 北京：人民出版社，1972：195.

② 黄人颂. 学前教育学[M]. 北京：人民教育出版社，1989：39.

学前教育通过解放妇女，可以提高其就业率。如美国自20世纪60年代，6岁前儿童的母亲就业率逐渐增加，1960年为19%，1965年为23%，1970年为32%，1975年为39%，1980年为47%，1986年为55%。2008年美国约有1.56亿妇女，占总人口的50.9%。16岁以上美国妇女人口1.21亿，其中妇女劳动力7 200万，占16岁以上美国妇女人口的59.5%，妇女劳动力占美国劳动力总量的46.5%，预计至2016年将增至49%。2008年6 800万美国妇女就业，其中75%从事全职工作，25%从事兼职工作。

**（三）学前教育能够增加财政投入，产生更高的经济效益**

国外关于学前教育投入成本与收益的研究开始的比较早，美国通过三项高质量的早期教育研究项目——“高瞻-佩里幼儿教育项目”、“卡莱罗那州初学者计划”和“芝加哥亲子中心研究项目”，研究学前教育的投入和收益情况。研究结论如下：第一，通过对参加项目儿童的学前教育“成本—效益”进行分析可得出，对学前教育每投入1美元，在20多年后的总收益可达到3.78～10.15美元，这里的总收益包括公共收益和个人收益。其中，公共收益突出，在总收益中占有较大份额(2.69～7.16美元)，也就是说在公共社会中的儿童保育、K－12教育、成人教育、儿童福利、犯罪、吸烟/健康、福利上的节省以及母亲收入的增多等事物中都增加了经济保障。其中犯罪节省占公共收益的份额最大，占88%，即早期的学前教育财政投入能降低儿童未来的犯罪率。第二个结论是，学前教育的经济效益随时间的推移而持续增大。如“高瞻-佩里幼儿教育项目”对研究对象追踪到40岁后发现，接受了该项目的儿童在40岁时的“成本-效益比”是1∶17.07，远远大于该研究对象27岁时的收益(1∶8.14)。[①]

还有研究证明，学前教育阶段是产生经济效益的黄金时期。芝加哥大学教授詹姆斯·赫克曼从人力资本的视角对“芝加哥亲子中心研究”、“高瞻-佩里幼儿教育”等项目进行了深入分析后指出：在其他条件相同的情况下，幼儿时期投入1美元所产生的回报将比幼儿期之后投入同样金额所产生的回报大得多。在所有教育阶段的投入中，只有学前教育和小学低年级的投入所产生的回报超过了机会成本，教育投入的回报率与受教育者年龄成反比关系，因此，学前教育是一个非常值得投入的教育领域。[②] 这些数据有力地说明了在保证学前教育质量的前提下，加大对学前教育的投入能带来更高的经济效益。

### 扩展阅读2-5

**中国学前教育立法：思考与进程(节选)**

学前教育直接影响义务教育和其他各类教育的质量与效益，是国民素质整体提高的奠基工程。作为个体发展的始端和教育的发端，学前教育对教育事业的整体发展，尤其

① 朱佳慧.国外学前教育的经济效益研究及其启示——基于对三个早期教育项目的分析[J].教育导刊，2013(8)：89.

② 裘指挥，刘焱.国外学前教育的社会经济效益研究[J].比较教育研究，2011(6)：3.

是基础教育的发展具有重要的作用与影响。我国教育部和联合国儿童基金会历时5年合作进行的“幼小衔接研究”，西方国家几项大型追踪研究如“开端计划”(Head Start Program)和“高瞻方案”(The High Scope Project)的研究均证明，学前教育能让儿童的小学教育有一个良好的开端，大大提高他们小、中学时的学习成绩和智力，减少义务教育阶段的学业失败。联合国教科文组织在《教育：财富蕴藏其中》的报告(1996)中明确指出，“受过幼儿教育的孩子与没有受过这一教育的孩子相比，往往更能顺利入学，过早辍学的可能性也少得多”；“学前教育的不足或缺乏这种教育，均可严重地影响终身教育的顺利进行”。

学前教育是提高家庭生活质量与保障家庭和睦的重要因素。众多事实表明，孩子能否健康成长和发展已成为决定家庭生活是否和谐幸福、影响家庭生活质量的一个关键性的因素。在家长普遍重视孩子发展和早期教育的今天，学前教育质量更成为家长能否放心工作、安心学习的重要条件。同时，学前教育通过承担幼儿教育与保育，将幼儿父母尤其是妇女从家庭解放出来，促进了母亲就业，有助于改善妇女的经济、家庭和社会地位，提高家庭生活质量。

学前教育有助于促进社会稳定与发展，为社会带来巨大获益。美国追踪长达30余年的“高瞻-佩里计划”(The High Scope-Perry Preschool Study)研究表明：接受过早期教育的儿童与未接受过早期教育的儿童相比，前者的学业完成率高、就业率高、成婚率高，而犯罪率低，每在学前教育上投资1美元，可获得17.07美元的回报，其中4.17美元是对个体成长的回报，12.9美元是对社会公共事业的回报，体现在社会福利、补救教育、预防犯罪方面投入的降低以及纳税的增加。大量关于教育投入与回报的研究证实，学前教育是投资获益最多的教育阶段，能够产生巨大的社会经济效益。在学前教育上的投入可以为国家日后节省庞大的社会教育费和社会福利费的开支。从对一国经济的整体贡献来看如果增加学前教育投资，使学龄前儿童入学率提高一个千分点，就可以使人均GDP提高0.36～0.58个百分点。

资料来源：庞丽娟，韩小雨．中国学前教育立法：思考与进程[J]．北京师范大学学报(社会科学版)，2010(5)：14-20.

## 三、学前教育对文化的影响

文化与教育具有内在的、天然的联系。两者相互包含、相互制约、相互依存、互为目的和手段。文化影响学前教育，反过来，学前教育也会给文化带来一定影响。学前教育对文化的影响体现在以下两个方面：

### (一) 学前教育影响文化的传承和选择

文化传承是指文化在时间上的延续和在空间上的流动，文化传承的过程是文化不断丰富和发展的过程。文化传承大体有两种途径，一是以具体的物质为手段实现文化的延续，如名胜古迹、传统建筑、符号记录等，即通过物质或借助于物质载体将文化物质化；二是以人为载体实现文化的延续，即通过人的活动形式、心理行为方式等保存文化。其中第二种传承途径与教育密切相关，教育是文化传承的重要载体。学前教育通过将各类型的文化纳入教育内容中，让儿童学习和了解，并将其内化到自身的认知图式中，运用到自身的日常生活中，使文化得以传承下来。

学前教育是儿童奠基个体文化意识的基础阶段，学前教育选择用什么样的文化去影响和陶冶儿童，对国家与民族的未来发展是十分重要的。人类数千年的文明史所积累的知识不可胜计，而个体受教育的时间有限，即便是终生接受教育，所能传承的文化也只是沧海一粟。文化的建构和发展是一个复杂的过程，它有自己的规律和特性，同时受到当时社会背景下的政治、经济等多方因素的影响，因此也有先进文化和落后文化之分。文化中既有社会发展和个人成长所需的东西，又有落后于社会发展或对个人成长不利的东西。因此，学前教育对文化的传承必须有所选择，根据儿童发展的需要选择适宜的、正面的、符合社会可持续发展的文化来影响儿童，帮助他们形成最初的世界观，增强他们分辨是非的能力。

此外，在全球化的时代背景下，各国都面临着本土文化受到外来文化冲击的现实问题。因此，在选择文化的过程中，一方面要将优秀的本土文化纳入进来，另一方面要有机地融合外来文化。如幼儿园语言领域的课程内容既可以选择诗歌、童谣等我国传统文化内容，也可以选择西方优秀的童话、寓言故事。在这里有一点需要注意的是，不要忘记儿童本身还有自己的文化。要保护好儿童文化，不要一味地用已经形成的、稳定的成人文化教育儿童，而忽视了诗性的、开放的儿童文化。儿童文化只有在成人的引导下，在适宜的氛围中才能得到滋养。

### （二）学前教育影响文化的创造和更新

创造和更新是文化生命力的生动体现。任何文化，只有不断地推陈出新，才能源远流长，生生不息，充满活力，历久弥新。当学前教育培养的儿童具有超越于世俗价值的社会文化意识时，学前教育就是在为社会培养新人，这些有着新文化意识的新人，将创造出新的文化，对文化进行创造和更新。

此外，在学前教育领域中，教育家先进的教育理念也会对当时的文化进行创造与更新。如针对当时旧教育理论脱离实际，学校脱离社会，教学脱离儿童实际的弊端，陈鹤琴提出“活教育”的理论，提出“教活书，活教书，教书活，读活书，活读书，读书活”的口号。陈鹤琴先生认为传统的“死教育”只让儿童死读书本，而“活教育”最主要的特征是强调教育和生活现实、社会现实紧密相联。他告诉我们大自然、大社会都是活教材。他明确指出大自然、大社会是知识的主要源泉。他说：“从书本上能吸收的知识是死的，是间接的；而从大自然与大社会获得的知识是活的和直接的。不言而喻，在各个方面，后者大大优于前者。”教师要改变传统的“死教书”的方法，冲破幼儿园这一狭小的天地，让孩子到自然和社会中去学习。儿童的认知具有整体性的特点，因此，课程的编排要注重内容之间的相互关联，方便孩子的记忆和理解。课程内容要相互关联。教育的根本目的在于教儿童做人。教育要培养儿童成为一个完整的人：做人的态度、良好的习惯、内在的兴趣、学习的方法、人生的技能。陈鹤琴还说："活教育的教学方法也有一个基本原则。就是'做中教，做中学，做中求进步'。"他强调教学中应注重儿童直接经验的掌握，教师应积极地鼓励儿童去实践，去获得直接经验。他说，活教育的教学应"着重于室外的活动，着重于生活的体验，以实物作研究对象，以书籍作辅佐参考"。而基于陈鹤琴的"活教育"理论产生的"五指活动"课程则是现在幼儿园五大领域课程的前身。可见，陈鹤琴的学前教育思想不仅对当时的文化进行了创造与更新，而且直到现在还深刻地影响着我们的学前教育实践。

## 扩展阅读 2-6

### 中国学前儿童发展的文化安全问题

当前中国学前儿童发展的文化安全隐患概括起来有两方面。从外部诱因看，首先是文化强势国家标榜自己文化的优越性，其国际战略由原来的"军事殖民""军事霸权"调整为"文化殖民""文化霸权"，声称自己国家的文化代表世界的主流文化，自己国家的文化价值观在国际政治经济秩序中起支配作用。美国基辛格同仁公司总裁在美国《外交季刊》上撰文认为："美国应该确保：如果世界向统一语言方向发展，那么这种语言就应该是英语；如果世界向统一的电信、安全和质量标准发展，那么这些标准就应该是美国的标准；如果世界逐渐被电视、广播和音乐联系在一起，那么节目编排就应该是美国的；如果世界正形成共同的价值观，那么这些价值观就应该是符合美国人意愿的价值观。"这种大国沙文主义的文化霸权宣言通过广播、电视、电影、报纸、杂志、书籍、网络等媒体，外显或内隐地影响我们的儿童，并有可能在儿童心里内隐地确立起西方中心主义的文化价值观。其次是西方发达国家的强势文化诱导。西方国家的文化和教育都很发达，特别是在高等教育方面，这就使得西方国家有可能利用优质教育资源，不断从我国的高等学校乃至中小学选择优秀学生，以减免学费、提供奖学金等方式，诱使他们接受其文化价值观。发达国家还以"绿卡""技术移民"为诱饵，使我们相当多的家长心甘情愿地让自己的孩子从小接受西方国家的文化价值观。再次是西方发达国家的经济强势使其跨国公司对中国民众也产生了极大的诱惑，跨国公司的白领文化对中国儿童与家长的影响是不可小看的。

从内部动因来看，一是市场经济的不断深入发展不可避免地影响到了学前教育。目前我国不少幼儿园是私立的，有部分公立幼儿园也是国有民办的，这样，幼儿园的办园价值取向一定程度上会偏向经济利益，以市场驱动为导向，而很难以国家利益、民族利益为导向，因此，代表国家利益、民族利益的文化安全问题就有可能不在其视域范围内。二是我国巨大的就业压力和人力资源的激烈竞争，使就业竞争进一步转化为升学竞争、考试竞争，高考、中考的考试竞争又下移到小学和幼儿园乃至家庭早期教育中。为了使自己的孩子不输在起跑线上，升学竞争中的外语教育就“必须从娃娃抓起”。需要指出的是，绝大多数家长和学生只看到外语的工具价值、就业价值，而看不到代表该民族利益的文化价值和儿童发展的民族文化安全问题。三是考试制度设置中缺乏文化安全意识。在我国，考试是公民社会生存的基本制度，如升学考试、就业考试、职称考试、晋升考试等。由于外语（特别是英语）考试已形成标准化的考试范式，从结果来看显得更为公平，这在无意中强化了外语的作用，而相对弱化了母语的作用，客观上导致民众对母语与本土文化的冷漠，从而出现民族文化安全隐患。四是我国民族文化与儿童文化建设的薄弱。改革开放以来，我国的精神文化建设相对滞后于物质文化建设，思想文化领域的精神创造难以满足人民群众日益增长的精神文化需要。这在儿童文化领域主要表现为优秀的儿童艺术作品难以满足广大儿童的精神需求，面对国外鱼贯而入的儿童艺术作品又缺乏必要的批判和鉴别能力。对学前教育界来说，还有对多元文化下的课程设计缺乏必要的文化检讨，以至于有意无意地削弱了本民族文化的自觉意识，带来了民族文化的安全问题。五是全球经济一体化的步伐加快，文化教育领域的合作日益广泛，从而淡化了意识形态领域中的文化冲突，至少是对意识形态领域的文化冲突缺少足够的认识。如，从现实情况看，中美双方在社会制度选择和文化意识形态的对抗并没有因冷战结束而终止。

资料来源：秦金亮. 全球化背景下儿童发展的文化安全[J]. 幼儿教育，2004(7-8)：4-5.

## 本章结构图

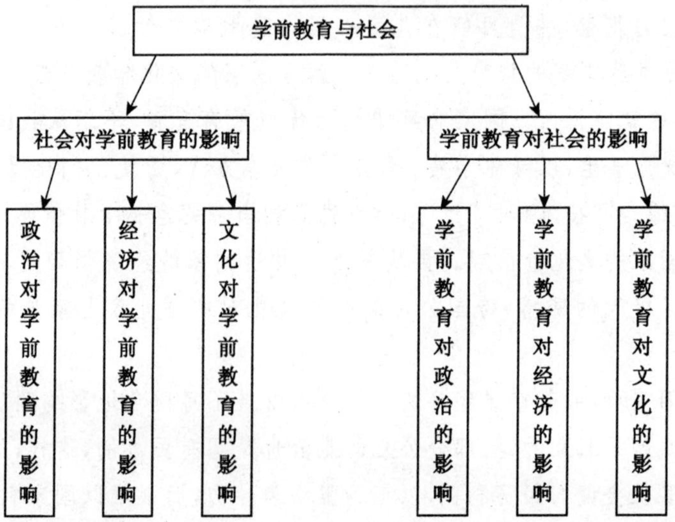

## 本章检测

**一、名词解释**

1. 政治

2. 经济

3. 文化

**二、简答题**

1. 政治与学前教育的关系。

2. 经济与学前教育的关系。

3. 文化与学前教育的关系。

**三、论述题**

1. 结合实际论述文化如何影响学前教育内容的选择。

2. 结合实际论述学前教育对经济的影响。

**四、案例分析**

有人认为,学前教育就是看孩子,每天唱唱跳跳就可以了,对国家政治、经济和文化发展起不到什么作用。请你对这种看法进行判断和分析。

## 课后推荐

1. 黄人颂.学前教育学[M].北京:人民教育出版社,1989.

2. 史静寰,周采.学前比较教育[M].大连:辽宁师范大学出版社,2002.

3. 蔡迎旗.幼儿教育财政投入与政策[M].北京:教育科学出版社,2007.

4. [美]苏珊·纽曼.学前教育改革与国家反贫困战略——美国的经验[M].李敏谊,霍力岩译.北京:教育科学出版社,2011.

## 实践拓展

1. 观看"奥巴马总统就美国儿童学前教育问题发表演讲"的视频,讲述奥巴马对学前教育和政治之间关系的论述。

2. 上网查找文化大革命时期我国学前教育的状况,制作PPT,阐述政治对学前教育的影响。

3. 到本地几所不同的幼儿园实地观摩,看看在不同的幼儿园文化下的学前教育有何异同?

政贵有恒。

——《尚书·毕命》

# 第三章 学前教育政策法规的解读及其案例分析

**学习目标**

- 领会:《3～6岁儿童学习与发展指南》的内容结构;《幼儿园教育指导纲要(试行)》的指导思想;《幼儿园教师专业标准(试行)》研制的必要性
- 理解:《3～6岁儿童学习与发展指南》的具体内容;《幼儿园教育指导纲要(试行)》的具体内容;《幼儿园教师专业标准(试行)》的具体内容
- 应用:能够运用《3～6岁儿童学习与发展指南》《幼儿园教育指导纲要(试行)》《幼儿园教师专业标准(试行)》的相关知识,分析实际问题

**本章导读**

本章主要讲授政府为了完善学前教育法规体系,促进学前教育的健康发展制定的三个政策法规:《3～6岁儿童学习与发展指南》《幼儿园教育指导纲要(试行)》《幼儿园教师专业标准(试行)》。本章共有三个小节,第一节重点解读《3～6岁儿童学习与发展指南》,并对幼儿园相关案例进行分析;第二节重点讲解《幼儿园教育指导纲要(试行)》,并对幼儿园相关案例进行分析;第三节重点解读《幼儿园教师专业标准(试行)》,并对幼儿园相关案例进行分析。

## 第一节 《3～6岁儿童学习与发展指南》

**案例导入**

### 《3～6岁儿童学习与发展指南》的颁布

经济合作与发展组织(OECD)对发达国家学前教育政策的评估结果表明:由政府和教育主管部门研究制定学前儿童学习与发展指南,对于有效转变公众的教育观念,有针

对性地指导教师、引导家长，提高学前教育机构的保教质量发挥了重要作用。为深入贯彻《国家中长期教育改革和发展规划纲要(2010—2020年)》和《国务院关于当前发展学前教育的若干意见》，指导幼儿园和家庭实施科学的保育和教育，促进幼儿身心全面和谐发展，中国教育部2012年10月9日发布《3～6岁儿童学习与发展指南》。

［思考］

1.《3～6岁儿童学习与发展指南》的研制具有怎样重要的意义？

2.《3～6岁儿童学习与发展指南》都包含哪些内容？

## 一、《3～6岁儿童学习与发展指南》解读

《3～6岁儿童学习与发展指南》(以下简称《指南》)是联合国儿童基金会和我国教育部联合推动颁布的，它是国家深入贯彻实施《国家中长期教育改革和发展规划纲要(2010—2020年)》(以下简称《教育规划纲要》)和《国务院关于当前发展学前教育的若干意见》(以下简称《若干意见》)的要求，防止和克服学前教育"小学化"的重大举措。

### (一)《指南》的研制背景

1. 在教育改革过程中对学前教育质量改革重视的背景下出台

《教育规划纲要》提出"把提高质量作为教育改革发展的核心任务"，"树立以提高质量为核心的教育发展观，注重教育内涵发展"，教育质量的提高成为教育改革的核心。2010年的《若干意见》中明确规定"保障适龄儿童接受基本的、有质量的学前教育"，学前教育质量的提高有赖于教师对儿童学习与发展特点和规律的把握，因此《指南》应运而生。

2. 在联合国儿童基金会"遍及全球"项目开展的契机中出台

"遍及全球"项目(Going Global Project)是联合国儿童基金会总部从2002年起，在全球的发展中国家发起的一个制定早期儿童的学习与发展指导文件的项目。其目的是：从保障儿童权利出发，通过制定明确的儿童学习与发展标准，以文件形式对儿童应知、应会的内容进行界定，以促进家庭、幼儿园及有关方面达成对儿童学习与发展期望的共识，为儿童做好入学准备，更科学、更有效地提高早期教育质量，从而有力推动教育平等。借助"遍及全球"项目的契机，从2006年起，我国开始着手研制以家长和教师为主要使用对象的《指南》，专家组分析比较了13个国家儿童早期学习与发展指南的相关内容，用两年时间广泛征求幼儿园园长、教师和家长的意见，在全国东中西部抽取3600名幼儿及其家长作为测查对象，到了2010年《指南》正式出台。

### (二)《指南》的研制意义

1. 建设社会主义和谐社会的需要

学前教育与家庭的美好生活和社会的稳定与和谐息息相关，提升学前教育质量是建

设社会主义和谐社会的重大民生工程,《指南》的出台是对社会需要的积极回应。

2. 树立科学儿童观和教育观的需要

《指南》在说明部分明确提出“通过提出3～6岁各年龄段儿童学习与发展目标和相应的教育建议,帮助幼儿园教师和家长了解3～6岁幼儿学习与发展的基本规律和特点,建立对幼儿发展的合理期望,实施科学的保育和教育,让幼儿度过快乐而有意义的童年”。这充分说明了《指南》的研制在帮助成人树立科学的儿童观和教育观方面具有重要意义。

**(三)《指南》的内容结构**

《指南》的基本框架分为“说明”和“正文”两部分。“说明”部分简要说明了《指南》制定的背景与目的、目标与作用、内容与结构以及实施原则问题。“正文”部分从3～6岁儿童学习与发展的五大领域,即“健康”“语言”“社会”“科学”和“艺术”入手,对儿童的学习与发展进行了论述(如图3.1)。

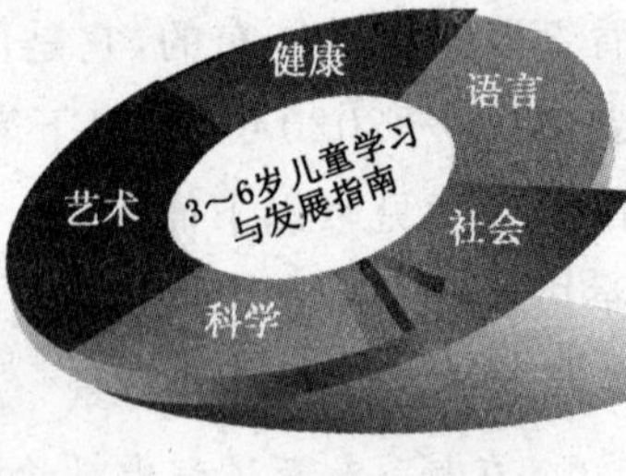


图3.1 《指南》结构图1

每个领域都简要说明了该领域对儿童学习与发展的教育价值、教育要点以及注意事项。每个领域按照儿童学习与发展最基本、最重要的内容划分为2～3个方面,即子领域。如健康领域划分为“身心状况”“动作发展”和“生活习惯与生活能力”三个子领域;社会领域划分为“人际交往”和“社会适应”两个子领域。每个子领域由若干“学习与发展目标”“各年龄段典型表现”和若干“教育建议”组成。具体表现为每条“学习与发展目标”下有“各年龄段典型表现”,在“各年龄段典型表现”下配有相应的教育建议供教师和家长参考(如图3.2和图3.3)。

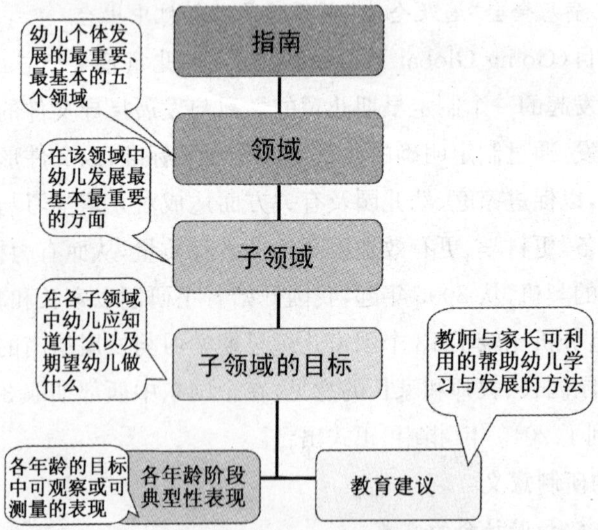


图3.2 《指南》结构图2

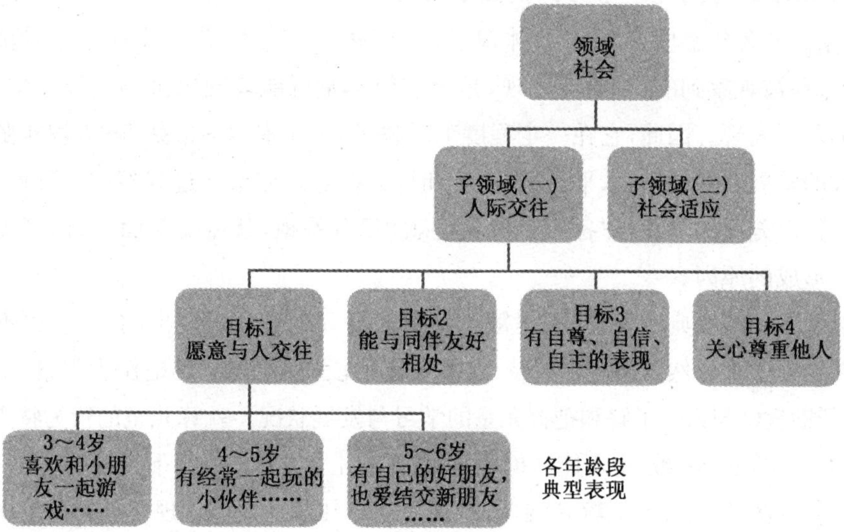


**图 3.3 《指南》结构图 3**

《指南》之所以采用五领域结构的原因有三点：一是基于 3～6 岁儿童学习与发展的需要。“健康”“语言”“社会”“科学”和“艺术”五领域是儿童最基本、最重要的学习与发展内容；二是与《幼儿园教育指导纲要(试行)》的五领域保持一致，有利于将教师的“教”和儿童的“学”进行有机结合；三是参照了其他国家，特别是一些发展中国家的类似文件，他们划分领域和使用的领域名称也都大致相似。

鉴于后文会结合幼儿园教育教学案例对每一领域进行相应的分析，这里主要对正文部分，包括“学习与发展目标”“各年龄段典型表现”与“教育建议”进行进一步解读。

1. 正确理解《指南》的“学习与发展目标”

“学习与发展目标”分别对各领域中，3～4 岁、4～5 岁、5～6 岁三个年龄段儿童应该知道什么、能做什么，大致可以达到什么发展水平提出了合理期望。它不仅指出了每一领域儿童学习与发展最基本、最重要的内容，体现了各领域的核心价值，而且全面体现了《指南》的教育价值。如社会领域中，子领域“人际交往”目标 1 是“愿意与人交往”。这一方面凸显了儿童学习和发展成为社会人是该领域的核心价值。通过和不同群体的交往，与周围的人建立亲密和谐的人际关系，既是儿童当前生存与发展的需要，更是儿童一生发展的重要基础。另一方面也凸显了在人际交往中，情感态度很重要。儿童只有情感上愿意与人交往，形成积极的交往态度，才有可能实现与人友好相处。同时，学习与发展目标也力图纠正当前教育实践在儿童学习上的误区。如科学领域中，子领域“数学认知”目标 1 为“初步感知生活中数学的有用和有趣”，体现了儿童数学教育应该着眼于对儿童数学兴趣的培养，关注生活中的数学，而不是教儿童掌握数学计算技能。

2. 正确理解《指南》的“各年龄段典型表现”

《指南》中“各年龄段典型表现”体现了3～4岁、4～5岁、5～6岁三个年龄段儿童比较常见的、易被观察到的、一般性表现，是大多数儿童可能表现出来的比较基本的、有年龄特点的若干表现。因此，它在一定程度上反映了3～4岁、4～5岁、5～6岁年龄段儿童群体大致的发展趋势、发展水平、发展速度和行为特点。如果通过观察或者其他途径，发现儿童在很多方面的发展与“各年龄段典型表现”有差距，就需要全面地、认真地分析儿童的现状形成的原因。

当然，“各年龄段典型表现”不是每个儿童都百分之百会表现出的特点，也不是每一个儿童在发展中都必然要表现出的特点。“各年龄段典型表现”只是作为观察、了解儿童的参照，帮助教师与家长了解和把握儿童的学习与发展状况。就算儿童的行为特点或能力表现与《指南》不完全一致，也不能简单地、轻率地对儿童发展的好坏下判断。应进一步细致地观察儿童的表现，深入地了解其特点，看看是否有其他个性化表现。因为儿童的发展存在个体差异，即使“各年龄段典型表现”中没有列出，也应当尊重儿童的个别差异。

3. 正确把握“学习与发展目标”与“各年龄段典型表现”的关系

《指南》不是量表，不是筛选儿童优劣的工具，而是切实关注儿童的学习与发展的指导性纲领，期望在了解儿童的基础上帮助他们实现在不同水平上有个性的发展。因此，《指南》中“学习与发展目标”和“各年龄段典型表现”的关系不是某量表或某标准中目标与指标的关系。“学习与发展目标”不是准则，是方向指引；“各年龄段典型表现”不是标尺，不是“学习与发展目标”的分解或细化，是了解儿童的参照。

4. 正确理解和使用“教育建议”

“教育建议”是为幼儿园教师、家长以及所有养育儿童的成人提供的关于科学育儿的观念和方式方法的参考。它渗透了“以儿童为本”的儿童观和教育观，体现了对儿童身心发展规律与学习特点的尊重，对学前教育规律和教育原则的尊重。

在使用“教育建议”时要注意几个问题。首先，“教育建议”使用的前提是了解儿童，在实际教学中一定要具体儿童具体分析，因材施教，否则生搬硬套地使用“教育建议”会适得其反。其次，虽然每一个领域的“学习与发展目标”下均有相应的“教育建议”，但不意味着这建议只适用于这一个领域。如科学领域中，对子领域“科学探究”目标1亲近自然，喜欢探究的教育建议是：真诚地接纳、多方面支持和鼓励儿童的探索行为，同样适用于儿童在其他领域中的学习。这也正体现出《指南》各领域是相互渗透、相互联系的，儿童各领域的学习与发展是有机结合在一起的整体。最后，“教育建议”并不能穷尽所有形式的教育活动或教育方法，因此，在使用《指南》时可以根据教育对象的特点不断丰富“教育建议”的内容。

**（四）《指南》的实施**

在实施《指南》时应注意以下四个方面的问题：

1. 关注儿童学习与发展的整体性

儿童的发展是一个整体，要注重领域之间、目标之间的相互渗透和整合，促进儿童身心全面协调发展，而不应片面追求某一方面或几方面的发展。

2. 尊重儿童发展的个体差异

儿童的发展是一个持续、渐进的过程，同时也表现出一定的阶段性特征。每个儿童在沿着相似进程发展的过程中，各自的发展速度和到达某一水平的时间不完全相同。要充分理解和尊重儿童发展进程中的个别差异，支持和引导他们从原有水平向更高水平发展，按照自身的速度和方式到达《指南》所呈现的发展“阶梯”，切忌用一把“尺子”衡量所有儿童。

3. 理解儿童的学习方式和特点

儿童是通过日复一日的积累实现发展并逐步达到下一阶段的目标的，这一发展过程是由不断地量变和质变组成的，连续的量变积累构成了质变，不同阶段之间是通过较长时间的量的逐渐积累而被连接起来的。不要人为地去强加给儿童不符合他们年龄和身心发展规律的内容，儿童的发展一定是慢慢地渐变的过程。基于此，必须耐心地为儿童创造一种可以让他们从容、自主地从量变发展到质变的环境，量变过程决不可压缩，否则得不到真正的质变，即使得到也一定是畸型的。儿童学习的特点是做中学（直接经验）、玩中学（游戏）、生活中学（生活），要抓住这些特点去实施《指南》，关注儿童怎么学习，而不是学到了什么；强调儿童学习的过程，而非学习的结果。

4. 重视儿童的学习品质

学习品质是儿童在活动过程中表现出的积极态度和良好行为倾向，是儿童终身学习与发展所必需的宝贵品质。儿童的学习品质是在健康、语言、社会、科学、艺术各领域的具体学习活动中形成的，在各领域的活动中要充分尊重和保护儿童的好奇心和学习兴趣，帮助儿童逐步养成积极主动、认真专注、不怕困难、敢于探究和尝试、乐于想象和创造等良好学习品质。忽视儿童学习品质的培养，单纯追求知识技能学习的做法是短视而有害的。

## 二、典型案例分析

这一部分的内容从五大领域着手，结合幼儿园教育教学实际，选取代表性案例进行分析。

### (一) 健康领域

《指南》在健康领域中明确指出“健康是指人在身体、心理和社会适应方面的良好状态”，并进一步将儿童在健康领域中的学习与发展划分为“身心状况”“动作发展”“生活习惯与生活能力”三个子领域，目的就是为了指导教师与家长围绕儿童的身心健康做好各项工作，促进儿童的健康发展。（见表 3.1）

表3.1 健康领域学习与发展目标

| 领域 | 子领域 | 目　标 |
|---|---|---|
| 健康 | 身心状况 | 1. 具有健康的体态 |
| | | 2. 情绪安定愉快 |
| | | 3. 具有一定的适应能力 |
| | 动作发展 | 1. 具有一定的平衡能力,动作协调、灵敏 |
| | | 2. 具有一定的力量和耐力 |
| | | 3. 手的动作灵活协调 |
| | 生活习惯与生活能力 | 1. 具有良好的生活与卫生习惯 |
| | | 2. 具有基本的生活自理能力 |
| | | 3. 具有基本的安全常识和自我保护能力 |

“身心状况”子领域首先表明了儿童在健康领域的学习与发展包含身体健康和心理健康两方面。这一子领域围绕儿童的身体发育、情绪和适应能力三个维度提出了儿童在身心发展方面的目标。

“动作发展”是儿童身体机能发展的重要表现,同时也是儿童心理健康发展的基础,更是儿童适应社会生活的必备条件。这一子领域中包含了儿童大肌肉动作和小肌肉动作学习与发展的目标。

“生活习惯与生活能力”体现了对与儿童健康成长密切相关的生活习惯、卫生习惯、生活自理能力、安全常识和自我保护能力几方面的要求。

## 典型案例3-1

### 幼儿洗手习惯的培养

对于洗手,小班幼儿的表现常常是:有的不知道怎么洗;有的随便冲冲;还有的把洗手当成玩水的机会,流连忘返。针对这三种情况,我采取了不同的解决措施。对不清楚洗手步骤和方法的幼儿,我主要通过将洗手的过程编成有趣的儿歌来强化幼儿洗手的意识,如“哗哗流水清又清,洗洗小手讲卫生,伸出手来比一比,谁的小手最干净”。然后让幼儿举起小手,老师闻闻香不香;对不认真洗手的幼儿,我组织他们进行“不认真洗手的危害”的讨论,通过引导幼儿观察洗手时肥皂沫的颜色和相关的科普视频,让他们知道不认真洗手的后果,和幼儿一起商讨制作洗手的流程图,张贴在盥洗室以提示幼儿洗手的方法及步骤;针对洗手时玩水的幼儿,我主要通过开展玩水活动引导幼儿了解、感知水的特性,一方面满足幼儿玩水的欲望,同时让幼儿知道洗手不是玩水,与幼儿一起制订洗手时的要求,共同遵守,这样比单纯的说教更有效。

**评析**:小班是幼儿洗手习惯养成的关键阶段,需要教师创设有秩序的氛围,制定相应的规则,引导幼儿慢慢接受并掌握正确的洗手方法。《指南》中健康领域的子领域“生活习惯与生活能力”的目标1就是培养“具有良好的生活与卫生习惯”的幼儿,并在教育建议中表明成人应“帮助幼儿养成良好的个人卫生习惯”。在上述案例中，教师针对幼儿洗手的不同情况选择不同的引导方法，培养和强化了幼儿的洗手习惯。在玩水活动的引导过程中，教师能够抓住并尊重幼儿的兴趣点，适时地把握教育契机，引导幼儿认识水的特性，这不仅符合教育内容来源于幼儿的生活、贴近幼儿生活经验的选择标准，而且自然地将科学领域的内容渗透在健康领域中，实现幼儿学习与发展的整体性目标。

### （二）语言领域

《指南》在语言领域开篇就提出：幼儿期是语言发展，特别是口语发展的重要时期。幼儿语言的发展贯穿于各个领域，也对其他领域的学习与发展有着重要的影响：幼儿在运用语言进行交流的同时，也在发展着人际交往能力、理解他人和判断交往情境的能力、组织自己思想的能力。通过语言获取信息，幼儿的学习逐步超越个体的直接感知。

《指南》将儿童在语言领域中的学习与发展划分为“倾听与表达”和“阅读与书写准备”两个子领域，共有六条目标。其中体现出“听”“讲话”“表达”“习惯”“喜欢”“阅读”等关键词。这些内容清楚地指向儿童在进入小学前语言学习与发展应具备哪些基本的经验。（见表3.2）

**表3.2　语言领域学习与发展目标**

| 领域 | 子领域 | 目　标 |
|---|---|---|
| 语言 | 倾听与表达 | 1. 认真听并能听懂常用语言 |
| | | 2. 愿意讲话并能清楚地表达 |
| | | 3. 具有文明的语言习惯 |
| | 阅读与书写准备 | 1. 喜欢听故事，看图书 |
| | | 2. 具有初步的阅读理解能力 |
| | | 3. 具有书面表达的愿望和初步技能 |

“倾听与表达”是针对儿童口头言语的学习与发展提出的要求。口头语言是儿童语言能力的重要内容。儿童通过倾听理解他人的情感，并在和他人交流的过程中通过语言表达自己的想法。倾听是儿童感知言语的行为体现，也是理解语言的重要途径。懂得倾听、善于倾听、乐于倾听的人才能真正理解言语的内容，因此要帮助、引导儿童从小就养成良好的倾听习惯。与此同时，实现儿童言语表达和语言文明两方面的目标要求。

“阅读与书写准备”是针对儿童书面语言的学习与发展提出的要求。相关研究表明，3～8岁是儿童学习早期阅读和书写的关键期。《指南》提出培养儿童阅读兴趣、提高初步阅读理解能力、培养儿童早期书写行为三方面的目标要求。

### 典型案例3-2

#### 我是小记者

幼儿A：“欣欣，你好，我们是小太阳幼儿园的小记者，今天我们想采访你几个小问题，请问你有时间吗？”

欣　欣:“有时间呀,你问吧!”

幼儿C:“请看镜头。”(幼儿手中拿着自制摄像机)

幼儿A:“好的,请问在你们进行的表演游戏《三借芭蕉扇》中,你最喜欢哪个人?为什么呀?”

欣　欣:“我最喜欢铁扇公主,因为她的本领很大,有一把神奇的芭蕉扇。铁扇公主长得也很漂亮。”

幼儿A:“那你能装扮成铁扇公主的样子,让我们给你拍张照片吗?”

欣　欣:“可以的!”

幼儿C:“你可以摆一个pose,1,2,3茄子!照片拍好了,一会儿我给你送过来。”

欣　欣:“谢谢!”

幼儿A:“谢谢你接受我们的采访。希望能快点看到你的表演,祝你成功!再见!”

欣　欣:“谢谢,再见!”

**评析**:以上是发生在大班语言区的幼儿对话。《指南》中语言领域指出:“幼儿期是语言发展,特别是口语发展的重要时期。应为幼儿创设自由、宽松的语言交往环境,鼓励和支持幼儿与成人、同伴交流,让幼儿想说、敢说、喜欢说并能得到积极回应。”本案例中教师将活动区中的语言区和表演区相结合,并创设了小记者这一角色,引导幼儿亲自体会记者的职业特点,即学会在倾听的基础上表达自己的想法。扮演小记者的幼儿凭借记者身份,学会主动提问,认真倾听。采访结束后,教师还鼓励幼儿C(摄像师)将采访的内容以图片或绘画的形式进行展示,这充分体现了《指南》中倡导的重要思想,即“关注幼儿学习与发展的整体性”,“儿童的发展是一个整体,要注重领域之间、目标之间的相互渗透和整合,促进幼儿身心全面协调发展,而不应片面追求某一方面或几方面的发展”。

### (三)社会领域

《指南》将儿童在社会领域的学习与发展划分为“人际交往”和“社会适应”两个子领域。这表明人际交往和社会适应是儿童社会领域学习的主要内容,也是其社会性发展的基本途径。(见表3.3)

**表3.3　社会领域学习与发展目标**

| 领域 | 子领域 | 目　标 |
|---|---|---|
| 社会 | 人际交往 | 1. 愿意与人交往 |
| | | 2. 能与同伴友好相处 |
| | | 3. 具有自尊、自信、自主的表现 |
| | | 4. 关心尊重他人 |
| | 社会适应 | 1. 喜欢并适应群体生活 |
| | | 2. 遵守基本的行为规范 |
| | | 3. 具有初步的归属感 |

从人际交往角度来看，儿童在与同伴、成人交往的过程中可以交流信息，组织活动，形成和发展人与人之间的关系，增进彼此之间的相互了解，从而获得和他人友好相处的技能技巧。这些人际交往本身具备的基本功能对儿童来说具有重要的发展意义。

从社会适应角度来看，社会适应是儿童与社会建立起和谐关系的过程。首先，适应不同的社会群体是儿童社会化的重要途径。这包括儿童要适应从家庭进入幼儿园后在生活环境、生活方式、角色身份、人际关系、行为准则等诸多方面的变化。儿童只有认识并理解这种变化，并主动调节自己的行为，才能与群体建立和谐的关系。其次，儿童在社会适应过程中培养的适应能力是其将来生存发展必需的能力。在信息化时代的今天，社会的一个突出特征是变化迅速，包括知识的更新、人口的流动、人际关系的不断改变等，这些需要个体具备社会适应能力。最后，社会适应有助于儿童形成归属感。儿童会认同自己所在的群体并感觉自己也被这个群体接纳和认可，从而产生一种隶属于这个群体的感觉。

## 典型案例 3-3

### 用孩子的眼光看世界

佳佳的父母都是公务员，平时对孩子的教育比较严格。佳佳很懂事，自理能力很强，乐于助人，也很谦让。我们老师经常在她父母面前称赞她。但她却说“我怕爸爸，如果有事情做得不对，爸爸会动手打我”。老师们感到吃惊，这么乖巧的女孩子，爸爸怎么会用这种方式教育她呢？通过接触和仔细观察，我们发现她爸爸的脾气确实有些暴躁。一次佳佳因为爷爷的生日画了一幅画并把画带到了幼儿园，晚上离园时爸爸来接，发现孩子画的画不见了，就非常生气，在幼儿园的走廊里大声训斥孩子。我们急忙出去制止，爸爸并不予以理睬。老师急忙回到教室问其他小朋友谁拿了佳佳画的画，旁边的一个男孩子把画拿了出来。老师问：“画怎么在你这里?”男孩子说：“她的画很好看，我问她能不能送给我，她就送给我了。”老师把画还给佳佳的爸爸，爸爸余怒未消，还继续说：“从小就让别人欺负，他向你要，你就给吗?”拉起孩子就走了，我们听了心里很不是滋味。

晚上佳佳的妈妈打来电话：“老师，没想到孩子这么不争气，总让别人拿走自己的东西，我们教育她不拿别人的东西，但是也不能让别人欺负她呀!”听了佳佳妈妈的话，我知道她把问题看得太大了，便开导她：“佳佳妈妈，事情不像你想象的那样，只是孩子之间友谊的一种表现。希望你们不要过于激动，把问题看简单些。没有你们说的孩子被欺负，请你们试着用孩子的眼光看世界好吗？还有，孩子爸爸的态度我认为不太合适，有些过激，这样对孩子的心理发展不利。”

可能是一句“用孩子的眼光看世界”触动了佳佳妈妈，她平静下来说：“老师你这么一说我平静一点了，可能是我们工作的性质让我们遇到问题会想很多，很抱歉今天佳佳爸爸的态度不好，请老师原谅，我们会试着改变自己的教育方法，也请教师帮助我们一起改变。”

**评析**：《指南》社会领域中的教育建议强调“对幼儿与别人分享玩具、图书等行为给予肯定，让他对自己的表现感到高兴和满足”。以上案例中的佳佳本身是懂事的孩子，和同伴之间赠送美术作品的交往也体现出其社会性发展较好，但在父母的眼里却成了好欺负的孩子。出现问题的不是幼儿，是家长本身。因为她的父母都是公务员，受到工作性质的影响，相对比较强势，而且自身文化程度也较高，所以在他们看来，孩子不能凌驾于其他幼儿之上，让他们很没面子。加上爸爸脾气暴躁，出现问题只是大声训斥孩子，这会对佳佳的心理健康发展造成不好的影响。

对此，教师采用了较为有效的引导策略。首先，教师以自身的专业素养赢得了家长的信任和认同，在此基础上帮助家长分析事情的缘由，克服家长高高在上的态度。其次，教师从幼儿身心发展特点的角度出发，令家长明白幼儿与同伴之间的交往是简单的，没有那么多尔虞我诈，这应该是值得肯定的。家长应改变自己的教育方法，关注幼儿的身心发展。这些策略使得家长的态度有所改变，希望和教师一起共同促进幼儿的发展。

### （四）科学领域

儿童天生具有探索周围环境的欲望。“科学探究”和“数学认知”是《指南》科学领域中相互联系而又相对独立的两个子领域。科学探究有助于儿童科学地认识和解释客观世界，数学认知则有助于儿童发现客观世界的规律性和有序性。（见表3.4）

**表3.4　科学领域学习与发展目标**

| 领域 | 子领域 | 目　　标 |
|---|---|---|
| 科学 | 科学探究 | 1. 亲近自然，喜欢探究 |
| | | 2. 具有初步的探究能力 |
| | | 3. 在探究中认识周围事物和现象 |
| | 数学认知 | 1. 初步感知生活中数学的有用和有趣 |
| | | 2. 感知和理解数、量及数量关系 |
| | | 3. 感知形状与空间关系 |

科学探究这一子领域的目标包含情感态度、能力和知识经验三个维度。其中儿童有科学探究的好奇心和兴趣是首要目标和前提目标。自然的、身边的、熟悉的、生活中的事物和现象是儿童感兴趣的，并能激发儿童亲近自然、喜欢探究的热情。其次，儿童具有初步的探究能力是科学探究的重要目标和关键目标。这一目标包含探究过程和探究能力两个相辅相成的层面，探究能力的获得建立在探究过程的基础上，即儿童在提出问题、观察探索、思考猜测、调查验证、收集信息、得出结论、合作交流等基本环节中，综合运用观察比较、实验验证、调查测量等各种方法所获得的能力。儿童探究能力

的获得也为其提高主动学习、自主学习的能力奠定良好的基础。最后，儿童在探究中认识周围事物和现象则是儿童经历感知、体验、探究和发现这一系列的探究过程，并获得探究能力的必然结果，是儿童感性经验的提升、总结和初步的系统化，这三个目标是不可分割的统一整体。

数学认知这一子领域的目标包含数学的感知体验和态度，有关数、量和数量关系，形状和空间三个方面的内容。首先，初步感知生活中数学的有用和有趣，儿童在数学方面的发展与学习应该是在生活中进行的，让儿童在生活中发现数学现象，体验到数学的有用和有趣。其次，初步发展儿童对数的抽象逻辑关系的理解能力。最后，形状和空间是几何数学的初级形态，涉及对几何形状的名称、特征、类别和简单组合关系以及空间概念、房屋、运动方向和空间表征的理解。这三个目标都强调了儿童感知学习的重要性，但同时要认识到，对感知经验的反思和抽象才能真正帮助儿童达成数学认知的效果。

### 典型案例3-4

#### 神奇的变化

特特4岁，坐在桌子旁边看着装有面粉、盐和水的容器，他将手伸进面粉里，然后举起手指并对着手指吹气，当面粉从手指上被吹掉时，他笑了起来，接着他又把手指伸进盐里，他看着它，发现上面没有沾到什么东西，特特拿来一个装水的罐子，倒出一些在一个空碗里，他把碗里的水晃荡了几分钟，接着舀了几勺面粉放到水里并用勺子快速地搅动，这个过程他非常投入，他举起几勺这种混合物，倾斜勺子，使它滴落到碗里。重复做了几次后，他又把一只手放在往下滴的混合物的下面，混合物便滴落到他手里。他笑着用两手摩擦这种混合物，还举起来给另外一个孩子看，说："看看这是黏的！"接着又把手伸到碗里的液体中去。特特加了更多的面粉，接着又加了一些水，他重复这种"倒—感觉"的过程。过了一会儿，他在一大碗纯净水中把手洗净，接着把手伸到盐中，并观察沾了盐的手指，他向手指吹气，这次发现没能把盐吹掉，接着他又把手指伸到水里。最后，特特拿来另一个碗，并往碗里倒水，而后他开始往水里加盐，每次添加他都会把手指伸到水里感受一下。

**评析：**《指南》中明确指出"幼儿科学学习的核心是激发探究兴趣，体验探究过程，发展初步的探究能力"。幼儿的探究不同于成人追求知识和技能的探究，因为"幼儿的思维特点是以具体形象思维为主，应注重引导幼儿通过直接感知、亲身体验和实际操作进行科学学习"。幼儿"喜欢探究"是建立在"亲近自然"基础上的，4～5岁幼儿更表现出"常常动手动脑探索物体和材料，并乐在其中"的行为。如案例中的特特观察到面粉、盐、容器和水这些材料，通过有兴趣的伸手指尝试，"根据观察结果提出问题"：为什么面粉能沾到手上而盐不能？为什么往水里加面粉水会变黏？加入更多的面粉会有怎样的变化？为什么手湿的时候盐能沾到上面而干的时候不能？为什么沾到手指上的盐不能像面粉一样被吹掉？在水中加盐会发生什么样的变化？从而引发特特对于不同固体加水、加多少水之后产生相应变化的实验。特特此时的探索是基于兴趣的自发、积极、主动的探索，并在动态的与材料的互动中建构自己的经验。

### (五) 艺术领域

艺术活动是儿童精神生命活动的表现，是儿童感性地把握世界的一种方式，可以促进儿童在其他方面的发展。《指南》艺术领域有两个子领域四个目标，其中“感受与欣赏”子领域的目标是“喜欢自然界与生活中美的事物”“喜欢欣赏多种多样的艺术形式和作品”；“表现与创造”子领域的目标是“喜欢进行艺术活动并大胆表现”“具有初步的艺术表现与创造能力”。(见表 3.5)

**表 3.5　艺术领域学习与发展目标**

| 领域 | 子领域 | 目　标 |
| --- | --- | --- |
| 艺术 | 感受与欣赏 | 1. 喜欢自然界与生活中美的事物 |
| | | 2. 喜欢欣赏多种多样的艺术形式和作品 |
| | 表现与创造 | 1. 喜欢进行艺术活动并大胆表现 |
| | | 2. 具有初步的艺术表现与创造能力 |

### 典型案例 3-5

**送给蝴蝶的玫瑰花**

桌子上摆满了七彩的颜料，教室里传来阵阵笑声，可爱的孩子们手里拿着蔬菜自由地在白纸上印画，“老师，小雨蔬菜印画什么都不像，一点都不好看，太乱了……”原来小雨沉浸在印画的过程中，纸上有空白的地方就印，整个画面乱成一片，再看看其他的孩子也存在这种现象。面对此问题，我改变了策略，利用幼儿感兴趣的事物“花儿”为学习的载体，设计了富有生活情趣的美术活动《送给蝴蝶的玫瑰花》。我选择了幼儿熟悉的青菜的菜头作为印画的工具，并创设游戏情境“今天是小蝴蝶的生日！它邀请我们去参加它的生日聚会，那我们要不要给它准备礼物?”幼儿齐声回答“要!”接着我又提问“那你们猜小蝴蝶喜欢什么呢?”(出示不同形状的玫瑰花)“原来小蝴蝶想要玫瑰花啊，今天老师也为小蝴蝶准备了一束玫瑰花，你们看!”幼儿纷纷说道“好漂亮!”“老师是怎么做的呢?”我结合课件演示印画玫瑰花的方法：把带有花边的长方形纸竖着放，拿出青菜头上端，并吸引幼儿的注意力“小朋友们注意看，青菜头宝宝要变魔术了!”配上儿歌“菜头宝宝真能干，颜料盒里蘸一蘸，印在纸上压一压，变出玫瑰花真好看!”孩子们也拿起青菜头在纸上认真地印起来。印好后，我又为孩子们展示了玫瑰花的包装方法，把纸的下端用双面胶站在一起，最后把蝴蝶结贴在纸上。大家一起把做好的玫瑰花束送给小蝴蝶，一起唱《生日歌》，活动结束。

**评析：**教师根据季节特征，并结合小班幼儿的年龄特点，选择幼儿熟悉的蔬菜——青菜头作为印画的主要工具，不仅贴近幼儿生活，且生活化的印画工具和丰富多样并富有生命力的印迹，能有效激发幼儿探索学习的兴趣。《指南》明确指出让幼儿"喜欢自然界与生活中美的事物""喜欢进行艺术活动并大胆表现"。在该活动中，教师通过创设游戏情境，激发幼儿参与作画的兴趣，让幼儿带着送给小蝴蝶玫瑰花的任务在纸上印画，引导幼儿"围绕主题展开想象，进行艺术表现"，融活动于游戏情境之中，增加了活动的趣味性。

# 第二节　《幼儿园教育指导纲要(试行)》

## 案例导入

### 幼儿园教育活动中的消极等待

我园幼儿活动室与卫生间之间的距离较远，每天幼儿午睡起床后，主班教师要不停跟随幼儿来往于卫生间进行盥洗，配班教师在卫生间指导幼儿盥洗，保育教师打午点后开始整理床铺。部分盥洗后的幼儿坐在小椅子上等待，等全部幼儿都回来后，教师集体组织幼儿喝水、吃午点、检查幼儿衣物并为女孩梳头发，随后进行下午的活动内容。根据观察发现，在整个活动中，幼儿等待的时间过长，每一个环节都存在消极等待现象，幼儿活动的形式不仅散而且乱。教师疲于奔波在活动室与卫生间中，三位教师在活动中各做各的，相互之间没有形成一定的教育合力。

[*思考*]

优化幼儿园一日生活的每个环节，是培养幼儿良好的行为习惯，促进其发展的重要途径。上述案例中的教师应如何改善现状，避免幼儿的消极等待现象，更好地优化幼儿园一日活动呢？

## 一、《幼儿园教育指导纲要(试行)》解读

《幼儿园教育指导纲要(试行)》(以下简称《纲要》)是在基础教育改革背景下应运而生的，是根据党的教育方针和《幼儿园工作规程》(以下简称《规程》)制定的。《纲要》遵循《规程》的精神，将我国学前教育长期以来，特别是贯彻《规程》以来的行之有效的教育观念、方法、措施、经验等，以法规的形式固定下来，通过国家的强制力来保证其实施。它是将《规程》中的教育思想和教育观念转化为教育行为的指导性文件，对加快推进幼儿园实施素质教育和全面提高幼儿园教育质量具有重要的指导意义。

### (一)《纲要》的研制背景

《纲要》是教育部在进一步贯彻第三次全国教育工作会议和全国基础教育工作会议精神，落实《国务院关于基础教育改革与发展的决定》，推进幼儿园实施素质教

育，全面提高幼儿园教育质量的要求下，于2001年7月颁布并于2001年9月起试行的。

**（二）《纲要》的指导思想**

《纲要》的基本指导思想集中地反映在总则里，贯穿于《纲要》的各个部分。主要包含终身教育、以儿童发展为本和科学育儿三个方面。

1. 终身教育

自20世纪60年代保罗·朗格朗提出终身教育以来，经过联合国教科文组织大力倡导和不遗余力地推动，终身教育已成为国际教育领域中影响大、传播广的一种教育理念和思潮，并成为教育改革与发展的核心主题。幼儿期是个体身心发展十分迅速的时期，为个体一生的发展奠定重要基础，因此，《纲要》中称幼儿园教育为“终身教育的奠基阶段”，也因此《纲要》的组织和实施、评价都将终身可持续发展放在了核心位置，强调教育活动要利于幼儿的终身发展，着眼于培养幼儿终身持续发展所需要的基本素质。

2. 以儿童发展为本

以儿童发展为本的内涵极为丰富，包括：教育要充分考虑幼儿的身心发展特点，实现促进每一个幼儿在原有水平上得到充分的发展；教育要贴近幼儿的实际生活，充分利用幼儿生活中的教育资源，有效地促进幼儿生动、活泼地发展。

按照加德纳的多元智能理论，每个幼儿有自己的优势智能领域，教师必须充分考虑幼儿的发展特点和差异性，在具体的教育教学中为幼儿提供符合其身心发展水平的活动内容和方式，让幼儿在游戏、探究、操作、探索和交往中学习；要接受幼儿不同的发展水平，给幼儿提供选择的机会，允许幼儿以自己的方式进行探索，不追求所有幼儿一刀切的发展，而是要使每个幼儿在自己原有水平上得到发展。

只有贴近幼儿生活的教育，才能使幼儿的学习变成是有意义的学习。用皮亚杰的认知发展理论解释，只有和幼儿生活相联系的教育内容才能使之与幼儿已有的图式发生联系，才能被幼儿通过同化或顺应而吸收，达到平衡的状态。

3. 科学育儿

《纲要》的研制一方面立足于我国学前教育现实，一方面吸收了许多现代教育科学研究的最新成果，以保证教育理念的科学性。如在目标方面，将情感态度发展作为推动幼儿认知、技能发展的动力。这是因为有相关研究表明，快乐的情绪对个体的记忆与学习产生重要的影响，个体会更有可能学会或记住让他们产生积极情感的学习材料；在内容方面，《纲要》吸收了建构主义和现代认知心理学的研究成果，提出知识是动态变化的，需要幼儿自身主动的建构。

**（三）《纲要》的内容结构**

《纲要》由四个部分组成，即总则、教育内容与要求、组织与实施、教育评价。

1. 总则

总则共有五条内容，其精神贯穿全文。

第一条说明了《纲要》制定的依据和目的。《纲要》的制定是为了有效地贯彻和落实《中华人民共和国教育法》、《幼儿园管理条例》和《幼儿园工作规程》的法律法规，这些法律法规既是《纲要》制定的依据同时也是目的；《纲要》制定的另一个目的是"指导幼儿园深入实施素质教育"。

第二条说明了我国幼儿园教育的性质和根本任务，即幼儿园教育是"基础教育的重要组成部分，是我国学校教育和终身教育的奠基阶段"，其根本任务是"为幼儿一生的发展打好基础"。

第三条规定了我国幼儿园教育的外部原则，即幼儿园要适应社会的变化，以具有开放性的思想认识教育资源，"与家庭、社区密切合作，与小学相互衔接，综合利用各种教育资源，共同为幼儿的发展创造良好的条件"。

第四条指出了幼儿园教育的主要任务。"幼儿园应为幼儿提供健康、丰富的生活和活动环境，满足他们多方面发展的需要，使他们在快乐的童年生活中获得有益于身心发展的经验。"

第五条规定了我国幼儿园教育的内部原则。"幼儿园教育应尊重幼儿的人格和权利，尊重幼儿身心发展的规律和学习特点，以游戏为基本活动，保教并重，关注个别差异，促进每个幼儿富有个性的发展。"

2. 教育内容与要求

这一部分将幼儿园教育的内容划分成健康、语言、社会、科学和艺术五个领域，强调"各领域的内容相互渗透，从不同的角度促进幼儿情感、态度、能力、知识、技能等方面的发展"。需要说明的是，幼儿园教育内容的划分因维度不同而不同。但以何种维度划分并不是《纲要》的核心内容，我们应树立这样的观念，幼儿园教育内容不论怎样划分，在实施过程当中应在幼儿的生活中综合地实施教育，通过创设环境进行教育，使各领域内容整合地、渗透地融入幼儿的生活和活动中。

五大领域的内容均包含"目标""内容与要求"和"指导要点"三个部分。

"目标"表述多使用"体验""感受""喜欢""乐意"等体现幼儿情感、态度、兴趣的词汇。如健康领域的目标将幼儿的身体健康放在首位，与此同时也强调幼儿"情绪安定、愉快"；将"喜欢参加体育活动"放在对动作要求之前，并在"指导要点"中指出"培养幼儿对体育活动的兴趣是幼儿园体育的重要目标"。

"内容与要求"旨在说明为实现教育目标，教师应该做什么、该怎样做。《纲要》强调幼儿的主动学习，希望教师不要过分关注幼儿具体知识或技能的掌握，而是根据幼儿的身心发展特点，组织适合幼儿的活动，创设适宜幼儿发展的教育环境，利用与幼儿实际生活紧密联系的资源，让幼儿在活动中获得体验，从而掌握一定的知识和技能。

如语言领域的"内容与要求"中，要求教师"创造一个自由、宽松的语言交往环境"、"鼓励幼儿大胆、清楚地表达自己的想法和感受"、"引导幼儿接触优秀的儿童文学作品"、"培养幼儿对生活中常见的简单标记和文字符号的兴趣"、"引发幼儿对书籍、阅读和书写的兴趣"。

"指导要点"包含两方面的问题。第一是点明该领域的教和学的特点。各领域的知识性质不同，幼儿的学习方式相应随之变化。教师应在充分考虑幼儿学习方式和学习特点的基础上设计教学，提高教学效果。比如社会领域有很多约定俗成的知识，如道德行为规范、社会意识、社会文化等，属于陈述性知识①，需要教师言传身教、潜移默化地影响幼儿。而科学领域的知识大多是程序性知识②，应让幼儿自身主动操作材料、与周围世界发生互动，进行自我建构。第二是点明该领域特别应当注意的普遍性的问题。如在社会领域存在教师一味的说教的问题；在艺术领域，存在重视幼儿艺术技能技巧的获得，而忽视幼儿的情感体验和创造性的问题。

3. 组织与实施

这部分包含11个条目，每一条都对幼儿园教育活动进行了方向上的指引。

如"幼儿园的教育是为所有在园幼儿的健康成长服务的，要为每一个儿童，包括有特殊需要的儿童提供积极的支持和帮助"，强调幼儿园教育的公平性，要求幼儿园教育面向每一个幼儿；

"幼儿园的教育活动，是教师以多种形式有目的、有计划地引导幼儿生动、活泼、主动活动的教育过程"，指出在幼儿园教育活动中教师和幼儿的角色，教育活动的目标要具有导向作用，在教育活动中教师应增强目标意识和过程意识；

"教育活动的组织与实施过程是教师创造性地开展工作的过程。教师要根据本《纲要》，从本地、本园的条件出发，结合本班幼儿的实际情况，制定切实可行的工作计划并灵活地执行"，指出教师要因地制宜地开展教育活动；

"教育活动内容的组织应充分考虑幼儿的学习特点和认识规律，各领域的内容要有机联系，相互渗透，注重综合性、趣味性、活动性，寓教育于生活、游戏之中"，指出教育内容的选择与组织要依据幼儿的发展，强调游戏是幼儿园的基本活动，教师要寓教育于生活和游戏之中……

其中第九条专门论述了如何科学、合理地安排和组织一日生活：时间安排应有相对的稳定性与灵活性，既有利于形成秩序，又能满足幼儿的合理需要，照顾到个体差异；教师直接指导的活动和间接指导的活动相结合，保证幼儿每天有适当的自主选择和自由活动时间。教师直接指导的集体活动要能保证幼儿的积极参与，避免时间的隐性浪费；尽量减少不必要的集体行动和过渡环节，减少和消除消极等待现象；建立良好的常规，避免

---

① 陈述性知识是有关"世界是什么"的知识，能够直接陈述。

② 程序性知识是关于完成某项任务的行为或操作步骤的知识，或者说是关于"如何做"的知识。

不必要的管理行为，逐步引导幼儿学习自我管理。

4. 教育评价

在幼儿园教育中开展怎样的教育评价，如何评价每个幼儿的发展是一个重要的问题。评价不是为了对幼儿进行优劣之分，而是为了促进幼儿的发展、教师的反思性成长，最终提高学前教育质量。基于此，《纲要》强调教育评价具有“了解教育的适宜性、有效性，调整和改进工作，促进每一个幼儿发展，提高教育质量的必要手段”的重要功能；评价主体要多元化，“管理人员、教师、幼儿及其家长均是幼儿园教育评价工作的参与者”；评价方法多样化，可“综合采用观察、谈话、作品分析等多种方法”；评价内容全面化，包括教育工作的评价和幼儿发展状况的评价。

## 二、典型案例分析

这一部分将以幼儿园五大领域课程为划分维度，选取幼儿园中的典型案例，结合《纲要》中对每一领域的目标、内容与要求和指导要点的表述进行相关分析。

### (一) 健康领域

幼儿园健康教育是要根据幼儿身心发展的特点，通过适宜有效的多种活动，提高幼儿的健康认识水平，改善幼儿的健康态度，培养幼儿的健康行为，最终使幼儿养成健康的生活方式。《纲要》中健康领域的目标是：集体生活中情绪安定、愉快；生活、卫生习惯良好，有基本的生活自理能力；知道必要的安全保健常识，学习保护自己；喜欢参加体育活动，动作协调、灵活。

#### 典型案例3-6

**中班健康活动《快乐的小乌龟》**

一、活动目标

1. 通过玩大纸筒，发展想象力和创新能力。

2. 在大纸筒内探索前进的不同方法，提高机体的协调性和灵活性。

3. 乐于体验，探索身体运动的乐趣。

二、活动准备

(一) 物质准备

1. 场地：软质

2. 器材：印有乌龟花纹彩色大直筒每人一个，录音机、磁带、小山、小鱼、珊瑚图片。

(二) 经验准备

幼儿会做模仿操，有钻爬经验，了解小乌龟的生活习性。（活动准备丰富，考虑周全，能为“小乌龟”爬行准备适宜的物质环境）

三、活动过程

（一）开始部分

随音乐开汽车进场地，跟随音乐做修理汽车模仿操。（既有趣又做了热身运动；情境创设“开着汽车出去玩”与后续活动情景连接顺畅）

（二）基本部分

1. 学做小乌龟

教师利用语言、道具激发幼儿：那边是什么，（小乌龟道具）你想不想把自己变成小乌龟，请你去选一选，试一试。

2. 小乌龟练本领——自由探索在大纸桶内前进

(1) 幼儿自由练习，教师观察指导

(2) 幼儿相互学习，共同提高——请幼儿介绍演示前进本领

（给幼儿提供自主学习的时间，充分体验自由学习的乐趣；引导幼儿间的相互学习，在快乐的气氛中欣赏自己、欣赏同伴）

(3) 小乌龟旅行：练习用各种方法向指定方向（山坡、珊瑚岛）前进

(4) 小乌龟回家：听信号，用不同方法前进

“鲨鱼来了，快快爬！”用情境给幼儿信号，带幼儿随音乐、信号，用不同方法前进。

（三）结束部分——庆祝小乌龟回家成功

**评析：**《纲要》中健康领域的内容与要求中明确指出，要“用幼儿感兴趣的方式发展基本动作，提高动作的协调性、灵活性”。在上述活动中，教师根据中班幼儿的发展水平和学习特点，采用小乌龟这一加入角色扮演的游戏方式贯穿始终设计活动，且活动情景富于变化，很好地激发和维持了幼儿活动的兴致。难能可贵的是，教师在活动过程中能注重幼儿主体经验的发展，在小乌龟练本领和小乌龟路行活动中，放手让幼儿调动自己的关于钻爬和小乌龟生活习性的已有经验，以自己的方式活动，探索大纸筒内前进的不同方法，掌握活动的自主权，有效地发挥了幼儿的能动性和创造性；也更好地促进了幼儿在自己水平上的发展。这样根据幼儿的特点和兴趣组织的生动有趣、形式多样的体育活动，有利于实现幼儿“喜欢参加体育活动，动作协调、灵活”目标。

### （二）语言领域

《纲要》中语言领域的目标强调了语言教育过程中要重视语言交际的功能，重视学前儿童在使用语言的过程中学习语言。目标包括：乐意与人交谈，讲话礼貌；注意倾听对方讲话，能理解日常用语；能清楚地说出自己想说的事；喜欢听故事、看图书；能听懂和会说普通话。

### 典型案例3-7

**婷婷变开朗了**

婷婷是一名中班的幼儿，在班里她不说话，不与同伴交往，不爱玩玩具，不运动，不愿

做操，她拒绝参加班里组织的任何活动，一人默默地坐在小椅子上不让小朋友接近她。老师同她讲话时她有时会露出很害怕的眼神，有时她会把头扭到一边装没听见不理你。小朋友和她接近同她交往时，她要么不理会，要么推开小朋友，甚至用双手捂着脸哭。经过观察，婷婷虽然不同人交往，但她会用眼睛注视老师和小朋友的活动，当有的小朋友做出滑稽的动作时，她也会哈哈大笑，而当她发现有人看她时，她会立即收起笑容，像什么也没发生一样。老师通过和家长的沟通了解到，婷婷从小由于生理原因，说话就发音不清楚(俗称：大舌头)。4岁前一直由父母照看，没有入园经验。父母是个体商贩，没有太多的时间照顾她，因她说话不清楚，怕别人笑话、嘲弄她，经常把她一人锁在家里，很少让她与别人接触。

了解到这一情况之后，老师们采取了一系列措施帮助婷婷发展语言能力，如早晨当婷婷来园时，老师总是给她更多的关怀和照顾，或领着她在园里的走廊里转一转、看一看、讲一讲，放松她的紧张情绪，或让她和老师一起站在门口迎接其他的小朋友入园；在为幼儿准备进餐时，老师会微笑着请她帮助老师一起来摆放碗勺；在婷婷能轻松愉快的入园，能帮助老师为集体做事情时，老师开始在集体面前表扬她，让孩子们知道婷婷和他们一样有了进步，并引导孩子们一起分享婷婷进步的快乐，让大家对她说些感谢、鼓励她的话，使婷婷知道小朋友们需要她，大家尊重她、喜欢她，使她逐渐有了与人交往的自信心，同时，有意创设游戏情境引导婷婷和其他小朋友一起游戏。

婷婷入园一年七个月以来，经过教师和家长的共同的努力，婷婷基本上克服了自卑心理。现在，婷婷上课时能注意集中的听讲，情绪愉快、体重也增加了，能轻松的与同伴游戏、交往，还和小朋友一起参加节目演出，活泼开朗多了，发音也比以前清楚了许多。

**评析：**《纲要》中在语言领域的指导要点明确指出："发展幼儿语言的关键是创设一个能使他们想说、敢说、喜欢说、有机会说并能得到积极应答的环境。"在以上案例中，教师在了解到婷婷说话发音不清楚的生理原因和家庭环境后，努力在日常生活中为发展婷婷的语言能力创造条件，在"丰富多彩的活动中去扩展幼儿的经验，提供促进语言发展的条件"，同时也做到了《纲要》中要求的"对有语言障碍的儿童要给予特别关注，要与家长和有关方面密切配合，积极地帮助他们提高语言能力"。

### (三) 社会领域

幼儿园社会领域教育由社会认知、社会情感及社会行为技能三方面构成，有专门性社会领域教育和渗透性社会领域教育两种形式。具体目标为：能主动地参与各项活动，有自信心；乐意与人交往，学习互助、合作和分享，有同情心；理解并遵守日常生活中基本的社会行为规则；能努力做好力所能及的事，不怕困难，有初步的责任感；爱父母长辈、老师和同伴，爱集体、爱家乡、爱祖国。

## 典型案例 3-8

### 请你不要拒绝别人

在自由游戏活动时间，幼儿A跑来向老师告状："某某某不想和我玩。"老师立刻把幼儿B找来说："幼儿A想和你玩，他想和你做朋友，你怎么不愿意和他玩呢？"幼儿B说："我不想和他玩。"教师："别人找你玩，是喜欢你，你要接受人家，和别人友好相处。你们可以两个人合作一起玩。"幼儿B："我想一个人玩，或者和其他人玩！"教师看和幼儿B好好讲道理有点说不通，有点生气了，义正言辞地教育到："别人想和你做朋友时，请你不要拒绝别人。别的小朋友心里会难受的！快，两个人一起去玩！"

**评析：**《纲要》中强调"社会领域的教育具有潜移默化的特点。幼儿社会态度和社会情感的培养尤应渗透在多种活动和一日生活的各个环节之中，要创设一个能使幼儿感受到接纳、关爱和支持的良好环境，避免单一呆板的言语说教"。幼儿如果身处一个让他感觉到安全、愉悦的环境中，他也许会产生主动和别人交往的想法和行为。在这个案例中，教师一直在对幼儿B进行着循循善诱的教导。教师希望通过自己苦口婆心的说服讲理能帮助幼儿B做到愿意接纳别人，和这个同伴一起玩，学会和他人友好相处。从中我们发现，教师急于想让幼儿B接受幼儿A，和他一起玩，并认为这么做对于幼儿良好社会性的培养是有好处的。应该说，教师期望帮助幼儿学会接纳别人，和同伴友好交往的初衷是好的，但是"教育"的意识有些过强了，也有点过于急躁了，以至于在教育的过程中都是教师在说教，在尽力控制事件的走向。教师善意地"鼓励"幼儿B接受A一起玩，实质上和幼儿"乐意与人交往"这一发展目标以及"体验与教师、同伴等共同生活的乐趣"的内容要求是相违背的。教师在整个事件的处理过程中，没有真正做到以幼儿为主体，没有很好地把自由选择、自主决定的空间留给幼儿，没有尊重幼儿内心的真实需要，没有去耐心地倾听两个幼儿各自的情绪、感受和想法，以及他们想以什么样的方式来解决这个问题。如果说案例里的幼儿B不是那种平时只喜欢一个人玩，或是社会交往方面有障碍的幼儿，当他今天确实想一个人待一会儿，或是想选择和其他同伴玩的时候，教师为何就不可以尊重和接纳他的决定呢？

### （四）科学领域

科学启蒙教育是幼儿园教育的重要内容，科学领域的目标包括：对周围的事物、现象感兴趣，有好奇心和求知欲；能运用各种感官，动手动脑，探究问题；能用适当的方式表达、交流探索的过程和结果；能从生活和游戏中感受事物的数量关系并体验到数学的重要和有趣；爱护动植物，关心周围环境，亲近大自然，珍惜自然资源，有初步的环保意识。

## 典型案例 3-9

### 让热水快点变冷

一次，我倒了一大杯水，可水太烫喝不了。细心的威威看见了，说："老师，我有办法让这杯水快快变冷！"威威的话引起了小朋友们的兴趣，很多孩子好奇地围了上来，于是，"让热水快点变冷"的科学探索活动应运而生了——

① 猜想让热水变冷的办法：围绕着“有什么办法让热水变冷”，我让孩子们充分猜想、讨论，然后发表自己的想法，并对不同意见提出质疑。孩子们的办法可多了，“把热水杯放在冰箱里”、“拿筷子在水里搅拌”、“把热水放在窗边，让风吹冷”、“用扇子扇风”、“往杯里加冷水”等等。我鼓励他们用绘画的形式把猜想的办法记录下来，以便进行实验。

② 怎样证明热水变冷了：实验开始前，孩子们对自己的办法和别人的办法能否让热水变冷充满疑问，急于动手实验。这时，我提问：“怎样证明你的办法使热水变冷了呢?”有的幼儿说用手摸，有的说用嘴尝，也有的说看杯子上是不是有热气，用温度计插到水里测量……

③ 怎样让热水冷得更快：热水变冷实验后，我又提出了新的问题——怎样让水冷得更快？孩子们通过交流、探索，反复实验，获得了有益的经验。

**评析：**《纲要》告诉我们，幼儿的科学探究应从身边的事物开始，要“引导幼儿对身边常见事物和现象的特点、变化规律产生兴趣和探究的欲望”，发现其中的有趣和奇妙，有益于保持幼儿的好奇心，激发他们的探究热情，使他们从小就善于观察和发现。教师应让幼儿感到科学并不遥远，科学就在身边。

教师引导幼儿们围绕“如何让热水快点变冷”这一现象展开猜想和讨论，切实做到了“让每个幼儿都有机会参与尝试，支持、鼓励他们大胆提出问题，发表不同意见”。幼儿在这样宽松的环境中，在教师的鼓励下想出很多办法，并用绘画这一适当的方式将猜想的办法记录下来。《纲要》指出幼儿是主动学习者，在科学教育活动中，他们是主动的探索者、研究者和发现者，知识经验的主动建构者。教师是幼儿探究活动的支持者和引导者，“要尽量创造条件让幼儿实际参加探究活动”，亲身经历真实的研究过程，要让幼儿真正地做科学。教师又引导幼儿对新的问题怎么证明热水变冷了、怎样让热水冷得更快，结合自己画下来的方法，运用已有经验作出猜想和假设，带着问题通过亲自动手进行探究实验做来验证自己的想法，并在同伴间“表现、交流、分享探索的过程和结果”。这样不仅使幼儿“运用各种感官，动手动脑，探究问题”，还做到了“引导幼儿积极参加小组讨论、探索等方式，培养幼儿合作学习的意识和能力”，有效地贯彻了《纲要》中的教育理念。

### （五）艺术领域

《纲要》中艺术领域的目标如下：能初步感受并喜爱环境、生活和艺术中的美；喜欢参加艺术活动，并能大胆地表现自己的情感和体验；能用自己喜欢的方式进行艺术表现活动。在重视素质教育的当今社会，艺术教育对促进幼儿的认知、社会性等方面发展的重要作用逐渐为人们所重视。幼儿园艺术领域的教育活动正试图在全面开展的过程中探索出更为有效的教育策略。

### 典型案例 3-10

**快乐的鱼儿**

活动开始，我引导幼儿回忆有关鱼儿的经验：“你们看到过鱼儿吗？你看到的鱼儿长得怎么样?”幼儿们纷纷举手回答:“椭圆形的身体”“身上有鱼鳞”“有小尾巴”。还有一些小孩子讲了鱼儿的一些更为细微的特征如鱼鳍、眼睛等。我再次引导:“早上老师讲过鱼儿的故事,你们还记得吗?故事中鱼儿做了哪些好事?除了这些,你觉得鱼儿还会帮小动物做哪些事呢?”他们回答:“帮助乌龟找到妈妈”“帮小虾找食物吃”等等,看得出幼儿的思维很活跃也很投入。于是我又提出要求:“鱼儿为大伙做了那么多好事,大伙都很感激它,小朋友们帮忙给做好事的鱼儿画张像,好不好?”接着我就“放手”让孩子们自由表现,大胆发挥了。可这时我注意到一些幼儿拿着笔好像无从下手,一些幼儿干脆四处观望,我走到正在左右张望的林海滨身边,鼓励他:“海滨,加油画呀!”可那他却摇摇头说:“老师,我不知道画什么。”我没有预料会出现这种情景,我再次地给他们鼓劲:“试着画画看,画错了也没关系。”“你们刚才是怎么想的就可以怎么画呀。”可还是有几个幼儿显露出茫然的样子,于是我就走到他们身边,逐个引导提示:“你觉得鱼儿会做哪些好事呀?”“对呀,那你就可以画鱼儿帮乌龟找到妈妈的情景呀!”“你可以画鱼儿帮小虾找食物呀!”在他们作画时,我走了一圈,发现很少有幼儿能表现出刚才所表达的生动情节,也很少有独特、富有个性的作品,有近三十个幼儿的画没有什么情节。而后,我让幼儿们交流了“快乐的鱼儿在干什么”后匆匆地结束了活动。

为什么幼儿有那么丰富的想象力却不能充分表达?为什么我放手给幼儿自由创作的机会,而他们的作品却是那样的缺少个性?

**评析**:艺术是幼儿表达自己的认识和情感的重要方式,要让幼儿大胆地表达自己的情感、理解和想象,从而使幼儿体验到以自己独特的个性化的方式感受美、表现美和创造美的自由和快乐。为此,案例中的教师认为要改革传统绘画“依样画葫芦”的教法,就要大胆“放手”,要让幼儿由“学着画”转变为“画着学”,让幼儿在自由表达鱼儿通过做好事获得快乐的过程中,培养他们的审美情趣,发展他们的良好个性,提高他们的表现能力。然而,教师的美好想法却受到了幼儿无从下笔的现实的冲击。这说明了一个很重要的问题,“放手”并不等于“放任自流”。

《纲要》在艺术领域的内容要求及指导要点中明确指出:教师“在支持、鼓励幼儿积极参加各种艺术活动并大胆表现的同时,帮助他们提高表现的技能和能力”,“教师的作用应主要在于激发幼儿感受美、表现美的情趣,丰富他们的审美经验,使之体验自由表达和创造的快乐。在此基础上,能根据幼儿的发展状况和需要,对表现方式和技能技巧给予适时、适当的指导”。可见,在绘画教学中提倡教师“放手”,也推崇“出手”。“放手”是指给幼儿提供自由表现的机会,为幼儿提供宽松自由的环境和心理氛围,尊重幼儿个性化的艺术表现天赋和表现方式,放手让幼儿想象和创造,发展他们的艺术潜能。但放手并不是放弃教师的“出手”,而是强调教师的“出手”要把握好时机。也就是在幼儿认知发生冲突的关键时刻,“根据幼儿的发展状况和需要,对表现方式和技能技巧给予适时、适宜的指导”。在本案例中教师应给幼儿提供“支架”,增加幼儿关于鱼的相关经验,比如让幼儿观察真实的鱼是什么样子的,怎么动的,以及让幼儿了解虾、乌龟是什么样的,或者让幼儿阅读相关的绘本。

# 第三节　《幼儿园教师专业标准(试行)》

## 案例导入

**初入职场的幼儿园新教师**

王华是刚刚毕业的非师范学校的学生，考到教师资格证进入幼儿园工作后，她发现小朋友不像她想象的那样“听话”，有好几次，她提出要求的时候，有几个“调皮”的孩子还顶撞她。这和她最初以为“小朋友很好教，讲讲故事、念念儿歌、唱唱歌、做做手工就可以了”的想法大相径庭。小朋友不大爱听她讲的故事，也不喜欢经常念儿歌、唱歌，班上总是乱哄哄的……她没想到平时看上去那么可爱的小朋友，怎么这么不听话呢？该怎么办？

[*思考*]

幼儿园教师除了像王华所预想的要会“讲讲故事、念念儿歌、唱唱歌、做做手工”之外，还需要具备哪些能力？

## 一、《幼儿园教师专业标准(试行)》解读

《幼儿园教师专业标准(试行)》(以下简称《专业标准》)是国家对合格幼儿园教师专业素质的基本要求，是幼儿园教师开展保教活动的基本规范，是引领幼儿园教师专业发展的基本准则，也是幼儿园教师培养、准入、培训、考核等工作的重要依据。

### (一)《专业标准》研制的必要性

《专业标准》是在我国学前教育事业发展需要和国际幼儿园教师专业发展趋势的双重推动下研制的，并作为落实《教育规划纲要》的一项具体措施和紧迫任务而颁布实施。

1. 我国学前教育事业发展的需要

随着《教育规划纲要》的贯彻落实、《若干意见》的颁发，各地学前教育三年行动计划的纷纷出台，国家学前教育重大项目的启动，大力发展学前教育正成为我国教育事业蓬勃发展的必然要求。

学前教育事业发展不仅需要建设一大批坚实安全的幼儿园，更需要建设一支师德高尚、业务精良的幼儿园教师队伍。要实现“基本普及学前教育”的战略目标，满足人民群众对学前教育日益增长的需求，不仅要提高入园率，更要提升我国学前教育质量，关键与核心问题便是幼儿园教师队伍专业水平的提升。而《专业标准》的出台，正是为了建设高素质的幼儿园教师队伍。

2. 幼儿园教师专业化的需要

1966 年联合国教科文组织发布的《关于教师地位的建议》明确提出教师职业的专业化；

1986年美国卡内基教育和经济论坛发表《国家为培养21世纪的教师做准备》，霍姆斯小组发布《明日的教师》报告，敦促教师专业化水平提高；英国于1984年成立了教师教育课程鉴定委员会(后来的教师培训署)，致力于建立全国范围的教师教育质量标准体系；日本在70年代制订了教师专业发展计划，并设立了丰富的激励机制以促使教师加快专业化发展。

从国际经验看，提升教师队伍的专业化水平大多是从教师专业标准的制定和实施入手的，教师专业标准在教师专业化中起着至关重要的作用。《专业标准》的制定是我国幼儿园教师专业化的时代需要。

3. 落实《教育规划纲要》任务的需要

《教育规划纲要》指出："教育大计，教师为本。有好的教师，才有好的教育。提高教师地位，维护教师权益，改善教师待遇，使教师成为受人尊重的职业。严格教师资质，提升教师素质，努力造就一支师德高尚、业务精湛、结构合理、充满活力的高素质专业化教师队伍。"在此基础上，针对幼儿园教师队伍建设，《教育规划纲要》还指出："严格执行幼儿园教师资格标准，切实加强幼儿园教师培养培训，提高幼儿园教师队伍整体素质，依法落实幼儿园教师地位和待遇。"《专业标准》对促进幼儿园教师专业发展，以及提升教师队伍质量都起到重要的支撑和引领作用，是落实《教育规划纲要》任务的需要。

**(二)《专业标准》的内容结构**

《专业标准》框架由基本理念、基本内容与实施建议三部分构成。基本理念提出教师要以幼儿为本、师德为先、能力为重、终身学习。基本内容由3个维度、14个领域与62项基本要求组成，对幼儿园教师的专业理念与师德、专业知识和专业能力提出具体要求。实施建议则是分别针对教育行政部门、教师教育机构、幼儿园和幼儿园教师提出了相关要求。

1. 基本理念

(1) 幼儿为本

"幼儿为本"是"以人为本"的科学发展观在幼儿教育阶段的具体体现，是学前教育的重要内涵，也是幼儿园教师应秉持的核心理念。珍惜幼儿的生命，尊重幼儿的价值，满足幼儿的需要，维护幼儿的权利，保护幼儿的安全，促进每一个幼儿的全面发展，实为"幼儿为本"的核心内涵。

《专业标准》中对"幼儿为本"理念的表述是："尊重幼儿权益，以幼儿为主体，充分调动和发挥幼儿的主动性；遵循幼儿身心发展特点和保教活动规律，提供适合的教育，保障幼儿快乐健康成长。"

教师在践行"幼儿为本"理念时，应首先尊重幼儿作为"人"的尊严与权利，这是"幼儿为本"的第一要义；其次要尊重幼儿期的独特性和价值；再次要尊重幼儿身心特点与保教规律；最后，教师要促进每一个幼儿生动、活泼、主动、全面地发展。

(2) 师德为先

师德是幼儿园教师最基本、最重要的职业准则和规范。每一位教师都必须秉持"师德为先”的理念，按《专业标准》的要求：“热爱学前教育事业，具有职业理想，践行社会主义核心价值体系，履行教师职业道德规范。关爱幼儿，尊重幼儿人格，富有爱心、责任心、耐心和细心；为人师表，教书育人，自尊自律，做幼儿健康成长的启蒙者和引路人。”

（3）能力为重

《专业标准》对能力为重的表述为：“把学前教育理论与保教实践相结合，突出保教实践能力；研究幼儿，遵循幼儿成长规律，提升保教工作专业化水平；坚持实践、反思、再实践、再反思，不断提高专业能力。”

《专业标准》提出“能力为重”的理念对我国学前的改革与发展不仅具有现实意义，也具有长远的战略意义。随着幼儿园课程的改革，学前教育由教师的“教”转变为幼儿的“学”，这使得我国幼儿园教师的专业能力面临巨大的挑战。以“教”为中心的课程重视知识体系，强调分科、预设、讲授等要素，而以“学”为中心的课程则强调幼儿的体验、情境、生成的过程，幼儿在与生活密切相关的课题中，主动参与、建构自己的知识和同伴文化。前者重视“教”的能力——吃透教材、预成教案、讲授知识等为能力重点，而后者则重视搭建“学”的支架的能力——吃透幼儿、创设环境、捕捉生活中的课程生长点、调动幼儿参与、对话、共同建构知识等被视为能力的重点。显然，“能力重点”发生了转移，“能力结构”出现了根本性变化。不容讳言，教师的能力问题已经成为进一步深化学前教育改革的主要障碍。

（4）终身学习

幼儿园教师应持续“学习先进学前教育理论，了解国内外学前教育改革与发展的经验和做法；优化知识结构，提高文化素养；具有终身学习与持续发展的意识和能力，做终身学习的典范”。终身学习是由幼儿园教师职业特点决定的，幼儿园教师职业的对象是具有主动性和独特性的幼儿，幼儿园教师的主要任务之一是激发幼儿的学习兴趣，为幼儿发展奠定坚实的基础。德国著名教育家第斯多惠说过，“只有当你不断致力于自我教育的时候，你才能教育别人”。因此，幼儿园教师必须树立终身学习的理念，并将其付诸于行动，才能不断影响幼儿的学习态度及行为，促进幼儿不断发展。

2. 基本内容

《专业标准》的基本内容包含了专业理念与师德、专业知识和专业能力 3 个维度、14 个领域、62 条基本要求。

（1）专业理念与师德

专业理念是指幼儿园教师在对幼儿园教育工作本质理解的基础上形成的关于学前教育的观念和理性信念。师德是一定社会对幼儿园教师的职业行为提出的基本道德要求，通常以师德理想、师德原则以及师德规则等方式表现出来。① 专业理念与师德是幼儿园教师专业发展的一个关键维度，在《专业标准》的结构框架中居于首要位置。《专业标准》中将

① 易凌云. 幼儿园教师专业理念与师德的定义、内容与生成[J]. 学前教育研究，2012(9)：3.

专业理念与师德维度划分为四个领域，即幼儿园教师“对职业的理解与认识”、“对幼儿的态度与行为”、“对幼儿保育和教育的态度与行为”以及“个人修养与行为”。每个领域又有一些具体的基本要求，总计20条。

(2) 专业知识

《专业标准》从幼儿发展知识、幼儿保育和教育知识、通识性知识三个领域对幼儿园教师的专业知识提出具体要求，这三部分知识既是每一位幼儿园教师必备的知识，也是其“专业理念与师德”和“专业能力”的认知基础。

第一，幼儿园教师要了解和掌握幼儿发展的知识。按照《专业标准》的要求，幼儿园教师必须具备的“幼儿发展知识”可以归纳为四个方面：幼儿身心发展的一般规律、发展的年龄特征与个体差异、发展中的常见问题和有关儿童生存发展权利的法律法规。

具体要求为：了解关于幼儿生存、发展和保护的有关法律法规及政策规定；掌握不同年龄幼儿身心发展特点、规律和促进幼儿全面发展的策略与方法；了解幼儿在发展水平、速度与优势领域等方面的个体差异，掌握对应的策略与方法；了解幼儿发展中容易出现的问题与适宜的对策；了解有特殊需要幼儿的身心发展特点及教育策略与方法。

第二，幼儿园教师要了解和掌握幼儿保育和教育的知识。《专业标准》将教师必备的保育教育知识分为五个方面：熟悉幼儿园教育的目标、任务、内容、要求和基本原则；掌握幼儿园环境创设、一日生活安排、游戏与教育活动、保育和班级管理的知识与方法；熟知幼儿园的安全应急预案，掌握意外事故和危险情况下幼儿安全防护与救助的基本方法；掌握观察、谈话、记录等了解幼儿的基本方法；了解0～3岁婴幼儿保教和幼小衔接的有关知识与基本方法。

第三，幼儿园教师要了解和掌握通识性知识。通识性知识主要指的是一定的自然科学、人文社会科学知识与艺术素养等。在幼儿园中，教师的知识和技能是决定幼儿能够学习多少内容的最重要因素之一，对幼儿的学习和发展有着重要的影响。通识性知识是幼儿教师专业知识的重要组成部分，针对3～6岁幼儿的年龄特点以及学习和发展要求，《专业标准》将幼儿园教师的通识性知识分为自然科学知识、人文社会科学知识、艺术欣赏与表现知识、现代信息技术知识。

(3) 专业能力

专业能力是幼儿园教师专业化发展在教育实践中的集中体现，是保障其完成职业要求和工作职责的必要条件，直接影响着幼儿园的教育质量和幼儿的健康快乐发展。幼儿园教师的专业能力必须凸显幼儿园保教结合、以游戏为基本活动的特点，以及环境和生活对幼儿发展的重要价值和独特作用。因此，幼儿园教师的专业能力结构是全方位的、多方面的，具有综合性特点。《专业标准》中的专业能力部分是按照幼儿园教师的主要职责和基本工作内容来架构的，包括7个方面27条具体要求，具体包括：环境的创设与利用、一日生活的组织与保育、游戏活动的支持与引导、教育活动的计划与实施、激励与评价、沟通与合作以及反思与发展7个方面，其中前6项是教师实施保育和教育的能力，第7项是教师促进自身专业发展的能力。

3. 实施建议

实施建议要求，教育行政部门、幼儿园教师教育机构、幼儿园以及幼儿园教师都要将《专业标准》作为幼儿园教师工作的依据和引领性文件，充分发挥其导向作用，共同建立多层面、立体化的保障体系，不断促进幼儿园教师的专业发展。

各级教育行政部门要将《专业标准》作为幼儿园教师队伍建设的基本依据。根据学前教育改革发展的需要，充分发挥《专业标准》引领和导向作用，深化教师教育改革，建立教师教育质量保障体系，不断提高幼儿园教师培养培训质量。制定幼儿园教师准入标准，严把幼儿园教师入口关；制定幼儿园教师聘任（聘用）、考核、退出等管理制度，保障教师合法权益，形成科学有效的幼儿园教师队伍管理和督导机制。

开展幼儿园教师教育的院校要将《专业标准》作为幼儿园教师培养培训的主要依据。重视幼儿园教师职业特点，加强学前教育学科和专业建设。完善幼儿园教师培养培训方案，科学设置教师教育课程，改革教育教学方式；重视幼儿园教师职业道德教育，重视社会实践和教育实习；加强从事幼儿园教师教育的师资队伍建设，建立科学的质量评价制度。

幼儿园要将《专业标准》作为教师管理的重要依据。制定幼儿园教师专业发展规划，注重教师职业理想与职业道德教育，增强教师育人的责任感与使命感；开展园本研修，促进教师专业发展；完善教师岗位职责和考核评价制度，健全幼儿园绩效管理机制。

幼儿园教师要将《专业标准》作为自身专业发展的基本依据。制定自我专业发展规划，爱岗敬业，增强专业发展自觉性；大胆开展保教实践，不断创新；积极进行自我评价，主动参加教师培训和自主研修，逐步提升专业发展水平。

## 二、典型案例分析

这一部分将按照“基本内容”中的专业理念与师德、专业知识和专业能力三个维度的内容，结合幼儿园教育实践的案例进行分析。

### （一）专业理念与师德

幼儿园教师的专业理念与师德要求幼儿园教师对学前教育事业和幼儿园教师职业树立正确的认识，并充分考虑到教育对象的特殊性。

### 典型案例3-11

**死掉的小乌龟**

与往常一样，小班的孩子们一个个陆续来到教室，孩子们正在有序、安静地活动着。突然，生物角那边一阵喧哗，继而又是一阵惊恐的哭声。带班老师被吓了一跳，连忙跑过去，原来是生物角中的小乌龟死了。这位老师忙叫其他孩子把死乌龟扔了，还大声地对哭的孩子说："好啦，别哭了。看你，有什么好哭的。真傻！"说完，就走开了。这天，这个孩子的情绪一直很低落，离园时，他也一反常态，没跟老师打招呼就走了。

**评析**：该案例主要体现了教师在幼儿保育和教育的态度和行为方面的问题。《专业标准》中明确指出，教师应"注重保护幼儿的好奇心，培养幼儿的想象力，发掘幼儿的兴趣爱好"，"重视环境和游戏对幼儿发展的独特作用"，"重视丰富幼儿多方面的直接经验，将探索、交往等实践活动作为幼儿最重要的学习方式"。而与保证这些教育措施有效实施同等重要的要求是教师要"重视自身日常态度言行对幼儿发展的重要影响与作用"。教师在尊重幼儿发展需求的同时，不应忽视自身言行的示范作用。

小班幼儿在生理方面，身体发育速度非常快，但是发育成熟度较低；在心理方面，小班幼儿对教师有很强的依恋感情，并向往得到教师的赞赏和认可。他们的情绪容易受周围环境的影响与刺激，尤其是负面的影响，比如动植物死亡、家人生病等。所以，小班的保育和教育多以照顾幼儿的生活、引导幼儿形成乐观、开朗的情绪为主。特别是在幼儿情绪低落的时候，他们更需要教师的解释与安慰。案例中孩子因为乌龟死了而伤心地哭了，同时或许萌发了继续探究死掉的小乌龟的欲望，他还有许多疑问求助于老师，比如乌龟为什么会死？乌龟死后我们要怎么处理它？然而，他的所有想法都被教师用"有什么好哭的。真傻！"这句话堵回去了，教师如此的言行使他感到困惑与害怕。一方面，这位教师不仅没有努力消除幼儿的不良情绪，帮助幼儿化解疑惑，且言行粗糙，甚至有些不耐烦。这是当教师的大忌。另一方面，该教师的言行缺乏同情心。在这件事情上，教师不仅缺乏对"乌龟之死"的同情，更缺乏对"幼儿同情乌龟而大哭"这一情感本身的同情，致使她没有设身处地考虑幼儿的心理状况。幼儿的世界本就是天真浪漫的、富有同情心的世界。如果这位教师能够及时安慰该幼儿，站在幼儿的角度去理解他的这种感情，尊重幼儿的情感发展需求，该幼儿肯定不会整天闷闷不乐了。

自幼富有同情心与爱他人的情感，这是幼儿道德行为产生的内部动力，有助于幼儿将与生俱来的惜物之心、爱人之心转化为关心、帮助他人的品质。这件日常生活中的小事本是一次很好的教育契机，而这位教师却错失了，不仅阻碍了幼儿的发展，也忽视了自身的专业成长。

### （二）专业知识

专业知识是教师专业素质的重要组成部分，也是教师专业发展的核心内容之一。面对的教育对象不同，教师专业知识的内涵与结构也有所不同。幼儿园教师要承担保育和教育的双重任务，具备的专业知识具有相对独特性。

### 典型案例 3-12

#### 闯祸的阳阳

角色游戏开始了，今天，天天做出租车司机，只见他非常开心地开着小车，来来往往。

突然，阳阳飞快地冲了过来，把天天狠狠地撞了一下。天天摔倒在地上，大声地哭了起来。看到了刚才发生的一幕，我正要提醒阳阳不应该在教室里跑那么快时，突然看见阳阳一副闯祸后非常紧张和后悔的表情，我一下子转变了想法，为什么不换一种方法帮助孩子真正认识到自己的行为带来的严重后果，并在以后的活动中避免出现同样的行为呢？于是，我装作不知道刚才发生的事情，走过去问他们："怎么了?"天天边哭边说："阳阳刚才跑得很快，把我撞倒了。""什么，是出车祸了呀！那可不得了，你一定受伤了，很痛吧？万一有什么问题可不是闹着玩的。快，快让我送你到医院去检查一下。阳阳，快来帮忙呀。"我表现出了一副非常紧张的样子，说完，要求阳阳和我一起扶着天天慢慢地来到了"医院"，"医生，快给他检查一下，他刚才出车祸了，阳阳跑得太快把天天给撞了"。于是，晨晨医生就让天天躺在床上给他有模有样地检查起来，并不停地责怪阳阳："你呀，过马路时怎么跑得那么快呀，被车撞倒多危险呀，天天你也是的，为什么把车开得那么快？看发生车祸了吧！"说着给天天包扎起来。天天赶紧说："我下次一定慢慢开。"阳阳说："我下次不再疯跑了。"

**评析**：在这一案例中教师要想妥善有效地处理发生的问题，就必须依《专业标准》的要求，"掌握不同年龄幼儿身心发展特点、规律和促进幼儿全面发展的策略与方法"。中班幼儿身心处于快速发展和转变时期，活泼好动；能积极动用感官探索周围环境；有意识的行为开始发展；活动水平明显提高；行动范围、幅度等都有了很大的提高。但与此同时，规则意识刚刚开始萌芽，是非观念比较模糊，自我控制能力发展还不够完善。因此，中班幼儿总体上发生冲突事件比较频繁。

在对班上大多数幼儿的发展水平有了解之后，教师还应关注"幼儿在发展水平、速度与优势领域等方面的个体差异"。如案例中的三个角色扮演的小朋友阳阳、天天和晨晨，他们在动作、语言、社会性等方面存在显著差异。阳阳和天天在动作发展方面略胜一筹，但社会性方面的自我控制力就稍显不足，以至于常常"闯祸"；而晨晨则在语言与社会性发展方面表现较好。教师在分析了冲突情境之后，运用适宜的策略，特意以游戏角色的身份介入，引导幼儿在游戏情境中自然而然地解决了问题，幼儿通过同伴之间的交往主动地强化与巩固了交通安全常识，这要比教师一味的、生硬的说教效果好的多。

### （三）专业能力

幼儿园教师的专业能力和幼儿园教师的专业理念与师德、专业知识相互作用，在幼儿园保育和教育工作中得以体现与提升。

### 典型案例 3-13

#### 佳佳不高兴

区域游戏活动开始，娃娃家人数已满，可佳佳很想进去，不愿到别的游戏区去玩。教师走过来说："佳佳你看，这儿的人已经满了，你去看看其他哪个区域还有空，娃娃家下次再来玩。"佳佳还是不肯走，教师连哄带劝地将她带到旁边的建筑区，边走边许诺下次区域游戏活动时一定让佳佳到娃娃家去玩。佳佳坐在建筑区中，一脸的无趣，虽手中拿着积木，但眼睛却不时地瞟向娃娃家。

**评析：**区域活动，是幼儿一种重要的自主活动形式。它是以快乐和满足为目的，以操作、摆弄为途径的自主性学习活动，是幼儿主动地寻求解决问题的一种独特方式，其活动动机由内部动机支配而非来自外部的命令，表现为“我要游戏”，而不是“要我玩”，因此自主性是幼儿区域活动的内在特征。区域活动中常见的活动区有角色扮演区（娃娃家、医院、超市、理发店等）、益智区、建构区、美工区、语言区（图书角）、自然角等，可满足幼儿活动和游戏的需要，更好地促进幼儿自然、自由、快乐、健康地成长，通过“玩中学”、“做中学”，实现幼儿在语言、认识、情感、社会性等方面的有效发展。为了保证各个活动区的教育作用发挥到最佳以及区域活动的秩序，教师通常会设置诸如贴脚印、挂牌、插卡等活动区规则。这在一定程度上限制了幼儿的自主选择，造成幼儿出现上述案例中“人在曹营心在汉”的情况。

《专业标准》中明确指出，教师要“鼓励幼儿自主选择游戏内容、伙伴和材料，支持幼儿主动地、创造性地开展游戏，充分体验游戏的快乐和满足”。游戏是幼儿的基本活动，幼儿有权利根据自己的兴趣和需要，自由选择游戏内容、材料、玩伴和游戏方法，自主展开游戏情节，自发交流游戏经验。角色扮演区之所以一直深受幼儿的喜爱，就是因为在角色游戏中，幼儿通过扮演角色，运用想象，创造性地反映个人对于生活的印象。比如在娃娃家，幼儿会结合自身的生活经验，创造性地再现“爸爸妈妈带宝宝去公园玩”“宝宝生病了，妈妈要带宝宝去医院”等情境。可以说，角色游戏不仅有助于幼儿学习社会性行为，发展交往能力，而且有助于培养幼儿的主动性、独立性和创造性。因此，角色游戏经常在班级开展区域活动时出现“供不应求”的现象。这时，教师应该尊重幼儿的自主意愿，并采取较为灵活的教育策略，如增开两个娃娃家，而非硬生生地扼杀幼儿的游戏愿望。限制区域人数是为了保证活动质量，但切莫因此就剥夺幼儿自主选择游戏内容的权利。

## 本章结构图

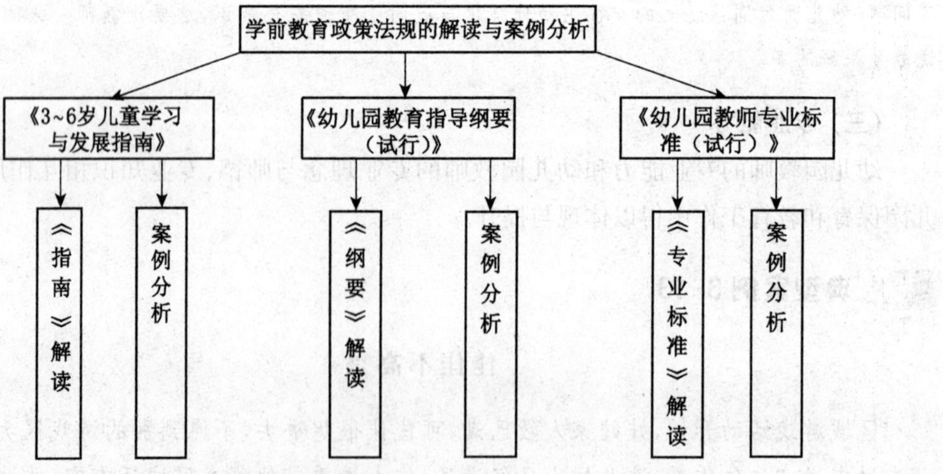

## 本章检测

### 一、简答题

1.《3～6 岁儿童学习与发展指南》的内容结构。

2.《3～6 岁儿童学习与发展指南》实施时需要注意的问题。

3.《幼儿园教育指导纲要(试行)》的指导思想。

4.《幼儿园教育指导纲要(试行)》中教育评价部分的内容

5.《幼儿园教师专业标准(试行)》研制的必要性。

6.《幼儿园教师专业标准(试行)》的基本理念。

### 二、论述题

1. 结合实际论述如何正确理解和使用《3～6 岁儿童学习与发展指南》的教育建议。

2. 结合实际论述《幼儿园教育指导纲要(试行)》中关于如何科学、合理地安排和组织一日生活的内容。

3. 结合实际论述《幼儿园教师专业标准(试行)》对专业知识的要求。

### 三、案例分析

有些幼儿园教师觉得《3～6 岁儿童学习与发展指南》《幼儿园教育指导纲要(试行)》和《幼儿园教师专业标准(试行)》都是政府制定的官方文件，对我们幼儿园教师来讲意义不大，不用看。请你对这种想法做出判断并说明依据。

## 课后推荐


1. 教育部基础教育司.《幼儿园教育指导纲要(试行)》解读[M]. 南京：江苏教育出版社，2002.

2. 杨莉君. 学前教育政策法规概论[M]. 长沙：湖南师范大学出版社，2008.

3. 庞丽娟. 国际学前教育法律研究[M]. 北京：北京师范大学出版社，2011.

4. 周兢. 国际学前教育政策比较研究[M]. 上海：华东师范大学出版社，2011.

5. 庞丽娟. 政府主导、创新体制——我国地方学前教育改革探索与政策启示[M]. 北京：北京师范大学出版社，2012.

6. 幸福新童年编写组.《3～6 岁儿童学习与发展指南》家长读本[M]. 北京：旅游教育出版社，首都师范大学出版社，2012.

7. 李生兰. 学前教育法规政策的理解与运用[M]. 南京：南京师范大学出版社，2012.

8. 李季湄，冯晓霞.《3～6 岁儿童学习与发展指南》解读[M]. 北京：人民教育出版社，2013.

9. 管旅华.《3～6 岁儿童学习与发展指南》案例式解读[M]. 上海：华东师范大学出版社，2013.

10. 沈颖洁. 与孩子共成长：《幼儿园教育指导纲要》的实践性解读[M]. 杭州：浙江大学出版社，2013.

11. 教育部教师工作司.《幼儿园教师专业标准（试行）》解读[M]. 北京：北京师范大学出版社，2013.

12. 尹坚勤，管旅华.《幼儿园教师专业标准（试行）》案例式解读[M]. 上海：华东师范大学出版社，2013.

13. 童宪明. 幼儿教育法规与政策[M]. 上海：复旦大学出版社，2014.

## 实践拓展

1. 观看学前教育《3～6 岁儿童学习与发展指南》宣传片，讲述宣传片体现了《3～6 岁儿童学习与发展指南》的哪些理念和条款。

2. 去幼儿园对幼儿园教师进行结构性访谈，了解幼儿园教师对《指南》《纲要》和《专业标准》的理解程度。

我们把空间看得很重要，因为它可以组织、激发不同年龄的人之间的友好关系，可以创造一个宜人的环境，可以提供变化，可以激发选择和活动，还可以激发儿童在社会、情感和认知导向方面的学习，所有这些都来源于儿童的舒适感和安全感。我们认为，空间必须像一个鱼缸一样，透过它我们可以清楚地看到生活在其中的人们的思想，价值观、态度和文化。

——瑞吉欧

# 第四章　幼儿园的学前教育

**学习目标**

- 识记：幼儿园物质环境；幼儿园精神环境；角色游戏；表演游戏；智力游戏
- 领会：五大领域的教育内容、途径与方法；皮亚杰的游戏分类；帕顿的游戏分类；我国的幼儿园游戏分类
- 理解：幼儿园物质环境创设的原则；幼儿园和谐人际关系的创设；幼儿园游戏的指导策略
- 应用：能够运用本章内容对幼儿园环境创设的实例做出判断和分析；对实际的游戏活动指导进行判断和分析

**本章导读**

本章主要讲授幼儿园的环境、幼儿园的领域课程以及幼儿园的游戏三部分内容。共有三个小节，第一节重点讲述幼儿园物质环境的概念、幼儿园物质环境创设的原则，幼儿园精神环境的概念、幼儿园和谐人际关系的创设；第二节重点讲解幼儿园五大领域中各个领域的教育目标、内容、途径与方法；第三节重点阐述幼儿园的游戏类型及指导策略。

## 第一节　幼儿园的环境

**案例导入**

**如此这般的幼儿园环境创设**

幼儿园每年的督导检查工作都会引来全园上下紧锣密鼓的准备与忙碌，这不接到

检查任务之后，小二班的三位带班老师与全园其他教师一样开始犯难，不知道这次如何在班级环境创设中出奇制胜。几位教师经过几天的考虑和商量后决定从家长中挖掘可用资源，最后把目光锁定在了班上一个叫豆豆的小女孩身上，因为豆豆妈妈是该市一位小有名气的画家。于是主班老师就与豆豆妈妈取得联系，希望豆豆妈妈能帮忙画一幅山水画。几天之后，一幅技法娴熟、着色讲究、意境空灵的大作被挂在了小二班活动室最显眼的位置。在此之前，为使画作干净漂亮老师们自掏腰包把这幅山水画装裱，又担心小朋友们不懂事会用手在画上乱摸，还特意嘱咐小朋友："这是老师专门请豆豆妈妈给咱们班画的，你们可不能乱动啊。"尽管如此，老师们还是担心在领导检查之前画被弄脏，最后将画挂在了一个小朋友们绝对够不到、同时又非常醒目的位置上。

［思考］

幼儿园接受上级部门的督导检查，教师为此多花点心思本无可厚非，但案例中教师的做法合适吗？班级环境创设的目的是什么？在创设班级环境的过程中应该坚持哪些原则？注意哪些问题？

意大利教育家蒙台梭利曾说："在教育上，环境所扮演的角色相当重要，因为孩子从环境中吸取所有的东西，并将其融入自己的生命之中。"环境这位无声的教师对年龄越小的孩子影响越大，这也是为什么在学前教育阶段特别强调和重视幼儿园环境创设的原因之一。

环境，是指有机体赖以生存和发展的一切条件的总和。从广义上讲，幼儿园环境，即指幼儿赖以生存和发展的一切物质条件和精神条件的总和，既包括幼儿园自身的内部环境，也包括幼儿园以外的外部环境；既包括物质环境，也包括精神环境。狭义的幼儿园环境仅指幼儿园自身的内部环境，包括幼儿园内的物质环境与精神环境。

## 一、幼儿园物质环境

幼儿园物质环境更多关注幼儿园园舍建筑、硬件设施、空间利用等物化因素，物质环境是幼儿园实施教育教学活动的物质载体。

### （一）幼儿园物质环境的概念

幼儿园物质环境主要是指幼儿园内影响幼儿身心发展的有形的、可见的教育资源。一般包括：园舍建筑、硬件设施、游戏场地、玩教具、图书资料等有形的东西。幼儿园的物质环境是幼儿园开展教育教学工作的前提和基础，《幼儿园教育指导纲要（试行）》中明确提出："环境是重要的教育资源，应通过环境的创设和利用，有效促进幼儿的发展。"能否创设适宜的幼儿园物质环境已成为衡量幼儿园工作好坏的重要指标之一。

### （二）幼儿园物质环境创设的原则

幼儿园物质环境的创设应遵循以下原则：

1. 一致性原则

环境是“隐形”的课程资源，幼儿园物质环境是幼儿园课程的重要组成部分，在创设幼儿园物质环境时应充分考虑发挥环境的隐性教育功能，环境创设要与幼儿园的教育目标相一致，并以实现幼儿园教育目标为出发点和落脚点。随着全国各地学前教育三年行动计划的相继完成和第二期学前教育三年行动计划的颁布实施，我国幼儿园的硬件设施，建筑质量得到大幅提升，特别是新建园所配套设施完善，场地齐全，绿化优美。不少幼儿园的户外环境都有一个共同的特点，那就是在几所建筑之间，或在围墙与花草树木之间铺设有一条人行道，整条人行道用高低不平，大小不一的鹅卵石铺成，道路弯弯曲曲，时宽时窄，两边没有护栏或扶手。这样的环境创设不仅仅是为了优美漂亮，同时也蕴含和体现着《3～6岁儿童学习与发展指南》健康领域“发展身体平衡和协调能力”，社会领域“能与同伴友好相处”、“遵守基本的行为规范”的教育目标。

2. 参与性原则

幼儿园作为专门性的教育机构，其一草一木，一砖一瓦都烙上了教育的痕迹，谓之“不会说话的教师”，这位“不会说话的教师”能否对幼儿产生影响，产生怎样的影响，影响程度如何，关键在于幼儿能否参与其中。本节案例导入中的教师正是违背了幼儿园物质环境创设的参与性原则，教师请人作画的目的是为了应付“上面”的检查，无幼儿参与的环境创设最终沦为“束之高阁”的装饰与摆设。幼儿园物质环境的创设主要是为了幼儿，幼儿的感觉优先于教师的个人喜好，只有幼儿自己参与创设的环境，才会得到幼儿的喜欢与持续的关注。

参与性原则有两方面的内涵：一是全程参与。在布置班级环境时，教师先征求询问幼儿的意见和想法，充分尊重幼儿的意愿，师幼合作共同完成环境创设，在需要调整时以幼儿为中心，从幼儿的思维出发，让幼儿从头到尾参与环境创设的构思、选题、收集材料、布置、调整修改等全过程；二是全员参与。每位幼儿都有权利参与和自己生活密切相关的活动，也有能力影响自己的生活，幼儿园班级物质环境的创设应该让每位幼儿动手动脑参与其中，而不仅仅是在走廊的墙面上张贴某些幼儿的优秀作品。

让幼儿真正成为幼儿园物质环境创设的主人而不是旁观者，需要教师从根本上转变“教师中心”的观念，幼儿参与幼儿园物质环境创设是幼儿的权利，幼儿园物质环境创设是幼儿和教师共同的责任，不是教师单方面的事。

**案例 4-1**

### 谁的万圣节？

临近万圣节，我带了十几个大三的学生到附近一家幼儿园参观园所环境。到园时间较晚，园里四十多个小朋友已经全部离园。园长给我们大概介绍了幼儿园的基本情况，知道我们是××大学的学生和老师，园长指着楼道一侧落地窗上的简笔画，说：“我们的这些画都是专门找你们学校美术学院的学生给画的，画的非常像，这些学生最近出去写生了，剩下的回来画。”来到二楼，正见几个老师在各个教室忙活着，园长解释说：“明天就是万圣节了，上午有万圣节亲子活动，老师们在加班加点布置环境，幼儿园人手不够，不知你们学生能不能帮个忙？”十几个学生被安排了不同的工作，有的在布置照片墙，老师们将平时活动的照片整理出来，根据不同的主题装饰成主题照片墙，有关于中秋的、爱牙日的、参观博物馆的、主题绘本的……照片墙都被整整齐齐地布置在距地面1.5～1.6米的墙面上。几个男生帮忙装饰走廊的天花板，把老师们准备好的“万圣节雨衣”挂起来。最后大家一起吹气球，挂气球，把五颜六色的气球贴在二楼楼道一侧的落地窗上。

**评析**：为给幼儿创设一个万圣节的环境和氛围，老师们放弃休息时间，加班加点忙得不可开交，却忘了幼儿才是这个环境的主人，这样由教师一手精心打造的环境对幼儿的意义是什么呢？幼儿仅仅是明天万圣节的看客，而不是这个节日的真正参与者。

3. 适宜性原则

幼儿园物质环境能够促进幼儿身心健康和谐发展，要实现此功能，必须坚持适宜性原则。适宜性原则是指幼儿园物质环境的创设要符合幼儿的年龄特征、个性特点、兴趣爱好和性别差异，满足幼儿全面发展的需要。

小、中、大班幼儿在身心发展特点上的差异是很大的，因此对环境的需求也不尽相同。幼儿园教师只有具备明确的年龄特征意识，才不会在环境创设上出现偏差。如小班幼儿以具体形象思维为主，室内活动室不宜用文字进行标识，但若在大班仍大量使用图形标识则不利于幼儿抽象逻辑思维的发展；同样是角色扮演区，小班以娃娃家居多，因小班幼儿倾向于单独游戏或平行游戏，所以材料投放种类宜少，同一种类的玩具数量应多。中大班幼儿生活范围扩大，生活经验逐渐丰富，其游戏水平也随之提高，因此游戏主题更加丰富。

此外，同一年龄阶段的幼儿在兴趣爱好、能力水平、学习方式等方面也存在差异。幼儿园物质环境创设既要考虑幼儿的年龄特征，又要兼顾幼儿的个性特点。如难易程度不同的操作材料可以为能力强弱不同的幼儿所使用；可以为气质性格比较“内向”的幼儿设置安静的或私密的独处空间，为气质比较“外向”的幼儿提供具有操作性和冒险性的游戏材料。

最后，男女幼儿在选择游戏材料和方式上也有一定的差异，幼儿园物质环境的创设亦不能忽略幼儿的性别差异。

4. 效益性原则

幼儿园教师在进行物质环境创设时往往会花费大量的时间和精力，耗费人力、物力、财力，但如果只有“投入”，而没有充分利用，“投入”与“产出”就会失衡，幼儿园物质环境的作用也就难以发挥。对幼儿园物质环境的利用不够，会导致资源的浪费，以及反复的环境创设给教师带来的负担。效益性原则就是指幼儿园物质环境创设要以尽可能少的投入产生尽可能多的效用，在创设物质环境时考虑其应用性，环境一旦创设就要用足、用好。如在创设活动区时，动静活动区应分配得当，避免相互干扰；美工、阅读、科学区应设在光线明亮、比较安静的位置；积木区场地要宽敞，以便幼儿的建构活动；材料应放在低矮开放的玩具柜上，方便幼儿取放；墙面布置与幼儿的视线应该是适宜的，幼儿平视时即可看到。设计室外游戏场地时，相同性质的活动区应该邻近，如玩水区紧邻玩沙区，材料使用上最好能够一物多用和以物代物，多使用结构化程度低，用途多的材料，多利用自然材料（水、沙等）和废旧物品，以实现物质环境功能的最大化。

### 扩展阅读 4-1

#### 幼儿园班级环境创设的策略

**一、为小班创设温馨舒适的生活环境**

小班幼儿刚入园，分离焦虑严重，动作发展缓慢，自我服务能力弱，因此在环境创设上要注重营造温馨、舒适的家庭生活氛围，同时突出各种基本生活技能的操作训练。首先，在空间设置与区隔上，可以多用沙曼、布帘等，以营造温馨、舒适的家庭氛围；造型设计上以夸张、可爱的动物形象或卡通形象为主，给孩子们创设一个充满梦幻色彩又不乏整体美感的童话世界；班级里可以设置“我的笑脸”主题墙，请每位幼儿带一张充满生气、笑容满面的生活照来装饰，同时，让孩子们相互介绍自己照片中的情境与有趣的故事，增进他们彼此的感情；创设“可爱的宝贝”区域，允许孩子们将自己喜爱、熟悉的物品如布娃娃等带入班级，在来园活动、自由活动等时间玩耍，以减少小班幼儿对新环境的陌生感，增强对幼儿园的依恋。其次，在区域环境创设上，应突出小班幼儿生活自理、常规养成等内容，可以设置娃娃家、自我服务区、生活坊、操作区等区域，引导幼儿在其中开展各种基本生活技能训练。由于小班幼儿喜欢平行游戏，因此各个区域应分割得比较小，便于幼儿独自操作与游戏。

**二、为中班创设交往互动的游戏环境**

中班幼儿动作能力明显发展，活动范围大大扩展，同伴交往的需求与能力也迅速发展，是创造性游戏发展的高峰期，因此在中班环境创设上要突出童趣，不断拓展游戏空间，丰富活动内容。如幼儿园可以在开放性走廊上创设“角色游戏一条街”“小舞台”，每个中班设置建构角等。同时，相对小班而言，中班幼儿需要更为丰富充实的活动区域，因此，可以广泛设置语言区、美工区、科学区、数学区、操作区、音乐区等。既要注重各个区域之间的相对独立，又要便于区域间的交往与互动。区域材料方面，应鼓励中班幼儿参与，如大的物品由教师负责提供，具体的游戏材料由幼儿负责收集、准备。

### 三、为大班创设合作探究的学习环境

大班幼儿对周围世界有着积极的求知探索态度，爱学、好问，合作意识、规则意识逐渐增强，阅读兴趣显著提高，创造欲望比较强烈，因此，大班主要应创设合作探究的学习环境。首先，可以采用多种材料，以主题方式构建活动室的整体环境。如以“美丽星空”“海底世界”“竹林”“树”等为主题，利用竹子、树枝、藤条、草编等自然材料，或链条、铁丝、齿轮等工业材料进行艺术加工，使环境既有艺术性又有教育性。其次，在区域设置与材料提供上，应强化各区域的探究功能，逐步减少游戏、娱乐的成分；各个区域空间应有所增大，以方便大班幼儿开展大组群的合作；可以将一些要求以图示的方式展示，引导幼儿自我管理。

资料来源：郭星白.幼儿园环境创设的策略[J].学前教育研究，2012(4):70-72.

## 二、幼儿园精神环境

幼儿园精神环境强调幼儿园的价值追求，工作氛围，教师之间、教师与幼儿之间、教师与家长之间的互动关系等社会性因素，是幼儿园环境质量的内核与关键。

### (一) 幼儿园精神环境的概念

幼儿园精神环境指幼儿园内影响幼儿身心发展的心理氛围，主要包括幼儿园在一定时期内形成的幼儿园人际关系，此外还包括园本文化、大众心理等。相较于物质环境，精神环境对幼儿的影响是潜在而深刻的，民主和谐的精神环境能给幼儿一种“润物细无声”的陶冶，而不良的精神环境会给幼儿身心健康带来极大的损害。随着物质条件的改善，家庭、幼儿园、社会为幼儿提供的物质环境日益丰富，相比之下，精神环境就显得不尽如人意。幼儿园具备基本的物质条件后，对幼儿发展起决定作用的就是精神环境。

### (二) 幼儿园和谐人际关系的创设

人际关系是幼儿园精神环境的重要组成部分，和谐的人际关系对幼儿的发展起着至关重要的作用。

1. 师幼关系

师幼关系是影响幼儿发展最重要的人际关系，是决定幼儿健康成长的核心所在，诚如赞可夫所说，“就教育效果而言，很重要的一点是看师生关系如何。”[①]良好的师幼关系，会让幼儿形成对自己、对他人、对社会的正向认识。建立良好的师幼关系，教师要做到以下三点：

首先，在教师与幼儿的互动中，教师要尽可能用积极的特征分类，即从正面看待幼儿，对幼儿作出肯定的评价。如教师告诉幼儿“你很棒！老师非常爱你”、“你是一个很好

① [苏]赞科夫.和教师的谈话[M].杜殿坤，译.北京：教育科学出版社，1980:24.

的合作者”、“你会关心别人”等能改变幼儿的自我概念，幼儿会把自己看作这样一个人，并做出相应的行为。

其次，教师的态度、行为方式要让幼儿感到安全，让幼儿建立对他人的信任感，提高幼儿对环境的适应能力。幼儿园是幼儿进入的第一所教育机构，也是幼儿从家庭走向社会的第一步。教师对于幼儿来说，是打开世界的一扇窗，这扇窗会让幼儿对他人产生最初的印象，从某种程度上决定着他是否愿意接触更多的人。

最后，教师应与幼儿建立和谐、平等、互相依赖的师幼关系，让幼儿获得与同伴交往的有益经验。有研究表明，与教师有安全性关系的幼儿对同伴更为友好，更加爱交际，也更容易为同伴所接受，并且和同伴交往时很少发生侵犯性行为，过于依赖教师的幼儿表现出更多的退缩性行为与侵犯性行为。① 教师对幼儿表现出的接受、理解、尊重、鼓励等积极正面的回应还会成为幼儿模仿与学习的榜样，于无声无形中促进幼儿同伴关系的发展。

2. 家园关系

与家长相比，教师是专门从事教育教学活动的“专业人士”，幼儿园教师有责任也有义务走出幼儿园，积极主动地与家长建立合作伙伴关系，和谐的家园关系有助于家园教育，最终受益的是每一位成长中的幼儿。

3. 同事关系

教师之间的交往也会对幼儿产生直接或间接的影响。在幼儿园，与幼儿接触的教师不止一个，这些教师在教育观念、教学理念、教学方法以及对待幼儿的情感态度和行为方式上肯定存在差别。这就需要教师与教师之间经常进行沟通、讨论和研究，取长补短，切不可各施其法，我行我素。如果教师们在教育观念、教学理念、教学方法以及对待幼儿的情感态度和行为方式上存在很大的分歧，又没有合作精神，幼儿就会觉得无所适从，对幼儿的心理产生不良影响。

4. 干群关系

和谐的干群关系是幼儿园精神环境的枢纽，园所领导与教职工之间的关系影响着全园的心理气氛。幼儿园的管理制度，领导的管理风格都会影响教师在园工作的精神状态，有研究发现，园长对教师严厉、专制的态度会投射到教师对幼儿的态度、方式上。②

学前儿童年龄小，面对纷繁复杂的外界环境，缺乏筛选能力，因此，幼儿教育工作者要善于创设和营造各种适宜的物质环境和精神环境，控制和减少不良环境对幼儿造成的影响，保证幼儿顺利、健康地成长。

---

① 虞永平.著名特级教师教学思想录-幼特教卷[M].南京：江苏教育出版社，2012：152-153.

② 张雪.幼儿园精神环境的构成要素探析[J].教育导刊，2003(10)：4-8.

## 扩展阅读 4-2

### 基于蒙台梭利教育理念的幼儿园人文环境创设

**一、关怀与爱的氛围**

人有一种被尊重的需要，孩子亦然。一个“有准备的环境”除了要具有独特意义的蒙台梭利教具及工作室环境外，还应创设适宜的社会文化环境，其中最重要的是教师家长对孩子的尊重、关爱及同伴交往的和谐。教师要把对孩子的尊重转化为实际的教学行为，如要把握不同年龄幼儿发展的目标，关注个体幼儿发展的个性规律；根据幼儿个体现有的经验以及幼儿与环境互动的情况，对个体幼儿的探究速度、发展方向进行科学的预估，确定幼儿的最近发展区。依托于环境，让孩子按照内在的需求自由选择材料，教师则以导师的身份，成为幼儿主动学习的引路人，而不是手把手地教。在孩子需要指引方向的时候，随时给予指导；在孩子潜心专注的时候，则隐身于后，让孩子真正成为学习的主人。

混龄班里，每个孩子的角色是不断变化发展的：从最初的被照顾发展到照顾别人。比如：一个孩子刚入园进班时，是个对环境陌生的学弟或学妹，但是马上就会得到哥哥姐姐的照顾，并能在哥哥姐姐那里很自然地学会许多东西；一年后，孩子成为班级的中坚力量，能够独立学习、独立活动，在班上如鱼得水；第三年，孩子俨然成为班上的“小老师”，非常主动地担负起照顾班级成员、环境的职责，因为他觉得他小时候也是这样被照顾与爱护的，所以，我们经常会在混龄班上感受到各种大帮小的温暖场面。孩子们逐渐体会到“心中要有他人”，并在不知不觉中学会了正确的与人交往的态度与技能。

**二、独立与互助共融**

儿童在2～3岁时就开始出现强烈的自我主张和迫切的自我表现欲望，尊重儿童，强化儿童的独立性，是蒙台梭利教育的核心理念之一，因此，我们要求教师根据幼儿个体的发展情况制定个案计划，让孩子根据自我发展的法则自由选择活动区域、活动内容，教师只是活动的协作者，引导和帮助他们发展自我的活动，儿童的独立性由此在活动中得到发展和完善。

另一方面，实行混龄教育的目的就是要给孩子们提供一种经验积累和互相学习的机会，因此，我们还有意识地安排大小幼儿互动，让他们相互学习取长补短，让孩子以自己的方式向同伴学习。如在进行区域活动时，年幼的孩子会不断地来找老师确认自己的操作结果，由于教师要以观察和指导孩子为主，而长时间一次次的操作确认会耽误老师的观察，因此老师就想到请年长的幼儿帮忙，对年幼幼儿的操作结果进行确认。这里没有竞争压力，更多的是同伴互助的机会。对年幼幼儿来讲，他们往往以年长幼儿为模仿榜样，并在模仿中不断学习，不会因为哥哥姐姐懂得比他们多而羞愧，他们觉得自己长大了也会如此，所以他们对哥哥姐姐流露出的是羡慕。这种大小孩子间存在的爱和羡慕会逐渐凝结成挚爱的班级氛围，给孩子带来非常温馨、轻松的精神环境。

**三、榜样与支持并行**

大人是孩子的一面镜子，蒙台梭利深知这面镜子的重要性，提出作为蒙台梭利教师的“十项守则”，对教师的言行举止做了细致入微的要求，可操作性极强。如“教师必须去掉自己内心的傲慢和发怒等脾性”，“使自己不仅在仪表上具有吸引力和令幼儿喜爱，而且具备沉静、谦虚、慈爱、耐心、睿智等品质”。总之，“爱的导师”是我们蒙台梭利老师的概括，也是我们的毕生追求。另一方面，蒙台梭利教师应能随时敏锐地观察孩子的细微表现，接受来自幼儿反馈的各种信息，并给予适时适量的帮助。这意味着教师既不要干预太多，又不能错失任何一个有价值的教育契机，而要能把握好“介入”与“隐身”的时机，只有这样才能真正促进每个幼儿在原有水平上的发展。

资料来源：徐皇君．让孩子在有准备的环境中成长[J]．学前教育研究，2014(3)：64-66.

## 第二节　幼儿园的领域课程

**案例导入**

**幼儿园社会活动“拉小球”**

上午户外活动结束后，小朋友们陆陆续续回到活动室洗手、喝水、吃点心。刁老师拿着一个矿泉水瓶，用剪刀把瓶口的部分剪掉，又找来 2 颗乒乓球，系到 2 条细绳的一端，剪好的矿泉水瓶口刚好可以容纳一个小球的大小，瓶口无法同时将 2 个乒乓球塞进去或拉出来。道具做好了，刁老师把 2 个乒乓球都放进瓶子里，绳子留在手里，然后组织小朋友们回到自己的座位上，将小朋友两两分好组开始“拉小球”活动。每走到一组小朋友面前刁老师都会重复她的指导语，“怎么能以最快的速度将小球拉出来？”有的小朋友同时使劲拽绳子，无奈瓶口太小，谁的小球都出不来；有的小朋友商量想办法怎么能把 2 个小球都拉出来；轮到宋翊这一组的时候，宋翊毫不犹豫地将自己手里的绳子松了松，并且提示另一个小伙伴“你先拉”，他紧随其后也将小球以最快的速度拉了出来。在老师的提示和引导下，小朋友们都知道要想把小球拿出来，只能一个一个的拉，不能同时拽绳子。

［**思考**］

这可以是教师组织的一次社会领域教育活动，主题是“谦让”“轮流”“学会等待”；也可以是健康领域的教育，如果发生危险，有限的瓶口就相当于安全出口，如何才能有序的逃离危险，小朋友必须知道要一个一个出，不能拥挤；还可以是数学领域中关于量的认知与体验……幼儿园课程虽然划分为五大领域，但幼儿的学习、生活是一个整体，各领域的教育可以通过专门的领域活动实现，但更多的是在这样一个个具有游戏性、生活化的非正规的活动中完成的。作为幼儿园教师，如何在实践中有效地将五大领域的教育内容进行整合，努力淡化教学痕迹，增强活动的趣味性和游戏性是需要不断思考与摸索的问题。

伴随着我国第八次基础教育课程改革的潮流，学前教育也踏上了改革的征程，出台了新中国成立以来的第三个对幼儿园课程内容提出明确要求的文件，即《幼儿园教育指导纲要（试行）》（以下简称《纲要》），我们现在所熟知的“领域”正是在《纲要》中被首次提出和确定。在此之前，幼儿园的课程设置均以“学科”称之，如1952年的《幼儿园暂行教学纲要（草案）》以苏联幼儿教育理论和实践为模板，确立我国幼儿园课程的内容为语言、计算、音乐、美工、常识和体育六个学科；1981年的《幼儿园教育纲要（试行草案）》将幼儿园课程内容由原来的六个学科扩展为八个学科，分别是生活卫生习惯、体育活动、思想品德、语言、常识、计算、音乐和美术。

《纲要》摒弃了之前的“学科”，从整合的角度将幼儿园课程内容相对地划分为健康、语言、科学、社会和艺术五个领域，分别对应全面发展教育中的体育、智育、德育、美育。“领域”的提出一方面将幼儿园课程内容与中小学的学科区别开来，另一方面这种整体性的、融合性的领域划分更符合学前阶段幼儿的学习特点。尽管如此，领域的划分仍然是人为地割裂了知识之间的固有联系，所以，在实践教学中，应该充分挖掘和利用各领域内部及领域之间的内在联系，对课程内容进行合理的、有效的整合。

## 一、健康领域

在幼儿园五大领域课程中，健康领域是被放在第一位的，这与中小学中首先强调德育不同，幼儿园的首要任务是保护幼儿的生命和促进幼儿的健康。保护生命对任何个体都具有重要意义，但对于幼儿来说尤为必要，学前阶段的幼儿生长发育迅速但身体各机能远未完善，幼儿的活动欲望强烈而自我保护能力不足，心理稚嫩容易受到伤害，保证身心健康是从事其他一切活动的基础。为此，健康领域是幼儿园课程的重中之重。

联合国世界卫生组织宪章对健康的定义是“健康是生理、心理和社会适应的健全状态，而不只是没有疾病”。可见健康包括身体、心理和社会适应三个方面的良好状态。幼儿的身体健康以发育健全、具备基本的生活自理能力为主要特征，心理健康和社会适应以情绪稳定愉快、适应集体生活为主要特征。

### （一）健康领域的教育目标

《纲要》对健康领域提出以下四点总目标，分别是：

1. 身体健康，在集体生活中情绪安定、愉快；

2. 生活、卫生习惯良好，有基本的生活自理能力；

3. 知道必要的安全保健常识,学习保护自己;

4. 喜欢参加体育活动,动作协调、灵活。

《3～6 岁儿童学习与发展指南》(以下简称《指南》)健康领域从“身心状况”“动作发展”“生活习惯与生活能力”三个子领域对小、中、大班提出了具体的年龄阶段目标。

**(二) 健康领域的教育内容**

围绕《纲要》和《指南》中关于幼儿园健康领域的教育目标,幼儿园健康领域的教育内容大致可以分为六个方面:

1. 体育活动

体育活动是幼儿进行身体锻炼最基本的途径,也是幼儿园健康领域的主要教育内容。根据身体锻炼中动作类型的不同,我们通常将幼儿园体育活动分为基本动作、基本体操和器械类活动三大类型。

基本动作主要包括走、跑、跳、攀、爬、钻、投,幼儿园一般通过各种体育游戏来发展和锻炼幼儿的基本动作。基本体操包括徒手操和轻器械操两大类。徒手操是指手中不拿任何器械的体操,在幼儿园一般有模仿操、韵律操和手指操;轻器械操是在徒手操的基础上,手持轻器械所进行的身体练习,幼儿园常见的轻器械有花环、易拉罐、哑铃、棍棒、铃鼓、沙锤等。器械类活动有手持的小型运动器械活动,如各种球类(皮球、乒乓球、羽毛球等)活动、踢毽子、滚铁环、丢沙包、掷飞镖等;中、小型可移动类器械活动,如爬台阶、登梯子、走平衡木、推各类手推车等;大中型固定性运动器械活动,如滑滑梯、蹦蹦床、攀爬架、荡秋千、坐转椅等。

2. 卫生习惯

幼儿卫生习惯教育包括生活自理能力的教育,如学会自己洗脸、洗手、刷牙、穿脱衣服鞋袜、吃饭、收拾整理玩具和用品等;培养幼儿有规律的生活,如按时睡觉、定时定量进餐和大小便;养成清洁卫生习惯,如勤洗手、勤洗头、勤洗澡、勤换衣、勤理发、勤剪指甲,不用手挖耳、抠鼻、揉眼等;养成学习卫生习惯,如良好的阅读和绘画习惯、保持正确的坐姿、注意用眼卫生等。

3. 饮食与营养

让幼儿认识常见食物,少吃零食,主动饮水,养成良好的进餐习惯(如进餐时情绪愉悦、不大声说话、能独立进餐、不挑食、不剩饭)。

4. 身体认识与保护

让幼儿了解身体外形,认识与保护五官,掌握初步的换牙、护牙知识,积极配合疾病预防及治疗,对探索生命现象感兴趣。

5. 安全教育

让幼儿了解及遵守日常生活中安全常识与规则,知道过马路、乘坐交通工具、玩大型器械时注意安全;认识有关的安全标志,遵守交通规则,初步形成自我保护意识;了解应付意外事故的常识，具有基本的求生技能。

6. 心理卫生与社会适应

心理卫生与社会适应的教育内容包括逐步增强幼儿自身心理强度，增强他们对内外压力环境的认识、评价、容忍和解决问题的能力，以更好地适应社会生活，具体包括：培养积极的情绪和情感，改善与人交往的技能，建立良好的人际关系，形成安全感和信任感，增强积极的自我意识，发展自尊、自信和自我控制能力等。

**（三）健康领域的教育途径与方法**

《纲要》指出，“教育活动的组织形式应根据需要合理安排，因时、因地、因内容、因材料灵活地运用”。健康领域的教育可以通过专门的健康教育活动来实施，也可以整合到语言、社会、艺术等其他领域之中，或是将健康领域的内容渗透到一日生活的各个环节，还可以针对幼儿的身心健康状况，与家庭、社区联合组织相关健康活动，开展有针对性的健康教育咨询活动，充分调动和利用家庭与社区资源。

有效的教育方法从来都与受教育者的身心特点以及教育内容本身的性质密切相关，幼儿园健康领域的教育方法一般有讲解、动作和行为的示范与练习、观摩、情境体验、讨论、自我学习等。教育过程中应该注意方法的多样性、针对性和趣味性，对于年龄较大的幼儿，方法选择的余地较大，但无论多大的幼儿都喜欢寓学于乐，生活中我们常常发现即便成人也是如此。

## 二、语言领域

乌申斯基曾说：“语言是一切智力发展的基础和一切知识的宝库，因为对一切事物的理解都要从它开始，通过它并回复到它那里去。”学前期是人的一生中语言发展最为迅速和关键的时期，特别是口语发展的重要时期，语言领域的教育也一直是幼儿园教育的重要组成部分。

**（一）语言领域的教育目标**

幼儿园语言领域的教育目标是开展语言活动的起点与归宿，是对语言活动进行评价的标准和依据。《纲要》中指出幼儿园语言教育的五大目标，分别是：

1. 乐意与人交谈，讲话礼貌；
2. 注意倾听对方讲话，能理解日常用语；
3. 能清楚地说出自己想说的事；
4. 喜欢听故事、看图书；
5. 能听懂和会说普通话。

《指南》从倾听与表达、阅读与书写准备两个方面分别对 3～4 岁，4～5 岁，5～6 岁三个年龄段末期幼儿应该知道什么、能做什么，大致可以达到什么发展水平提出了合理期望，指明了幼儿学习与发展的具体方向。

### (二) 语言领域的教育内容

幼儿园语言领域教育的内容按活动类型分为:文学活动、讲述活动、谈话活动、早期阅读活动、听说游戏五大类。

1. 文学活动

文学活动是围绕一个具体的文学作品,创设幼儿学习语言的情境,帮助幼儿理解文学作品所展示的丰富有趣的生活,体会语言艺术的美,为幼儿提供全面学习语言的机会而展开的教育活动。文学活动主要包括文学欣赏和文学创造两种形式。

2. 讲述活动

讲述活动是让幼儿凭借一定的讲述对象,在相对正式的语言环境中独自完成语言表达的活动。讲述活动有利于幼儿获得独立构思和完整连贯表述的语言经验,是幼儿园语言领域教育内容的重要组成部分。讲述活动不同于日常交谈,是在相对正式的语言环境下使用独白语言表达幼儿的情感和体验,所以,对幼儿的观察力、记忆力、想象力、思维能力以及联想和整合的能力都提出了较高的要求。按照讲述活动中所依据的凭借物的特点,可以将讲述活动分为:看图讲述、实物讲述、情景讲述、生活经验讲述。

3. 谈话活动

谈话活动旨在创造一种良好的语言环境,帮助幼儿学习倾听他人谈话,掌握围绕一定话题进行谈话的技能,习得与别人交流的方式、规则,培养与人交往的能力。根据交谈场所的不同,谈话活动可以分为日常生活中的谈话活动和有计划的集体谈话活动。谈话活动是帮助幼儿学习在一定范围内运用语言与他人交流的活动。

4. 早期阅读活动

早期阅读活动是利用图书、绘画,为幼儿创设一个由口头语言向书面语言过渡的环境,使幼儿有机会接触书面语言。早期阅读活动重点培养幼儿对书面语言的兴趣,引导他们逐渐产生对汉字的敏感性,丰富他们前阅读和前书写的经验。早期阅读包括以下内容,前图书阅读:学习翻阅、理解和制作图书,了解图书画面、文字与口语之间的对应关系;前识字:感受文字的功能、作用,了解识字的最基本规律和方法;前书写:感受汉字的基本结构,认识汉字的书写特点和工具,学习书写汉字的基本方式。

5. 听说游戏

听说游戏为幼儿提供一种游戏情景,使幼儿在游戏中按一定规则练习口头语言,培养幼儿在口语交往活动中的快速、机智、灵活的倾听和表达能力。听说游戏涉及以下语言教育内容:巩固难发的音和方言干扰音,练习声调和发声用气;扩展、丰富词汇量,练习词的用法;在游戏中尝试运用某些结构的句子,锻炼语感。

这几类活动分别涵盖了不同的教育内容,为幼儿创设不同性质的语言交际环境,使幼儿在这些环境中感受到不同类型的语言教育,从而发展自身的语言能力。

目前,绘本教学引起幼儿园的广泛关注,并主要应用于幼儿园语言领域教学活动中。

不可否认，绘本对幼儿语言、社会性、情感甚至心理发展都具有重要的教育价值，但是绘本阅读或者绘本教学不能取代其他形式的语言活动，更不能将幼儿园语言领域的教育等同于绘本教学。

**（三）语言领域的教育途径与方法**

幼儿园语言领域的教育，实质上是成人为发展幼儿的语言创设条件和提供机会，让幼儿参与各种丰富多彩的活动，支持、鼓励、吸引幼儿在与人、物、环境、材料等交互作用的过程中，学习语言、发展语言。

幼儿园语言领域教育可以通过多种途径进行。可以说，凡是有语言参与的活动都可以用来对幼儿进行语言领域的教育。概括起来，幼儿园语言领域的教育途径主要包括：通过组织专门的语言教育活动进行教育，通过日常生活各个环节进行语言教育，通过游戏进行语言教育，以及在其他领域的教育活动中进行随机的语言渗透教育等。

幼儿园语言领域的教育方法是根据幼儿语言发展理论、幼儿学习语言的规律、幼儿语言教育的目标以及多年来幼儿园语言教育的实践经验归纳出来的。有示范模仿法、视听讲做结合法、游戏法、表演法、练习法等。

**扩展阅读 4-3**

**如何帮助儿童获得学业语言**

首先，阅读是通向儿童学业语言成长的重要途径。在学前儿童的阅读材料中，图画书是主要的阅读内容，好的图画书语言中包涵了诸多具备学业语言核心特征的语言。儿童在听读、讲读和讨论中可以接触到大量优质的学业语言，可以获得多样性和精确性表达的语汇与句式，可以体会理解叙述的客观立场和观点采择。研究同时发现，在各种类型的儿童早期接触的阅读材料中，科学知识类图书的语言更具有学业语言的基本特征。因为科学知识类图画书一般描述一种事物、一种客观现象，或者一种自然关系特征，科学知识类图画书所使用的语言本身具有比较冷静的客观性，同时，科学知识类图画书通常使用比较专业的词汇和句式。近几年的研究进一步表明，如果给幼儿更多接触科学知识类图画书的阅读机会，他们就能比较快速地获得并发展起具有学业语言特点的语言。例如，一些研究发现，为幼儿提供科学知识类图画书，并让他们阅读一段时间后，这些科学知识类图画书的语言特征在他们的语言中会越来越多地呈现。比如，儿童获得并使用更多的动词和专业名词，同时会运用更多的包含分类、对比或比较结构的语言表述方式。这些结果同时说明，即使是学前儿童也有兴趣并且能够学习运用科学知识类图画书的类似书面语言的学业语言。早期儿童阅读图画书，可以为他们的语言及其他方面发展提供丰富的语言环境，尤其是科学知识类图书的阅读，对学前儿童的学业语言发展具有特别的价值。

其次，在阅读基础上或者围绕某个学习内容开展拓展性讨论。在哈佛大学的研究中发现，与学业语言相关的语言能力，包括词义丰富的词汇、语言结构、语言推理等知识和能力，需要在有目的的阅读和拓展性讨论的过程中逐渐掌握，因为这部分的语言知识无法自然习得，而需要"策略性增加"。这其中正是强调了教育的重要性。比如，在阅读《苹果的生长》图画书之后，儿童可以在教师的引导下围绕话题开展讨论，认识有关苹果生长的几个不同阶段，理解那些简洁、准确和具有逻辑性的学业语言。对成人而言比较简单的事物发展过程，但是对成长过程中的儿童，需要涉及多种知识、常识和个人价值观、一定推理能力的多方面综合运作。在这样讨论的过程中，在与教师以及其他儿童的互动影响下，儿童才可能使用恰当的学业语言来表达自己的立场和想法。

第三，幼儿教育工作者应关注说明性讲述活动，帮助学前儿童系统使用他们的学业语言进行表达。说明性讲述要求围绕一个物体、现象，讲述事物现象的特征状态或者发展过程，要求儿童使用规范和准确的词汇、简洁明了的语句，按照一定的顺序组织自己的语言内容进行表述。以"苹果的生长过程"为例，当教师指导幼儿阅读图画书之后，组织幼儿围绕图画书内容进行深入讨论，之后可以让幼儿进行有关苹果的生长过程的说明性讲述。教师可以借助排图讲述，或者选图讲述的方式，对幼儿提出某种认知挑战，引导幼儿有顺序有条理地讲述苹果生长过程。在这样的过程中，儿童自然而然地使用着自己学习到的那些学业语言词汇、句式和语言组织表达方式，同时也在学习考虑听众的立场，即学习了解站在别人的角度思考问题，这就是具有观点采择锻炼机会的教育活动。

资料来源：周兢，陈思. 学前语言教育的新取向：重视儿童学业语言的发展[J]. 学前教育研究，2014(6)：39-44.

## 三、社会领域

每个幼儿从出生的那一刻起就处于一定的社会环境和社会关系中。特定的社会环境和社会关系构成了幼儿身心发展的基本条件，也构成了其身心发展的重要内容。幼儿阶段是个体社会性发展的重要时期，在这个时期，幼儿学习怎样与人相处，怎样看待自己，怎样对待别人；逐步认识周围的社会环境，内化社会行为规范；逐渐形成对所在群体及其文化的认同感和归属感，发展适应社会生活的能力。

### （一）幼儿园社会领域的教育目标

《纲要》提出了社会领域教育的五大总目标，分别是：

1. 能主动地参与各项活动，有自信心；
2. 乐意与人交往，学习互助、合作和分享，有同情心；
3. 理解并遵守日常生活中基本的社会行为规则；
4. 能努力做好力所能及的事，不怕困难，有初步的责任感；
5. 爱父母长辈、老师和同伴，爱集体、爱家乡、爱祖国。

《指南》从人际交往和社会适应两个方面提出了小、中、大班三个年龄段的阶段目标。

### （二）幼儿园社会领域的教育内容

幼儿社会领域的学习过程是幼儿社会性不断完善并奠定健全人格基础的过程。人际交往与社会适应是幼儿学习的主要内容。因此，促进幼儿在人际交往与社会适应两方面的发展是社会领域教育的两个重点。

1. 人际交往：人际交往包括愿意与人交往（包括同伴和成人），能与同伴友好相处（有合作、协商、分享行为、不欺负、攻击同伴），具有自尊、自信、自主的表现，关心尊重他人。

2. 社会适应：社会适应包括喜欢并适应群体生活（乐群、诚实、有责任心），遵守基本的行为规范（秩序规则教育），具有初步的归属感（爱家、爱幼儿园、爱国以及多元文化教育）。

### （三）幼儿园社会领域的教育途径与方法

幼儿园社会领域的教育可以通过教师组织的专门性的幼儿园社会教育活动来进行，但受幼儿学习特点和社会生活经验的影响，单纯的社会领域活动容易枯燥空洞，因此，幼儿园中社会领域的教育常常是与其他领域，特别是健康、语言领域结合在一起进行的。社会领域的教育也可以通过幼儿在活动区的自由活动，幼儿园的环境创设，对社区或其他地方的参观访问以及一日常规的随机环节等途径实施。在幼儿社会领域的教育中，常用的方法有情境演示法、参观法、问答法、讲解法、练习法等。

## 四、科学领域

受儒家文化的影响，我国对科学教育的重视程度相对较低，特别是在低幼儿童阶段一直都是以常识、计算代替科学教育，随着人们对客观世界认识的不断深化，以及对提高全民科学素养的重视，科学领域第一次被正式写进了幼儿园的课程标准之中。

### （一）科学领域的教育目标

《纲要》指出科学领域教育的总目标，分别是：

1. 对周围的事物、现象感兴趣，有好奇心和求知欲；
2. 能运用各种感官，动手动脑，探究问题；
3. 能用适当的方式表达、交流探索的过程和结果；
4. 能从生活和游戏中感受事物的数量关系并体验到数学的重要和有趣；
5. 爱护动植物，关心周围环境，亲近大自然，珍惜自然资源，有初步的环保意识。

《指南》从“科学探究”和“数学认知”两个方面提出科学领域的教育目标以及相应的不同年龄阶段的典型表现。

### （二）科学领域的教育内容

幼儿的科学学习是幼儿在解决实际问题的过程中发现和理解事物本质和事物间关系的过程，主要包括科学探究和数学认知。

1. 幼儿园科学教育的内容

(1) 生命科学

幼儿始终对生命世界的多样性与复杂性充满着好奇，大自然中的花鸟虫鱼、自己身体的神奇变化，无不激发着幼儿的好奇心与探究欲，吸引着幼儿进行探究。

动物：这一部分涉及的内容主要有：感受与了解一些常见动物的名称与种类，认识动物世界的纷繁复杂；感受与了解不同动物有不同的外形特征、生活习性及繁殖方式；感受与了解不同动物生活在不同的地方，有不同的运动方式；了解动物与其生活环境之间的关系；感受与了解动物与动物、动物与植物、动物与人类之间的关系，尤其是要让幼儿感受、了解动物与人类的密切关系，懂得动物是人类的好朋友，萌发关爱动物的情感与意识。

植物：植物是多样世界的一个重要组成部分，为人类提供食物、衣服，净化空气，绿化环境，与幼儿的生活环境息息相关。这一部分涉及的内容主要有：了解与认识周围的常见植物，感受多姿多彩的植物世界；感受与了解植物的多样性，知道每种植物都有自己的形态；通过观察了解植物是由根、茎、叶、花、果实、种子等部分组成的，初步了解植物各部分的功能；感受与了解植物不同的繁殖方式以及大多数植物都通过种子繁殖的特点；初步了解植物生长所需的环境条件；观察与了解植物生长的季节变化；感受与了解植物与动物、植物与人类之间的关系，萌发保护植物的意识，树立爱护植物的责任感。

人体：探索人体，不仅能满足幼儿了解自身奥妙的好奇心，同时也能有效引导幼儿认识自身、认识人体，了解个体从生长、发育到衰老、死亡的生命过程，树立健康的生活观与生命观。这一部分涉及的内容主要有：观察与了解自身的外部结构与身体变化，并意识到每个人都是独一无二的；感受与了解人们通过感觉进行学习，萌发对有感官障碍或缺陷群体的同情与关心；探索与了解骨骼、肌肉的功能以及如何让自己保持健康。

(2) 自然现象

了解日常生活中常见的自然现象，特别是贴近幼儿生活的，或者是能引起幼儿兴趣的自然现象，如：日、月、星辰、雷、风、雨、云、雪、声、光、影子、影像、土、石、沙、空气、山川、河流、冷热、气候、季节变化等，以及这些自然现象与人们生活的关系，表现和表达自己对这些现象的认识。

(3) 科学与技术

了解生活中常见的科技产品，如常见家用电器（电话、电灯、空调、洗衣机）的作用及简单的使用方法；认识常见交通工具（自行车、汽车、轮船、飞机）及其对人们生活的影响；喜欢探索和制作简单的科技小制作（不倒翁、风车）；了解一些伟大的科学家的故事。

2. 幼儿园数学教育的内容

(1) 数和数的运算。初步认识数 1 到 10 的含义，认识和会书写从 0 到 9 的阿拉伯数字，能进行 10 以内的计数活动和加减运算。

(2) 量、量的比较和自然测量。初步认识日常生活中的一些常见量，如：大小、长短、高矮、轻重、粗细、宽窄、远近、薄厚等，会对一些具体事物进行量的比较，能运用一些自然物（如手、臂、棒、绳等）对物体进行自然测量。

（3）图形。初步认识一些简单的平面几何图形，如：长方形、三角形、圆形、椭圆形、梯形等和一些简单的立体几何图形，如：长方体、正方体、球体、圆柱体等，能掌握一些简单的几何图形特征中的数量关系（如大小、宽窄等）。

（4）时间和空间。初步认识早晨、晚上、白天、黑夜、今天、昨天、明天、星期、整点等时间概念，能区分上下、前后、左右、里外等空间方位。

**（三）科学领域的教育途径与方法**

幼儿能从各种日常活动中学到许多关于科学和数学的知识和经验。对于幼儿而言，科学和数学概念的获得相对比较困难，加之幼儿认知发展的个体差异，非正式的活动能使幼儿在不同的水平上获得经验，建构知识。非正式的活动通常包括幼儿在自选活动区对材料的操作，室内户外以及园外对各种事物之间关系的探究，幼儿园与科学、数学有关的环境创设，以及教师对幼儿进行集体的或个别的指导等方式进行的。幼儿园的科学与数学教育也可以通过专门的科学和数学教学活动来进行，也可以渗透到其他领域之中。

探究既是幼儿科学学习的目标，也是幼儿科学学习的主要方法。除此之外，科学教育的方法还有观察法、实验法、演示法、参观访问法、讲解法等。由于领域知识性质的不同，幼儿园数学教育更多的采用操作、分类、演示、练习、讲解等方法。

## 五、艺术领域

人的生命活动有身体的活动，如人的吃饭、睡觉，也有精神的活动，如人的社交、文化活动。艺术活动是幼儿精神成长性需要的满足，是一种没有直接功利性的、以活动过程本身为目的的需要的满足。艺术教育应该顺应幼儿发展的特点，通过建构幼儿的审美心理结构达到幼儿人格的健全与完善。

**（一）艺术领域的教育目标**

《纲要》提出艺术领域的三大目标，分别是：

1. 能初步感受并喜爱环境、生活和艺术中的美；

2. 喜欢参加艺术活动，并能大胆地表现自己的情感和体验；

3. 能用自己喜欢的方式进行艺术表现活动。

《指南》艺术领域从“感受与欣赏”和“表现与创造”两个子领域对小、中、大三个年龄班提出了具体目标。

**（二）艺术领域的教育内容**

幼儿园艺术领域的教育内容主要包括两个重要的学科门类，即美术和音乐。

1. 幼儿园美术教育的内容

（1）绘画：学习运用各种绘画工具和材料（如蜡笔、油画棒、彩色水笔、彩色铅笔、毛笔、水粉笔、墨水、水粉颜料、油彩、纸、布、绢等)，通过线条、形状、构图、色彩等美术语言，创造各种视觉形象。

(2) 手工：学习运用各种手工工具和材料(如剪刀、笔、刀、尺、订书机、胶水、浆糊、胶带、纸、面团、泥、橡皮泥、石、木、布、棉花、毛线、羽毛、豆类、果壳、谷类等)，通过剪、撕、折、贴、刻、织、串、卷、塑等方法，制作各种视觉形象。

(3) 美术欣赏：感受和欣赏美术作品、自然景物和生活中美好的事物，感受形式美和内容美，丰富审美经验。

2. 幼儿园音乐教育的内容

(1) 唱歌：学习唱歌活动的知识技能及其活动常规、唱歌活动的表演形式(如独唱、齐唱、合唱、表演唱)以及歌曲。

(2) 韵律活动：学习韵律活动的知识技能及其活动常规、韵律动作(包括基本动作，如走、跑、跳、点头、弯腰、屈膝、击掌、招手等；模仿动作如鸟飞、鱼游、刮风、下雨、花开、树长、开车、锄地等；舞蹈动作及它们的各种组合)、韵律活动的表现形式(如独舞、双人舞、集体舞)。

(3) 打击乐演奏：学习打击乐演奏的知识技能(器乐，如鼓、铃鼓、串铃、碰铃、三角铁、锣、木鱼、打击乐曲等，配器，指挥)及活动常规。

(4) 音乐欣赏：学习音乐欣赏的简单知识和技能，学会感受和欣赏音乐作品。

**(三) 艺术领域的教育途径与方法**

1. 美术教育的途径与方法

幼儿园美术教育可以通过幼儿园课程中与美术直接有关的领域(如艺术、美工等)进行，也可以渗透到其他领域之中；幼儿园环境创设，活动区的自由活动也是教师进行集体教学或个别美术指导活动的有效途径。根据幼儿美术教育和学习的特点，幼儿园美术教育常用的方法有直观演示法、练习法、讲解法等。

2. 音乐教育的途径与方法

幼儿园音乐教育可以通过幼儿园课程中与音乐直接有关的领域(如艺术、音乐等)进行，也可以渗透到其他领域之中，一日生活的过渡环节、幼儿园的区域活动、音乐会等音乐环境创设也是教师进行音乐教育的有效途径。根据幼儿音乐教育和学习的特点，幼儿园音乐教育常用的方法有演示法、讲解法、练习法等。

幼儿园的教育内容是全面的、启蒙性的，健康、语言、社会、科学、艺术五个领域内容相互渗透，从不同的角度促进了幼儿情感态度、能力技能和认识等方面的发展。

**扩展阅读 4-4**

**幼儿园区域活动与领域活动的教学内容整合**

幼儿园区域活动和领域活动的优化整合是一个长期的过程。在整合的过程中，至关重要的是对两者进行优化整合的策略和途径的有效性。两者整合策略的有效性又最终落实在区域活动和领域活动教学内容的整合上。

**一、将领域活动内容前置到区域活动中**

古人云:“凡事预则立,不预则废”,学习也是如此。预先的学习是求知过程的一个良好开端,是自觉运用所学知识和能力,对一个新的认识对象预先进行了解、求疑和思考的主动求知过程。因此,可尝试将领域活动的内容前置,并引导幼儿在区域活动中巧妙地预习。如在开展音乐领域活动“秋天”之前,教师发现幼儿对秋天的了解比较片面,他们对季节性的认识通常来源于耳闻,关于秋天的气候变化、动植物生长、节日活动等内容知之甚少。为了更有效地开展领域活动,让幼儿真正感受体验并获得新知识,提高教学效率,教师在区域活动中预设了以下内容:认知区“秋天的水果”、语言区“说说秋天”、美工区“秋天的落叶”、音乐区“快乐中秋节”等,让幼儿通过手触、口说、眼看、耳听的渠道认识秋天,帮助幼儿积累有关秋天的知识,为学习歌曲活动做好感受歌曲情绪、理解歌词内容等方面的前期准备。可见,教师以积累知识经验为主的预设前置内容,在很大程度上发挥了从优化课堂整体结构到优化课堂细节的作用。

**二、将领域活动内容溶解到区域活动中**

从物理学的角度看,溶解是指固相转变为液相的过程。这样的科学理论同样也适用于我们的教育研究,即把一个大问题按照内在的逻辑关系、系统联系和操作方式,分解成许多相互联系的小问题,使所要研究的问题展开成一个具有一定层次结构的问题网络。以此为理论指导,在幼儿教育教学领域,教师应把握好幼儿学习的渐进、渗透等特点,对学习内容进行细化和分解。如幼儿的动作发展必须经历从整体动作到分化动作、从大肌肉动作到小肌肉动作的发展过程。根据此规律,在发展小班幼儿的小肌肉动作时应遵循幼儿动作发展的渐进性特点,对健康领域的动作学习进行系统的分解,以此构成促进小班幼儿小肌肉动作协调发展的运动技能区。

**三、将领域活动内容延伸到区域活动中**

领域活动后的延伸是领域教学的继续和发展,是培养幼儿将知识应用于解决问题,提高创新思维和实践能力的重要途径。我国古代伟大的教育家孔子主张“温故而知新”,说的就是学过的知识和技能要经常复习,但这种复习不是机械、简单的反复,而是要加深对已学知识的了解,以达到更好地学习新知识的目的。在日常的领域活动中,幼儿的学习是建立在短暂的刺激与游戏基础上的,因此,往往会出现易遗忘、理解较粗浅、知识点零散、接受能力参差不齐等现象,这是大部分幼儿的学习特点。为了更好地体现幼儿学习的价值性及有效性,应将领域活动的内容以复习知识的形式延伸至区域活动中进行,以帮助幼儿在区域活动的操作探索中巩固从领域活动获得的经验与知识。

资料来源:黄晓军,郑晓静.幼儿园区域活动与领域活动优化整合的策略[J].学前教育研究,2014(8):67-69.

# 第三节 幼儿园的游戏

## 案例导入

**角色游戏"医院"**

又到了自选游戏时间,甲、乙两名幼儿不约而同地来到了角色游戏区——"医院"。经过一番打扮之后,幼儿甲脖子上挂着听诊器,扮起了医生,幼儿乙手里拿着针筒、体温表,做起了护士。这时,来了位"病人",只见幼儿丙抱着一个奥特曼的玩具来到"医院",用手指着奥特曼的脖子对幼儿甲说:"它咳嗽了。"幼儿甲看了看幼儿丙,用手指着幼儿丙所指的地方问:"这里呀?"幼儿丙点点头应了一声"嗯!"幼儿甲随手从幼儿乙手里拿过针筒对着所指的地方戳了下去……

[*思考*]

学前阶段的幼儿非常热衷于角色扮演游戏,生病打针吃药是幼儿在生活中常常经历的事,"医生""病人"也成为幼儿角色游戏中的"主角"。案例中幼儿的游戏行为是不符合现实生活,与我们的生活常识相违背的行为。但从幼儿的心理上分析,他们认为身体什么地方不舒服、有病了,就应该在什么地方"施药"。作为教师,观察到这样的游戏行为之后,该怎么做?

对于"游戏"这个词,每个人都不陌生,它是我们儿时的过家家、踢毽子、捉迷藏、老鹰抓小鸡,是信息时代的单机、联机网游,是手机 APP 里的"保卫萝卜"、"消消乐"。"游戏"是一项不分性别、无关年龄、跨越国界的让人觉得好玩、放松、身心愉悦的活动。然而,当我们从学前教育的视角审视游戏对儿童个体发展作用的时候,游戏便承担了更多的教育责任。随着人们对游戏理论和幼儿学习特点地不断深入研究,游戏在幼儿园的地位以法规的形式得以确立——"幼儿园以游戏为基本活动"(《幼儿园工作规程(试行)》)。近 30 年过去了,"幼儿园以游戏为基本活动"不再仅仅是国家政策文件里的提法,而是渗透到每位幼教工作者血液里的信仰,是支撑在每次教学活动背后的理念,是彰显学前教育专业特殊性所在的抓手。

## 一、幼儿园游戏的类型

为了研究和学习的方便,不同领域的研究者往往依据不同的标准对幼儿园游戏进行分类。在诸多游戏分类中,皮亚杰的认知发展分类,帕顿的社会性发展分类以及我国目前普遍认可的按游戏特征进行的分类较为典型。

**(一) 皮亚杰的游戏分类**

皮亚杰(J. Piaget)以儿童认知发展阶段理论为依据,把游戏分为练习性游戏、象征性游戏、结构性游戏和规则游戏四类,四类游戏分别对应儿童认知发展四阶段中的三个阶段,如表4.1所示。

**表4.1 皮亚杰基于儿童认知发展的游戏分类①**

| 年龄(岁) | 认知发展阶段 | 游戏类型 |
| --- | --- | --- |
| 0~2 | 感知运动阶段 | 练习性游戏 |
| 2~7 | 前运算阶段 | 象征性游戏和结构性游戏 |
| 7~12 | 具体运算阶段 | 规则游戏 |

1. 练习性游戏:练习性游戏是幼儿发展过程中最早出现的一种游戏形式,幼儿以摆弄身体动作、操作具体物体获得一种机能性的快感。如用手不停地触碰挂在小床上方的玩具。

2. 象征性游戏:象征性游戏是学前阶段幼儿最典型的游戏形式,“假装”是其主要特征。幼儿常常用假想物代替真实事物,比如把小椅子当“马”骑(以物代物),小朋友自己扮医生、警察、售货员(以人代人),手放到耳边假装打电话(以某一动作代表真实动作),等等。

3. 结构性游戏:结构性游戏是幼儿通过操作各种材料,创造性地反映现实生活的一种活动。常见的材料有积木、积塑、拼图、沙、石、纸片等。

4. 规则游戏:规则游戏是两个以上的幼儿在一起按照预先约定的规则进行的、具有竞赛性质的游戏。体育竞技类游戏是典型的规则游戏。

**(二) 帕顿的游戏分类**

帕顿(Parten)按幼儿在游戏中的社会性发展水平将游戏分为六种:

1. 偶然行为:事实上幼儿没有在游戏,可能是东游西逛、爬上爬下,或注视着突然引起他兴趣的某些事物和情景,或无所事事独自发呆。

2. 旁观行为:在整个游戏时间,幼儿大部分是他人游戏的旁观者,尽管偶尔也会提个问题或出个主意,但自己不参与游戏,也很少与他人交谈。

3. 独自游戏:幼儿都是自己玩自己的玩具,不和附近的伙伴交谈,且玩具也是不同的。

4. 平行游戏:与独自游戏相同的是幼儿都是自己在玩,很少与伙伴交谈,不同的是平行游戏时幼儿的玩具与周围伙伴的玩具是同类的。

5. 联合游戏:看上去幼儿是与同伴一起游戏,会有互借玩具、偶尔交谈、模仿游戏行为的交往行为发生,但没有建立起共同的游戏目标,每个幼儿仍是依个人的愿望游戏。

---

① 刘焱.儿童游戏通论[M].北京:北京师范大学出版社,2008:112.

6. 合作游戏：幼儿在游戏中有分工有合作，有目标有方法，为达到共同的游戏目标一起努力。

以上六种游戏类型中，偶然的行为和旁观行为并不属于真正的游戏行为。我们将这六种游戏类型做一个简单的区分，如表 4.2：

**表 4.2　帕顿的游戏分类及其简单区分**

| 偶然行为 | 旁观行为 | 独自游戏 | 平行游戏 | 联合游戏 | 合作游戏 |
|---|---|---|---|---|---|
| 无所事事 | 一旁观看 | 无交谈、玩具不同 | 无交谈、玩具类似 | 有交往行为、无共同目标 | 分工合作、目标明确 |
| 不是真正的游戏行为 | | 是真正的游戏行为 | | | |

除此之外，国外还有一些学者从不同角度对游戏进行分类。如比勒根据幼儿在游戏中的不同体验形式，将游戏分为机能游戏、想象游戏、接受游戏和结构游戏四大类。加维根据游戏材料的不同把游戏分成以身体运动为材料的游戏、以物体为材料的游戏、以语言为材料的游戏、以社会生活为材料的游戏、以规则为材料的游戏五类。

### （三）我国的游戏分类

我国幼儿园游戏的分类受苏联的影响，是根据游戏在幼儿教育中的作用来划分的，分为创造性游戏和规则游戏两大类及六小类。

1. 创造性游戏：创造性游戏突出幼儿自主地、创造性地反映现实生活，包括角色游戏、表演游戏和结构游戏。

角色游戏是幼儿通过扮演角色、运用模仿和想象，创造性地反映现实生活的一种游戏。比如“娃娃家”“超市”。角色游戏有两个明显的特点：一是幼儿对现实生活的印象是角色游戏的源泉，游戏具有表征性；二是角色游戏的支柱是幼儿的想象活动，游戏具有创造性。

表演游戏是幼儿通过扮演角色、运用想象，创造性地反映文学作品的一种游戏活动。表演游戏和角色游戏的相同处在于幼儿在游戏中都有“假装”和“想象”，不同之处在于，角色游戏是幼儿对真实生活的模拟，而表演游戏的题材来源于文学作品。所以，“白雪公主和七个小矮人”“灰姑娘”等取材于文学作品的内容属于表演游戏。为更好地区分表演游戏与角色游戏，对表演游戏与角色游戏进行了比较（见表 4.3）。

**表 4.3　表演游戏与角色游戏的异同**

| | 表演游戏 | 角色游戏 |
|---|---|---|
| 相同点 | 扮演角色 | 扮演角色 |
| 不同点 | 角色：来源于文学作品中的角色；<br>情节：反映的是文学作品的情节；<br>内容：在文学作品的基础上幼儿想象创造。 | 角色：来源于现实生活中的各种人物；<br>情节：现实生活的印象；<br>内容：可由幼儿自己选择创造。 |

结构游戏,也称建构游戏,是幼儿通过操作材料,创造性地反映现实生活的一种游戏。所以,提供适宜的材料是保证幼儿开展结构游戏的前提。结构游戏与角色游戏都是幼儿对现实生活的一种反映,只是手段不同,结构游戏是通过操作材料来实现,而角色游戏要以角色扮演和想象为依托(见表 4.4)。

**表 4.4 结构游戏与角色游戏的比较**

| | 结构游戏 | 角色游戏 |
|---|---|---|
| 本质 | 操作材料 | 扮演角色 |
| 物品的缺乏 | 无法开展游戏 | 可以以物代物,以假想来反映角色的身份 |
| 反映的主题 | 在现实生活的基础上想象、创造 | 在现实生活的基础上想象、创造 |
| 技能 | 要求一定的结构技能 | 不要求一定要有结构技能 |

2. 规则游戏:是指由成人编制的以规则为中心的游戏。规则性和竞赛性是其显著特点。规则游戏一般包括游戏的目的、游戏的玩法、游戏规则和游戏结果四个部分。与创造性游戏相比,规则性游戏玩法固定、创造空间小。在幼儿园常见的规则游戏有:智力游戏、体育游戏和音乐游戏三类。

智力游戏是幼儿通过看、听、说、摸、嗅、摆弄、拿放等动作,运用比较与选择、分析与综合、记忆与猜度等活动方式,以发展幼儿听觉、视觉、注意力、反应能力、创造力为目的而进行的游戏活动。智力游戏种类繁多,有利用实物、图片、卡片、语言、动作、智力玩具、电脑进行的智力游戏;有训练感觉、知觉、练习记忆、发挥想象、锻炼思维、认识事物、发展语言、训练计算能力的智力游戏。"听音辨图""指令游戏""配对游戏""探索性游戏"都属于智力游戏。

体育游戏是以发展幼儿基本动作为主而编制的游戏,是幼儿园健康教育的主要形式之一。如"老鹰抓小鸡"。

音乐游戏是指在音乐伴奏或歌曲伴唱下所进行的游戏,以帮助幼儿发展音乐听觉,培养节奏感、掌握节奏,学唱歌曲,习得舞蹈为目的。①

## 二、幼儿园游戏的指导策略

游戏是幼儿最喜欢的活动,幼儿可以自主自发地开展各种游戏,作为教师是否有必要对幼儿的游戏进行指导?游戏的目的是促进幼儿的有效学习和发展,幼儿自发的游戏活动未必能在一定时间内实现效果的最大化,诚如研究者所说"儿童的游戏和自我选择的活动在很多方面可以是一种有价值的经验,但是,如果没有计划、变化、兴趣或成人的支持,游戏对于学习与发展的价值就会受到严重的影响"②,为了使幼儿掌握游戏的方法,教师的干预

① 雷湘竹.学前儿童游戏[M].上海:华东师范大学出版社,2012:65.
② 刘焱.儿童游戏通论[M].北京:北京师范大学出版社,2008:381.

是必要的，必须教幼儿学习怎样做游戏，“成人的作用就在于能够用教育的眼光来观照幼儿的游戏行为，在最适宜的时候推进幼儿的发展”。[①] 因此，组织和指导幼儿开展游戏活动是幼儿园教师的基本任务之一，教师的游戏指导水平也成为衡量其专业能力的一项重要指标。

**(一) 观察和分析要先行**

教师究竟应该如何指导幼儿的游戏活动？所谓“没有调查就没有发言权”，任何具有建设性的指导都是建立在对幼儿游戏的有效观察的基础之上的。所以，观察和分析是对游戏实施有效指导的前提，是对游戏进行正确评价的保证，是制定下次游戏计划的依据。缺乏观察和分析，不了解幼儿游戏意图的指导会适得其反。

**例1** 两个幼儿正在积木区玩小车，一辆接着一辆排了很长，老师发现幼儿的排列没有规律，就立即让幼儿按照车的颜色和大小摆放成一个停车场，想让幼儿练习分类。实际上幼儿正在布置马路上的堵车情景，被老师干预后，只好根据老师的要求进行排列，刚排了几辆，随着老师的离开，幼儿也离开了。[②]

教师看到的是幼儿在毫无规律地排列玩具车，认为这是一个让幼儿练习分类的好契机，在没有继续深入观察的情况下，凭着良好的主观愿望给幼儿提供了帮助和指导，浑然不觉这样的介入非但没有促进幼儿游戏的发展，还生硬打断了幼儿正在进行的想象和有可能更为有意义的游戏行为的发生。

在介入游戏之前，教师要考虑幼儿在干什么？我的指导是会影响或打断幼儿的游戏，还是可以丰富幼儿的游戏经验与学习？如果我不指导，会发生什么情况？我撤出指导之后幼儿还能不能继续深入游戏？我采用的指导方法会引起幼儿哪些可能的反应？他们更容易接受哪类方法与帮助？

当幼儿游戏中出现下列三种情形时，教师可以介入幼儿的游戏：

1. 当幼儿并不投入自己所安排的想象或虚构的游戏时；

2. 当幼儿产生难以与其他同伴一起相处的游戏时；

3. 当幼儿进行想象或虚构的游戏时，想一再重复自己玩过的情节，或是将游戏延续下去有困难时。[③] 如：

**例2** 每到自由游戏时间，家轩总是第一个跑到娃娃家做起一家之主的角色，通过几天的观察，教师发现家轩每次都是拿着“擀面杖”在做面条，问他为什么要做面条时，他就回答：“我喜欢吃面条”，一连玩了几天，家轩一直在擀面条。

游戏中的小朋友家轩在反复不停地擀面条，持续了好几天，游戏情节停滞不前，此时，教师就有必要适时地介入，以丰富幼儿的游戏情节。

---

① 李季湄，冯晓霞.《3～6岁儿童学习与发展指南》解读[M].北京：人民教育出版社，2013：258.

② 李季湄，冯晓霞.《3～6岁儿童学习与发展指南》解读[M].北京：人民教育出版社，2013：260.

③ 邱学青.学前儿童游戏[M].南京：江苏教育出版社，2008：162.

**(二) 以游戏者的身份介入游戏**

教师以游戏者的身份介入游戏，此时，教师不再是教师，而是与幼儿一起游戏的伙伴。教师或以平行游戏者的身份给幼儿以示范，或以合作者的身份与幼儿共同游戏。

一般对平行游戏的指导适合用平行游戏者的身份介入，如：

**例 3** 结构游戏区，几个小朋友各自忙着手头的搭建活动，一会桌上的长条积木用完了，乐乐眼看立交桥快完工了，可他想要的积木被其他小朋友用完了，乐乐找不到建立交桥的材料，跑来向老师求助，希望老师能出面让旁边的贝贝借他点积木。老师并没有去找贝贝，而是走到“超市”拿了几个易拉罐和一些废纸片来到结构区，在乐乐的旁边用易拉罐和纸片搭起了桥。

举例中教师以平行游戏者的身份介入游戏，给幼儿提供榜样和示范作用，通过亲自示范给乐乐以启示(游戏材料不足时，我们可以寻找其他替代材料)，进而达到指导游戏的目的。

另一种介入方式是教师扮演一定的角色，成为游戏中的一员和幼儿共同完成游戏内容，通过与游戏中其他角色的互动达到游戏指导的目的。如前面提到的“一直擀面条的家轩”，教师选择以“邻居”的身份介入游戏。

**例 4**

邻居(老师)：(敲门)你好！外面下雨能借你家雨伞用一下吗？

爸爸(家轩)：可以，在门后面，你自己拿吧。

邻居：哦，好的。你在忙什么呀？

爸爸：在做面条。

邻居：我也想学做面条呢，你是怎么做的？教教我好吗？

爸爸：行。(边说边做)面条很好做，把这个(方纸)撕成这样(纸条)，把它们抖一抖，放在锅子里，加点水，煮一煮。

邻居：这么简单呀。那这个是做什么的？(指旁边筐子里的细毛线)

爸爸：这个呀？(歪头想一想，拿过旁边的剪刀)把这个(细毛线)剪成这么长，就是圆面条。

邻居：你真行呢，会做方的面条，又会做圆的面条。你为什么要做面条呢？

爸爸：(想一会儿)给小宝吃。

邻居：哦，小宝也喜欢吃面条。

爸爸：(又想一会儿，摇头)是寿面，小宝今天生日。

(“邻居”走开后，“爸爸”对“妈妈”说：“给小宝过生日吧。”)

幼儿撕纸做面条是一个富有创意的闪光点，刚开始只是一种随意的行为，仅是“自己喜欢吃面条”这个简单的原因，经过和“邻居”的一番谈话，幼儿的思维逐渐开阔，游戏主题渐渐明确，接下来的游戏情节会更丰富，游戏行为更有指向性。

**（三）投放游戏材料**

投放游戏材料是一种间接指导幼儿游戏的方法，当幼儿不能生成新游戏时，投放游戏材料可以引发幼儿产生新的主题，当幼儿游戏内容平淡、情节停滞时，投放辅助材料能激发幼儿游戏的创造性，当幼儿在游戏中发生矛盾时，投放辅助材料可以化解矛盾，促进交往。

**例5** 最近，中班正在进行“汽车总动员”的主题活动，随着活动的深入开展，幼儿对“车”产生了浓厚的兴趣，娃娃家、超市、医院等角色游戏区受到了冷落。可是经过观察，教师发现幼儿对如何将活动中的经验迁移到游戏中存在困难。因此，教师决定向幼儿提供辅助材料。第二天角色区出现了蛋糕盒、塑料圈、酸奶盒、旧话筒、光碟等废旧材料，幼儿很快地给光碟穿上了红、绿、黄三种颜色的衣服，并做成了红绿灯，酸奶盒被一个连一个串成了火车车厢，幼儿用身体套圈，双手转动蛋糕盒，玩起了开汽车的游戏。于是，出现了这样的场景，有的幼儿做起了火车司机，开着火车运送货物，有的幼儿驾驶出租车、公交车载人，还有的幼儿做起了洗车的生意，玩得不亦乐乎。

教师通过投放游戏材料，既做到了尊重幼儿的游戏兴趣，又帮助幼儿生成了新的游戏主题。幼儿在活动中经常有新经验的生成，可以萌发成新的主题游戏，但需要外在因素的“诱发”，此时便有一个投放辅助材料的良机。教师通过观察幼儿的活动情况，有意图地投放辅助材料，可以引导幼儿进行联想和操作，生成新的游戏主题。

投放辅助材料的过程是一个互动、建构的过程，不能认为投放了辅助材料孩子就会用了，实际上我们不仅要“投”，还要会“投”，关键在于教师要掌握好“投”的时机，这一点对幼儿游戏的发展影响重大。

**（四）借助语言指导**

教师不管以何种方式介入幼儿的游戏，都离不开语言的具体运用，一句简单的提问、鼓励、建议能帮助幼儿打开思路、理清头绪，顺利开展游戏。同样的情景是否使用语言提示对幼儿游戏行为的影响截然不同。

如为了锻炼幼儿精细动作和手眼协调能力的发展，小班幼儿经常玩的一种结构游戏是“穿珠子”。可时间长了以后，幼儿“穿”的技能日渐娴熟，必然会觉得游戏材料单调，对一味的“穿”的动作失去兴趣。面对这样的情况，两位老师都想到为游戏区投放新的游戏材料——贝壳。

**例6**

教师1：在自由游戏之前，教师已经将前段时间幼儿捡来的各类贝壳投放到了结构区，游戏时间到了，教师告诉幼儿大家可以去玩了。其他游戏区的幼儿并不知道今天结构区增添了新的材料，所以，跟往常一样选择了自己平时喜爱的区域和玩具，来到结构游戏区的幼儿虽然发现了新材料，但只有个别小朋友在琢磨如何将贝壳穿成项链，其他小朋友很少关注或尝试探索新材料的使用。

教师2:今天游戏时和以往一样,教师为幼儿准备好了各种游戏材料,其中包括新材料——贝壳,游戏之前教师特意跟幼儿说:“今天老师在结构游戏区放了很多漂亮的贝壳,都是前段时间大家捡来的,有想玩的小朋友可以自己去拿。”游戏时许多孩子都不约而同地选择了结构区,用贝壳穿成了项链,或把贝壳贴在了纸上做成艺术品……

指导语对新材料及幼儿的游戏行为影响很大,因此,在为幼儿投放游戏材料时,教师要充分利用语言的作用,来使游戏材料发挥其功效,达到预期的效果。

不同类型的游戏活动有着不同的特点,针对不同种类的游戏活动,教师指导的侧重点和方法不同。在前面幼儿园游戏的分类中提到,我国习惯上把幼儿园游戏分为角色游戏、结构游戏、表演游戏、音乐游戏、体育游戏和智力游戏六种,幼儿园教师应根据各类游戏的特点和幼儿身心发展的水平特征组织和指导幼儿开展游戏,充分发挥各类游戏的教育价值。

## 扩展阅读 4-5

### “安吉游戏”玩出乡村里的幸福童年
### ——浙江省安吉县学前教育特色发展纪实(节选)

一、游戏成为安吉学前教育最大特色和亮点

儿童是否幸福,取决于童年有没有游戏。安吉县机关幼儿园现有大班游戏区5个,包括大沙水池、松林、欢乐运动场、户外建构、冒险岛;中班游戏区有6个:农家乐、建构、欢乐运动场、大脚丫沙池、小树林、石玩坊;小班游戏区有7个:门厅建构、玩沙、欢乐运动场、涂鸦、废旧工厂、小树林(2个)。在现场记者看到,“冒险岛”的沟壑、山坡、草坪、秋千、木屋、绳网,不仅提供了孩子们锻炼体能的机会,更给孩子们无限的游戏想象,既具有挑战性,又具有原始生态性,而游戏中提供的麻袋、麻绳、木桩、木条、木箱、梯子等更可让孩子在自主自由的环境中生成各种游戏;“涂鸦区”内的瓷砖墙面、大滚筒、各号画笔、棉棒、滚筒刷、水桶、抹布、废旧材料等,可让孩子们在自由自在的方式中尽情表达,有的是随性的线条与点的组合,有的是天马行空的想象画,有的是生活情景的再现……处处洋溢着孩子们的情感,生动而稚拙!

近年来,安吉县学前教育积极探索以幼儿游戏活动促进幼儿身心全面发展的路子。目前,全县25所幼儿园(辐射97个村幼儿教学点)都进行以“游戏活动”为主的学前养成教育。特别是实施“学前教育三年行动计划”以来,该县投入两个多亿建设和装备幼儿园(新建8所中心幼儿园、15个村幼儿园、改扩建3所中心幼儿园),使全县幼儿园的游戏区建设和玩具材料配备能够充分满足孩子游戏的需求。

二、“以游戏为幼儿园基本活动”的理念变成了现实

地处城郊结合部的南北庄中心幼儿园,孩子多是外来务工人员子女。为此,南北庄

在幼儿园全面贯彻落实“以游戏作为幼儿园的基本活动”的理念，合理规划幼儿游戏环境。空间上分户外游戏区（金沙滩沙水区、建构区、运动区、野战区、野营区、农耕区等），走廊游戏区（包括休闲书吧、创意美工坊、阳光大舞台、美食一条街），班级游戏区（包括益智区、美工区、图书区、娃娃家）三大片区，并充分利用家长和社区资源，收集各类竹木草土石等废旧材料作为幼儿游戏的材料。在户外游戏区，他们把附近地板厂的废弃地板，纺织厂的纸线筒，海绵厂的泡沫与海绵边角料，木板加工厂的木块、木条、木片，体育馆的羽毛球、乒乓球和农村稻田里的稻草等，都收集成为游戏基本材料。为了满足幼儿游戏的需要，幼儿园还不断为孩子们提供一些符合年龄特点且安全的挑战型游戏材料：有自制的竹单梯、竹双梯、废旧轮胎、攀爬架、防雨帐篷、竹推车、木铲、皮球、足球、跳绳、毽子等等；为保障幼儿自主游戏的时间，南北庄中心幼儿园还在园务计划、保教计划、班级计划、周计划中明确规定幼儿每天要有 2 小时以上的自主游戏活动时间，充分保障让幼儿自主选择游戏内容，真正做到了把游戏还给孩子。

沙水间、水渠旁、秋千上、草地里……在安吉的幼儿园里，游戏是孩子的，孩子是在游戏中学习和发展的。从中心幼儿园到村教学点，“以游戏为基本活动”在经历了从理念到行动的转化，各幼儿园因地制宜，依托宝贵的自然资源，探索各种适应、激发孩子兴趣与能力的游戏材料与环境，各级各类幼儿园还在县教育主管部门指导下，围绕“把游戏还给孩子”开展形式多样的学习研训活动。

资料来源：朱振岳，姜天安．“安吉游戏”玩出乡村里的幸福童年——浙江省安吉县学前教育特色发展纪实[N]．中国教育报，2013-12-29.

## 本章结构图

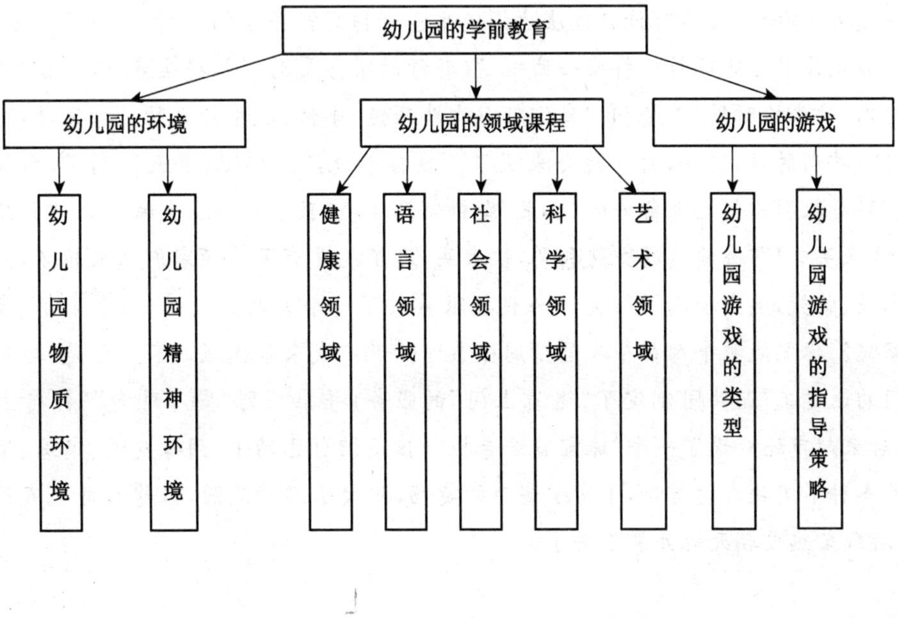

# 本 章 检 测

**一、名词解释**

1. 幼儿园物质环境
2. 幼儿园精神环境
3. 角色游戏
4. 表演游戏
5. 智力游戏

**二、简答题**

1. 健康/语言/社会/科学/艺术领域课程的教育内容。
2. 健康/语言/社会/科学/艺术领域课程的教育途径与方法。
3. 皮亚杰的游戏分类。
4. 帕顿的游戏分类。
5. 我国的幼儿园游戏分类。

**三、论述题**

1. 结合实际论述幼儿园物质环境创设的原则。
2. 结合实际论述幼儿园和谐人际关系的创设。
3. 结合实际论述幼儿园游戏的指导策略。

**四、案例分析**

开心超市开张后，经过一段时间的活动，幼儿对超市的兴趣慢慢减退，生意自然就冷清下来。这时，教师以连锁店巡查员的身份来到了超市："咦，超市的生意怎么这么差？我们一起开个会吧，看看有什么办法才能使生意好转呢？"孩子们一听，纷纷开始出主意。吴瑶："我们像餐厅服务员一样喊一喊吧。"（餐厅的服务员为了招揽生意，常常喊"香喷喷的红烧肉，快来吃呀！"）王梦阳："我们可以卖些项链、手链、戒指什么的。"徐家林："嗯，我们去进一些新的货，这样，大家就会来买了。"我接着说："这样吧，夏天快到了，水果很好卖的。"我趁机引出早已准备好的"水果"塑料制品4个，孩子们马上大喊起来："新鲜的草莓呀，快来买呀！""香喷喷的香蕉和梨，快来买，迟了就没有了。"顾客们越来越多，他们忙着称水果、收钱，脸上挂满了微笑……我也跟着买了一个大西瓜："哎呀，太重了，我怎么拿回家呢？你们能派个人帮帮我吗？"周林杰连忙说："我来帮你送回家。"于是，超市又有了专门的送货工，还共同制定了"送货上门"的服务，并推广到"餐厅外卖""银行上门服务"。后来超市还开设了一个"珠宝首饰专柜"，孩子们自己动手，用橡皮泥、串珠、塑料绳等制作各种不同款式的首饰，丰富了超市的货物，扩大了经营范围，工作人员也不再没事可干，游戏又热火朝天地开展下去了。

请你结合幼儿园游戏的指导策略对案例中教师的指导方式进行分析。

## 课 后 推 荐

**图书：**

1. 刘焱.儿童游戏通论[M].北京：北京师范大学出版社，2008.

2. 邱学青.学前儿童游戏[M].南京：江苏教育出版社，2008.

3. 袁爱玲.幼儿园教育环境创设[M].北京：高等教育出版社，2010.

4. 虞永平.学前课程与幸福童年[M].北京：教育科学出版社，2012.

5. 李季湄，冯晓霞.《3～6岁儿童学习与发展指南》解读[M].北京：人民教育出版社，2013.

**电影：**

1. 幼儿园，张以庆导演，中国，2003
2. 看上去很美，张元导演，中国，2006
3. 浅蓝深蓝，袁卫东导演，中国，2006
4. 小人国，张同道导演，中国，2009
5. 再见我们的幼儿园，水田伸生导演，日本，2011

**网站：**

1. 中国学前教育研究会：http://www.cnsece.com/
2. 学前教育网：http://www.predu.net/
3. 上海学前教育网：http://www.age06.com/age06.web/
4. 经济合作与发展组织(教育)：http://www.oecd.org/education/
5. 美国幼儿教育协会：http://www.naeyc.org/

## 实 践 拓 展

1. 去本地各个幼儿园进行采风，拍摄你喜欢的幼儿园物质环境创设，并制作PPT分享给全班同学。

2. 观看视频“手冢贵晴：前所未见的最好的幼儿园”，说一说幼儿园的环境对儿童的影响。

3. 利用黏土等工具呈现你心中理想的幼儿园物质环境。

4. 全班分为5个小组，分别选择一个幼儿园领域教育，就其重要性进行现场演讲。

5. 每个人选择一个幼儿园领域教育进行活动设计，并去幼儿园进行实际教学。

年轻人并非借着学习那些文字（真理、正义等）及其定义来同化于他们团体的价值，他们学习的是态度、习惯和判断真理的方法。他们在与人接触之中学习，自例行生活与特殊事件中学习，也从歌曲、故事、戏剧与游戏中学习。他们并不学习道德原则，而是仿效有德行（或无德行）的人。他们并不能把自身愿意发展的属性特质列表分析，而是认同于那些在他们看来似乎具有这些属性特质的人，这就是何以年轻人需要模范。

——葛登纳

# 第五章　幼儿教师专业发展

## 学习目标

- 识记：幼儿教师专业发展；幼儿教师专业伦理；园本教研；微格教学；合作学习；参与式培训
- 领会：幼儿教师专业知识包含的内容；幼儿教师专业能力包含的内容；幼儿教师专业自我包含的内容；微格教学的特点；合作学习的特点；参与式培训的特点；案例教学的特点；行动学习的特点
- 理解：幼儿教师专业角色；幼儿教师职后培训的途径
- 应用：能够应用幼儿教师专业发展的相关知识解释幼儿园教育教学中的现象

## 本章导读

本章主要讲授幼儿教师专业发展的内涵、具体内容以及幼儿教师专业发展的途径。

本章共有两个小节，第一节重点讲述幼儿教师专业发展的内涵：幼儿教师专业发展的概念、幼儿教师的专业角色和幼儿教师专业发展的内容；第二节重点讲解幼儿教师专业发展的途径：幼儿教师的职前培养和职后培训。在这一章中，需要学习者了解幼儿教师专业发展的具体内容，并掌握幼儿教师专业发展的主要途径，能够结合自身实际，运用恰当的方法促进自身专业成长。

# 第一节 幼儿教师专业发展的内涵

## 案例导入

### 奇妙的影子

一天下午，我像平时一样组织孩子们下楼玩大型运动器械。刚玩了一会儿，就看见明明像发现新大陆似的对欣欣大喊：“快跑！快跑！你的后面有个黑影子在追你！”欣欣回头看了看，赶紧跑了过来，一边跑还一边不时地回头，明明也开心地跟在她后面追，他们俩就在操场上相互看影子、追影子，玩起了抓影子的游戏……

户外活动结束后，孩子们回到教室还在叽叽喳喳地谈论着影子，于是，我主动地参与了他们的讨论：“刚才看你们那么高兴，你们是发现了什么吗？”“是影子！影子！”他们争先恐后地回答。“影子？你们在追影子、抓影子吗？”“是的！”“那你抓住了吗？”“抓不住！”……孩子们积极地争论着。

孩子们对于在日常生活中常见的影子并不陌生，但是影子对于他们来说又是神奇变幻的，孩子们对它充满了兴趣与好奇。在孩子的游戏中，我看到孩子们对影子这一自然现象产生了兴趣和争论，便以旁观者的身份引导孩子们去发现、关注、了解影子，并制定了阶段性的教育活动计划和具体活动方案，有科学类：《总是和我在一起》《影子的形成》；语言类：《影子剧团》；游戏类：《影子变戏法》《我和影子做游戏》；区域类：《影子有多长》。在活动前，我从孩子们的兴趣、经验以及好奇心出发，以“有趣的影子”为主线索，从寻找、发现影子，到了解影子的特征，再到影子的多元游戏，引导孩子们通过多通道去感知和发现影子的奇妙之处，保护并满足他们的好奇心。

[思考]

1. 什么是幼儿教师的专业发展？
2. 幼儿教师的专业发展包括哪些内容？

幼儿教师与其他所有的教师一样，是一种古老而永恒的职业，它伴随着人类社会的始终而永存。在漫长的历史长河中，幼儿教师的社会功能、素质要求和职业特征等各个方面都在不断地发生变化。幼儿教师素质的高低、幼儿教师专业素养的好坏直接影响幼儿园教育的质量，并对幼儿的后继学习，幼儿的终身发展乃至整个民族的素质提升都会产生难以估量的影响。因此，幼儿教育事业日益受到世界各国的高度重视，幼儿教师逐渐成为一种专门职业，在世界范围内向着专业化的方向发展。席卷全球的幼儿教育改革浪潮，终身教育和终身学习的时代理念，以及幼儿教师自身发展的内在需要，都对幼儿教师的专业发展提出了必然的要求。了解幼儿教师专业发展的概念,幼儿教师的专业角色,幼儿教师专业发展的内容以及幼儿教师专业发展的途径,有助于加深对幼儿教师专业的理解,为成为一名优秀的幼儿教师奠定良好的基础。

## 一、幼儿教师专业发展的概念

从全球来看,幼儿教师职业的"专业化"意识和相关研究是随着幼儿教师队伍素质在提高教学质量中的作用日益重要而突显出来的。1966 年,联合国教科文组织在《关于教员地位的建议》中指出,教师职业是一种"专业"。此后,越来越多的人开始参与以教师的"专业化""教师教育""职业成熟"等为主题的探讨和研究。从国内来看,1993 年,我国颁布的《中华人民共和国教师法》(以下简称《教师法》)明确了上述认识,而 1996 年教师资格证书制度的确立,可以说是我国有关幼儿教师职业专业化在实践中迈出的关键一步。因此,要探讨幼儿教师专业发展的内涵,首先必须明确一点:幼儿教师是一种专门职业,幼儿教师职业具有区别于其他职业的自身专业特性,幼儿教师职业必须专业化。

**(一)职业与专业**

职业是社会分工产业分化的结果,是人们赖以谋生的基本条件。《中国大百科全书·社会学》中指出"职业是随着社会分工而出现的,并随着社会分工的稳定发展而构成人们赖以生存的不同的工作方式"。近现代社会以来,社会化大生产分工的细化形成的多种社会行业和组织,各自承担着一定的社会职责,以满足社会生活和生产的需要,如农民、工人、警察、教师等等。根据各种职业的本质、特征的不同,可将职业区分为普通职业和专门职业。

专门职业即专业,指需要专门技术的职业。从事这一职业的群体需要经过专门的教育训练,掌握专门的基础理论和特殊技能,从而可以按照一定的专业标准,承担独特而重要的社会任务,发挥着特有的社会功能和价值。

人们从事专业活动并不仅仅满足于解决谋生的问题,而是作为一种生活方式,以便成就自我和得到社会的尊重。因此,职业不等同于专业,不是什么职业都有专业的标准。普通职业不需要经过长时间系统的、特殊的专门培训,只需有正常的体力与智力就可以胜任,而专业则不同,专业需要有一定的专业标准。从职业与专业的区别来分析,作为一种专门职业一般应具有以下几个特征:

(1) 从事专门的职业需要以掌握系统的专业知识和技能为前提条件;

(2) 在专业问题范围之内,有明显的内行和外行的差异,即所谓的"隔行如隔山";

(3) 从事专业的人员需要接受长期的较高学历基础的专业训练;

(4) 专门职业为社会提供一种特有的、范围明确的、不可或缺的服务,如医生、律师、法官、工程师、教师等,从业人员把工作看作一种事业、一种生活方式,而非仅作为谋生手段,职业声望较高;

(5) 专门职业把服务与研究融为一体,不断提高专业水平以改进服务。

1966 年,国际劳工组织和联合国教科文组织发表《关于教师地位的建议》,确认教师职业的专业性质,强调指出"教育工作应被视为专门职业。这种职业是一种要求教师具备经过严格并持续不断地研究才能获得并维持专业知识及专门技能的公共业务"。在国际劳工组织制定的《国际标准职业分类》中共列出了八个大类,其中各级各类的教师被列入"专家、技术人员和有关工作者"的类别中。《教师法》中把教师界定为"履行教育教学职责的专业人员",2000 年 9 月,颁布《教师资格条例实施办法》,意图通过资格认定来体现教师作为专门职业的要求。

### (二) 幼儿教师专业化和幼儿教师专业发展

"幼儿教师专业化"和"幼儿教师专业发展"两个概念既有联系又相互区别。从广义的角度来说,这两个概念在本质上是相同的,均是指增强幼儿教师专业性的过程。但从狭义的角度来说,两者有一定的区别,主要表现为学科视角不同,"幼儿教师专业化"更多的是从社会学的角度出发,主要强调幼儿教师职业群体的、外在的专业地位的认可和社会地位的提升;而"幼儿教师专业发展"则是从教育学的角度出发的,主要强调的是幼儿教师个体的、内在的专业素质的提高和改进。幼儿教师群体是由鲜活的幼儿教师个体构成的,幼儿教师群体的专业化是一个多主体共同努力的过程,幼儿教师群体的专业化依赖于幼儿教师个体的专业发展,没有幼儿教师个体的专业发展,幼儿教师群体的专业化就会落空。所以,从本质上说,幼儿教师专业发展是幼儿教师个体专业不断发展的过程,是幼儿教师不断接受新知识、增长专业能力的过程。也就是说,幼儿教师群体的专业化需要依赖于幼儿教师个体的专业发展。基于这样一种认识,人们逐渐把提高幼儿教师个体的专业发展看作是提高幼儿教师群体专业化的根本途径。幼儿教师要成为一个成熟的专业人员,需要通过不断地学习与探究历程来拓展其专业内涵,提高专业水平,从而达到专业成熟的境界。幼儿教师专业发展强调教师的终身学习和终身成长,是职前培养和在职培训,直至结束教职的整个过程。

## 二、幼儿教师的专业角色

自《幼儿园工作规程(试行)》(以下简称《规程》)和《幼儿园教育指导纲要(试行)》(以下简称《纲要》)颁布以来,幼儿教师的角色与作用发生了重要的变化。《纲要》不仅指出幼儿教师应成为幼儿学习活动的支持者、合作者和引导者,幼儿教师应当通过创设良好的师生关系和精神氛围,为幼儿提供适宜的物质环境,给予幼儿促进性的支持和指导,采用激励的评价方式推动幼儿主动学习,从而使幼儿获得富有个性的发展;还要求幼儿教师改变整齐划一的教材模式和程序化的教学方式,为幼儿教师个人创造提供了空间,也对幼儿教师的教学能力提出了更高的要求。为了适应时代和社会发展的需要,幼儿教师必须从知识的传授者、课程的执行者、课堂的权威者转变为幼儿学习的引导者、课程教材的开发者、师生关系的协调者与合作者、满足幼儿发展需求的终身学习者以及物质环境和幼儿园生活的组织者。正如《学会生存——教育世界的今天和明天》中所说:“教师的职责现在已经越来越少地传递知识,而越来越多地激励思考;除他的正式智能以外,他将越来越成为一个顾问,一位交换意见的参与者,一位帮助发现矛盾论点,而不是拿出现成真理的人。他必须集中更多的时间和精力去从事那些有效果的和创造性的活动:互相影响、讨论、激励、了解、鼓舞。”

**(一) 幼儿学习的引导者**

传统教育观认为幼儿教师是知识的传递者,夸美纽斯曾指出:“教师的嘴就是一个源泉,从那里可以发生知识的源流,从学生的身上流过。每逢这个源开放的时候,学生就把自己的注意当作水槽一样,放在它的下面,一定不让流出的东西跑掉了。”教师是知识的来源,学生只能从教师那里获得知识。然而,现代科技高速发展,信息爆炸,教师个人无法掌握全部的知识,因而教师不应仅仅“授之以鱼”,更重要的是“授之以渔”。现代信息技术为儿童提供了获取信息的广泛途径,幼儿教师应从文化知识的传授者的传统角色转变为幼儿学习的指导者。“教师和幼儿要建立一种新的关系,从‘独奏者’的角色过渡到‘伴奏者’的角色,从此不再主要是传授知识,而是帮助幼儿去发现、组织和管理知识,引导他们而非塑造他们。”联合国教科文组织的报告《学会生存》一书中也曾提到,“未来教育不仅仅限于给学习者坚实的知识和培养他们对继续学习的兴趣。它还应该培养人的行为和能力并深入精神生活。包括明智、责任感、宽容或敏锐、自立精神在内的行为与包括洞察实质、确切概括、区分目的与手段和确定原因与结果等的智能同样重要”。正如埃莉诺·杜克韦斯在表达关于“主动的”课堂的概念时写道:“好的教学方法必须包括向儿童提供这样一些场合:使他们可以亲自进行最广泛意义的实验,试验各种东西以观察结果,操作各种东西,提出问题并给自己寻找答案,使他某一次发现的东西,与另一发现的东西相吻合,把他的发现与其他儿童的发现相比较。”为了适应这种教学方式、方法的变革,幼儿教师应该成为幼儿学习兴趣的激发者,培养幼儿的求知欲望和对学习的积极情感,帮助幼儿构建自己的信息和经验体系,教师的角色将由“教”转变为“导”。

由此可以看出,幼儿教师不仅是知识的传递者,更应是幼儿学习与发展,特别是人格、社会性、情感发展的支持者与促进者。幼儿在幼儿园不仅仅要学知识,还要学做人、学习过幸福的生活,这些内容常常不是靠传递知识与信息所能实现的。幼儿教师真正要做的是建构儿童有意义的生活,使他们发生“心灵的转向”。

**(二) 幼儿课程的研究者**

《规程》中指出,“结合本班幼儿的具体情况,制定和执行教育工作计划,完成教育任务”。幼儿教师不只是课程的执行者,还是课程的决策者和设计者,当然也必然是课程的研究者。幼儿园没有国家统一的课程,没有规定使用的教材,这就给予了每个幼儿园相对自由的空间,使得幼儿园能够根据当地以及自身的实际情况,制定出适合本幼儿园的课程。在传统的教学中，课程是由课程专家和学科专业设计的，教材也是由教育行政部门统一编订的，幼儿教师虽然是教学的中心，但往往只是课程、教材的执行者。幼儿教师的视野被限制在教授科目的内容及其传授方式上，不了解这些科目背后的目的，也不能完全理解在学生身上产生的效果。幼儿教师成为按照一个模式、年复一年讲述同样知识的人，幼儿教师的教学热情被磨灭，职业倦怠感增强。对此，杜威提出："传统教育把未来教师的注意力固定在错误的方向上，即定在教学方法的外显形式上，而不是学生的思维过程中。他们学会的是如何管理课堂，但不了解学生是如何思考的或如何确定他们是否在帮助学生思维。他们可以模仿教学实践，但不能解释这些教学实践背后的原理或理念。因为他们所学的只是教育的方法而不是教育的原理，他们将会沉溺于盲目的实验、武断地决定或生搬硬套、墨守成规的习惯中。"

现代教育要求幼儿教师充分发挥其主体性，成为教学研究者，成为课程开发和设计的主体，摆脱别人设计好的框架，按照自己的理解去设计教学。教学情境是千变万化的，教育对象是复杂多变的，在具体的、特定的教育情境中，幼儿教师应当祛除教学模式统一化，实现教学方式的个性化，享有在教学、课程领域中的自主权，并承担更多的责任。另外，幼儿教师自身的发展需要也决定了其课程研究者的角色。教师自身也需要在工作中获得成功的体验，提升自身价值。正如苏霍姆林斯基说的："如果你想使教育工作给教师带来快乐，使每天的上课不至变成单调乏味的苦差，那就请你把每个教师引上进行研究的幸福之路吧。"

幼儿教师作为研究者与专业教育研究人员是有所不同的。幼儿教师作为研究者的研究与专业研究人员的研究无论在研究目的、研究内容还是在价值取向和方法立场上都存在差异。幼儿教师作为研究者指的是幼儿教师是其自身教育教学实践的研究者、反思者，幼儿教师的研究更多地体现在他对自身的教育教学实践活动进行科学、理性地反思、考察与分析。幼儿教师的研究主要体现在三个层次上：第一层次是反思教育教学过程中出现的问题，研究哪种方法和技术更能提升教学有效性；第二层次是将幼儿教师学习到的理论知识与实践相结合，幼儿教师应当学会从实践中总结经验，加以提升，结合理论然后重新回归指导实践；第三层次是反思师幼关系、人际交往等问题，探讨教育实践中的伦理与道德等问题。

**（三）师幼关系的协调者**

在传统的教师观中，教师被赋予一种绝对权威的地位。作为权威者，教师本人与社会认为教师对幼儿的要求都是合理的，当幼儿不遵守或服从时，教师可以对幼儿进行惩罚。现代教育观认为，幼儿是生命的存在，是个体"人"的存在，幼儿具有主体性。这要求改变传统教学中教师与幼儿在师幼互动中的不平等地位以及教师权威者、幼儿服从者的角色，建立教师与幼儿之间新型的师幼关系，幼儿教师应成为师幼关系的协调者与合作者，确立以情感沟通为核心的平等。

作为生活的同构者，教师与幼儿共同成长。在共同的生活中，教师与幼儿是在一种自由状态之中通过相互交流，获得理解，达到认识和情感的沟通，最终获得精神的满足。在共同的生活中，幼儿教师的外在灌输的权威性在淡化和隐退，幼儿被动吸收的被迫性在遗忘和消失，教师与幼儿不仅仅是一方说，一方听；一方指示，一方执行；一方示范，一方模仿，而是在鼓励、表扬、接受、认可、承认、分享、安全、友爱、真诚的生活中学会自信、耐心、感激、爱与自爱、慷慨、真理和公正，头脑平静地生活。

**(四) 幼儿园环境的创设者**

幼儿教师是幼儿园物质环境的创设者。教师应根据幼儿教育目标和本班幼儿的需要及身心发展的特点，因地制宜地为幼儿创设具有发展适宜性与文化适宜性的安全、丰富的物质环境。发展适宜性包括年龄适宜和个体适宜两个方面。玩具是幼儿最基本的学习工具，幼儿教师在为幼儿准备玩教具时应注意为幼儿选择具有教育性的，能启发幼儿智力的玩具，同时要考虑到幼儿的年龄差异和个体差异。文化适宜性主要包括对本民族文化的认同和对多元文化的认同，以及对文化多样性和差异性的理解和尊重。幼儿教师可以根据本地区或本民族的特色为幼儿设计游戏和玩教具，尊重不同民族幼儿的生活习惯和民主信仰。

幼儿教师同时也是幼儿园生活这一精神环境的创设者。幼儿园既是幼儿学习的环境，又是幼儿生活的环境。其中，教师的言行举止是决定幼儿对幼儿园生活的感受和体验性质的最重要因素。教师需要向幼儿展示她是一个值得信任的、可靠的人。教师要帮助幼儿以积极的方式与自己和同伴建立联系，并通过赞赏和鼓励帮助幼儿把自己看作是有能力独立活动的人。

**(五) 家长的合作者**

家庭对幼儿发展具有更大的影响力。作为专业工作者的幼儿教师要成为幼儿家长的合作者，要积极引导、影响他们，并相互交流学习，使家庭教育能与幼教机构教育配合一致，共同担负起促进幼儿发展的任务。

应当认识到，幼教机构是父母与孩子首次学习暂时分离的场所，幼儿教师是幼儿除了父母之外和他关系最密切的第一个成人。由于幼儿教师与家长在功能范围、对幼儿的关爱程度、幼儿对其的依附程度、责任范围等方面都有着不同程度的差异，因此，幼儿教师与家长的合作就显得更为必要。教师应帮助父母以科学的、建设性的方式来了解、关注幼儿发展。

## 三、幼儿教师专业发展的内容

多年来，由于人们对幼儿教师这一专业认识不够，很多人认为幼儿教师应该具备的能力就是唱歌、跳舞、画画、弹琴、手工等技能，而对于其他幼儿教师应具备的专业能力却有所忽略，如家园沟通、环境创设、反思能力等。1995 年 12 月 12 日国务院颁布的《教师资格条例》和2000年9月23日颁布的《〈教师资格条例〉实施办法》,对幼儿园教师资格认定条件、资格认定、资格证书管理等作出了具体的规定。2011年12月12日,我国教育部正式公布了《幼儿园教师专业标准(试行)》,将幼儿教师专业标准分为三个维度:专业理念与师德,专业知识,专业能力。该文件指出"幼儿园教师是履行幼儿园教育工作职责的专业人员,需要经过严格的培养与培训,具有良好的职业道德,掌握系统的专业知识和专业技能。《幼儿园教师专业标准(试行)》是国家对合格幼儿园教师专业素质的基本要求,是幼儿园教师开展保教活动的基本规范,是引领幼儿园教师专业发展的基本准则,是幼儿园教师培养、准入、培训、考核等工作的重要依据"。幼儿教师作为专业人员,应当了解幼儿教师专业发展的内容,主要体现为以下四个方面:

**(一) 专业知识**

教师的专业知识是教师工作知识技能性的保障,是教师专业发展的基础,幼儿教师的专业知识主要包括以下四个方面:

1. 幼儿生理、心理和教育方面的知识

认识和了解幼儿身心发展的基本特点和规律是做好教育工作的基本知识前提。幼儿生理和心理发展知识是对幼儿进行教育的基本依据。掌握幼儿教育的理论知识、幼儿教育基本规律和实践方法,是有效进行幼儿教育的基础。

2. 广博的文化、科学和艺术知识

学前期的教育是为人生奠定全面基础的教育,幼儿的发展是全面的、综合的,他们对世界的探索和认识也是多方面的。幼教机构一般不设分科的教学任务,幼儿教师对幼儿的教育内容涉及动物、植物、文学、数学、社会、天文、地理、物理、化学、艺术等多个学科领域。幼儿教师只有具备比较广博的科学文化知识和艺术知识,才能满足幼儿学习的需要,才能启迪幼儿的智慧,熏陶幼儿的人格,并且要根据社会和科技的发展,不断地更新自己的知识,完善自己的知识结构。

3. 扎实的专业学科基础知识

幼儿教师要正确地了解儿童、科学地教育儿童,并在教育实践中不断创新,就必须有扎实的专业学科基础知识。专业学科基础知识是多方面的,其中儿童心理学、学前教育学和学前卫生学是幼儿教师知识结构中必要的成分,也是幼儿教师做好工作所必需的基础知识。同时,教师要在教育实践中根据工作的需要不断拓宽专业知识面,如为了做好家长工作,还要学习家庭教育学。专业学科知识也是多层次的,特别是在知识迅速更新的今天,教师要树立学无止境的思想,在原有基础上逐步加深和拓宽自己的专业学科知识,不断提高自己的专业水平。

4. 丰富的实践知识

由于学前儿童思维的具体形象性,学前教育以实践操作活动为主要教育形式,因此,幼儿教师需要具备多方面的技能技巧,掌握丰富的实践操作知识,如唱歌、弹琴、绘画、手工制作及创编故事、讲故事等技能，这是幼儿教师不同于大、中、小学教师的突出特点。这些实践知识既能充实学前教育的内容，也是教育的重要手段。它们可使儿童在轻松、活泼、愉快的气氛中，形象直观地接受教育。

### （二）专业能力

教师的专业能力是指教师的教育教学能力，是教师在教育教学过程中所形成的能够顺利完成某项任务的能力和本领。教师的专业能力是教师综合素质的外在表现。对于教师专业能力的种类与结构，不同的学者从不同的角度给出了不同的观点，一般来说包括以下几个方面：

#### 1. 观察和了解儿童的能力

观察和了解幼儿是教育的前提条件，是教育过程的开端。幼儿教师要具有敏锐的观察力，及时发现幼儿的需要，掌握教育时机。学会做观察记录，了解每个幼儿的特点，促进每个幼儿富有个性地发展。幼儿教师只有深入地观察孩子、了解孩子，才能做到有的放矢。世界著名幼儿教育家蒙台梭利认为“每位教师都要将自己的眼睛训练得如同鹰眼般的敏锐，能观察到幼儿最细微的动作，能探知到幼儿最殷切的需要”。一个不会观察的教师是绝对不称职的。由于幼儿语言能力较弱，教师可以通过每天实实在在的与幼儿接触，仔细地观察、记录，从幼儿的言行中洞察出他们的心理活动，找出他们发展的倾向和动态变化的规律，获得幼儿发展的第一手资料，以便为对幼儿进行有针对性的教育奠定基础。

#### 2. 设计教育活动的能力

教育全班幼儿，促进全体幼儿在体、智、德、美等方面协调发展是幼儿教师的中心工作。设计符合幼儿特点，有效促进幼儿发展的活动，是幼儿教师必备的能力之一，也是教师智慧的体现。教师在设计教育活动的时候，应根据幼儿的思维特点，准备适宜的学具教具，充分调动幼儿的各种感官，以启发诱导和发散式等多种提问形式，激发幼儿学习知识经验的愿望，真正形成以教师为主导，幼儿为主体的正确的师生关系。

#### 3. 组织管理一日活动的能力

幼儿园的一日活动是丰富多彩的，既有生活活动，又有学习活动和游戏活动；既有集体活动，又有小组活动和个人活动；既有室内活动，又有室外活动……要使幼儿一天的生活有序地进行，教师就必须具有组织管理各种活动的能力，否则就无法胜任本职工作。幼儿教师要善于依据幼儿保教目标和本班幼儿的身心特点，制定教学计划，妥善安排本班的保教活动，使幼儿在生动活泼的活动中得到全面发展。例如，教师在组织幼儿小组活动和个别活动时，要根据幼儿的兴趣爱好、知识经验、言语动作、思维想象等方面的差异及活动内容的变化，灵活地对幼儿进行分组，使幼儿的组合始终处于一种动态过程中，并从幼儿个性、年龄差异和活动特点的不同实际出发，指导幼儿的小组活动和个人活动。

4. 沟通的能力

沟通是指人际之间信息的给予和接受。沟通能力是教师必备的专业能力之一。幼儿教师的沟通对象包括幼儿、幼儿家长和同事等。教师与幼儿的沟通是一个双向交流的过程。与幼儿良好的沟通不仅有助于了解幼儿，建立融洽的师幼关系，而且也为幼儿发表自己的看法、与教师交流、锻炼幼儿的语言和交往能力提供了机会。《香港学前教育优质计划标准》中指出："儿童与教师的沟通，可给予儿童发展了解自己及他人的机会，沟通态度的特色在于亲切，尊重个人，表现个性，积极支持以及相互回应。教师鼓励儿童与人沟通，并提供机会促进儿童的社交、情绪、生理与智力的发展。"教师与幼儿的沟通不仅包括言语沟通，还包括非言语沟通，如身体语言，目光、表情、姿势等等。

幼儿教师要具有与家长沟通的能力。家长是重要的教育资源。幼儿教师与家长的配合，有助于形成教育合力，有效开展幼儿教育。

5. 创设与利用环境的能力

环境是指对幼儿产生影响的各种物的因素与人的因素的总和，包括物质环境和精神环境。幼儿教师要善于发动幼儿参与环境的建设，充分利用已有的空间和材料设施，创造性地使用废旧材料和自然材料，为幼儿创设活化的物质环境。幼儿教师还要善于与幼儿建立和谐的师幼关系，调节幼儿之间的矛盾，创造良好的班风和心理氛围，为幼儿身心健康成长创设良好的心理环境。

6. 反思教育教学活动的能力

反思是立足于自我之外的批判地考察学生的行为及情景的能力。教师反思是指教师以自己的教学活动为思考对象，对自己所做出的行为、决策以及由此所产生的结果进行审视和分析的过程。只有通过反思，教育观念才会内化为教师自己的知识经验，最终转变为教师的教育行为。事实证明，不是教师拥有了先进的儿童观和教育观，教育行为就能自然发生改变，其中是要经历一个过程的。Osterman 等将教师的理论知识分为两类：一是"所倡导的理论"(Espoused Theories)，这种知识教师容易意识到，它更容易受到外界新信息的影响而发生变化，但它并不能对教学行为产生直接的影响；另一类是"所采用的理论"(Theories-in-Use)，这类知识直接对教学行为产生重要影响，但却最不容易被教师意识到，而且不容易受新信息的影响而产生变化，而是更多的受文化和习惯的影响。因为通过反思，教师才会关注自己行为与"所倡导的理论"的偏差，才会将"所倡导的理论"逐渐转化为"所采用的理论"。因此反思是理论和实践的对话，是沟通"所倡导的理论"与"所采用的理论"的桥梁，是新的教育观念转化为教师行为的关键。

7. 科研能力

随着幼儿教育改革热潮的掀起，幼儿教师的工作已经不仅仅限于带好班，组织好活动，教师要在实践活动中逐渐培养问题意识，从而提高自身的全面素质。在这一形式下，幼儿教师需要积极开展科研活动，在教育教学过程中发现课题，开展科研活动并利用科研促进教学。幼儿教师的科研活动应该本着“从实践中来，到实践中去”的原则，与幼儿园的教育教学实践活动密切相连，从而促进幼儿园保教质量的提高。如“如何提高幼儿的语言表达能力?”“怎样培养幼儿安静有序的进餐习惯?”“幼儿区域活动的个别指导”等。

8. 合作能力

教育幼儿本身就是一个复杂的工作，需要幼儿园内的工作人员相互合作，各司其职，各尽其能，齐心协力为幼儿提供一致的教育影响，从而达到较好的教育效果。一般来讲，一个班级有三名教师。作为幼儿教师要与本班的教师互相沟通，相互配合，本着互相尊重，团结协作的精神共同教育幼儿。

**(三) 专业伦理**

1. 专业伦理的诉求

当前，随着“学前教育三年行动计划”的实施，我国学前教育事业迎来发展的良好局面。但是，在此背景下我国幼儿园教师队伍依旧存在质量参差不齐的问题，导致“虐童事件”屡屡出现。浙江温岭女教师将5岁男孩扯着耳朵提在空中，虐童照片数张疯传网络；山西太原某教师因为孩子算不出10+1，连扇女童70余下耳光；重庆某幼儿园教师惩罚吐痰女孩舔吃痰；西安某幼儿园教师用锯条割破男孩的手腕……一幕幕触目惊心的虐童事件震撼着我们的心灵，不仅对幼儿造成了身心伤害，更是折损了幼儿教师的光辉形象。

造成这种情况的原因正是目前教育对教师专业化发展的关注停留在强调知识和技能的发展这一层面，对于教师专业伦理的关注不够，才会使得教师在进行教育决策或遇到教育中的利益冲突时，出现从教信念模糊、缺乏专业伦理意识、难以坚守正义立场等问题，因此，我们应尽快重塑幼儿教师的专业伦理。

2. 专业伦理的涵义

幼儿园教师专业伦理，是调整幼儿园教师人际关系的原则和规则，是对幼儿园教师基本人际关系的规范。它强调群体规范的意味较浓，是幼儿园教师在人、我关系的互动中，合乎专业伦理的行为规范，其规约对象指向幼儿园教师与其在幼儿园生活中互动的人的行为，强调公共意志，多指抽象、客观的“应然”规则。

幼儿园教师专业伦理，是幼儿园教师与幼儿、家长、同事以及社会互动时，需要遵守的专业行为规范，藉以维持与发展幼儿园教师与服务对象的关系，是社会分工条件下为了维护教师职业声誉、保护教师职业利益，对幼儿园教师进行的伦理约束。它仅在幼儿园教师专业范围内起作用；它的践行主要靠幼儿园教师的自律，要求幼儿园教师在服务供求及双方责任关系的基础上，自觉地遵守专业的伦理规范；它与学前教育的知识和技能紧密相连。

幼儿园教师专业伦理是教育伦理的组成部分，是学校教育、家庭教育、社会教育领域内一切重要的相关人员在教育教学过程中，应该遵循的基本规范和行为准则中包含的内容，是学校教育中学前教育幼儿园教师在幼儿园一日生活中应该遵循的基本规范和行为准则。

综合以上论述，幼儿园教师专业伦理可以界定为，幼儿园教师为了履行教师职责，满足社会需要，维护职业声誉而在幼儿园一日生活中应该遵循的基本原则和规则，它用以规范和约束幼儿园教师在执行相关专业活动时对幼儿、家长、同事及社会的行为。它不仅表现为教师对规章制度的遵守，更表现在教师的专业实践中。从服务对象来说，幼儿教师的专业伦理包括教师对幼儿的保教伦理、教师对家长的亲职伦理、教师对同事及领导的人际伦理以及教师对社区及社会的社会伦理。可见，幼儿教师专业伦理是幼儿教师这个专业共同体成员彼此之间或与社会其他团体互动时应遵守的基本伦理规范和行为准则。

幼儿教师专业伦理是幼儿教师专业化的重要指标和专业成熟的重要标志。教育对象的特殊性和教育任务的复杂性决定了幼儿教师专业伦理迷失的灾难性和重塑的迫切性。幼儿教师的专业伦理是教师这一良心职业至善至美的关键所在。

**案例 5-1**

**幼儿园教师虐童事件**

2012 年 10 月，浙江温岭城西街道蓝孔雀幼儿园女教师在幼儿园内把一孩子的两只耳朵拎着往上提，并叫另一教师用手机拍下这一幕。这张照片被曝于网络，遭到社会舆论的强烈谴责。随后，两名涉事教师被幼儿园辞退。主要涉事教师因涉嫌寻衅滋事犯罪被公安机关刑事拘留，参与拍照的女教师因寻衅滋事被行政拘留七日。

同年 10 月，有媒体报道，山西太原蓝天蒙台梭利幼儿园一女教师在短短十几分钟时间里，狂扇一女童几十个耳光。其他孩子也受到不同程度的施暴。事件发生后，涉事教师被公安机关处以行政拘留 15 天的处罚。涉事幼儿园也已被取缔。

2014 年 11 月，陕西咸阳彩虹幼儿园两名教师被曝以“孩子不听话、调皮捣蛋”为由，用医用针头针扎数名儿童。经查，涉事教师并无相关教师资质，已交由公安机关，处以拘留和罚款，幼儿园和教育部门相关责任人被撤职。

**评析**：近几年屡屡发生的幼儿园教师虐童事件令我们痛心，同时也反映出幼儿园教师专业伦理建设的紧迫性和必要性。

### （四）专业自我

教师专业自我就是教师在职业生活中创造并体现符合自己志趣、能力与个性的独特的教育教学方式以及个体自身在职业生活中形成的知识、观念、价值体系与教学风格的总和。库姆斯（Coombs）在《教师的专业教育》一书中提到过：“一个好的教师首先是一个人，他具有独特的人格，并知道以自我为有效工具来进行教学。”他还指出高“自我”的教师，倾向于“以积极方式看待自己，能够准确地、现实地领悟他们自己和所处的世界，对他人有深切的认同感,具有自我满足感、自我信赖感和自我价值感”。①

幼儿教师专业自我具体包括以下内容:幼儿教师对自我形象的正确认识、正确的职业动机、对当前职业现状的满意、对未来工作前景的期望等。幼儿教师专业自我的形成过程是教师在与外界环境的相互作用过程中不断提高教育教学素质的过程,也是教师职业生活个性化的过程,更是形成良好教师形象的过程。

**扩展阅读 5-1**

### 幼儿园教师专业伦理建设

1. 制订和使用专业的《幼儿园教师专业伦理规范》(以下简称《规范》)

首先,《规范》应该在幼儿园教师专业组织的组织下,在教育行政部门的监督下,在家长群体的参与下,由幼儿园教师群体自身通过理性商谈制订形成。其次,幼儿园教师专业伦理规范,是幼儿园教师在幼儿教育工作中遵循的伦理价值、原则与行为规范。《规范》在内容上应当包含伦理理想、原则和规范三个层次,坚持道德理想与底线伦理统一的原则。这样在给教师提供价值引领的同时,又能有效地指导教师避免错误行为。同时,《规范》在内容上应当涵盖幼儿园教师工作的各个维度,指导幼儿园教师处理好自身与幼儿、家长、同事、专业以及社会公众之间的关系,为幼儿园教师在各种情境下的教育选择提供依据。

2. 在准入环节加强对准幼儿园教师道德素养的考察

一般情况下,幼儿园教师的准入环节包括两个:一个是幼儿园教师资格证考试过程,一个是幼儿园教师招聘和录用过程。在当前我国的幼儿园教师资格证考试安排中,考官很难在短时间内全面了解和评估应考者的道德素养,并且难以通过测评技术把握住应考者的道德行为表现,只能通过典型的问题或情境考察到应考者的道德认识。基于现实,幼儿园教师资格证考试应当重点考察准幼儿园教师的伦理认识,将专业伦理认识上不合格者排除出去。在幼儿园招聘和录用过程中,幼儿园管理者可以通过实习考察等形式弥补资格证考试的不足,全面深入地考察准幼儿园教师的专业伦理表现。

3. 在职前和职后教育中加强幼儿园教师专业伦理教育

第一,在现有的教师教育课程中加入专业伦理分析的维度,使幼儿园教师意识到一切教育方法和方式的选择都应有伦理的考量,教育艺术的高低在一定程度上取决于教师专业道德素养的高下。第二,在教师教育课程中加入专门的专业伦理课程。首先,课程应当让学习者了解专业伦理的相关概念与理论,熟悉正在使用的《幼儿园教师专业伦理规范》。其次,课程应当通过案例分析、情境表演、讨论与辩论等教学形式,提升学习者的伦理分析与判断能力,帮助他们在真实的教育情境中迅速地做出正确的反应。

---

① 教育部师范教育司.教师专业化的理论与实践[M].北京:人民教育出版社,2003:53,66.

4. 建立一套保障专业伦理规范实施的监督、评估和奖惩机制

首先，我们应当建立专业团体自律机制，依靠幼儿园教师之间的互相监督和评价来落实专业伦理规范的效力。专业工作的完成需要综合运用专业知识，专业以外的人常常不能完全看懂专业人员的表现。从这个意义上说，同行之间的评议最深入、可靠。同时，在专业成员能够秉着对专业负责的态度评议同行的情况下，其评议的客观性最好，不会像家长一样只站在自己利益的一方来评价教师。

其次，我们应当正确地发挥家长和社会公众的监督力量，引导家长和社会公众对幼儿园教师进行长期的、客观的监督和评价。例如，教育行政部门可以定期地面向幼儿园家长和社区公众进行调查，了解幼儿园教师的专业伦理表现，并针对调查中发现的问题进行更加深入的跟进调查，及时纠正幼儿园教师的错误行为，表扬表现优异的教师。

另外，家长委员会也可以定期地组织家长对幼儿园教师的伦理表现进行评议，增强幼儿园教师的专业伦理意识，防止幼儿园教师失德行为的发生。

资料来源：冯婉桢. 从“虐童事件”看幼儿园教师专业伦理建设的重要性[J]. 河北师范大学学报(教育科学版)，2014(1)：104-108.

## 第二节 幼儿教师专业发展的途径

### 案例导入

#### 从新手到骨干——小林老师的十年职业生涯规划

小林老师从事幼儿园工作已经整整十年时间了，从进入幼儿园的那天起，小林老师就根据她自身的特点专门制定了切实可行的三年专业发展规划；在工作中，与同事友好相处，积极参加幼儿园举办的各项活动；在班级里，以爱心、耐心、责任心对待每一个孩子，争取成为孩子的大朋友；一有机会，就参加专业培训，珍惜每一次学习的机会，不断丰富自己的保教经验，提升保教质量。当三年专业发展目标完成后，小林老师又对自己的随后五年做了五年专业发展规划：对待家长工作要认真诚恳，努力寻求家长对幼儿园工作的理解和配合；认真钻研，争取在教育教学方面取得一定的突破；积极参加教科研活动，多总结反思自己工作中的不足，多写论文……

现在，小林老师已经是幼儿园里的骨干教师了，当谈及小林老师这十年的职业生涯时，她不禁感慨：这些年，我正是在不断的努力与规划中不断提升专业素质，提高工作技能，寻找工作技巧，专业发展规划让我有了前进的方向，努力的目标，每当我完成我的阶段目标后，我都会为之欣喜，并不断制定新的目标规划，这样，我才会成为一名更加优秀的幼儿教师。

[思考]

作为一名幼儿教师，有哪些途径可以促进自身的专业发展？

幼儿教师专业发展途径的效能直接影响幼儿教师素质能力的提升。从各国幼儿教师专业发展的经验来看,幼儿教师专业发展途径主要包括职前培养和职后培训两大方面,旨在培养幼儿教师具有基本的伦理道德,提升幼儿教师的专业能力。因此,应该重视幼儿教师的职前培养和职后培训,促进幼儿教师的专业发展。

## 一、职前培养

职前培养作为幼儿教师专业发展的重要途径,不仅为新教师走上工作岗位,适应工作要求做好前期准备,也是为教师个人专业发展夯实基础、积累经验的过程,对于教师专业信念的养成、专业知识理论的获得以及专业能力的培养等具有重要意义。

### (一) 培养机构

长期以来,我国幼儿教师的培养一直是由中等幼儿师范学校、师范学校以及职业高中的幼师班承担的。初中毕业生通过文化考试、艺术体育加试、专业面试,被择优录取在这些教育机构里学习 2～3 年,掌握基本的幼教专业知识和技能,毕业后分配到幼儿园等幼教机构任教,成为我国幼教一线的主力军。

1999 年 3 月教育部颁布《关于师范院校布局调整的几点意见》,要求师范院校层次机构目标由三级向二级师范过渡,逐步取消中等师范教育,初步形成了以本科、专科为主的学前教育师资培养体系。全国许多高等师范院校学前教育专业、高等幼儿师范专科学校开始招收应届高中毕业生,进行 2～4 年的专业教育,使他们掌握更为系统的理论知识和一定的教育技能。学生在毕业后到幼儿园或其他幼教机构工作。

近几年来,幼儿教师培养机构发生了很大变化。随着教育改革的深入发展,各级政府也都加快了对幼教师资培养工作改革的步伐,许多中等幼儿师范学校相继开办了幼教大专班;一些高校的学前教育专业也从教育系中独立出来,成立了专门的系、所;有的高校的学前教育专业还与当地的幼儿师范高等专科学校、幼儿师范学校合并,组建学前教育学院,出现了从培养专科生到本科生、直至研究生的不同层次的幼教工作者的新格局,以造就一支庞大的高质量的幼教师资队伍。

### (二) 培养目标

目前仍有相当一部分人认为幼儿教师的职业技能就是唱歌、跳舞、绘画等,在教育活动中往往以教师是否具有这些技能评价教师的教育水平,而在相应的幼儿教师师资的培养中也存在"艺体化"倾向。随着课程改革的深入开展,幼儿教师的素质问题日益突出,原先"技能技巧型"的教师逐渐意识到"教育素养"的重要性,幼儿园和培养机构也纷纷开始着手提高教师的教育能力,这在一定程度上提高了幼儿教师的教育素质,但要根本解决问题,还得在源头上下功夫。幼儿教师的职前教育应尽快改革,以培养出适应新时代需要的幼儿教师,这样才能保证向社会输送优秀的教师,才能从根本上解决教师的素质问题,保证《幼儿园教育指导纲要(试行)》的顺利贯彻。当然,本科学前教育专业的定位也不能沿袭20世纪50年代以来的做法———仅定位于培养中等幼儿师范学校教师、幼教管理干部及幼教科研人员，过于注重理论知识的传授和掌握，而应以培养高素质的学前教育工作者为目标，全面提升幼儿教育师资的素质。

### （三）课程设置

我国幼儿教师的职前培养没有专门的培养计划，没有统一的要求与标准，更是缺乏具体的评价指标。一些院校课程设置也存在比例失调现象，理论课程比例过大，课程内容老化，理论指导下的实践应用明显不足，突出职业技能的课程较少。幼儿教师培养学校自行组织教育实习，时间较短，结束后的实习总结也往往走形式，对学生适应幼儿教师这一职业没有多大帮助。传统的学前教育专业课程体系是由“三学六法”构成，其中“三学”指《学前教育学》、《学前心理学》和《学前卫生学》，“六法”指《幼儿园语言教学法》、《幼儿园数学教学法》、《幼儿园常识教学法》、《幼儿园体育教学法》、《幼儿园音乐教学法》和《幼儿园美术教学法》。幼儿园课程改革使幼儿园正在改变过去分科教学的局面，幼儿园教师有更多的空间选择教学模式。幼儿教师必须具有更强的教育能力，能够适应各种教学模式。

课程是教育的载体，是其培养目标的具体化。学前教育的职前培养也要突出“课程渗透”的教学理念，在各课程的教学活动中既要注重学生专业基本理论知识的学习，更要突出学生的技能培养，使学生能把课堂学习的理论迁移到具体的幼儿园活动情境之中，同时要配合进行相应的技能考核，从而增强幼儿教师的职业技能，也有利于促进学前教育专业学生良好素质的全面提升。

## 二、职后培训

幼儿教师职后培训是一项长期的任务，《基础教育课程改革纲要》明确指出：“地方行政部门应制定有效、持续的师资培训计划，教师进修机构要以实施新课程所必需的培训为主要任务，确保培训工作与新一轮课程改革的推进同步进行。”人们逐渐认识到，教师同其他职业不一样，是一种“学习”的职业，从业者在职业生涯中自始至终都需要定期更新和补充他们的知识，技巧和能力。因此，各级教育行政部门应该为幼儿教师创造有利条件，促进幼儿教师的专业成长，提升幼儿教师的专业化水平。目前，幼儿教师在职培训的途径主要有几下几种方式：

### （一）新老教师“师徒结对”

幼儿师范学校或者高校学前教育专业培养的学生在校经过专业学习，具备一定的理论素养和弹、唱、跳、画等专业技能，毕业后进入幼儿园工作，从学生到教师的角色转变需要一个适应过程。丽莲·凯兹曾将新教师入职的第一年称为“求生阶段”，认为刚入职的幼儿教师内心充满恐惧和忧虑，有严重的挫折感，特别需要精神上的安慰和技能上的指导。如果新教师在入职初期只靠自己单打独斗来熟悉职业过程，这个过程相对来说会比较艰辛，新入职教师会走很多弯路，甚至给幼儿园的保教工作带来一定的影响。为了促进新教师的专业成长，幼儿园一般都会采取“师徒结对”的方式，由幼儿园一位资深的老教师或者经验丰富的教师作为“师父”，对新入职的教师进行一对一的指导带教，帮助新教师尽快熟悉工作业务，进入工作状态，提高工作能力。

师徒制在传统手工艺和文艺领域早已存在，教育领域历史上也有“艺友制”的提出。以老带新，老教师与新教师搭班，老教师作为“师父”言传身教，新教师作为“徒弟”则通过观察和模仿来学习。“师徒结对”可以发挥幼儿园骨干教师的带动作用，将优秀的教学经验教给新人，帮助新入职教师尽快适应工作节奏、进入工作状态，能促进新入职教师的职业适应，加快使其逐渐成为幼儿园教师队伍中坚力量的速度。下面是某幼儿园的师徒结对计划：

### 案例 5-2

**某幼儿园师徒结对计划**

第一学期

九月份：签定师徒结对协议，指导新教师熟悉整册教材，制订出切实可行的教学计划。加强学习，在学习中丰富提高，学习新课程理念。

十月份：师父上示范课，并听徒弟的课，共同研讨，共同备课。在教学实践中，提炼教学特色，设立成长目标，使之能轻松驾驭课堂。师父和徒弟共同探讨多媒体技能的运用。

十一月份：随时随地教研，研究教材、教学、提高专业技能，共同探讨教学论文，推荐参评。不断参加各种教学活动，促进个人素质不断提高。

十二月份：指导制订复习计划，研讨如何上好复习课。

第二学期

三月份：指导制订教学计划，并学习几篇教学新理念的文章。

四月份：参加开放周教研活动，听课评课，共同备课。师父每月至少听徒弟两节课，并给出导评，使徒弟进一步提高课堂教学能力。

五月份：交流教学案例，提出意见，及时整改。师父与徒弟商讨为园内汇报课一节，在大型教学活动中与商讨徒弟设计方案，完成上课任务。

六月份：上示范课，听徒弟课，共同研讨。师父与徒弟商讨选定一项教改实验课题。

七月份：指导制订复习计划，撰写学生寄语、教学及个人工作总结。

带教成果

1. 能较顺利地开展幼儿园一日活动，熟悉一日活动流程，能独立带班。

2. 能独立制定一日活动计划，初步设计适合中班幼儿年龄特点的集体活动，能按照计划实施活动。

3. 了解并实施保教结合的幼儿教育，对幼儿的保育工作有一定的敏感度。

4. 了解与家长交流沟通的几种方式，掌握与家长的基本沟通技巧。

**评析：**师徒结对计划若想取得成效，切实的执行和及时的跟踪很重要。

### （二）观摩优秀教育教学活动

一次优秀的教育教学活动往往是教育者精心设计并认真准备的教育活动，它集中反映了教师在教学设计、教具制作、组织教学等方面的技能和技巧。观摩教育活动可以让观摩者从中体验到多种教育风格，学到各种教学技能和技巧。课堂教学观摩可分为组织化观摩和非组织化观摩。一般来说，培训新教师宜用组织化观摩，这种观摩既可以现场观摩，也可以观看优秀教师的教育教学录像。非组织化观摩要求观摩者有相当完备的理论知识和洞察力，否则难以达到观摩学习的目的。观摩活动之后，观摩教师和被观摩教师可以在一起研讨，被观摩教师可以通过观摩教师的点评，反思自己在教育活动中的言行，从而有意识地调整教育教学行为；观摩教师则可以借鉴、学习他人优秀的教育经验。同时，教师们在研讨中常常会就教育活动中的某一个问题产生不同的观点和思想的碰撞，这种碰撞能有效地提高教师们的专业水平。下面是某幼儿教师在观摩教学活动后的心得体会：

### 案例 5-3

#### 幼儿教师教学活动观摩心得

一、活动的基本内容

本次活动共有 4 位老师向我们展示了优秀的教学活动。

第一节：小班数学活动《数气球》，活动重点是让幼儿手口一致地点数 5 以内的数量。朱老师通过帮小动物数气球的线索让幼儿在游戏中学习数数的小本领。活动中老师制作了课件，并结合课件让孩子进行按物点数，幼儿学习的积极性很高。本学期我也是带的小班，所以有很多值得我学习的地方：教师根据幼儿的特点将枯燥的数学活动融入游戏活动中，充分调动了幼儿的积极性，在游戏中轻松学到本领。

第二节：大班数学活动《年妈妈的一家》，重点是让孩子初步理解年、月、日之间的关系。年、月、日之间的关系是很抽象的，教师通过引导幼儿观察、动手操作等方法，让幼儿来理解。数学活动可以培养幼儿的逻辑思维能力、理解能力等。在数学活动中教师如何使用科学的提问引导幼儿朝老师的思路去思考？是值得我深思的一个问题。

第三节：中班综合《有趣的肥皂》。在活动前王梅老师做了充分的准备工作，提供了各种各样的肥皂，有很多是我平时都没有见过的，孩子们更是异常的高兴。幼儿通过看看、摸摸、玩玩，对我们生活中最常见的肥皂有了更深的了解。活动的目标很轻松的达成了。这节活动令我最深刻的是王老师的语言、教态。活动中的每一句话、每一个动作，都能吸引孩子们的眼球。

第四节：大班歌表演《乌鸦和狐狸》，这节活动老师运用了《桃花朵朵开》的旋律，把乌鸦和狐狸这个故事的情节融入到歌曲中。形式比较新颖，幼儿的积极性高，能根据歌曲的情节大胆的表演。教师在活动中的情绪也感染了幼儿。

二、心得体会

此次观摩活动收获很大，最大的收获就是，我明白了无论是幼儿还是老师，做任何事情都要勇于尝试，因为只有在实践的过程中，你才能发现问题之所在，才能收获，无论是成功还是失败，对于我们的专业成长都是有很大助益的。

在学习之余，也反思了自己的情况。平时在园，活动准备显得很仓促，不够全面，在教学的时候，往往只是遵循教科书上的方法步骤，不能够将它与现实生活结合起来，多采用孩子们喜欢的方式来进行。此次的观摩活动我受益匪浅，我决定在以后的教学中要很好地学习、借鉴老师们的丰富经验，多探索，多发现，多思考，更好地融入活动情境，放开自己，提高教学水平和教学质量，让每个孩子都能快乐地接受知识，快乐地学习生活！

**评析**：观摩优秀幼儿园教师的教育教学活动有助于幼儿园教师学习到多种教学技能技巧，提升自身专业发展水平。

**（三）园本教研**

苏联教育家苏霍姆林斯基曾经说过："如果你想使教育工作给教师带来欢乐，使教师每天的上课不变成单调乏味的义务，那就请你把每个教师引上研究的幸福之路。"20世纪60年代，伴随着"教师成为研究者"的运动，校本教研的理念在美、英等国兴起，随后迅速在世界范围内得到认可和传播。世纪之交，随着我国第八次基础教育课程改革的逐步推行，注重理论与实践相结合的园本教研思潮在我国迅速兴起并得到发展，至今已成为备受推崇的幼儿教师专业发展的有效形式。

园本教研活动是一种以幼儿园为研究基地，以一线教师为研究主体，以教师在教育教学实践中所遇到的真实问题为研究对象，以提高教师教学水平以及幼儿园保教质量为目的的研究活动。园本教研活动是幼儿园管理工作的重要组成部分，是促进教师专业发展的有效手段，是提高幼儿园保教质量的有力工具。园本教研强调教师的主体参与和个人反思，强调每所幼儿园作为一个"学习型组织"在教研活动中的整体作用。园本教研的形式多样，有专题式教研、课题式教研、观摩式教研、对话式教研等。教师在通过研究教育教学中的问题，找到解决问题的途径这一过程中获得提高和发展。

园本教研突出了教学研究对教师专业发展的重要作用，把教师从研究的"配角"和"被动执行者"的角色中解放出来，充分调动教师和学校在教学研究中的主动性与积极性，促进教师专业自主发展。下面是某幼儿园关于一节优秀课例的教研活动实录：

## 案例5-4

### 《三只熊的早餐》教研活动

教师A：今天我们组织小班教研组活动，观摩一节优秀课例《三只熊的早餐》，我们就三个问题讨论：

1. 围绕小班年龄特点，研讨教师预设的提问是否适宜？

2. 教师是怎么回应的，是否合适？

3. 教师的这些行为能否为解决重难点服务？

教师A：在活动中，老师的目标是让幼儿在活动中感受事物的大小、多少与三只熊的关系。所以在整个活动的开展中，老师都是为这个目标而服务的。如：老师先从三只熊的大小区分谁是熊爸爸、谁是熊宝宝、谁是熊妈妈，让幼儿首先有一个区分大小的概念，然后利用这个概念区分了三只熊的餐具，使经验得到了巩固。

教师B：同时，教师出示了三只熊喜欢吃的食物，从食物中区分熊爸爸、熊宝宝、熊妈妈各吃哪一份。但是在食物的区分中，老师并不是随意地出示，她每次的出示都是在幼儿前一者的经验基础上进行的，让这个区分过程层层递进。

教师A：请举例说一下具体过程中教师是如何操作的。

教师C：如通过餐具的区分，幼儿已经有了熊爸爸吃得多、熊宝宝吃得少、熊妈妈吃得不多也不少的经验基础，所以老师首先出示三瓶不同高矮的蜂蜜，接着老师出示的是三个一样高、但粗细不一样的玉米，对于粗的多、细的少，幼儿不能很好地通过视觉加以区分，让幼儿从粗细中区分多少则比区分蜂蜜的多少要难一些了。

教师A：那么，教师在教学的过程中说了哪些话是来帮助幼儿解决重难点的呢？

教师E：它们家有几只熊，猜猜分别是谁。首先在人物的引出上，教师就一开始让幼儿确立了大、中、小的三个关系，为后面分食物做准备。

教师A：那么你们觉得整节活动的难点在哪里？

教师C：分苹果的时候。

教师A：大家都同意吗？那么在这个分苹果的难点上教师是如何把握的？是如何让幼儿消化这个难点的呢？

教师B：首先教师提要求：6只苹果都要吃，熊爸爸要多吃点，熊宝宝要少吃点，熊妈不多也不少，其次让幼儿在操作的过程中发现问题，最后进行集体验证。

教师A：还有，老师利用了操作法，它是幼儿建构知识的基本方法，幼儿在动手操作中，在与材料的相互作用过程中进行探索学习，操作主要是让幼儿感知大、中、小，提升经验。

教师D：最后教师有一个验证，交流讨论，在验证的过程中，让幼儿和好朋友说说为什么这么分，在分的过程中，观察大小，充分让幼儿表达自己的看法，进一步感受到了参与活动的乐趣。

教师 A:那么今天观摩了老师的优秀课,老师在提问和回应上都是非常巧妙的,恰到好处的提问和回应除了能帮助幼儿及时梳理,归纳知识,也能让幼儿更好地吸收所要掌握的内容。在今天的讨论过程中我们也梳理一下提问和回应所要注意的地方。

1. 提问数量不宜多,教师语言简练。

2. 满足大部分幼儿发言的需要。

3. 当幼儿无法回答问题时,教师可再等待一会儿或给予一些提示性的话。

4. 对于幼儿的回答教师应该具有针对性的评价和提升性的小结。

**评析**:在幼儿园教研活动中,只要每位幼儿园教师都认真参与,就可以达到教研的效果,提升幼儿园教师的专业发展水平。

**(四) 微格教学**

微格教学起源于20世纪60年代初的美国,首先在美国的斯坦福大学开始运用,后来传到英国、澳大利亚以及世界各国。我国在20世纪80年代中期开始引入微格教学的理论和实践,并逐渐对其开展更为广泛的研究和应用。

微格教学是一种利用教育技术手段来培训在职教师课堂教学技能的培训方法。微格教学的创始人之一阿伦教授将其定义为:"它是一种缩小了的可控制的教学环境,它使转变成为或已经是教师的人有可能集中掌握某一特定的教学技能和教学内容。"微格教学是随着现代信息技术革命而诞生的一种教学方式,它把复杂的课堂教学能力分解为不同的单项教学技能,并对每一项技能都提出训练目标和考核标准,使每一种技能的训练都明确具体,具有很强的可操作性,从而使学习者容易掌握。对于新教师而言,微格教学有助于新教师更加直接和深入地分析自己的教育教学行为,增强改进活动组织的针对性。

微格教学的主要特点有:第一,微格教学是一个可控的实践系统。首先培训者根据职业技能的要求设计制定各项培训目标,然后通过一定的方式和手段传递给学习者,学习者接着进行实际操作,培训者再通过巡回观察指导、技能考察、教学实习等方式进行及时反馈总结,最后对学习者正在进行的某一项教学技能的学习情况进行分析评价,指出成功和有待改进之处。因此微格教学具有一定的可控性,是一个环形的实践教学系统。

第二,微格教学的针对性强,目标明确突出。教师的任何教学过程都是对多种教学技能的综合运用,形成整体的技能结构,微格教学将这个整体分解为单项技能,如讲解的技能、提问的技能以及演示的技能等方面,这样具体的、具有针对性的分解便于确定技能训练的目标,便于将目标转化为具体的行为。

第三,微格教学的过程是一个实践和操作的过程。实践性和操作性是微格教学区别与其他培训方式最本质的特点。微格教学的目标就是使教师掌握实际工作所必需的教学技能,学习的过程就是对这些技能进行专门的训练,因而学习的过程也就是操作的过程。

第四，微格教学注重即时反馈。在微格教学中，培训者不但会对学习者的表现立即做出反馈，而且会将学习者的技能训练或实践过程摄录下来，并及时回放，反馈给学习者本人，让他们能够通过观看录像获得自己教学行为的直接反馈。然后培训者和学习者一起分析、评价这个实践操作过程。这种直接和间接的反馈有利于学习者根据培训目标，客观地分析和调整自己的教学行为。

大量的实践证明，作为专门为提高教师的教育教学技能而设计的一种教学方法，微格教学改变了传统的师资培训方式，突出了技能训练，有助于教师提高教学技能，从而达到提高课堂教学质量的目的。下面是某幼儿园教师微格教学的过程及体会：

**案例 5-5**

**某幼儿园教师微格教学的过程及体会**

小班的幼儿刚入园前两个星期，尽管老师示范、手把手教孩子如何坐、活动中该注意哪些规则，可农村小班的孩子由于隔代教育，各方面习惯较差，他们依然我行我素。比如：正在教学一首儿歌，有的幼儿会突然下位打别人一下；有的幼儿会离开小椅子坐在地上；有的幼儿会大叫一声……这些不良习惯常常会使活动无法正常开展。如何利用好“微格教学”采用一些行之有效的方法改正这些不良习惯迫在眉睫。

“微格研练”能让我们的教师和幼儿清楚地发现自己的缺点。于是，我把师幼的课堂活动拍摄下来，再用白板展示给幼儿看。“哇！你看李思乐坐在地上！”“赵士雅跑下位了。”“李梓宣还捏王耀阳的脸！”孩子们立刻你一言，我一语地议论开了。“孩子们，你们看谁表现好?”我引导地问。“陈欣诺坐得最好。”“曾翰晨回答问题声音最响亮。”“张蕊小手举得最高。”……孩子们立刻抢着回答。白板就像一面镜子，孩子们的眼睛是雪亮的，他们马上看到问题。“那下次活动课我们就同陈欣诺、曾翰晨、张蕊比一比，看谁表现得最好，行吗?”我接着又说，“好！”孩子们立刻大声应道。

从这次小小的“微格演练”中，孩子们发现了自己的不足，看到了别人的长处；同时作为教师的我也看到了自己教法上还有待改进，效果是明显的。

**评析：**在此次微格教学中，不仅孩子看到了自己的缺点，幼儿园教师也看到了自己的不足，正所谓教学相长。

**（五）合作学习**

21 世纪的今天，合作已经取代竞争，成为信息社会的主导生存模式。合作学习被认为是促进个体知识建构的重要途径。当前，教师专业发展已经从以往关注教师的自治和个人发展转变为强调合作文化和教师的集体成长，教师要实现专业的深入发展，必须突破以往存在的彼此孤立与封闭的现象，进一步开放自己，学会与他人进行合作，加强教师之间以及在教育实践活动上的专业对话、沟通、协调和合作，共同分享经验，通过互动互相学习、彼此支持。因此，构建教师合作与互动的氛围，是新世纪和教师专业化提出的一项重要课题,也是教师专业发展中一条新兴的有效途径。在教师教育实践中,合作学习理论引入教师专业成长的学习实践活动中,有利于教师通过相互合作学习共同探讨解决专业成长的问题,并且通过相互支持和强化获得专业支持,拓宽自己的专业视野和专业实践理论,形成专业自信心,巩固专业理想,解除教师的职业孤独。

合作学习,就是在教师的指导下,学习者组成学习小组或学习团队,为了完成共同的任务,有明确的责任分工的互助性学习的方法。合作学习是一种有明确目标导向的活动,为了达到一定的学习目标而展开,合作学习小组成员之间是一种同伴互助以及相互依赖的关系。合作学习侧重于以群体学习、以学习者为中心来组织教学活动,强调学习者的合作意识以及在学习、认知、情感等方面的积极影响。在教师培训中实施合作学习,就是把参加培训的教师根据其能力、性格等方面的异质性分成不同的学习小组,以学习小组为基本组织形式来完成一定的学习任务,并以小组的总体表现作为评价学习效果的主要依据。

合作学习法的主要特点有:第一,合作学习是以小组活动为主体进行的学习过程。合作学习的主体是小组,好的合作小组的构建是合作学习得以顺利开展的前提。合作小组的组成遵循“组内异质、组间同质”的分组原则,以有利于小组成员之间的互补与合作。在教师的在职培训中,可以按照专业水平、性格与性别等内容对教师进行分组,一般认为最理想的合作小组的规模是2～6人。

第二,合作学习是一种有明确目标导向的活动,是为了达到一定的学习目标而展开的。合作学习小组首先要有一个共同认可的目标或一项既定的任务,并把小组的共同目标与每一个小组成员的个人目标统一起来。共同的目标是小组合作的内在动力,在教师培训中这种共同目标可以是小组教师共同关注的一个教育问题,也可以是培训者提出的一项具体任务等。

第三,合作学习小组成员之间是一种同伴互助以及相互依赖的关系。在合作学习过程中,会将小组的共同目标分解成许多具体的子目标,每一个小组成员承担着某一个子目标,小组内部没有竞争和压力,只有积极的相互依赖和影响,小组真正成为一个和谐的“学习共同体”。

第四,合作学习以小组的总体表现为主要依据来评价最终的学习效果。合作学习过程中会定期评价小组成员共同活动的情况,其目的在于帮助小组保持学习活动的有效性,从而帮助小组成员学会更好的合作,最终提高小组成员的合作学习水平。在教师的在职培训中,如果将培训任务转变成教师合作小组的共同目标,以小组的总体活动情况来评价任务的完成效果,无疑会促进和提高小组中每一个教师学习的效果。

合作学习在我国教师培训中的运用还处于萌芽阶段,却是一个值得期待的方向。当合作的品质越来越成为现代社会的必需品质时,无论是学生还是教师,都需要在自己的学习中不断体验到合作所带来的益处和积极的心理感受。而且,越来越多的实践也证明,作为成人学习者的教师在合作的环境中进行的学习,其效率远远高于个人的“单打独斗”。下面是合作学习小组的分组形式及内容的选择建议：

**案例 5-6**

**合作学习小组的分组形式及内容选择**

合作学习小组通常由 4 人组成，也可 5～6 人，在合作学习初期小组人数尽量少些，以使教师们能够适应其中的角色，这之后才可以设立更大的合作小组。在人员构成这一问题上，幼儿园应对全园教师进行认真地分析设计，最佳的方法是按照教师的异质分组，即每组合作学习成员的组织能力、学习能力、思维创新意识以及年龄等都要均衡。小组成立后要确定每个小组中成员的分工，可以采取轮岗制，如组长负责组织，管理工作、报告员负责写学习报告，代表小组进行学习成果汇报等。至于组建小组的方法，有几种建议，在刚组建时可以由教师自己来选择，进而再由幼儿园宏观的调控践行个别的调换；也可设计一份问卷，根据教师的回答情况进行分组。在形式上可多种多样，如：签订师徒协议的师徒对子；同年级组的备课小组；自由结伴的资源互补小组等。

合作小组分组的合作期间，切实可行的办法是以一个学习小组为单位，这样才能保证组内各成员相互依赖、合作学习的关系确定。而在小组合作学习实施一至两学期，教师合作学习初步形成后，幼儿园可根据教师实际异质进行分组，以使各组达到尽可能的均衡。

教师合作学习内容的选择应具有幼儿园自身特点的适宜性。首先，要有一定的普遍性、开放性，具有探究和讨论价值，同时也要有一定的难度；其次，合作学习研究的问题应该是教师个体无法完成或个体无法有效完成的，也可能是受到外在条件限制需要小组合作学习的问题；合作内容应有利于集体研究，促进合作学习，能产生积极的态度、强烈的愿望。

恰当的合作学习内容是保证小组合作学习有效性的前提和关键。教师要根据教学内容、幼儿实际和教学环境条件等，选择有价值的内容，精心设计小组合作学习的问题，其基本流程是：发现问题—学习准备—设计实施—总结反思。即通过听课、观课和研讨交流，发现教育现象中的问题，确定合作学习研究的方向；寻求各方面的支持；研读、研讨理论，构建共同愿景；围绕某一主题讨论具体方案，组织实践活动；整理有关资料，组织反思交流，分享研究经验。合作学习内容还可涉及教师技能技巧方面、信息技术方面、教育教学特长、班级保教管理工作的交流等方面。

**评析：**恰当的分组和学习内容的选择是保证合作学习有效性的重要条件。

### （六）参与式培训

20 世纪 60 年代，参与式培训首先在国外的一些扶贫项目中得以提出和运用，研究者们认为“外来的专家”应该与当地人合作，充分调动当地人的积极性和自信心，使他们逐渐有能力解决自己的问题和改变自身的处境。后来，参与式培训被认为是一种十分有效的方式，被广泛应用于教师培训中。从 90 年代中后期，参与式培训也被用于我国新课改的教师培训之中。

参与式教师培训使用的是“参与式方法”。“参与”指的是个体卷入群体活动的状态，既包括个体是否“在场”并与其他成员进行互动等外显行为，也包括个体在认知和情感方面卷入和影响群体活动的状态和程度。参与式培训指的是那些能够使个人参与到群体中，并与其他个人合作学习的方法。它没有固定的形式，使用者可以根据自己的需要和条件即兴创造。在教师培训中，通常使用的方法有：小组讨论、案例分析、观看录像带、看课、评课、角色扮演、填写图表、画图、相互访谈、辩论、小讲座以及其他根据培训内容而设计的游戏和练习。参与式教师培训的基本原则有：平等参与，共同合作；尊重多元，形式多样；利用已有经验，主动建构知识；重视过程，促进改变；理论联系实际，具体与抽象相结合。

参与式培训主要有以下几个特点：一是它不仅使教师能在最大程度上学会主动学习，而且能有效地促进教师自我发展和提高。二是参与式培训不同于以往单纯的听讲和观摩，它要求教师参与其中，在活动中相互学习，主动探索。三是教师要调动原有的经验，探讨和解决新的问题，要用自己的行为去实践自己所获得的认识和构思，再通过实践与尝试丰富和调整自己原有的认识。四是在参与式培训中，培训者和受培训者的角色有了一些改变：受训者不仅仅是被动的听众和记录者，他们已变成了主动学习的探究者；培训者也不只是把理论观点讲给教师听，他变成了受训教师在学习中的支持者、鼓励者、引导者和促进者，培训者的一项重要工作是主动学习，积极探索，同时，帮助受训教师在原有经验的基础上提升理论。

参与式培训需要教师大量参与，因此培训班人数不能太多(30 人以内)，而且要分成小组，每组至少要有以下 5 种角色：召集人、记录员、计时员、噪音控制员和汇报员。

## 案例 5-7

### 某幼儿园教师参与式培训心得体会

在本次美术素养专题培训中，选择了色彩这一内容，开展了生动有趣的参与式培训活动。培训老师事先做了非常认真的准备，她以 PPT 的形式，带领组员走进了奇妙的色彩世界，先让组员们了解了色彩的定义和基本特征，知道了色彩组合的规律与特点。然后，有心的培训老师选择了几幅具有典型性、代表性的大师作品与老师们一起欣赏感悟，她从每一幅作品中色彩的运用与搭配向老师们做了详细的介绍与分析，深入浅出地帮助老师们领悟到色彩虽然千变万化却万变不离其中(补色、相邻色的运用)，解读了大师们如何利用色彩——这种无声的艺术语言来表达自己内心深处的情感世界。如：充满收获喜悦，以橙、黄为主色调的米勒作品《拾穗者》；既有点写实又有点叛逆的莫奈作品《日出·印象》；以热烈向上的黄色为主色调，充满着对生活激情和向往的梵高作品《向日葵》……正当组员们还沉迷在视觉魅力与情感魅力双重享受的“极乐世界”时，培训老师适时地抛出了本次培训的“实地演习”任务——静物写生，现场创作一幅作品，要求用色彩表达自己的想法与情感。

培训老师早已准备好了绘画所需的一切材料，经过一番分发和准备，以及短时间的思考，教室里逐渐安静了下来，伴随着优美舒缓的音乐，老师们开始投入创作。没过多久，一张张完整的作品就跃然纸上。我们不得不为老师们扎实的美术功底和优秀的美学素养所折服，无论从色彩、构图、造型去看，每一幅作品都有其独道之处，都有让人为之赞叹和学习的地方！我们的研究正是在这种参与式的分享、快乐中体验和成长着。

**评析：**在真实的培训情境中，幼儿园教师的参与性更高，实现了由被动接受到主动探究的转变。

### （七）案例教学

案例教学在专业教育中的应用可以追溯到20世纪初，在此后的100多年里，案例教学在法律教育、医学教育和商业教育领域发挥了重要作用，同时也在实践运用的过程中不断得到发展和完善。案例教学在教育学领域特别是师资培训中的应用源于20世纪70年代，并在80年代以后逐渐得到较广泛的运用。

从广义上讲，案例教学可界定为通过对一个具体教育情境的描述，引导学习者对这些特殊情境进行讨论的一种教学方法。在一定意义上它是与讲授法相对立的。在案例教学中，教师/培训者与学生/学习者承担着更多的教与学的责任，要求有更多的投入和参与。教师/培训者的主要责任在于选择适当的案例，在没有适宜的案例时甚至要自己动手撰写案例；以一定的程序呈现；组织讨论，引导、增进和提高学习者对问题的识别与解决能力等。学生/学习者的责任在于分析、讨论教师提供的案例，在观点和策略的分享和交锋中预见和了解解决问题的种种可能。最终也许没有确切的结论，但还是能从中得出对自己日后的教育教学有用的结论来。在采用案例教学进行的培训中，每一个个体都需要贡献自己的智慧，没有旁观者，只有参与者。

案例教学的主要特点和作用是：第一，案例教学为学习者提供了一个接近真实的情境，大大缩短了教学与实践、教学情境与实际生活的真实情景之间的差距，学习者更可能做到学以致用。第二，案例教学的关注点不仅仅是获得能够真正理解知识、原理和规则，而是学习者获得实际解决问题的能力。第三，运用案例教学进行教师培训，可以帮助教师理解和学习面对教学中出现的各种问题，学习对教学进行分析、反思和讨论的方法。

### （八）行动学习

行动学习产生于20世纪50年代的英国，首先被应用于企业培训中对职业经理人的培训，至70年代逐渐被引入英美等国的继续教育和教师培训中，并发挥了颇为显著的作用。到90年代，行动学习受到世界各地的研究者的重视和实践，在当代的培训领域产生了深远的影响。

行动学习是一个以完成预定的工作为目的，在同事支持下的持续不断地反思与学习的过程。在行动学习中，参加者通过解决工作中遇到的实际问题，反思他们自己的经验，相互学习和提高。教师培训中的行动学习就是由约10位教师组成的行动学习小组，每一位教师将一个重要的问题(即行动学习项目)带到小组，在小组其他成员的富有挑战性的支持下，持续不断地反思自己的经验，相互学习，寻找解决问题的策略，最终达到自主提高的过程。

行动学习的主要特点有：第一，反思性。行动学习建立在反思和行动相互联系的基础之上，行动学习的过程就是通过反思将教师的经验加以结构化的过程。反思的质量是决定行动学习是否成功的关键。第二，行动性。行动学习过程中小组讨论的主要焦点就是每一位教师所要采取的行为，而且行动学习的主要目标也是为了使每一位教师所要采取的行为更加有效。第三，合作性。在行动学习的过程中，行动学习小组的每一位教师都扮演着一种角色，作为陈述者或者支持者、观察者、协调者、提问者以及促进者等角色而存在，这些角色之间的有效互动就是行动学习的过程。第四，主动性。行动学习过程中的每一位教师都是学习的主体。行动学习的过程就是教师在行动学习小组的支持和帮助下完成项目的过程，同时通过项目的完成，教师获得了个人的发展。第五，参与性。参与行动学习的每一位教师都是全方位地参与到学习的过程之中的，从开始问题的提出，到寻找问题解决的策略，再到具体实施，直到自我的反思都需要每一位教师在思维、行为以及情感上真正参与。第六，操作性。行动学习具有较强的操作性，行动学习利用一种独特的专题研讨会形式，进行结构化的小组活动，使参与培训的教师基本能够掌握行动学习的要领。

行动学习强调在职培训过程中教师个人的主动学习，而不是依赖于培训者的知识灌输。行动学习还强调在培训过程中教师应该带着学习的目的和明确的现实问题来参与研讨过程。同时，行动学习还强调培训过程中教师群体也是作为一个“学习共同体”而存在的，学习小组本身就是极为有效的学习媒介。另外，行动学习还对培训者提出了更高的要求，培训者不能只是一位教育理论的讲述者，更重要的是能够创设良好的学习环境，机智灵活地引导学习者进行深入的讨论，促进学习者的有效学习。

**扩展阅读5-2**

**幼儿教师参与慕课学习的主要途径**

所谓慕课(Massive Open Online Course，MOOC)，是指面向全球免费开放的大规模网络课程。慕课打破了以面授为主的传统授课模式，以多元交互的生动形象满足了教师个性化的学习需求，为教师专业发展提供了新的途径。

……

(一)与各地参与者形成学习协同体，开展互助学习

慕课学习的网络支撑平台，可在同一时间内形成大规模的、有组织的集体培训。参与培训的幼儿教师可形成一定范围的互助学习协同体，跨越地域和研究领域的界限，实

现多元互动，并实现与教育专家之间的互动。慕课的在职培训数据库，能指导广大幼儿教师有序参与在职培训，能为教师实现高效教学而提供有关学前教育研究的最新成果以及专家解答、优质活动方案等资源，促使幼儿教师更快适应幼教改革的发展需要。

在慕课学习过程中，幼儿教师可以根据五大教育领域划分出健康组、社会组、语言组、科学组、艺术组等不同学习协同体，有针对性地建立同向研究协同体，围绕教育主题，分享交流成长体会，解决教育实际问题。协同体中的幼儿教师要相互鼓励，实现从边缘性参与向积极性参与到核心参与慕课学习的逐步提升过程，这一过程也会自然形成幼儿教师专业素养动态发展团队。

（二）自主确定时间、地点，进行独立学习

除了有效的集体培训模式，慕课中的个体学习模式也更加个性化。慕课提供了即时的教学服务，实现了课堂教学全过程的网络化，方便学习者在非正式情境下进行学习。幼儿教师不仅可以根据自己的基础水平和学习进度对视频选择回放或快进，完成课堂学习、实时交流观点、互相讨论等；而且可以根据自身情况，在与日常工作互不冲突的前提下灵活选择时间、地点参与慕课学习。在学习过程中，可以在网络平台上直接向专家或同行提问，也可以选择不同内容根据难易程度进行分层学习。

资料来源：王冰，张玮，李浩. 慕课学习：幼儿教师专业发展的新途径[J]. 教育导刊（下半月），2014(11):40-42.

## 本章结构图

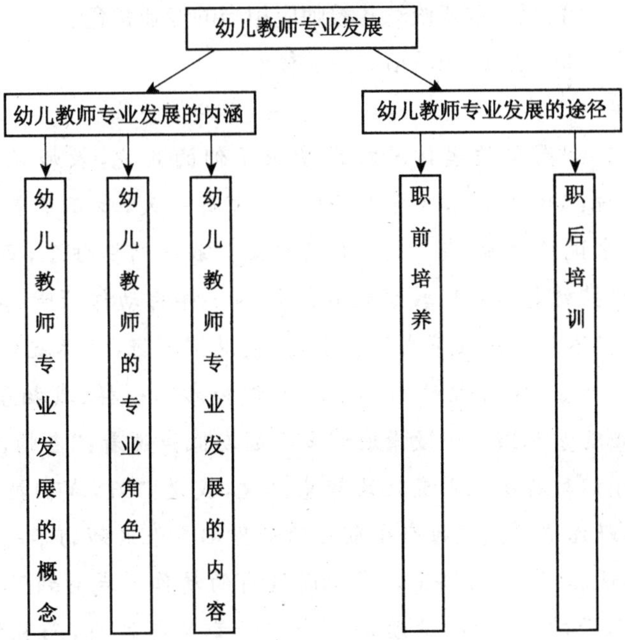

# 本章检测

## 一、名词解释

1. 幼儿教师专业发展
2. 幼儿教师专业伦理
3. 园本教研
4. 微格教学
5. 合作学习
6. 参与式培训

## 二、简答题

1. 幼儿教师专业知识包含的内容。
2. 幼儿教师专业能力包含的内容。
3. 幼儿教师专业自我包含的内容。
4. 微格教学的特点。
5. 合作学习的特点。
6. 参与式培训的特点。
7. 案例教学的特点。
8. 行动学习的特点。

## 三、论述题

1. 请结合幼儿园教育实践谈谈幼儿教师应担当的专业角色。
2. 结合实际论述幼儿教师职后培训的途径。

## 四、案例分析

在幼儿园里，有个简单的模仿游戏很受孩子们的欢迎，教师说："请你跟我这样做……"幼儿跟着说："我就跟你这样做……"。可有一天，我正带着孩子在玩这个游戏，琳琳突然站起来说："老师，我不想像你那样做！"我一听愣住了，马上停下来问她为什么？她摇摇头说："就是不想！我想做和老师不一样的动作。"听完后，我想，如果强行拒绝琳琳，她一定不想继续玩下去了。于是，我说："那好，琳琳就和老师做不一样的动作吧。"游戏又开始了，琳琳做的每一个动作都和我不一样，我拍手，她就做舞姿动作；我做小山羊，她就学花猫……慢慢地好多小朋友低声说着："老师，我也不想跟你做一样的。"看到孩子们对游戏规则变化比较感兴趣，我说："好，我们把儿歌改成：'请你跟我这样做，我不跟你这样做。'每个小朋友的动作都要跟老师的不一样。"游戏重新开始，孩子们特别的认真，他们创编了许多平时没有的动作。我看到了这样的变化比单纯的模仿更吸引孩子的注意力，带动每一个孩子都参与游戏，而且使孩子的反应能力、想象力和创造力都得到发展。游戏结束后，孩子们仍然十分兴奋，都说："老师，这样真好玩！"

请你对以上案例中幼儿园教师的行为进行评价并说出依据，并且论述作为一名幼儿教师，应该从哪些方面入手促进自身的专业发展。

## 课 后 推 荐

**图书：**

1. 教育部师范教育司.教师专业化的理论与实践[M].北京：人民教育出版社，2003.

2. 申毅，王玮虹.幼儿教师专业发展[M].重庆：西南师范大学出版社，2009.

3. 尹坚勤，管旅华.《幼儿园教师专业标准（试行）》案例式解读[M].上海：华东师范大学出版社，2013.

4. 张燕.幼儿教师专业发展[M].北京：北京师范大学出版社，2006.

5. 刘占兰，杨丽欣.聚焦幼儿教师专业发展：从骨干到名师[M].北京：北京师范大学出版社，2014.

6. 北京师范大学教育学部·芝兰玉树教育研究院，《中国（0～6岁）儿童成长指标体系》科研项目组.中国幼儿教师专业发展手册[M].成都：四川教育出版社，2014.

7. 陈姝娟.幼儿教师专业发展：专题与案例[M].广州：广东高等教育出版社，2014.

8. 晏红.园本培训 促进幼儿教师专业发展[M].北京：中国轻工业出版社，2015.

**网站：**

1. 中华人民共和国教育部门户网站：http://moe.gov.cn/

2. 中国幼儿教师网：http://www.yejs.cn/Index.html

## 实 践 拓 展

1. 一幼儿教师死后，和上帝喝茶，上帝认为她太能干了，会打扰天堂的幽静，于是就把她打入了地狱。刚过了一个星期，阎王就满头大汗找上门来说："上帝呀，赶紧把她弄走吧。"上帝问："怎么回事？"阎王说："地狱的小鬼们都被她激活了，天天写教案，填表格，弹琴画画，做玩教具，谈教育创新，科教兴民，他还要我做学科研究，主班，副班，区角活动，推门课，绩效考核，师德建设，青蓝工程师徒结对，让所有人满意。"上帝大怒："让她上天堂，看我怎么收拾她。"一个月后，阎王遇见上帝，问："亲爱的上帝，那个幼儿教师被您收拾得怎么样了？"上帝停住脚步，回答说："你犯了三个错误，第一，你应该先导入，通过律动，谜语，图片，引起兴趣再开始今天的谈话！第二，这个世界根本就没有上帝，只有幼儿和家长才是上帝！第三，我没有时间和你闲扯蛋，我还有两个主题活动没做呢。最后，我再警告你，和我谈话的时候，必须有教案，不带教案谈话是严重的聊天事故。”以这个笑话为蓝本进行角色扮演，深刻理解幼儿园教师专业角色的多元化。

2. 上网查找关于幼儿园教师虐童的资料和相关视频，按照时间整理成册，看一看幼儿园教师虐童事件的发展脉络，并寻找背后的原因。

孩子们的性格和才能，归根结蒂是受到家庭、父母，特别是母亲的影响最深。孩子长大成人以后，社会成了锻炼他们的环境。学校对年轻人的发展也起着重要的作用。但是，在一个人的身上留下不可磨灭的印记的却是家庭。

——宋庆龄

# 第六章　家庭、社区与学前教育

## 学习目标

- 识记：家庭结构；日常性家长工作；家长园地；家庭访问
- 领会：学前家庭教育的特性；学前家庭教育的功能；幼儿园家长工作的内容；幼儿园家长工作的原则；社区学前教育的特性；社区学前教育的意义；社区学前教育的实施途径
- 理解：影响学前家庭教育的因素；幼儿园家长工作的实施途径
- 应用：能够应用所学理论，解决学前教育的实际问题

## 本章导读

儿童在环境中生长，学前家庭教育、幼儿园的家长工作、社区学前教育都对儿童的发展产生影响。了解它们在儿童成长中所占据的地位和发挥的作用，是将学前家庭教育、幼儿园家长工作和社区学前教育密切结合起来，为儿童构建一个和谐、自由、开放的生长环境的前提。本章共有三节内容，第一节主要阐述学前家庭教育的特性与功能，以及影响学前家庭教育的因素；第二节主要阐述幼儿园家长工作，包括幼儿园家长工作的内容和原则，以及幼儿园家长工作的实施途径；第三节主要阐述社区学前教育，包括社区学前教育的特性和意义，以及社区学前教育的实施途径。

## 第一节　学前家庭教育

### 案例导入

**两个苹果的故事**

有一位著名的心理学家为了研究父母教育对一个人一生的影响，在全美选出50

位成功的人士，他们都在各自的行业中获得了卓越的成就。同时又选出50位有犯罪记录的人，他们都是罪恶累累的囚犯。他分别写信给他们，请他们谈谈父母对他们的影响。

不久，他便收到了来自处于不同环境两类人士的回信，其中有两封回信给他的印象最深。一封来自白宫著名人士，一封来自一位监狱服刑的犯人。他们谈的都是同一件事：小时候母亲给他们分苹果。

那位来自监狱的犯人在信中这样写道：小时候，有一天妈妈拿来几个苹果，红红的，大小各不同。我一眼就看见中间的一个又红又大，十分喜欢，非常想要。这时，妈妈把苹果放在桌上，问我和弟弟："你们想要哪个？"我刚想说要最红最大的一个，这时弟弟抢先说出了我想说的话。妈妈听了，瞪了他一眼，责备他说："好孩子要学会把好东西让给别人，不能总想着自己。"于是，我灵机一动，改口说："妈妈，我想要那个最小的，把大的留给弟弟吧。"妈妈听了，非常高兴，在我的脸上亲了一下，夸奖我是一个乖巧的好孩子，并把那个又红又大的苹果奖励给了我。我得到了我想要的东西，从此我学会了说谎。以后，我又学会了打架、偷、抢，为了得到我想要的东西，我不择手段，犯下不可饶恕的罪行，直到现在，我被送进监狱。

那位来自白宫的著名人士是这样写的：小时候，有一天妈妈拿来几个苹果，红红的，大小各不同。我和弟弟们都争着要大的，妈妈把那个最大最红的苹果举在手中，对我们说："这个苹果最大最红最好吃，谁都想要得到它。很好，现在，让我们来进行比赛，我把门前的草坪分成三块，你们三人一人一块，负责修剪好，谁干得最快最好，谁就有权得到它。"我们三人比赛除草，为了得到最好的苹果，我就尽我最大的努力去工作，力争比弟弟做得更好，结果，我赢得了那个最大的苹果。我非常感谢母亲，她让我明白了一个最简单也最重要的道理：想要得到最好的，就必须努力争第一。

［**思考**］

1. 学前家庭教育对儿童成长和发展有什么作用？
2. 作为家长应采用什么方式去引导儿童的健康成长？

学前家庭教育是由父母或其他年长者在家庭中对从出生至入小学前0～6岁的子女或监护人实施的教育。

## 一、学前家庭教育的特性

家庭是儿童成长的摇篮，父母是儿童的第一任老师。学前家庭教育施教的环境在家庭生活中，由于教育者与受教育者之间的特殊关系，有其独有的特性。学前家庭教育的特性是发挥学前家庭教育价值的基础。和其他形式的学前教育相比，学前家庭教育具有以下几种特性：

### （一）强烈的感染性

学前家庭教育的主要施教者是父母，父母与子女在长期的共同生活中建立起了密切的情感联系。这种亲子间以血缘为基础的情感联系，让学前家庭教育具有强烈的感染性，并对儿童的成长产生着深刻地影响。在学前家庭教育的影响下，儿童的言行举止都会体现出其父母的行为方式和价值观念。

### （二）特殊的渗透性

学前家庭教育具有特殊的渗透性，家庭生活的各个方面都会对儿童产生潜移默化的影响。家庭对儿童的教育主要是生活教育，教育的内容来自于儿童的日常生活，教育的活动贯穿于儿童的日常生活。这种渗透还具有潜隐性，即家长的言行举止、家庭成员所营造的生活氛围都会对儿童产生影响。通过耳濡目染，儿童获得了自己对外部环境的理解，从而内化为自己的观点和行为。

### （三）鲜明的针对性

家长与子女的交流与影响过程往往是一对一进行的，学前家庭教育以个别教育为主，这种教育具有鲜明的针对性。与学前公共教育机构相比，家长对自己的孩子更了解，及时发现儿童问题行为的可能性更大，能更随机灵活的对儿童进行教育。

### （四）天然的连续性

学前家庭教育具有天然的连续性。家庭是所有社会组织和群体中最为普遍和持久的组成形式，是人生存过程中保持最为持久的生活环境，学前家庭教育将伴随儿童的终身发展。只要儿童生活在家庭中，就持续地受到来自家庭教育的影响。学前家庭教育在儿童智力、能力、社会性发展等多方面持续产生影响。学前家庭教育的天然连续性可以让家长依据儿童身心发展的规律和个性差异，循序渐进地实施教育，促进儿童的全面发展。

## 扩展阅读 6-1

### 学前儿童家庭教育的特点

1. 早期性与奠基性

和其他教育模式相比较而言，学前儿童家庭教育本身有着极为明显的前期优势性。从孩子出生的第一天开始，实际上家庭教育就对于一个人的智力发展、道德观念形成、性格养成等方面起到了至关重要的作用。

2. 全面性和广泛性

对于儿童的学前教育来说，其本身是完全融入整个家庭生活中的。其中所呈现出的相关内容极为丰富，不仅仅涉及了人和人之间的一切知识，还包含了幼儿成长过程中的伦理规范、文明习惯、自然知识、生产技能、社会知识等，而这些有相当一部分都是直接通过家庭教育、家庭生活所获得。家庭教育所包含的内容远远超出了社会教育、幼儿园教育的范围。

3. 自然性与随机性

家庭作为儿童的天然学校,家长是儿童的启蒙老师。家庭教育与家庭生活之间实际上是互相渗透的,家庭教育可以直接通过家庭成员本身的交往、活动等方面的形式自然实现。同时,家庭教育是在日常不经意间完成的。在家庭教育体系之中实质上没有任何明确的教育目标、教材、计划。家庭教育可以随时随地的依据儿童的相关表现、能力层次等加以调整,并且能够通过一切措施来使得孩子得到教育。

4. 亲情性与权威性

家庭教育是直接建立在孩子与父母之间的血缘关系上的,通过这天然性的情感联系,使得家庭教育具有亲情性。同时,为了能够促使孩子得以健康的成长,家长们都倾注了大量的心血、精力。同时由于血缘关系的影响,使得子女们对于家长极为依赖、重视,在儿童心目中,家长有着崇高的地位,其本身愿意得到家长的表扬和管教。

5. 稳定性和持久性

和其他传统教育形式相比,家庭教育是稳定的。在家庭教育中所呈现出的方式、风格、环境等基本上都不会出现明显的变化。除此之外,家庭教育对儿童的影响是持久的。从大多数人的成长过程中,可以看出从小所受到的一些教育,有些已经成为了如今日常生活中的习惯,并且在成年后依然保留。

6. 差异性和继承性

每一个家庭,都有自己的教育模式。各个家庭的成员所带来的家风、家庭传统也有着极大的差异性。儿童正是在这种差异性中形成了自身独特的个性,并且继承着家庭教育带来的种种印记。

资料来源:于丹.学期儿童家庭教育的重要性[J].赤子,2014(6):111.(有删减)

## 二、学前家庭教育的功能

学前家庭教育的特性在儿童成长的过程中,发挥着重要的作用。主要体现在以下几个方面:

### (一) 保障儿童身体的健康成长

家庭教育保障儿童的身体健康。呱呱坠地的婴儿对于环境的适应力远不如其他生物,他们有基本的需求,却没有相应的能力。家庭及其教育为儿童身体发育提供了良好的物质环境,如家庭为儿童提供合理的饮食,保障儿童充足的睡眠,还带儿童参加体育锻炼,帮助儿童了解基本的生活常识,培养他们养成健康的行为习惯。

### (二) 丰富儿童对周围世界的认知

学前家庭教育的内容是丰富的,涉及生活的方方面面。父母及长辈不仅仅是儿童生活的照料者,他们还向儿童传达着各种各样的信息和生活经验,不断丰富着儿童对周围世界的认知。

**（三）促进儿童的社会性发展**

儿童的社会性发展是一个长期的过程，在这个过程中儿童会形成自身的社会价值观，学会遵守社会行为规范和道德准则，逐渐适应社会环境。在学前家庭教育中，父母通过自己的言行和对周围的人和事物的评价与态度，把社会的价值观、应该遵守的行为规范和道德准则，潜移默化地教给了自己的子女。

**（四）培养儿童良好的个性**

个性是指在个人自然素质的基础上，由于社会的影响，通过人的活动而形成的稳固的心理特征的总和。学前家庭教育在儿童个性养成过程中的作用不容小觑，儿童通过对家长行为、处世态度的观察与模仿，会逐渐内化与父母类似的行为方式与思维习惯，从而形成自己的个性。

**扩展阅读 6-2**

**家庭教育的功能**

（一）教导子女掌握基本的生活技能

呱呱坠地的婴儿，其环境适应能力十分贫乏，他有温饱需求但无获取衣食的本领。因此，他需要家庭给予多方面照料。当他们逐渐长大后，仍需要父母教导衣、食、住、行的基本技能，使其能适应生活和环境。即使到了中学，其生活、社会等方面的适应能力仍相对贫乏，亦需要得到家庭多方面的照顾、指导，并从中获得基本生活技能。在我国漫长的封建社会中，家庭不仅是生活单位，也是生产单位。小农经济决定了家庭教育不仅是对儿童、青少年进行生活教育的主要形式，而且也是对他们进行生产劳动和职业教育的主要形式。在科学技术日新月异的现代社会，人们的生活内容大为丰富，基本生活技能的内容也随之复杂多样，而家庭在基本生活技能的教导上则处于重要的不可替代的地位。离开家庭，一些最初的生活技能、自我服务技能就无从培养。

（二）教导子女掌握社会规范，形成道德情操

儿童、青少年作为社会的独立个体，必须具备一定的社会价值观念、遵守一定的社会行为规范和道德准则。但这些观念、规范、准则不是在自然状态中萌生的。家庭作为子女最初生活的场所，子女与双亲、祖辈及同辈间发生的生活关系和道德关系、家庭行为规范等，成为子女最初接触的社会规范。在家庭生活中，子女最初总以双亲言行为榜样，以双亲的需求、情感情操为认同对象，通过同化作用，逐渐形成自己的行为方式、习惯和道德信念体系，借以调节自己与他人的关系。

（三）指导子女形成生活目标、个人理想和志趣

个体的理想由兴趣、爱好引发。子女最初的兴趣、爱好是在家庭生活中萌发的。家庭对子女倾注了莫大的期望，家庭教育的积极作用表现在：父母用自己全部的生活

经验教育子女，发展子女的各种兴趣、爱好，引导子女逐渐懂得生活的意义，帮助子女树立远大抱负、理想，培养子女的进取心等，为子女在人生道路上做出有价值的选择奠定基础。

（四）培养子女社会角色

角色是由个体所处的社会地位决定并为社会所期望的行为模式。明确的角色意识能使个体认识到自己的社会地位、作用和承担的义务、责任，并产生一定角色期望。子女的社会角色最早是在家庭影响下产生的。首先，家庭最早为子女复制文化传统所要求的性别角色及行为；其次，家庭通过影响子女的兴趣爱好、目标理想、职业选择等使他们逐步学会如何选择和充当一定社会角色；再次，父母在家庭中承担的多种角色能为子女将来在社会上扮演不同角色提供启蒙影响。

（五）形成子女性格和社会适应能力特征等

一方面，家庭成员的素质、教养、人格、言谈、举止、生活方式、教育态度等时刻都在有意无意影响子女成长。长时间的耳濡目染、潜移默化，对子女道德观念、行为准则以及良好习惯的形成都起重要影响；另一方面，子女的个性特征、道德品质、学习态度、兴趣爱好、生活习惯、行为方式等，在家庭中表现得最充分、最自然。家长对子女的表现极为关注和敏感，所以，在时间上有条件了解子女各方面的情况，并从其实际出发，进行相应的指导和培养。

资料来源：胡莹，商虹.论家庭教育的功能、特点和基本要求[J].西南农业大学学报（社会科学版），2007(1)：138-141.

## 三、影响学前家庭教育的因素

从外部因素来看，家庭作为社会的基本单元不可避免地受到社会环境的影响，其中对家庭教育影响最大的是社会文化；从内部因素分析，家庭结构、家庭经济条件、家长自身则直接地影响着学前家庭教育。

### （一）社会文化

广义社会文化是指人类社会历史实践过程中人类所创造的物质财富和精神财富的总和。狭义的社会文化是指社会的意识形态以及与其相适应的文化制度和组织机构。学前家庭教育离不开社会文化，并且反映着社会文化的内涵和要求。家庭成员的生活态度、行为准则和价值观等都会受到社会文化的影响。

如南北朝时期教育家颜之推所著的《颜氏家训》，是古代家庭教育的典范。该书内容涉及多方面，强调教育要以儒学为核心，重视儿童的早期教育，注重儿童的德行养成；宋朝司马光所著的《家范》，是当时备受推崇的家庭教育读本。书中提出：为人父者，要“爱子教之以义”；为人母者“不患不慈，患于知爱而不知教也”；为人子者，则应以孝为天经地义，为行动之准则。可见，在我国封建社会，学前家庭教育深受当时儒家文化的影响，强调对子女实施道德教育,培养他们良好的品行。

### (二) 家庭结构

家庭结构是指家庭中成员的构成及其相互作用、相互影响的状态,以及由这种状态形成的相对稳定的联系模式。一般而言,按家庭的代际层次和与亲属的关系把家庭分为核心家庭、主干家庭、联合家庭和其他家庭。核心家庭,即由父母和未婚子女所组成的家庭;主干家庭,即由父母和一对已婚子女,比如由父、母、子、媳所组成的家庭;联合家庭,即由父母和两对或两对以上已婚子女所组成的家庭,或者是兄弟姐妹婚后不分家的家庭;其他家庭(以上 3 种类型以外的家庭),如单亲家庭、隔代家庭。单亲家庭是父母一方和孩子组成的家庭;隔代家庭是父母无法承担照顾家庭和子女的教养责任,祖孙相互依靠生活的家庭。

家庭结构的不同,会对儿童的学前家庭教育产生一定的影响。如在核心家庭,孩子可以得到父母双方的关爱和教育;在单亲家庭,由于父母一方爱和教育的缺失,对儿童的身心可能会造成伤害,或者家长由于其本身的心理问题对孩子的身心产生负面的影响;在隔代家庭,由于祖辈的教育观念和方法的误区,很容易对孩子过度溺爱,让儿童养成不良的性格和行为习惯,或者祖辈由于自身身体原因和生活条件的限制,对儿童放任自流。

### (三) 家庭经济条件

家庭经济条件的好坏影响着儿童的家庭教育。心理学和社会学研究表明,家庭经济较差的儿童更有可能在胎儿期间遭受较差的孕育环境,譬如来自母体的营养缺乏和不利的外界生活环境,这将大大提高他们早产和发育迟缓及缺陷机率。此外,家庭经济条件较好的家庭会有足够的资金投入儿童教育上。儿童能够获得利于他们发展的书籍、玩具。当然,这并不是说家庭经济条件决定家庭教育的好坏。而是说具有较好经济条件的家庭,如果重视子女的教育,其家庭教育比经济条件差的家庭会有更多的优势。

### (四) 家长自身

家长是学前家庭教育的实施者,直接影响着学前家庭教育的质量。家长的心理素质、文化素质、品德及教育素养都对学前家庭教育产生影响。

1. 家长的心理素质

家长的心理素质是指家长的心理健康水平和社会适应状况,它是影响学前家庭教育实施效果的重要因素。家长的心理素质包括家长的情绪、意志、气质和性格等。这些心理素质影响着家长对子女的态度、行为,也影响着家庭氛围的营造。儿童在家庭成员的影响下,形成基本的情感依恋、行为习惯和性格雏形。

有着良好心理素质的家长处事更为理性、乐观,关心爱护子女,对子女的教育足够耐心细致,会避免对儿童进行责骂和体罚,与子女的相处融洽,亲子关系和谐。生长在这样环境下的儿童，心态比较平和，遇事冷静，情绪乐观，抗压力强，人格完善，富有创造性。而心理素质欠佳的家长则比较情绪化，遇事容易冲动，在教育子女的过程中，容易采取责骂、体罚等过激行为，而过激的行为会让孩子产生焦虑、反抗、攻击等不良行为；还有些家长对子女骄纵溺爱，放任无度，使儿童形成依赖、自私、任性、自由散漫、自制力差等不良品行。

**案例6-1**

**蔡志忠的教育观念**

从被模仿者的角度来说，父亲和母亲分别是孩子生命中出现的第一个男人和女人，父亲的性格、气质、为人处世，是孩子对男性榜样的最初觉察，无论是男孩还是女孩，都会在很长时间里认为男人就应该是父亲那样。父亲角色中蕴含的刚毅、胆魄、果断、强壮、自制、热情、博学、幽默、敬业、责任感、目光远大、胸襟开阔、适应能力强等，无一不被孩子看在眼里、记在心上，当然这是理想的情况，现实中大部分父亲不会这么完美。假如父亲不具备这些男性积极的特点，而且相差甚远，那么，男孩子在构建自我的过程中，就会出现这样那样的欠缺，比如软弱、不大气、自卑、优柔寡断等。女孩子则会在对男性的理解和与男性的交往中产生偏差，如缺乏信任、过度依赖、排斥抵触等。美国和新西兰研究人员一项联合研究表明，父女关系好，不仅对女孩的心理影响大，甚至可以影响到女孩的神经和内分泌，以左右女孩的发育，促其正常到达青春期，防止初潮过早。

**评析：**家长是幼儿的第一任老师，家长的教育观念是影响其教育行为的重要因素，是家长教育素质的重要体现。案例中蔡志忠作为孩子的家长，对孩子的培养有比较正确的认识，能够做到尊重孩子的兴趣和意愿。只有拥有了科学的教育观念，家长们在教育子女时才会收到良好的效果。

2. 家长的文化素质

家长的文化素质是指家长具有的文化知识、科学技术水平、生产经验和劳动技能，是影响学前家庭教育实施和效果的关键因素。一方面，家长的文化素质在很大程度上决定着家长的道德水平和思想境界；另一方面，家长的文化素质影响着家长处理家庭关系的能力、家庭的生活方式、家长的职业、家庭的经济收入。一般情况下，文化素质高的家长，善于处理家庭成员之间的关系，有能力调解成员之间的问题，营造良好的家庭生活方式和生活气氛，让儿童生活在利于其身心健康成长的家庭生活环境中。他们有广泛的学习兴趣，有追求新知和探究真理的精神，重视文化知识的作用，关心子女的智力开发和文化学习，能够指导、辅导儿童学习，启发儿童的学习兴趣，给儿童创造一个良好的学习环境。

当然，家长的文化素质并不是家庭教育好坏的决定性的因素。同样也有一些文化素质高的家长，由于工作的繁忙，忽视对子女的教养；或者对子女要求过高，给儿童带来负面的压力，给儿童的心理健康成长埋下隐患。也有一些文化素质低的家长，由于自身的生活困境，认识到教育的重要性，对子女的教育比较重视。他们虽然在子女文化学习上不能给予具体指导和辅导，但他们的勤奋、坚持同样能给儿童积极的力量，这样家庭的儿童更努力和自强，容易在学业和生活上取得成功。

3. 家长的品德

家长的品德是指家长依据一定的社会道德准则和规范行动时，对社会、对他人、对周围事物所表现出来的稳定的心理特征或倾向，是家庭德育的重要影响因素。家庭德育是子女德行养成的基础，儿童在与家长经常的接触中，耳濡目染，受到家长的品德熏陶，从而形成自身的德性。如在孝敬父母方面，家长如果关心老人，孝敬父母，儿童也会对父母恭敬，孝顺。家长如果对父母冷漠、恶言恶语，会影响着儿童今后对待父母的态度和行为。

4. 家长的教育素养

前苏联教育家苏霍姆林斯基指出："不关心家长的教育修养，任何教学和教育任务都不可能解决。"可见，家长的教育素养对儿童教育有重要的作用。一般来说，家长的教育素养主要包括教育观念、教育知识及教育能力三方面内容。

(1) 教育观念

教育观念是有关儿童发展、儿童教育的看法和认识，主要包括儿童观和教育观。家长的教育观念影响着家长的教育目标和教育方式，制约着家长的教育知识和教育能力的运用与发挥。家长只有具有正确的教育观念才能在学前家庭教育中，基于儿童的心理特点和个性差异实施活动。家长只有具有正确的儿童观和教育观才能够对儿童的成长和发展有比较合理的期待，提出切合实际的要求，同时也能对子女教养中存在的问题有效地预防与解决。

(2) 教育知识

教育子女是一项十分复杂而艰难的工作，家长需要了解关于儿童发展的教育知识。教育知识能帮助家长丰富对儿童成长与发展的认识，树立正确的教育观。

(3) 教育能力

在家长树立了正确的教育观念和掌握了教育知识之后，家长还应具备良好地教育能力。

首先，家长要具有观察的能力。观察儿童的行为，判断其心理发展的水平和特点，采取相应的教育措施，真正做到"因材施教"。如对于性格内向的儿童要多鼓励，发展其自信心和主动性；而对活泼好动、兴趣广泛的儿童则要提升其坚持性和毅力；

其次，家长要具有解决问题的能力。如针对儿童的问题行为，选择最佳教育时机，采取灵活多样的方式进行处理和解决；

最后，家长要有创设环境的能力。给儿童提供自由、丰富的生活环境，创设良好的家庭氛围，鼓励儿童自由游戏和创造。

## 扩展阅读 6-3

### 家庭资本对流动儿童家庭教育的影响

（一）家庭经济资本对流动儿童家庭教育的影响

家庭经济资本是指家长以物质形式投资在子女教育上的资源。经济资本是各种社会资源中最基本也是最有效的资本形式。其他社会资源，如社会资本和文化资本都是以经济资本为基础的，它包含了我们平常所说的物质资本、自然资本、金融资本等。家庭拥有较多的经济资本，就意味着有较强的经济支付能力，能够为其子女提供足够的资金支持，并能够在教育机会获得中选择更优势的资源。家庭经济资本主要通过父母提供的物质条件、选择优势教育资源等方面影响流动儿童的家庭教育。笔者在调查中发现：部分农民工家庭经济资本较为雄厚，有能力为孩子提供较好的学习条件，并极力为自己争取较为优秀的教育资源，这对流动儿童的家庭教育起到了很大的促进作用。但有的也会因为自身家庭条件的限制，其家庭经济资本欠缺从而影响到家庭所能提供的教育资源等，进而影响到流动儿童的家庭教育。

……

（二）家庭文化资本对流动儿童家庭教育的影响

布尔迪厄指出，家庭对子女的影响途径不仅仅是经济收入，更重要是各种形式的文化资本。同时，他认为文化资本是社会各阶级和个体所拥有的知识、技术、气质和文化背景的总和，是一种有别于经济资本和社会资本，基于对文化资源的占有的资本。家庭文化资本是家庭成员通过相互交流和实践所积累起来的文化知识、文化技能、文化修养和文化商品等特定的社会资源。家庭是学生获得教育的首要场所。个人在进入教育体系之前就已经从家庭中获取了不同数量与类型的文化资本，不同的文化资本将通过学校教育的作用转化为学生学业成绩上的优势或劣势。拥有较多文化资本的家庭，通常会在日常生活中更加注重言传身教和营造家庭文化氛围，这使子女可以接受更好的家庭教育。家庭文化资本主要通过家长的教育方式和教育参与等方面来影响流动儿童的家庭教育。笔者在与流动儿童家长和老师的交谈中发现：一部分人对自己子女的教育大多都表现出很强的责任心，也很重视其教育方式，也深知家长教育参与的重要性，但是由于客观条件的限制而无法实现对其子女的良好教育，影响其家庭教育的质量。

……

（三）家庭社会资本对流动儿童家庭教育的影响

家庭社会资本是指家庭成员中或家庭外与他人建立在信任、规范、制度、责任等基础上的人际关系网络，是一种会对儿童发展产生重要影响的社会资源。家庭社会资本通过父母监控以及父母与教师、邻里和朋友之间的关系影响儿童的家庭教育。社会资本越多，子女就可能获得更多的机会和资源，也就有更多的机会受到更好的家庭教育。但在农民工家庭中，由于受到主客观因素的影响，父母与自己的子女虽然时常见面但是也缺少沟通，和其他人的交流也仅限于和自己地位差不多的人，而和老师的沟通就更少了，这不利于了解孩子的情况，更好地对子女进行有针对性的教育。研究表明：家庭社会资本与家庭经济资本、文化资本一样，也会影响子女的家庭教育，但是家庭社会资本对流动儿童家庭教育的影响是间接的，并不像家庭经济资本和家庭文化资本那样影响明显，并且对流动儿童家庭教育过程产生的影响往往与其家庭经济资本和文化资本等其他资源的影响是分不开的。笔者在访谈中也发现：父母与学校老师联系较为紧密，与邻居关系和睦、交际较广泛的，其子女就会有更多的交际机会，对其家庭教育也相对有利。

资料来源：牛林晓，周永康. 家庭资本对流动儿童家庭教育的影响[J]. 西南农业大学学报（社会科学版），2011(7)：163-168.

# 第二节 幼儿园家长工作

## 案例导入

### 家园常交流，疑惑早解除

场景一：有一天，轩轩的外公来送孩子时支支吾吾地对我说："沈老师，轩轩回去说在幼儿园没吃饭，是怎么回事？"我微笑着摸摸轩轩的头说："轩轩每天都吃完自己的一份饭菜，都是自己吃，很能干的。"外公将信将疑地回去了。事后我及时和轩轩妈妈电访，我了解到，轩轩每天放学在路上就要外公买各种零食给他吃，外公不依，他就大吵，说肚子饿，在幼儿园没吃饭，搞得外公很舍不得，只得依他，要买什么就买什么给他吃。可是，到吃晚饭时，他就什么也不肯吃了，搞得家人很无奈。了解情况之后，我向轩轩外公做解释。轩轩在老师的鼓励下，每天饭吃得很好，我们经常给他贴笑脸花的。可轩轩的外公觉得我在敷衍他，不相信轩轩在幼儿园的表现。第二天早上，我特意邀请轩轩的外公中午吃饭时"偷偷"地来园观摩。外公过后激动地握着我的手说："沈老师，这下我真正放心了，轩轩在幼儿园是有自己吃饭的，老师真有办法鼓励他吃饭，看来我是错信孩子的话了，老师，真对不住了！"

场景二：一次，雅轩的妈妈小心翼翼地问我："沈老师，我孩子在幼儿园午睡情况怎么样？"我不假思索地说："雅轩每天午睡很不乖，都要老师一直安抚她很久才能睡着。"她妈妈听了焦虑地点点头就走了。事情过后，我和班里的老师讲起雅轩妈妈的问话，觉得其中肯定有原因。下午接孩子时，我请她先带孩子玩一会儿，等家长把孩子都接完了，我们再聊。在交谈中，我才知道，她妈妈早上问我话的真正用意是担心孩子午睡时不睡，因为她在家要手一直捏一块绒布才能睡着。我及时向她作了我们老师午睡时对孩子的保育工作,我们会让每个孩子正确、安静入睡的,并请她以后有什么事,尽管直说,老师和家长的愿望是一样的,一切都是为了孩子。

[思考]

1. 幼儿园家长工作的内容有哪些?

2. 幼儿园家长工作的实施途径是什么?

在了解学前家庭教育之后,我们知道加强幼儿园与家庭之间的合作,共同为幼儿的发展创造良好条件是十分重要的。家长参与幼儿园的教育工作对幼儿的发展具有重要意义,幼儿园家长工作是幼儿园与家庭进行信息沟通和合作的一种方式,是幼儿园与家庭合作的桥梁。

## 一、幼儿园家长工作的内容

幼儿园家长工作的根本出发点在于发挥家长的教育作用,调动影响幼儿成长的积极因素,促进幼儿的健康成长。幼儿园家长工作的开展一般从以下几个方面着手:加强幼儿园与家长之间的沟通、帮助家长提高育儿能力、鼓励家长参与幼儿园活动。

### (一) 加强幼儿园与家长之间的沟通

加强幼儿园与家长之间的沟通,是幼儿园家长工作的一项重要内容,也是做好家长工作的根本。有效的家园沟通,一方面能使家长与教师相互了解、理解,建立起相互尊重信任的关系。教师通过与家长的联系了解幼儿的家庭环境与家长的教养方式,有针对性地对幼儿进行教育,及时获得反馈信息,不断改进自身的工作。另一方面家长也可以及时了解幼儿在园情况,了解幼儿园的教育要求和教育内容,与幼儿园相互配合对幼儿实施教育。

### (二) 帮助家长提高育儿能力

幼儿家长的教育水平层次不齐,对幼儿的教育常常存在观念上的偏差,需及时纠正。幼儿园教师作为专门的教育者,可以在了解幼儿家庭教养状况的基础上,有针对性地向家长传递科学育儿知识,介绍或传授具体方法,为家长科学育儿提供帮助与支持。具体包括:

1. 提升家长的教育意识

家长的教育意识直接影响着他们对子女教养的态度及行为。幼儿园家长工作需要帮助家长理解学前家庭教育的意义,明确学前家庭教育在幼儿身心发展中的重要性。同时应帮助家长意识到自己对孩子负有的教育责任和义务。母亲的一言一行和态度对孩子的影响极大,父亲是孩子成长过程中不可或缺的一员,对孩子的认知、情感、社会性、个性等方面的发展有独特的、不可替代的作用。

2. 传递科学的教育理念

科学的教育理念是适宜教育行为的向导。随着人们生活水平的提高和家长素质的不断提升，家长对子女的教育重视程度不断提高。然而，一些家长对于儿童发展和教育存在着观念上的误区。如对幼儿园的教育内容、教育方法不理解，过于强调知识与技能的学习，忽略游戏的价值。幼儿园家长工作要帮助家长形成正确的教育理念。首先，帮助家长形成正确的儿童观。让家长了解幼儿的身心特点，理解幼儿身心发展的规律；其次，帮助家长树立正确的教育观。让他们意识到学前教育不仅仅是知识与技能的教育，更重要的是情感和社会性方面的教育；再次，帮助家长树立正确的发展观。家长要了解子女的优势和不足，用正确的态度看待子女的发展。

3. 指导正确的教育方式和方法

一些家长虽然能够意识到教育的重要性，但在面临实际教育问题时，常常无所适从，不知道用什么方法来解决问题。幼儿园家长工作要向家长宣传学前心理学和学前教育学等方面的知识，向家长介绍学前教育的具体方法，为家长提出有针对性的教育方案，提高其子女教养的水平。

**（三）鼓励家长参与幼儿园活动**

幼儿园家长工作是一项双向渗透、双向服务的过程。家长是幼儿园教育重要的支持者和辅助者，幼儿园家长工作要鼓励家长积极参与幼儿园活动。

1. 鼓励家长为幼儿园活动提供支持和帮助

幼儿园家长工作需要拓宽家长参与幼儿园活动的渠道，鼓励家长利用自身优势条件为幼儿园活动提供支持和帮助。如某位幼儿的家长是医生，幼儿园开展有关医院的主题活动时，可以邀请该家长参与到幼儿园的活动中，让幼儿能够获得更丰富的经验。

2. 鼓励家长参与幼儿园政策的制定

幼儿园家长工作应该鼓励家长参与幼儿园政策的制定，如课程设置、食谱设计。鼓励家长参与幼儿园政策的制定，能使幼儿园工作考虑的更为全面，同时还可以赢得家长的支持。

3. 支持家长监督幼儿园的保教工作

家长从自身的利益及幼儿成长的角度出发，在监督幼儿园的保教工作方面，发挥着特殊的作用。家长通过孩子的言行和凭借自己对幼儿园的观察，能从多个角度对幼儿园工作的改进提出宝贵意见。

**扩展阅读 6-4**

**幼儿园家长工作的重要性**

1. 家长是幼儿生活中最为重要的角色。幼儿从一出生就和父母生活在一起，父母的教养方式和行为表现都对幼儿起着潜移默化的作用，不论幼儿是在家还是在园，家长或多或少都会影响到幼儿。家长参与幼儿园工作可以让家长和幼儿园“互通有无”，充分了解幼儿在家、在园的情况，充分发挥家长和幼儿园双边力量和智慧，共同促进幼儿的全面和谐发展。

2. 家长是幼儿教师的教师。虽然幼儿教师有大量的教学经验，但家长对自己的孩子有更多了解，拥有更多的个案经验，此时幼儿教师就要向家长学习，因材施教。同时，家长会对幼儿教师提出更高的要求，也促进幼儿教师的专业成长。

3. 家长是幼儿园工作的支持者。幼儿园工作的顺利开展离不开幼儿家长的支持和积极配合。幼儿园虽然是负责保教工作，但不是说幼儿来到幼儿园，所有的责任都归幼儿园，家长可以撒手不管。笔者在此想表明的是，家长也应该担负一定的责任，比如定期参加幼儿家长会和幼儿园节日活动，和教师商谈幼儿最近的表现和需改进的地方以及对幼儿园工作提出意见等。只有家长积极支持和配合幼儿园工作，才能使两者的资源达到合理配置，形成教育合力，共同促进幼儿的健康快乐成长。

资料来源：宋晶晶. 瑞吉欧教育中家长参与对幼儿园家长工作的启示[J]. 新课程研究（上旬刊），2012(12)：158-160.

## 二、幼儿园家长工作的原则

为了家长的积极配合，幼儿园家长工作要遵循一定的原则，获得家长的理解与支持，从而有效地开展家长工作。

### （一）平等性原则

平等性原则是指幼儿园家长工作应面向全体家长，对待家长一视同仁，将家长看作平等的合作伙伴。幼儿园教师要与家长在平等的基础上开展家长工作，切实帮助家长解决在育儿过程中遇到的问题。

### （二）经常性原则

经常性原则是指幼儿园教师要经常性地开展家长工作，使幼儿园和家庭及时沟通。幼儿园教师要避免将家长工作理解为开学之初的工作介绍或期末的工作总结。幼儿园家长工作不是偶然行为，而是定期的常规性工作。幼儿园教师与家长应注意利用一切便利条件，围绕幼儿的教育与发展情况进行经常的沟通，互相告知幼儿的情况，以便调整各自的教育对策。

### （三）个别化原则

个别化原则是指幼儿园教师应重视幼儿及其家长需要的多样性和差异性，有针对性的开展家长工作。幼儿成长于不同的家庭环境，幼儿家长各有自己的行为习惯和生活背景，对子女的教养也有自己的独特方式，这使得他们形成了各自的特征。因此，幼儿园家长工作要求教师针对每个幼儿的实际情况，进行问题分析，有针对性地与家长进行沟通，解决幼儿成长中的问题。

**(四) 预见性原则**

预见性原则是指幼儿园教师依据幼儿身心发展的状况与教育规律，预料可能发生的事情，并主动采取措施与家长配合。如一些幼儿园为减轻新生幼儿的入园焦虑，在幼儿入园之前，预先家访，指导新生家长带孩子来园活动，熟悉园内环境，有效地减少新生入园的种种不适应问题。

**(五) 制度化原则**

制度化原则是指幼儿园家长工作应有一定的制度做保障，遵循一定的要求，有步骤、有目的地开展，以条文的形式确立家长工作相关管理制度，确保将家长工作纳入科学规范的管理轨道。

## 扩展阅读 6-5

### 幼儿园家长工作的转型与深化(节选)

转变之一：家长由幼儿教育中被动的、辅助角色转变成主动的、与幼儿园平等的合作者

在幼儿园家长工作中，教师经常是指挥者、教育者和说教者，家长成为服从者和执行者。很多幼儿园以自我需求为中心，却很少兼顾家长的需求，使家长在家园合作中处于被动地位，影响了家长参与合作的积极性以及家长资源的功能发挥。《幼儿园教育指导纲要(试行)》明确指出："家庭是幼儿园的重要合作伙伴""应本着尊重、平等合作的原则，争取家长的理解、支持和主动参与"。家长从原来的辅助者变成平等的合作者，从原来的被动地位转化为主动参与幼儿园工作，与幼儿园一起促进幼儿的发展。

幼儿家长对幼儿园来说就是一笔丰富的教育资源。许多男性家长参与幼儿园的教育活动，突破了幼儿园教师女性为主的性别局限，对幼儿社会性发展尤其是性别角色的发展有积极影响。幼儿园教育也可以突破时空局限，把幼儿园教育活动延伸到可资利用的家长资源环境中。幼儿园通过家长教育，传播科学正确的幼儿教育理念和方法，帮助家长提升教育素养和水平，形成幼儿教育的"全环境"。家长和幼儿园的相互关系由此可以表达为更为平等的合作关系。

转变之二：幼儿园家长工作由家园双方简单的信息传递转变为多维互动

根据 1981 年颁布的《幼儿园教育纲要》(试行草案)提出的家长工作要求："为了教育好幼儿，幼儿园必须和家庭取得密切的配合。特别是独生子女越来越普遍的情况下，幼儿园和家庭的联系与配合显得更加重要。幼儿园要主动争取社会、家庭的支持，听取他们的意见，共同培育好革命后代。"这一时期的幼儿园家长工作，主要是家园双方通过各种方式，传递幼儿在家庭和幼儿园活动的基本情况以及家园双方对彼此的期待与要求。

1999 年制定的《幼儿园工作指导纲要》，对幼儿园家长工作的要求是："家长是幼儿园

教师的重要合作伙伴。应本着尊重、平等的原则，吸引家长主动参与幼儿园的教育工作。"1999 年的幼儿园家长工作具体内容，增加了"吸引家长主动参与幼儿园教育工作"，家长工作内涵丰富起来。一方面，幼儿园要让家长认识和明确自己的资源优势，鼓励家长发挥资源优势参与到幼儿园教育工作中；另一方面，幼儿园要搭建平台，为家长参与幼儿园工作提供机会。

2001 年修订完成的《幼儿园教育指导纲要(试行)》指出："应通过环境的创设和利用，有效地促进幼儿的发展。"把家庭和幼儿园都当成是促进幼儿健康成长的环境要素。幼儿园家长工作的内涵增加了"实施家长教育，提升家长的教育能力，增强家长参与幼儿园活动的积极主动性和有效性"。

"吸引家长主动参与幼儿园教育工作"和"实施家长教育"等幼儿园家长工作内容，是幼儿园家长工作内涵由简单信息传递转变为多维互动的重要标志。

转变之三：幼儿园的教育对象从幼儿扩展到幼儿家长

幼儿园的任务是解除家庭在培养儿童时所受时间、空间、环境的制约，让幼儿身心得以健康发展。所以，服务于家庭、服务于儿童是幼儿园的首要功能。但以往对幼儿园服务功能的理解多为幼儿园为家庭提供幼儿保教服务，帮助家长完成幼儿教育工作，减轻家长的负担。幼儿园发挥教育和服务功能，其直接对象是幼儿。随着幼儿园家长工作的深入开展，"家长教育"(或称为"亲职教育")纳入幼儿园的家长工作范畴，家长也成了幼儿园直接的服务对象，幼儿园有责任和义务完成对幼儿家长的家庭教育指导，提升家长的家庭教育水平，幼儿园的家长工作内涵得以丰富。

资料来源：邓惠明，蒋盈. 幼儿园家长工作的转型与深化[J]. 宁波大学学报(教育科学版)，2012(5)：117-120.

## 三、幼儿园家长工作的实施途径

幼儿园家长工作的实施途径可以划分为日常性家长工作和阶段性家长工作。幼儿园教师根据实际需求，选择切合实际的途径进行家长工作。

### (一) 日常性家长工作

日常性家长工作是指幼儿园教师利用一日生活中的闲暇时间随时性地与幼儿家长进行沟通交流。日常性家长工作的开展，能够帮助幼儿园教师及时获得必要的信息，及时了解家长的需求。日常性家长工作，提升了家长工作的实效性，有利于及时解决问题。一般来说，幼儿园日常性家长工作主要有以下几种方式：

1. 早晚接送

幼儿园教师可以利用早晚家长接送幼儿的短暂时间与家长接触，进行沟通。早晚接送幼儿是家长和教师相互沟通的一个良好契机，并且具有灵活性、及时性的特点。幼儿园教师与家长可以相互交流幼儿在园或在家的行为表现，也可以对幼儿的个别行为交换彼此意见。

2. 家长园地

家长园地是指在幼儿园班级门口附近的墙面上或展台上，规划出一块专门的区域，将相关信息呈现给家长的一种交流方式。家长园地一般由各班教师负责维护和更新，张贴一些班级各项规章制度、幼儿学习和生活情况的照片、生活小贴士、班级活动表和食谱等。家长园地是反映幼儿园保教工作的一扇窗户，幼儿园教师需要针对本班情况设置家长园地内容并及时更新，使家长园地的内容更有针对性和时效性。

3. 电话、手机联络

在通信发达的信息时代，电话、手机已经成为人们常用的联系工具。幼儿园教师可以运用这些通信手段来开展家长工作，以便及时与幼儿家长沟通。尤其是对于那些隔代教养的幼儿来说，由于祖辈观念和自身的问题，需要幼儿园教师通过电话、手机联系幼儿家长，告知幼儿出现的问题和幼儿园近期工作安排及相关要求。

4. 网络交流平台

网络交流平台的形式主要有 QQ 群、班级博客、机构网页、微博、微信等。通过网络交流平台幼儿园教师可以将幼儿在园的生活、学习状况通过文字、照片、视频等多种形式呈现给家长，让家长清晰地看到幼儿的情况。网络交流平台丰富了家长工作的形式，突破了时间和空间的局限，对幼儿园家长工作有补充作用。

**(二) 阶段性家长工作**

阶段性家长工作相较于日常性家长工作，有时间和政策上的规定，是定期开展的家长工作。阶段性家长工作能整体地进行阶段性工作反馈，让家长了解本阶段幼儿园工作要点和有关注意事项。阶段性家长工作能够帮助家长对幼儿园各项工作有清晰、整体地认识，有利于他们更好地配合幼儿园各项工作的开展。幼儿园的阶段性家长工作主要有以下几种形式：

1. 家长开放日

家长开放日是指幼儿园定期请幼儿家长来园或来班参与活动，目的主要是为了让家长了解幼儿的在园表现、幼儿园的教育情况。在家长开放日活动期间，家长可以观摩孩子在园的学习生活，对幼儿园开展的活动有更加直观的认识。幼儿园可以在开放日结束后，发放反馈意见表，了解家长的意见与建议，并及时地将信息汇总分析，采纳合理化建议。需要注意的是，家长开放日活动要本着真实原则，真实地反映幼儿一日的学习和生活状态，园所的工作状态。

2. 亲子活动

亲子活动是幼儿园为家长和幼儿创造的交流活动。亲子活动一般有一定的主题内容，可以从幼儿园课程中选择，也可以结合季节、节日来开展。亲子活动是幼儿园丰富课程内容，提高家长参与家长工作的有益尝试。

3. 家长会

幼儿园召开的家长会一般有全园家长会和班级家长会。家长会是幼儿园传达教育信息，了解家长需求的有效途径。全园家长会一般是在开学伊始、期中或期末进行。园长一般会在家长会上介绍园所的教育教学概况、园所的办学理念及规章制度。班级家长会主要由本班教师组织，在会上，幼儿园教师与家长就幼儿的学习生活情况进行交流，共同努力促进幼儿发展。幼儿园教师可根据家长的需求确定家长会的时间、内容，尽量照顾家长的需要，争取每位家长都能参与其中。此外，幼儿园教师还可以邀请一些有经验的家长介绍育儿经验。

4. 家长志愿者活动

为充分发挥和有效利用家长资源，幼儿园可以开展家长志愿者活动，邀请家长参与到幼儿园的保教活动中。家长们从事各行各业的工作，具有多种专业知识和技能，是幼儿园宝贵的教育资源。请家长来园所当“老师”，给幼儿讲解某一知识或技能，能增强幼儿学习兴趣，丰富幼儿园教学内容，提高教育效果。家长志愿者活动既为家长参与子女教育增添了新的形式，也为幼儿园密切与家庭的联系创设了便利的条件。

5. 家庭访问

家庭访问简称家访，是指幼儿园教师到幼儿家里与家长针对幼儿发展进行的沟通。幼儿园开学前或开学初，幼儿园教师一般对新生进行家访，旨在了解每个幼儿的家庭情况、生活状况、幼儿独立生活能力等，以便做到心中有数。新生家访有助于幼儿与教师建立信任关系，减少幼儿入园焦虑。重点家访主要是访问个别幼儿家长，如表现较好的幼儿家长，了解家长的育儿经验，鼓励家长为园所的发展献计献策；还有针对问题儿童的家访，与家长深入交流幼儿的发展状况，共商教育措施。

**案例 6-2**

**家园合作，了解儿童的特殊需求**

近年来，特殊儿童、问题儿童的数量日渐增多，面对那些特殊的个体，我关注的是他们背后特殊的深层因素，思考的是如何寻求个性化的教育方案。

我班的小女孩子歆，年龄最大，个儿却最小，从别的幼儿园转来前以“一顶百”著称，她的情绪始终处于高度兴奋和烦躁状态，她那极具煽动力的叫声、笑声常常带动和干扰同伴的情绪。经过一段时间的观察和与家长的多次沟通，我发现孩子的症结在于睡眠的障碍，几乎每个中午她都不睡觉，大脑神经系统的兴奋和抑制无法得到正常的调节。为了帮助子歆建立良好的情绪状态，促进她身体的健康成长，我与子歆的外婆交换了孩子在园的午睡情况，她告诉我：“孩子从小入睡就是一大难题，她对光线特别敏感，家人不仅要把所有的窗帘关闭，还要用一条厚毛巾扎住她的眼睛方可安睡。”于是，我为子歆安排了一张背光的床位，用一块手帕轻轻地放在她的眼睛上，让她先养成闭目养神的习惯。每天中午，我放下手上的所有活儿，站在她的床头，默默地注视，轻轻地抚摸，让她在爱抚中渐入梦乡。

子歆的入睡难问题解决了，个子长高了，走出了体弱儿的行列，带过她的老师都惊喜地发现，孩子的情绪稳定了，学习活动中思维活跃，表现出超常的记忆能力、语言表达能力和音乐、舞蹈才能。看到孩子的转变，最高兴的是家长，子歆的外公欣慰地告诉我："从孩子出生以来，家里换了五个保姆都没用，还是老师有办法。现在，令我们全家头痛的吃饭、睡觉问题终于解决了。"

**评析**：儿童先天素质的不同和家庭环境、社会生活环境的差异，使得他们在成长过程中，逐渐显现出特殊性。每一个儿童都有自己面临的成长问题和困境，需要成人给他们更多的关心与支持。案例中的子歆自小便对光线比较敏感，比一般的孩子更难以入睡。幼儿教师耐心细致地观察到了她的特殊情况，并给予子歆的特殊行为更多的关注，同时教师也积极地与家长进行沟通，进一步了解了子歆行为背后的原因。由此可以看出幼儿教师与家长的及时沟通能够更多地了解幼儿的情况和特殊问题，也能够更好地帮助解决面临的问题，促进儿童健康成长。

## 第三节　社区学前教育

### 案例导入

**社区家庭教育服务**

"要想教育培养出一名优秀的孩子，父母首先要学习。"8 月 14 日下午，六安经济开发区百胜社区城市生活驿站里汇聚了社区 0～6 岁宝宝家庭的父母，认真听专家讲解学习育儿知识。为强化人口早教，着力提高人口素质，市计生委、红黄蓝亲子园联合开发区百胜社区，于当日下午开展了"慧心父母成长课堂"走进社区公益服务活动，活动特邀请国内著名早期教育专家、亲子咨询师讲师、科学育儿专家讲座讲师宋新科从北京赶到百胜社区，结合当下很多家庭普遍存在的育儿困境，详细讲解了父爱、母爱的重要性；儿童行为、心理问题分析；多动症概念及多动症病因分析；家庭教育的三大误区以及带来的危害；亲子教育的重要性以及家庭亲子关系的处理等内容，让社区年轻的父母们意识到各自育儿教育的误区，了解学会了更多的良好方法。

[思考]

1. 社区学前教育有什么意义？
2. 社区学前教育有哪些实施途径？

社区是相互有联系、有某些共同特征的人群共同居住的一定的区域，是集经济、文化、政治和教育等为一体的地域性组织形式。随着经济的发展，居民生活水平的提升，社区服务体系的不断完善，社区在人们生活中发挥着越来越重要的作用。将社区与教育相联系，发展社区教育成为教育改革的趋势。社区教育突破了以往教育的时空界限，是教育社会化与社会教育化的统一，是构建社会、学校、家庭三位一体的教育网络的迫切需要，更是实现全民教育和终身教育的必然趋势。

社会学前教育是指社区内为0～6岁儿童设置的教育设施和教育活动，是多层次、多内容、多种类的学前公共教育。社区学前教育是社区教育的重要内容和组成部分，以提升社区居民教育素养为主要目的，为学龄前儿童创设良好的家庭环境和社会环境。

## 一、社区学前教育的特性

社区学前教育是立足社区、服务社区的综合性教育活动形式。社区学前教育利用社区丰富的资源，拓宽学前教育活动的范围，提升学前教育服务质量。具有以下特性：

### （一）区域性

社区学前教育主要以幼儿园为核心，在一定的区域内进行，为所在区域居民及其子女提供教育服务，具有明显的区域性。不同的区域由于地理位置、社会资源、经济发展水平、文化背景及居民素质不同，社区学前教育也有着明显的不同。

### （二）开放性

社区学前教育利用天然的优势和条件开展丰富多彩的学前教育活动，邀请居民及其子女参与其中，为居民提供各种的教育咨询和教育服务，具有开放性。

### （三）融合性

社区学前教育由当地教育部门和妇联负责组织，联合广泛的社会力量（如卫生保健、计划生育和司法部门，以及当地事业单位），依据社区的人力资源、场地设施、环境资源开展多样的活动，丰富社区家庭及其子女的生活，具有融合性。

### （四）互动性

社区学前教育具有互动性，和幼儿园、家庭相互合作，以社区为中心开展活动。如幼儿园需要适应社区建设的需要和变化，了解家长的需求，提升服务意识。同时，社区管理部门和教育行政部门应当从制度、人力、物力各方面支持社区学前教育的发展，提升区域的学前教育质量。

**扩展阅读6-6**

**社区学前教育资源及其特点分析（节选）**

多样性。教育资源涉及以上所述的物质环境、组织管理、文化和人力等等方面，广泛地存在于自然界和社会中。可以认为，凡是进入社区学前教育活动，影响社区学前教育目标达成的因素和条件都是社区学前教育资源，教育资源弥散在社区学前教育的各项活动中。

客观性。资源从本义上讲是某种物质的天然来源，是本来就有的，教育资源是客观存在的各种事物和形态，是可开发，可利用的。人的主观能动性决定着社区学前教育资源开发、利用的可能性和现实性，影响着教育资源因地制宜开发的广度、深度以及利用效度。

间接性。社区学前教育资源更多处于备选状态，其教育性因素和非教育性因素往往交织一起，且它的教育性不如幼儿园教育、正规课程那么明显、直接，它的教育性的发挥需要经过筛选和转化的中介，才能成为教育因素，服务于社区学前教育活动。

潜在性。社区学前教育资源蕴含着价值潜在性，一方面体现在教育活动设计、实施和评价的全过程，教育资源是教育活动设计的基础和依据，对教育活动起着促进或限制的作用；另一方面体现在教育资源的选择反映了教育者或课程设计者一定的价值倾向，左右着教育活动的实施和评价。

具体性。社区学前教育资源具体表现为物质的、文化的、环境的和人力的等方面的资源，这些资源因不同地域，不同文化背景，不同教育机构，不同家庭而千差万别，它的构成形式和表现形态各异，它折射出人们价值观念、道德意识、风俗习惯以及宗教信仰的独特，反映出教育机构的性质、规模、位置、传统、师资队伍、办学水平的差异和教育对象家庭背景、智力水平、生活经历的不同。

多质性。同一教育资源对不同的教育活动具有不同的用途和价值，如社区公园，可作为幼儿户外散步、体育活动的场所，也可作为幼儿科学探索的对象，还可作为幼儿艺术教育的环境，等等。社区学前教育资源的多质性，关键在于教育者的慧眼识珠，善于挖掘和利用。

资料来源：李明珠.社区学前教育资源及其特点分析[J].中国科教创新导刊，2007(11)：197，199.

## 二、社区学前教育的意义

社区学前教育是联合社会力量参与学前教育的途径，也是教育社会化的重要体现。社区学前教育的实施对于社区、儿童和幼儿园都发挥着积极的影响。

### (一) 利于社区教育资源的开发与利用

物质资源的开发与利用。社区所辖的一些场地和设施可以得到有效的开发和利用。如社区内的图书馆、博物馆、文化宫、电影院等设施。

人力资源的开发与利用。社区学前教育可以依托自身工作，深入了解社区居民状况，鼓励社区成员或幼儿家长积极参与到教育活动中来，充分发挥社区的人力资源。充分利用家长的职业特点，邀请他们为儿童提供职业体验的机会，让儿童通过多种形式了解较多的社会知识。

社区文化资源的开发与利用。社区文化资源是在特定区域内社会生活共同体的历史传统、风俗习惯、生活方式、价值观念等。社区学前教育可以结合本社区的实际情况，开展具有本地区特色的活动。

**(二) 创设有利于儿童发展的环境**

社区学前教育极大地扩展了儿童的活动范围和视野，创设了有利于儿童发展的环境，丰富了儿童的生活经验。如社区开办的玩具图书馆、游戏室、儿童乐园等多种形式的活动场所，为广大儿童提供了接触社会和人际交往的机会，有助于培养儿童的社会适应能力。同时社区鼓励幼儿园积极为社区服务，带动和促进了整个社区人文环境的构建。有利于幼儿家长形成正确的儿童观和教育观，从而为儿童良好家庭环境的创设做下铺垫。

**(三) 深化幼儿园的社会服务职能**

社区学前教育是教育社会化的表现，随着社区学前教育的开展，社区和幼儿园的沟通与联系加强，幼儿园成为社区学前教育的中坚力量，设备和资料向社区开放，并承担相应的任务，幼儿园服务社会的职能得到进一步深化。

### 扩展阅读 6-7

**社区教育发展在学前教育中的价值分析**

1. 为学前教育扩大了教育空间

社区教育有益于使学前教育从封闭走向开放，注重家庭教育、机构教育与社区中多种教育因素的有机联系，发挥整体性教育影响，提高教育质量。

学前教育社区化是当今世界发达国家学前教育发展的一个重要趋势。一般说来，社区教育须以发达的经济实力作为后盾。如美国、日本、英国和澳大利亚等国的社区学前教育设施大致有以下几种：有专为儿童设立的，如儿童馆、儿童咨询所、儿童公园等；有为儿童与家长共同服务的，如图书馆、博物馆、儿童文化中心和各种终身教育中心等；还有所谓“父母教育”，如母亲班、双亲班和家长小组会议等。社区的相关设施使幼儿从狭小的学校空间走出来，不仅给儿童带来了欢乐，增长了他们的知识，培养了他们与人交往的能力和对学校的愉快体验，还有助于他们以后更好地适应学校生活。

2. 使学前教育更好地立足当地实际，形成各自特色

如前所述，各社区的地理位置、各类资源、经济发展水平、生态环境以及人员结构均不尽相同，所要解决的问题也不相同，因而社区教育也具有了不同的宗旨，这就会形成在发展目标、重点、模式、内容等方面都各具特色的社区教育模式。处于这样社区的学前教育机构自然也会受其影响，在教育的内容、重点等方面与其他社区有所不同，最终形成具有当地社区特有的风格和特点，使学前教育更好地为本社区服务，形成幼儿园、社区及家庭相互联系、相互作用的教育模式。

3. 使学前教育方法多样化

社区教育以不同层次的受教育群体为主体，结合形势和任务安排不同的教学内容和采取多样化的教学形式。因此，在社区教育中要充分利用各种资源和载体，有效开展教育指导。如采用讲授、报告、讲座法；参与活动法（如亲子活动、学校开放日活动、社区文明建设和文体活动、伙伴游戏活动、社会实践活动等）；讨论、探究法（可针对某些热点、难点、主题，组织讨论、探究）；专家咨询法；个别指导法；案例分析法；情境体验法；角色扮演法等。这些方法使学前教育有更多方法可用，有助于形成不拘形式，力求实效的学前教育方法。

资料来源：温艳玲，周玲. 社区教育发展在学前教育中的价值分析[J]. 才智，2009(8)：44-45.

## 三、社区学前教育的实施途径

社区学前教育的实施主要依托社区所辖的幼儿园和教育机构共同开展活动，为社区居民提供教育服务。当前我国的社区学前教育活动形式主要有以下内容：

### （一）社区家长教育服务

社区管理部门联合教育行政部门设立社区居民生活和学习的社区服务中心，开展系列活动。幼儿园联合社区教育管理部门组织聘请教育专家定期为家长开设培训课程，对社区内的家长进行系统培训。如社区家长课堂主要内容包括党和国家的教育方针、政策、法律法规，教育抚养未成年子女的权利和义务等法律知识；学前儿童教育学、心理学、卫生保健等知识；儿童教育问题案例探讨；科学育儿经验分享；等等。家长课堂选取不同的主题开展活动，让家长们了解《幼儿园教育指导纲要（试行）》的精神，掌握《3～6 岁儿童学习与发展指南》转达的科学信息，提升家长正确的育儿理念和方法；又如社区办事处和社区妇联等联合幼儿园组织一批社区工作志愿者，组成学前家庭教育资讯站。资讯站在社区普及学前家庭教育基本知识，提高家长整体素质，为广大家长排忧解惑。

### （二）设立儿童学习与游戏中心

社区管理部门利用专项资金用于早期教育设施的改善，建立儿童学习中心，在中心添置感统器械、蒙式教具等适合 0～3 岁婴幼儿的教玩具，配备适合 6 岁以下婴幼儿使用的大型户外活动器械；社区还可以为儿童提供游戏中心，如玩具图书馆为社区儿童提供丰富的、多样化的活动材料，结合实际开展玩具租赁活动，为儿童提供了一个玩具互换的机会。

### （三）开展实践活动

社区学前教育利用社区资源优势，组织儿童开展实践活动。让儿童有机会走进文化广场、学校、敬老院、社会福利院等公共场所，进行参观演出、联谊等活动。让儿童在与社会的接触中了解社会，初步理解人与社会、人与人之间的关系，感受家乡的发展与变化，感受爱与被爱的幸福，激发对家乡、对祖国、对生命、对生活的热爱。社区可以结合季节开展实践活动，如开展春季踏青活动或秋日采摘活动，让儿童有机会接触大自然，接触到花草树木，感受自然的美。

## 扩展阅读 6-8

### 我国城市社区学前教育面临的困难与挑战

（一）城市社区学前教育管理区域性发展不均衡

……然而，目前在一些城市，社区学前教育工作仍然处于比较松散的状态，尚未真正纳入政府管理范畴，以社区为依托的学前教育管理与指导机制尚未建立与完善，各部门职能不明确，各部门的统一与协调行动尚未有效地统筹安排。例如北京市亲子园园长普遍认为：政府各部门对亲子园管理的权限仍不明确；在对亲子园的质量加以有效管理方面教育部门与其他有关部门缺少协调；有关部门对于社区与亲子园配合的职责只有口头指导，没有具体明确的规定；大多数园开展的社区学前教育工作深度、广度不够，发动社区的力量还很薄弱，社区并没有很好地配合亲子园的活动，未把0～3岁婴幼儿教育纳入自己的职责范围，尚未形成全社会共同关注和支持的良好氛围；等等。

（二）城市社区早期教育基地少，教育资源短缺，尤其是吸纳低收入和流动人口家庭婴幼儿的学前教育机构严重缺乏，0～3岁儿童接受早期教育的需求还得不到满足

2002年北京市在部分幼儿园建立了早期教育示范基地，目前，该市有62个早教基地分布在12个区。然而，在边缘社区和在城市社会变迁中形成的“自生区”或移民区（如北京的浙江村和南京的河南村）非盈利性早教基地非常缺乏。此外，此城市真正由社区建立与管理的学前教育机构还是空白，不能满足对0～3岁婴幼儿早期教育的需要。例如，北京市常住人口40万的望京社区至今没有一所由社区办的早教机构，福州市正规的0～3岁早教机构寥寥无几……

（三）政府对亲子教育机构投入的经费严重不足

据教育部“2001年全国教育经费统计资料”，“九五”期间，地方政府对幼儿教育投入虽有增加，但依然严重不足，幼儿教育国拨经费仅占全国教育总经费的1.3%左右。在社区学前教育方面，政府为亲子教育机构的投入也是杯水车薪。例如，北京市教委仅对20个社区早期教育基地投入了200万元（每所亲子园10万元）专项经费予以扶持，根本不能满足开展活动的需要。亲子园主要以有偿服务为主，尤其是许多未得到政府和教育部门经费支持的亲子教育机构困难重重，不得不向家长收取高额费用，否则难以维持生存。例如，设在内蒙古大学内的金起点早期教育中心由于没有赢利，两年里，因为中心发不出工资而离开的员工就有几十个。

（四）一些私立亲子教育机构存在诸多问题

在我国许多地方，早教市场需求日趋旺盛，由社会力量举办的早教机构呈现出较强劲的增长态势，但其质量良莠不齐，一些存在严重问题：有的非法开办，例如湖北武汉市，仅汉阳区的社区民办幼儿园就有50多家，而真正登记在册的不足10家；有的规模过小，

园舍光线暗、通风弱、卫生差，缺乏必要的活动场所，甚至存在安全隐患；有的无专业人士指导，设置的课程缺乏科学性；有的师资素质差、流动频繁，教育质量得不到保障；有的功利性强，服务对象针对高收入家庭的幼儿，以各种训练为主，对幼儿潜能进行过度开发，打着“蒙氏教育”“多元智能”“感觉统合训练”“特色班”等旗号，迎合家长的期望；有的随意对幼儿进行智商测验、感统协调测验等，一定程度上贻误了幼儿的发展。

资料来源：邹敏．我国城市社区学前教育面临的挑战与对策[J]．学前教育研究，2005(7-8)：96-97．

## 本章结构图

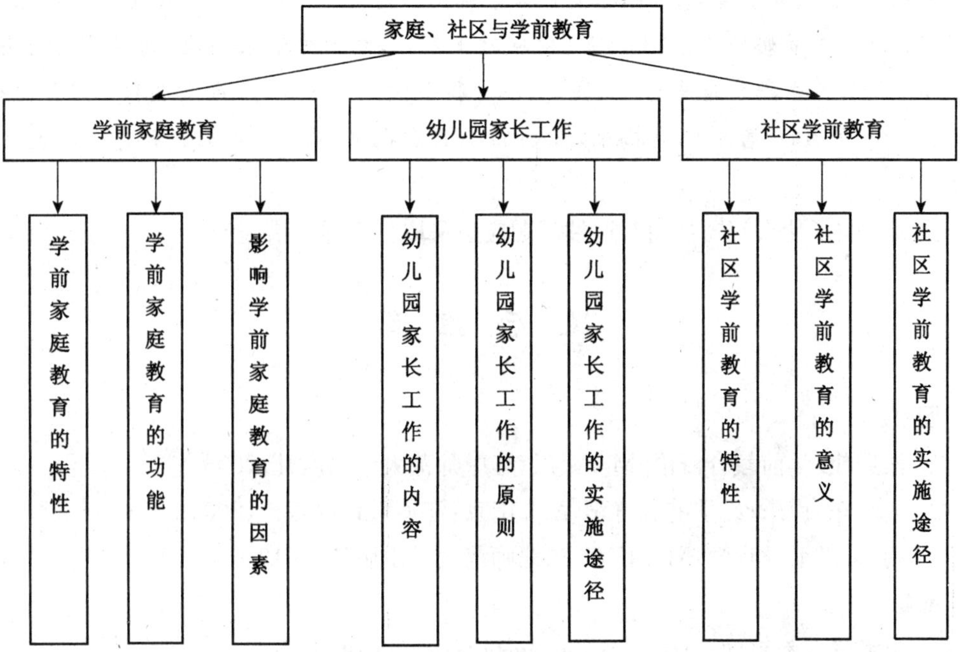


## 本章检测

### 一、名词解释

1. 家庭结构
2. 日常性家长工作
3. 家长园地
4. 家庭访问

### 二、简答题

1. 学前家庭教育的特性。
2. 学前家庭教育的功能。

3. 幼儿园家长工作的内容。

4. 幼儿园家长工作的原则。

5. 社区学前教育的特性。

6. 社区学前教育的意义。

7. 社区学前教育的实施途径。

**三、论述题**

1. 结合实际论述影响学前家庭教育的因素。

2. 结合实际论述幼儿园家长工作的实施途径。

**四、案例分析**

东东脾气大、做事情很任性，家长什么事都得依着他。一旦家长满足不了其要求，就开始发脾气。爷爷奶奶见这“小皇帝”发威就坐不住，想出办法来哄他，到附近商店去买玩具车或用其他手段才能平息“风波”。平时和小伙伴一起玩时，东东也喜欢发号施令，小伙伴都得听他的，否则他就捣乱，让别的小朋友也别想玩。他成了不受伙伴欢迎的人了。

案例说明了什么问题？面对这种问题应该采取什么样的措施？

## 课后推荐

**图书：**

1. 蔡迎旗.学前教育概论[M].武汉：华中师范大学出版社，2006.
2. 刘晓东，卢乐珍.学前教育学[M].南京：江苏教育出版社，2009.
3. 姚伟.学前教育学[M].长春：东北师范大学出版社，2012.

**网站：**

1. 上海学前教育网：http://www.age06.com/age06.web/
2. 中国幼儿教师网：http://www.yejs.cn/Index.html

**电影：**

1. 阳光宝贝，托马斯·巴尔姆斯导演，法国，2010
2. 小孩不笨，梁智强导演，新加坡，2002

## 实践拓展

1. 去幼儿园进行观察记录，看看幼儿园家长工作的开展情况。
2. 到你所在的社区进行走访，看一看社区学前教育的实施情况。

欲速则不达，见小利则大事不成。

——《论语·子路》

# 第七章 幼小衔接

**学习目标**

- 识记：幼小衔接；双向性原则；全面性原则；渐进性原则
- 领会：幼儿园教育与小学教育的差异；幼小衔接的主要任务；开展幼小衔接工作的原则
- 理解：幼小衔接工作存在的问题和有效的解决策略
- 应用：能用相关知识正确分析与解决幼小衔接的实际问题

**本章导读**

本章主要讲授幼小衔接，共两节内容，第一节是幼小衔接概述，讲述幼儿园教育与小学教育的差异；幼小衔接的主要内容；开展幼小衔接工作的原则。第二节是解决幼小衔接问题的有效策略，讲述幼小衔接工作存在的问题和幼小衔接的有效策略。

## 第一节 幼小衔接概述

**案例导入**

**小学新生三大不适应**

据武汉市教育局透露，今年秋季，武汉市将有7.44万名小朋友，告别幼儿园进入小学，这是孩子生命中一个重要转折点。然而这群第一次走进校园的孩子，却表现出不少让家长和老师头疼的问题，武汉市常青第一学校小学一年级年级组长，从事小学班主任工作近二十年的孟丽老师指出，这些毛病其实都与家长没给孩子做好相应的身体和心理准备有关。

1. 粘着家长不肯进班级

去年开学第一天，小冬（化名）在爷爷奶奶的“护送”下来到学校。可是刚进校门，老师正要领着进教室，小冬就不干了，最后爷爷奶奶只好站在小冬能看到的地方才把他哄进教室。接下来的几天，为让孙子能正常上学，爷爷奶奶轮流守在学校的收发室，孩子一闹，他们就得第一时间出现。

孟丽老师表示，像小冬这样依赖性过强的孩子，在一年级新生中并不少见。老师们表示，这样的孩子往往生活在过分溺爱的环境中，家长对孩子过度保护甚至寸步不离。

2. 上课坐不住不听讲

一年级新生还普遍有个小毛病——坐不住，幼儿园每节课20分钟，小学一节课40分钟，孩子往往坐一会儿就要去厕所，或摆弄文具，或扭头说话等。有的孩子，过分地我行我素，根本不听老师讲课，只做自己想做的事。

孟丽老师说，由于现在多数家庭都是独生子女，所以一些父母过分强调孩子个性和思想上的自由，认为只要孩子觉得快乐就行。老师们却认为，家长眼中的这种自由，往往忽视了孩子的年龄特点和教育实际，忽略了对孩子良好行为习惯和学习习惯的养成。

3. 不合群易与同学冲突

还有的小学新生不会与同学和平相处，天不怕、地不怕，常常会与别的同学发生冲突，即使明知对方比自己高大强壮，还要拼到底，常常被高年级学生打得鼻青脸肿。

孟丽老师表示，开学后头一个月，是小学新生意外伤害的高发期，因为他们缺乏自我保护意识，老师又不能像幼儿园那样时时刻刻盯着孩子，极易在与同学的冲突和玩闹中受伤。

孟老师总结道，上学后，孩子首先要面对的是作息时间的改变、生活节奏的加快，如果没有相应的健康身体和心理素质，很难适应学校相对“高节奏”的学习环境，因此小学新生入学，家长最重要的是要帮孩子做好上学的健康准备。

[思考]

1. 儿童从幼儿园入小学还可能会出现哪些问题？

2. 引起儿童入小学不适应的原因是什么？

一般而言，幼小衔接是指幼儿园与小学两个相邻教育阶段之间的互相衔接。儿童从幼儿园升入小学是其经历的一场重要转折，是其面临的一次重要的适应危机。作为两个不同的教育阶段，其存在的差异会使儿童在过渡阶段产生诸多不适，影响儿童的身心健康成长，因而，需要做好两个教育阶段的衔接工作。

## 一、幼儿园教育与小学教育的差异

为做好幼小衔接工作，幼儿园、家庭和小学需要知道幼儿园教育和小学教育的差异，

这是解决幼小衔接问题的前提。一般来说,幼儿园教育与小学教育主要有以下几方面差异:

**(一) 社会要求不同**

幼儿园教育属于非义务教育,社会要求幼儿园教育以游戏为基本活动、保教结合,为有需求的家庭承担对其子女的照料,并开展有效的教育活动促进儿童的成长。

小学教育属于义务教育,具有强制性和普及性,家长必须将适龄儿童送到学校接受小学教育,完成相应的学习任务。社会要求小学要依据一定的培养目标和课程标准对儿童进行教育,学习专门的学科知识。

**(二) 课程内容和实施方式不同**

幼儿园课程是分领域的综合性活动,课程内容大部分是与幼儿生活紧密相关的知识,以主题的方式呈现,通过各种活动丰富儿童的知识和经验;小学则以分科课程为主,课程内容是成体系的学科知识,课程内容虽来源于生活,但与儿童的生活有一定距离,课程内容的掌握需要儿童的思维具有一定的抽象概括能力。

幼儿园课程的实施以游戏为基本活动,注重让儿童在游戏中学习,在游戏中发展,在活动中体验。幼儿园一般每天上午有一节集体活动,其他环节由室内游戏、户外活动、日常生活组成;小学则以课堂教学为主,主要采用讲授的形式进行教学。小学每天至少有5节集体教学时间,其他环节由早读、课间活动、眼保健操和课外活动组成。

**(三) 人际关系不同**

在幼儿园,每个班级一般配备两名教师和一名保育员,管理班级活动,师幼之间的互动比较频繁。除了教师,儿童基本上和本班的幼儿进行同伴交往,交往范围受到时间和空间的限制;小学班级里则一般只有一名班主任教师负责儿童的学习和日常活动,虽有科任教师,但随着教学科目的轮换,科任教师与儿童之间的互动较少,儿童主要和班主任教师交往。同时受到师生比的限制,互动较少。和幼儿园不同的是,在小学,随着儿童活动区域的扩大,儿童同伴交往的范围得到扩增,他们的交往不再仅仅局限于同桌或距离近的同学,交往突破了时间和空间的限制,除了本班同学,儿童与其他班级的同学来往的机会增多,人际关系逐渐复杂。

**(四) 评价标准和手段不同**

幼儿园教育注重儿童认知、情感和社会交往能力的发展,对儿童的评价基本上采用非正式评价;小学教育则对儿童知识的理解、掌握和应用有了更高的要求,小学生要面临如单元测验、期中测验和期末测验等的量化评价。

**扩展阅读 7-1**

**幼儿园与小学的主要差别**

在幼儿园,教师往往充当了多种角色,她们不仅仅是教育者,更多的时候更像是慈母、游戏伙伴。她们不仅关心孩子能认识多少字，更多的是关心如何教会孩子们生活自理方面的能力，在她们眼中孩子就只是孩子，她们的任务是陪着孩子们在游戏和操作活动中获得知识和技能。而小学却不是这样，小学教师扮演的是教育者的角色，她们主要的工作是对孩子的学业提供帮助，与孩子之间是师生关系，在教师眼中，孩子被当成了"学生"，教师主要关心孩子的学习，在生活上并不会常常与孩子们在一起，相比幼儿园而言，彼此之间有一定的距离。其主要差别表现在以下几点：

第一，生活环境的变化。幼儿园的活动室，一般布置得美观、形象和富有儿童情趣，不仅有丰富的物质环境，而且包括和谐的心理环境。小学教室只有桌椅，固定的座位对幼儿缺乏吸引力，而操场上的运动器械低年级享用机会较少，必然使幼儿感到枯燥。

第二，学习内容的变化。幼儿园阶段，小孩子主要是培养休息、睡眠、吃饭、喝水、上厕所等生活作息规律和基础的智力活动，没有严格的学习任务，一般没有家庭作业和考试，上课形式多样，小孩活动较为自由，学习压力不大。小学学习是社会义务，是小学生的主要活动，不论对所学的课程是否感兴趣，孩子都要根据国家统一规定的教学大纲来学好所规定的课程。小学生上课时要求认真听讲，不准搞小动作，要求按时完成作业，有考试和考查，学习压力较大，竞争性较强。

第三，师生关系的变化。幼儿教师像父母般地照料幼儿并参加到幼儿生活的各项活动之中，师生之间形成了和谐、亲密的气氛。而小学教师把主要精力放在教学上，对学生生活关心机会较少，师生个别接触时间少，新入学的幼儿可能感到压抑和生疏。

第四，教学方法的变化。幼儿园教学具有直观性、趣味性和多样性的特点，是在玩中学，学中玩。而小学强调系统文化知识教育和读、写、算等基本技能的训练，这需要勤奋刻苦才能完成学习任务。对幼儿来说，最难适应的是突然有许多新的规定和较少弹性的常规需要遵守。

资料来源：安红.再谈"幼小衔接"问题[J].贵州社会主义学院学报，2010(2)：58-61.

## 二、幼小衔接的主要任务

正是由于幼儿园教育和小学教育的差异，造成了儿童的入学适应问题，主要表现在：独立性差，自理能力不足，生活习惯不良；学习技能弱，学习态度消极，学习兴趣缺乏；同伴交往问题，文明礼貌不够，自我中心；知识面狭窄；语言表达能力弱；自我控制能力弱，难以遵守规则；思维不主动，注意力难以集中；动手能力弱。因此需要对幼儿园教育和小学教育进行衔接，从儿童的身体适应、心理适应、社会适应和学习适应四个方面着手，提高儿童的适应能力。

### （一）身体适应

身体适应，即让儿童在身体素质方面适应小学的生活和学习。小学生的学业压力增强，学习任务增多，对儿童的身体状态有更高的要求。幼儿园需要考虑儿童身心发展的现状，有计划地开展体育活动，加强对儿童身体的锻炼，增强儿童体质，让儿童拥有强健的体魄和健康的生活态度，以使他们能够应对小学生活对其身体的挑战。

**(二) 心理适应**

心理适应，即帮助儿童在心理方面做好入小学的积极准备。小学的学习环境和生活环境与幼儿园有诸多不同。这需要儿童树立积极的心理准备，调整好心态去适应小学。幼儿园和家庭要让儿童对小学有正确的、积极的认知，憧憬和向往小学生活。让儿童知道小学的主要任务和要求，了解小学的人员构成和环境。同时让儿童树立正确的学习态度，认真地对待学习，有问题及时向老师请教。总之，幼儿园和家庭要让儿童以积极、健康的心态迎接小学学习与生活。

**(三) 社会适应**

社会适应，即帮助儿童更好地适应小学阶段的社会交往。相对于幼儿园，儿童在小学中面临的人际交往更为复杂，但儿童与同伴和教师之间的交往仍是儿童人际交往的重要方面。应给儿童创造一个积极交往的平台，帮助儿童发展合作、关心、抚慰、同情等交往态度和行为。

**(四) 学习适应**

学习适应，即培养儿童具备入小学阶段基本的学习能力。随着环境和学习要求的变化，许多儿童在进入小学后产生疲劳、消瘦、害怕学习的状况。需要有计划地对儿童开展入学准备工作，让儿童在入学之前获得积极的学习态度和基本的学习能力。最重要的是帮助儿童养成良好的学习品质，如注意力、坚持性等，同时培养儿童形成良好的学习习惯，如独立思考、探究、做事有条理，有计划。

### 扩展阅读 7-2

#### 幼小衔接中幼儿注意力品质的培养

(一) 减少干扰，适度忽略：延长孩子注意力的时间和稳定性

教育学家研究发现，儿童一是注意力不集中，无法将注意力在短时间调动到需要注意的目标上；二是注意力短暂，即在某项任务上注意力保持的时间比较短暂，日常称之为“容易分心”；三是活动过多，在某项任务完成过程中，有很多无关的活动同时进行，如一个孩子边听老师上课边玩玩具。良好的注意力是学习的前提，也是认知世界的保障。现代家庭中，普遍存在“四二一”或“二二一”等家庭结构，使得孩子受到“过度关注”。频繁地与孩子进行互动，其实是对孩子“注意力”的干扰。当孩子在专心玩耍时，家人应给予安静的氛围直至孩子自行停止游戏，不要随时问“你在干什么”“做给我看看”之类的话。在日常生活中，当孩子沉浸在活动中时，家长应该“适度忽略”，不用语言或行为与孩子产生所谓的互动。孩子专注于自己感兴趣的时间越长，说明其注意力的时间和稳定性越好。

（二）对孩子进行有意注意训练：引导孩子从无意注意转向有意注意

有意注意是自觉的、有预定目的的注意，是由第二信号系统支配的，即能够借助于语词而实现的。孩子进入小学后，学习方式较幼儿园有了很大的改变。首先，体现为“听课的时间延长，在整个上课过程中要求孩子能够跟随教师的指令，完成各种学习任务。这种学习方式对孩子的有意注意能力提出了更高的要求。如在课堂上，老师说：“现在请同学们看这篇课文的第二段。”这就要求孩子马上能够在书本上找到对应的部分，而且进入阅读状态，这就是一种调动有意注意的语言指令在起作用。有意注意主要是由成人提出的要求和任务引起的，在无意注意的基础上随着言语的发展而发展。从大脑的发育来看，与有意注意关系重大的额叶，大约在7岁时基本发展到相对稳定和完善的程度，之后缓慢增长直到成年。有意注意基本上是社会性行为，是可以被训练的。

鉴于小学学习对孩子的有意注意提出了更高的要求，家长就应该在学前阶段有意识地培养孩子的这种能力。有意注意更多依靠言语发挥作用，其前提就是孩子能够倾听外界的语言指令，并能产生相应的行为，这就对孩子的倾听能力提出了更高的要求。很多孩子在小学课堂上屁股“坐不住”，与其没有养成倾听的习惯有着很大的关系，他们更习惯操作性的活动，而对静态的倾听缺乏敏感性。这种能力不是一朝一夕形成的，需要平时在孩子的日常生活中进行渗透，亲子阅读就是非常好的一种形式。阅读并不只是从大班开始，从孩子上了幼儿园就可以进行。从早期的绘本阅读到后来的文学作品，家长可以根据年龄阶段的不同为孩子选择适宜的阅读材料，每天抽出一部分时间陪伴孩子的阅读。在阅读过程中，既培养孩子的观察力，也让孩子学会用耳朵听。对利用听觉通道的学习方式逐渐习惯，倾听能力也就可以得到有效提升。此外，在阅读过程中，增强孩子的语言敏感性，不断提升语感，对其后续的学习也是有帮助的。

资料来源：刘黔敏. 幼小衔接：从学习内容到学习品质[J]. 幼儿教育，2013(6)：4-7.

## 三、开展幼小衔接工作的原则

在幼小衔接的过程中要遵循儿童身心发展的规律和年龄特点，依据下面的原则开展工作：

**（一）双向性原则**

双向性原则是指幼小衔接工作的开展要小学和幼儿园彼此配合，相互衔接。幼小衔接工作不是幼儿园单方面的向小学靠拢，小学也要积极地做好准备工作。幼儿园需要在儿童在园的期间内，逐步开展教育活动，促进儿童身体、心理和能力全面和谐发展，为幼小衔接奠定坚实的基础。小学要相应地做好接待新生的准备工作，考虑儿童入学初的焦虑与不安，给儿童留有适应的时间。同时考虑儿童的心理特点，适时地调整教学进度和教学内容，帮助儿童做好前期的过渡。

**（二）全面性原则**

全面性原则是指幼小衔接工作不仅仅是智的衔接，还包括体、德、美各方面的衔接。

幼儿园与小学虽然是两个不同的教育阶段，但是都要促进儿童的全面发展。我们常常看到的情况是教师和家长最关心的是儿童知识的掌握，简单地将幼小衔接理解为“智”的衔接，这是错误的。

**（三）渐进性原则**

渐进性原则是指幼小衔接工作要依照儿童身心发展的特点和个性差异循序渐进，逐步开展。儿童的发展是持续渐进的过程，儿童能力提升和习惯的形成不是一蹴而就，而是不断变化发展的结果。应该将儿童入学前应具备的各方面能力分解成不同层次、水平的教育目标，划分到不同阶段的教育中去完成。如儿童学习品质的培养应该开始于儿童的入园之初，贯穿整个幼儿园教育。而在幼儿园的最后一年，则侧重做好儿童入小学的有针对性的准备（让儿童了解小学的环境，小学的生活制度等）。

## 扩展阅读 7-3

### 幼小衔接之互动过程细节化原则

师师互动，达成共识。倾听小学教师对幼儿入学后情况反馈，从中发现主要问题，如学习习惯、课程衔接的要求、历年来新入学的孩子能力分析等。小学教师建议我们，在大班一定要重点培养孩子的有意注意，培养孩子的倾听习惯，倾听能帮助孩子提高学习的效率。另外，在语文上阅读相当重要，阅读为孩子一生的学习起到重要作用，在大班我们要有意识培养孩子的阅读兴趣。小学教师一再强调，幼儿园老师千万不要教写字，现在很多字的写法都与我们小学时代不同，笔顺一旦错误，孩子要花双倍甚至三倍时间精力纠正，得不偿失。

邀请小学教师来幼儿园参观班级环境创设。幼儿园温馨、舒适而富有童趣的学习环境让小学教师惊叹不已，参观教师纷纷认为，在幼儿园里孩子们每天接触新鲜、有挑战性的玩具教具，他们的生活充满快乐。在小学里，整天面对书本、作业，四面光秃秃的墙壁，孩子已不见了笑容。因此，小学教师们觉得他们回去要思考，让一年级的教室也充满阳光。

互动交流教学活动，感受授课模式的差异。两所学校的老师相互听随堂课，同样都是数学、语言（语文）课，让两边的教师身临其境了解各自教学风格与学习方式，共同探究衔接的“点”。幼儿园教师在哪些知识、能力培养上要把握得比较准确，小学教师怎样在孩子心理与年龄特点上改进教学形式，形成较完整的“教学链”。比如我们在进行故事教学时，目标一般会定位于“理解故事内容，会讲故事主要情节”，但是进入大班，目标可以提高坡度，“学会倾听他人表述，发表与他人不同意见”。教师在活动过程中，有意识引导幼儿听他人的回答并能做出反馈评价。

生生互动，发挥衔接主体性作用。深入小学参观以丰富幼儿实际感知经验。为了让大班的孩子们了解小学教育的特点，有计划地向幼儿介绍小学生的学习和生活，带领幼儿参观小学的环境。参与小学的升旗仪式，并深入一年级的课堂与小学生同上一节课，如美术课、科学课、音乐课等副科课，提高幼儿对小学学习的兴趣。参加小学生一些丰富多彩的活动等，如每年的六一，小学生们会自主来我园带一个大班幼儿去他们学校，穿梭于学校的各个角落，参加校园游艺活动，让大班幼儿全面体验小学的丰富课外生活，激发幼儿对小学的向往。

"小记者采访"帮助幼儿完成入学前心理过渡。邀请小学优秀班干部来我园为大班孩子介绍学习心得体会与入小学后要做好的各项事情，让大班幼儿学做"小记者"采访哥哥姐姐们有关小学生活的问题，如"几点上学，几点放学""中午饭在哪里吃"等。了解小学生的主要任务和各种行动规则，使之克服紧张、压抑和焦虑的情绪，帮助幼儿完成入学前的心理过渡，从而树立正确的入学动机和良好的学习心态。

资料来源：薛辉.在幼小双向互动中谈幼小衔接教育[J].现代中小学教育，2011(4)：72-74.

## 第二节 解决幼小衔接问题的有效策略

### 案例导入

#### 入学初不适应的文文

文文今年刚上小学一年级，开学20多天了，刚开始还有点新鲜头，可是这几天，文文回到家就哭。文文的妈妈很心疼："一年级能有什么作业？每天回家就是读读拼音、音节，我女儿平时玩性大，读书可能不太快，也没用心，每天的认读作业她两个多小时也只能完成一半。"

现在文文学拼音学到翘舌音了，舌头不大会打卷儿，所以就不太会读，这两天文文天天哭，读不出来更不愿意读。妈妈就把她关在屋子里直到她愿意读为止，结果到晚上10点也没有完成读10遍的任务。

第二天，晚上读到8点半，文文读得满头汗，妈妈实在不忍心，就让她洗澡睡觉了。

第三天，老师布置的认读还不会，文文妈妈火了，又把她关在屋子里让她好好反省，饭也不让她吃了。文文从屋子里出来后，在晚上睡觉前说了一句话："妈妈，我明天早上早点起来再念吧。"文文妈妈听完后觉得很心酸。

"文文在幼儿园的时候读得好好的，怎么上了一年级就不行了？"文文的妈妈感到疑惑，"文文上的幼儿园，很注重孩子的兴趣和素质教育，不刻意教孩子学习，文文在幼儿园学会了表达，心态也好，懂礼貌，有自己的兴趣，个性发展也不错。本来文文上小学我一点儿都不担心的，结果现在弄得我整夜失眠，压力太大了。"

[思考]

1. 面对这种情况文文妈妈可以采取哪些措施解决问题?

2. 家长在幼小衔接工作中可以做哪些力所能及的事情?

尽管人们对幼小衔接关注比较多,但是由于对幼小衔接缺乏清晰的认识,使得在开展工作时,难免出现偏差。了解幼小衔接中已经存在的问题,可以使得之后的幼小衔接更加顺利。

## 一、幼小衔接工作存在的问题

幼小衔接工作中常出现的问题有:忽略衔接的连续性;单向的幼小衔接;幼儿园"小学化"倾向严重。

### (一) 忽略衔接的连续性

幼小衔接工作中一个较突出的问题是注意到了儿童发展的阶段性,但忽视了儿童发展的连续性。儿童进入小学,发展的连续性决定了他们仍然带有幼儿期的特点。如果这时小学教师完全按小学的教育要求对待初入学的儿童,那么势必造成儿童不适应新的生活。小学教师要尊重儿童的年龄特征,遵循儿童的发展水平,采用适合儿童年龄的教育方式和方法。

### (二) 单向的幼小衔接

幼小衔接工作中存在的另一个问题是幼小衔接变成幼儿园单方面的责任。幼儿园将幼小衔接作为一项重要的工作来抓,开展丰富多彩的衔接活动,增加儿童对小学的了解,培养儿童入小学的积极情感。但小学却被动地等待幼儿园靠上来,造成衔接上的一边倒。如一些小学没有考虑到儿童入学的实际情况,对待儿童缺乏足够的耐心;还有的小学以儿童在幼儿园已有一定的小学一年级知识为基本认知,在授课过程中,对儿童缺乏详细的讲解和指导。儿童家长则对于幼小衔接一知半解,过于依赖教师,认为幼小衔接只是教师的责任。而事实证明,多方沟通,双向准备才是解决幼小衔接问题的必由之路。

### (三) 幼儿园"小学化"倾向严重

在幼小衔接工作中,一些幼儿园缺乏科学的教育和管理理念,为了迎合市场的需求,提前将小学的知识教授给儿童,简单地将幼小衔接理解为提前学习小学知识,在教育目标、内容和方法上存在明显的小学倾向。要知道提前学习一年级知识的儿童在入学之初,是会感到学习内容比较熟悉,学习起来比较轻松,但上课注意力容易分散,易养成不良的学习行为和习惯,随着年级升高,课业难度的增加,他们原本的知识储备殆尽,就会出现不同程度的学习困难。

此外,幼小衔接的幼儿园教师和小学教师也缺少沟通。大多数幼儿园缺少既熟悉幼儿园教育特点又了解小学教育规律的教师，而小学低年级教师对学前心理学、学前教育学也知之甚少。幼儿园教师与小学教师对彼此的教学大纲、教学活动、工作方法等不了解。这些都在一定程度上影响了幼小衔接工作的顺利进行。

**扩展阅读 7-4**

### 当前幼小衔接存在的问题

**一、以幼儿园教育小学化作为幼小衔接的主要方式**

幼小衔接的产生源于幼儿与小学生的身心差异，由于两者发展水平的不同，所以在教学方式上各有特点。幼儿从幼儿园到小学，由于教学方式的不同而产生不适应，由此产生了幼小衔接的问题。解决这一问题可有两种选择，一是让幼儿园和小学教学方式统一，就不会有不适应的问题；二是保留幼儿园和小学教学方式的差异，在从幼儿园到小学转变的过程中设置过渡环节，以缓解不适应问题。从目前来看，人们往往采用的是第一种方式，即让幼儿园采用与小学相同的教学方式，主要表现在以下两个方面：

一是在教学评价上，以儿童成绩作为评价标准。随着时代的进步，越来越多的人们意识到幼儿教育是一个让儿童拥有快乐，让儿童健康成长的教育阶段，但幼儿园里依靠“成绩”评价幼儿的现象仍然存在。很多幼儿园，尤其在广大农村地区，在教学内容上仍然实施分科教学，幼儿园里过早地开设小学才学习的语文、数学和英语课程，将小学的教学内容搬到幼儿园；在学习方式上，将对小学生的要求和行为规范搬到幼儿园里强行让幼儿执行，如在幼儿园实行课堂教学，而不是通过活动和游戏的方式进行教育。上课的时候要求儿童端正坐好，手背放在后面专心听讲等。这一切都服从于惟一的教学目的，即让幼儿掌握更多的知识，进而获得一个较好的成绩。

二是在教学方式上，以课堂教学作为主要方式。幼儿园活动和游戏教学符合幼儿身心发展的特点，对促进幼儿的发展有积极作用，但在当前一些幼儿园的教学中，课堂教学的方式仍然存在，尽管一些教师注重在 30～35 分钟的教学过程中设计一个或两个以上游戏，以缓解幼儿的学习疲劳和再次激发幼儿的学习兴趣与积极性，但通常时间都不长，而且在游戏的设置上不够合理，教师是为了追求教学目的而设置游戏，丧失了游戏的本来意义。这说明有相当一部分教师只是狭隘地理解游戏在教学中的作用，对活动和游戏教学的含义和操作方式没有掌握。

**二、教师的观念有所更新，但缺乏切实可行的教育方案**

目前，教师纯知识角度的准备观，即认为儿童入学前最重要的准备是学拼音、认汉字，使学生上学后学习“不吃力”已被全面的准备观所代替。绝大多数教师认为，儿童的入学准备是生活习惯、学习习惯、学习能力、自理能力、规则意识、任务意识、身体素质等方面的综合准备，但是认识方面的提高并不等于教育行为有了转变。在绝大部分农村乡镇，特别是一些学前班和个体幼儿园，教师仍然主要教小学一年级的知识，如拼音、汉字等。一节课让幼小的儿童写一篇田字格作业，不光是独体字，有的字要有十多笔画，甚至有二十画笔顺的字，一节课要算10～20道算术题，小小的年纪就要背上沉重的纯知识学习的课业负担。这种把小学的知识当作学前班主要教学内容的做法很不恰当，可见教师没有把全面、综合的准备观转化成为具有幼儿年龄特点的、易于幼儿接受的教学内容与方法。

**三、家长理念落后陈旧是幼小衔接难以有效顺利进行的关键**

家长是孩子的第一任教师，也是终身教师，幼小衔接在很大程度上要有家长的参与才能很好地完成。由于传统的观念与教养态度等多方面的偏差与不当，造成很多家长重视技能技巧的训练而忽视全面发展，重视短期成效而忽视终身发展，甚至有的家长出于急功近利而超前训练，竟要求孩子提前掌握小学一年级的课本内容，致使幼儿入学后出现这样一种情况：感觉学习很轻松，上课不专心、做作业不认真，形成不良的学习态度和习惯；随着学习内容的加深、难度的加大，“储备的知识”用尽了，又缺乏认真学习的习惯，最终出现适应困难。这些家长给幼儿园、小学的教学活动造成无形的压力，致使幼小衔接难以顺利进行，有的甚至形成阻力。

资料来源：杨文.当前幼小衔接存在的问题及其解决对策研究[J].学前教育研究，2013(8)：61-63.

## 二、幼小衔接的有效策略

为了解决上述幼小衔接工作中存在的问题，需要联合多方力量，共同做好幼小衔接工作。幼儿园和小学需要结合儿童的年龄特点及心理需求，合理安排教育活动，有针对性地开展幼小衔接工作。家庭要积极配合幼儿园和小学的幼小衔接工作，同时，采取正确的教育方法和教育理念做好自身的幼小衔接工作。

### (一) 幼儿园的幼小衔接策略

幼儿园要有针对性地结合本园幼儿实际需要开展幼小衔接工作。

1. 激发儿童产生上小学的愿望

一般而言，大部分儿童对小学是期待的，他们会不时地流露出对小学的向往之情。他们会羡慕带着红领巾背着书包上学的小哥哥和小姐姐，渴望新书包、新铅笔盒。幼儿园教师应该有意识地向儿童介绍小学的情况，和儿童分享小学的事情，也可以让儿童接触身边的小学生，使儿童对小学有一定的了解，进而产生上小学的愿望。

2. 提高儿童的社会适应能力

儿童升入小学后，在集体生活中与更多的人接触交往。他们需要了解人际交往的礼仪和行为规范，幼儿园要注意培养儿童的社会适应能力。

第一，培养儿童的礼貌行为。让儿童了解：在各种场合要使用的礼貌用语（如您好、再见、谢谢、对不起、请）；听别人说话时，要姿态大方地站好，眼看对方；要孝敬父母，听从父母和长辈的正确教导，外出或回家要向父母或长辈打招呼，帮父母做力所能及的事；要尊敬老师，团结同学。

第二，提升儿童的集体意识和规则意识。首先要儿童了解集体生活，并能做到体察别人的情绪和意识。让儿童了解在集体生活中需要互相体谅谦让、彼此关心帮助，不能以"我"为中心，任性胡来；当别人遇到困难时，应尽力帮助；待人要真诚热情，不要小心眼、斤斤计较；发生矛盾，及时和对方开诚布公地交换意见，不要争吵打架。其次，告知儿童在小学生活中要遵守班级的规章制度。上学不迟到、不早退；上课的时候不要随意离开座位；认真做好班级的卫生工作等。

3. 培养儿童良好的学习品质

(1) 培养儿童良好的学习兴趣与态度

兴趣是人们对特定事物或活动带有积极情绪的心理倾向。对儿童而言，对学习有兴趣，才能认真听讲，积极思考。学前期儿童的思维主要由具体形象思维占据主导，要使儿童对学习感兴趣，幼儿教师就要在儿童的学习活动中，采用具体形象的教学方法，多让儿童动手操作；培养儿童良好的学习态度则是培养儿童在学习时努力认真，不敷衍了事，不马马虎虎。上课时要专心听讲，积极思考和回答问题，按时做作业，认真复习。

(2) 培养儿童良好的学习习惯

良好的学习习惯对儿童适应小学生活有重要意义。幼儿园应该培养儿童独立完成学习任务的习惯，培养儿童珍惜学习时间的习惯。如幼儿园可以根据儿童的年龄特点，以 20 分钟作为一个学习阶段，当学习阶段一开始，儿童就必须专心致志不随意离开座位，不允许做任何杂事，幼儿园教师也不能去打搅孩子。幼儿园还要培养儿童养成正确的看书姿势，帮助儿童养成阅读的习惯。让儿童在不知不觉中从故事里初步感知理解文字，为小学识字和阅读打下良好的基础。

4. 构建良好的家园幼小衔接协作体系

幼儿园的幼小衔接工作离不开家长的密切配合。幼儿园应该基于幼小衔接的实际情况和家长进行沟通协作。如开展"减轻孩子入园焦虑的有效途径""正确认识幼小衔接""家长在幼小衔接工作中的做法"这样的主题讲座。

**案例 7-1**

**幼儿园幼小衔接活动《我要上小学》内容设计**

活动内容一：我的小书包

活动要求：1. 熟悉、了解如何爱护和正确地使用学习用品。

2. 逐步学习并习惯独立整理和保管好自己的用品。

内容举例：集体教学：·我和书包做朋友·各种小文具·找不到的眼镜

区域活动：·理理小书包·削铅笔·修补图书

其他活动：·天天习惯背书包上幼儿园·参观学习用品商店·与父母一起买新书包·“谁的书包最整洁”小评比活动

活动内容二：参观小学

活动要求：1. 了解小学的学校环境、小学生的学习和活动特点，对小学的生活产生一定兴趣。

2. 产生入小学的愿望，向往当个小学生。

内容举例：集体教学：·读书郎·不一样的学校·小学生一日生活·假如我是小队长

区域活动：·附近的小学·测量路线图·小学课程表·采访小学的计划书

其他活动：·参观小学·采访小学老师、学生·与父母一起去报名·模拟小学运动会

活动内容三：小课堂

活动要求：1. 在模拟小学生的生活中，感受小学生的学习活动特点。

2. 形成初步的任务意识和目的意识。

内容举例：集体教学：·上学的早晨·下课十分钟·“争章”统计· 课程表·一分钟可以干什么

区域活动：·电话号码大揭秘·小雏鹰争章·我的课间活动设计

其他活动：·小课堂·班级公约·我与朋友比一比·轮流担任小队长·我有一个岗位·文明用餐收拾餐具·学用“小记录本”

活动内容四：毕业

活动要求：1. 体会自己的长大，初步养成对老师、父母等周围人感恩的意识与习惯。

2. 产生当一个小学生的光荣感，有向往小学生活的积极情感体验。

内容举例：集体教学：·毕业诗·给老师画大头像·离园纪念册

区域活动：·毕业赠言·给弟弟妹妹的礼物·做“名片”· 离园倒计时·设计成长册

其他活动：·毕业典礼·与小学生联欢·亲子俱乐部

**评析：**幼小衔接工作是幼儿园重要的工作内容。做好衔接工作有助于幼儿更好地适应即将到来的小学生活，让他们顺利地适应今后的学习和生活。在幼儿园大班尤其是幼儿园最后一学期，幼儿园通常会安排一些针对性的活动方案。《我要上小学》的活动方案设计基于幼儿对成长的渴望和对小学生活的向往，设计了我的小书包、了解小学环境、进入小学课堂及隆重的毕业式等内容，帮助幼儿树立积极的心态，积累对小学的一些经验，让他们做好相应的心理准备和能力准备。

### (二) 小学的幼小衔接策略

作为幼小衔接的主要责任主体，小学也应采取行动，减缓儿童入学后的不适应，做好

两个教育阶段的过渡。

1. 构建良好的师生关系

小学班级的班主任主要负责本班级学生的学习和生活，和幼儿园的两教一保相比，由于人数的增加，儿童与班主任之间的互动减少。但是教师在儿童心中仍然具有重要的地位，对儿童有重要的影响。教师的态度和行为影响着儿童的情绪和行为，为了儿童能够更好的适应小学生活，建立起对小学的归属感，良好师生关系的构建十分必要。

2. 帮助儿童逐步适应活动常规

在入学之初，教师应考虑儿童的实际情况，循序渐进地帮助儿童逐渐适应小学生活常规。如小学的教学活动以上课为主，上课的时间一般为 40～45 分钟。而刚入学的儿童注意时间有限，一般为 15 分钟。这需要小学教师变换上课的手段和形式，在有效注意时间里，讲授学科知识，其余时间配以丰富的练习和游戏活动。

3. 注重班级环境的创设

小学低年级在班级环境创设上要考虑儿童的心理需求和审美特点，为儿童构建一个充满趣味性和教育性的学习环境。教师可以将教室划分不同的版块，如学习园地、荣誉榜等，张贴不同的活动图片和儿童的作品。在环境的布置上要尽量让儿童参与进来，增加儿童对环境的熟悉感和亲切感。

4. 采用形式多样的教育方式

儿童进入小学，有了更多的学习任务和要求，教师在教授学习内容时，有更明确的教学计划和教育要求。尽管如此，小学教师还是要考虑儿童的年龄特点和心理特点，采取儿童喜爱的形式进行课堂教学和知识传授。刚入小学的儿童以具体形象思维为主，小学教师需要将抽象和难以理解的知识转化为贴近儿童已有经验的知识。

**(三) 家庭的幼小衔接策略**

家庭以其独特的地位与优势，在幼小衔接工作中发挥着自身的作用。

1. 培养儿童适应新环境的能力

首先，家长要有意识地培养儿童的独立能力，让儿童自己的事情自己去做，不过分依赖别人。其次，家长要注意培养儿童的基本学习能力，包括注意力、阅读、提问与回答、听讲、做作业等各个方面能力。最后，家长还需要注意培养孩子的人际交往能力。

2. 培养儿童良好的行为习惯

首次，家长要知道影响儿童今后学业的因素很多，但最为关键的是儿童学习习惯的养成。家长应该热情、积极地对待儿童的提问，利用各种途径引导儿童自主探索问题的答案，并引发儿童对更多问题的思考，激发其学习知识和技能的欲求，养成乐于探索的习惯。

其次，帮助儿童养成良好的时间观念。家长可以为儿童购置一只小闹钟，和他们共同制定作息时间表，合理安排生活和学习时间，让儿童学会支配自己的时间。在制定时间表的过程中，家长要有意识地指导儿童先安排学习时间，让儿童牢固树立完成作业后才能去玩的观念。

此外，家长要及时纠正儿童的不良习惯，注意观察儿童的一言一行，发现有不良习惯要马上制止，并教给儿童怎么做是正确的。

3. 加强与幼儿园、小学沟通合作

家长要加强与幼儿园教师、小学教师的沟通与合作。了解儿童在幼儿园或者学校情况，有的放矢地帮助儿童从幼儿园过渡到小学。

## 扩展阅读 7-5

### 俄亥俄州社会课程幼小衔接的措施与经验

#### 一、幼儿园为促进儿童社会性衔接采取的举措

全美幼儿教育协会(NAEYC)强调指出，确保儿童实现幼小成功衔接的三个要素是儿童的参与与准备、教师之间的交流、家长参与。俄亥俄州幼儿园在促进儿童社会性衔接方面的举措正是围绕儿童、教师和家长三方展开的。

首先，幼儿园所作的铺垫工作主要在于促进儿童个体的成熟、提升儿童在同伴中的受欢迎程度，以及学会接纳自己的学生角色。有研究发现，个体成熟的儿童在一年级最容易有出色的表现。因此，幼儿园特别强调儿童参与，带领儿童提前熟悉小学环境，拜访未来的一年级教师，了解小学要求和安排，日常生活中则强调通过角色游戏帮助儿童尽早熟悉一年级的要求和作息制度，以此促进儿童个体成熟和社会化。

第二，教师采取多种交流途径，针对课程和儿童个体需要，为儿童提供个性化的衔接措施。包括幼儿园教师与一年级教师围绕课程的连贯性和个体发展进行会议讨论；一年级教师到幼儿园参观，并向儿童描述一年级的情况。这些措施都涉及人际互动，有利于儿童的社会性发展。已有调查发现，如果幼儿园教师能够积极参与到衔接工作中来，如与儿童或一年级教师分享信息、共同制定计划等，儿童就会出现积极的社会适应和入学准备。

第三，家长的参与有助于提升衔接效果。研究表明，如果父母参与学校的活动诸如支持小组活动和参观校园，儿童在入学准备上就会得到更高的评分。不过，争取家长的参与并非易事，为此必然要扩充教师的参与面及责任，因此，俄亥俄州的幼儿园教师更多采用的主要是以教师和儿童为中心的衔接活动。

#### 二、小学为儿童向一年级过渡所采取的衔接措施

小学一年级教师采取的衔接措施并不仅仅发生在儿童入学之后，有很多还发生在儿童进入学之前。进入小学之前的措施大多是与幼儿园教师进行合作，如前面提到的互相参观和增进了解。进入小学后的措施包括争取家长的参与，鼓励高年级同学给新生提供

心理支持，促进儿童的社会适应，以及提升儿童的心理理论能力等。

（一）帮助学生获得教师和高年级同学的支持，同时鼓励家长的参与

有研究指出，很有必要向儿童介绍学校的管理员或者指导老师，并为儿童所熟悉，从而使得学生们在向他们倾诉时感到自在和舒服。为新生配对年长的"哥哥姐姐"也会有助于减轻儿童在衔接中的压力，使其社会性情感得到支持和丰富，从而更好地促进其适应学校。此外，多数研究都提出学校和家庭的合力对于过渡中的儿童至关重要。这个目标可以通过学校组织的一些活动或者筹款来完成，比如狂欢节校园游戏以及以家长为核心的活动等。

（二）多种途径提高儿童的心理理论能力

基于心理理论对儿童社会适应和发展的重要作用，俄亥俄州小学倡导采取多种途径和措施提高儿童的心理理论能力，如通过选择和利用一些强调接纳促进合作的文学作品，让学生熟识不同的种族习俗，以更好地理解文化差异及同伴资源，促使儿童能够逐渐意识到他人的意图，建立同情和观念采择，促进儿童与同伴更好地相处，帮助儿童向一年级过渡。

资料来源：洪秀敏，崔方方．美国俄亥俄州社会课程幼小衔接的举措与启示[J]．学前教育研究，2011(9)：28-32.

## 本章结构图

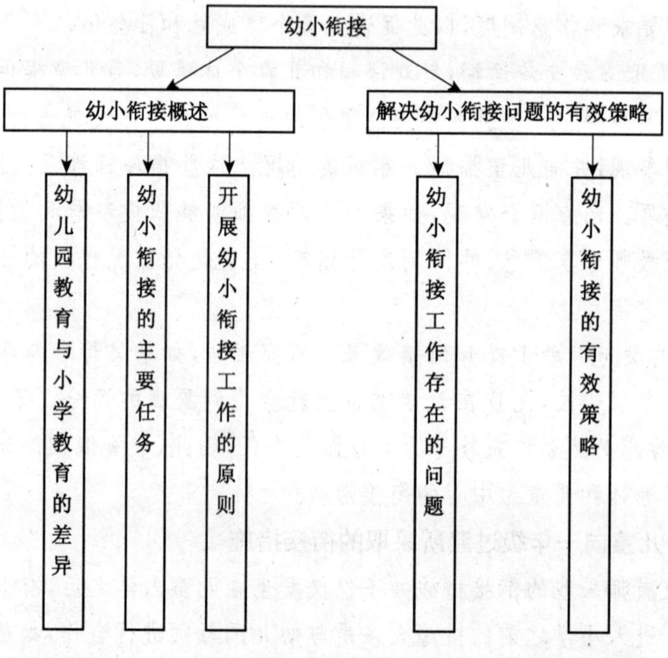

## 本章检测

**一、名词解释**

1. 幼小衔接
2. 双向性原则
3. 全面性原则
4. 渐进性原则

**二、简答题**

1. 幼儿园教育与小学教育的差异。
2. 幼小衔接的主要任务。
3. 开展幼小衔接工作的原则。

**三、论述题**

结合实际论述幼小衔接工作中存在的问题，并提出有效的解决策略。

**四、案例分析**

班级讲台上常有一些无人认领的文具，断了头的铅笔、弄脏的橡皮堆满了讲台的一角，很不雅观。林老师多次召集大家前来认领，可是小失主们不是说自己的铅笔没断，就是说自己的橡皮是干净的，几乎异口同声地说出“不是我的”这一回答。一年级的孩子在面对文具品牌、型号、甚至颜色与同学都一样的情况下，辨认的特征已显得不再明显了。面对越来越多的文具找不到失主，面对孩子们丢失文具后满不在乎的神情，面对家长们叙说孩子浪费文具时揪心的样子，林老师觉得这个问题需要认真对待。

用本章所学内容分析案例，谈一谈案例中主要说明了什么问题，如何去解决。

## 课后推荐

**图书：**

1. [日]立石美津子. 幼小衔接：妈妈怎么说怎么做[M]. 落沙，译. 南京：江苏凤凰文艺出版社，2014.
2. 付小平. 陪伴在身边：从幼儿园到小学[M]. 北京：电子工业出版社，2014.

**期刊：**

1. 李召存. 论基于儿童视角的幼小衔接研究[J]. 全球教育展望，2012(11).
2. 杨文. 当前幼小衔接存在的问题及其解决对策研究[J]. 学前教育研究，2013(8).

**网站：**

1. 搜狐教育：http://learning. sohu. com/20140801/n403013028. shtml

2. 中国学前教育网：http://web. preschool. net. cn/index. html

## 实 践 拓 展

1. 到幼儿园和小学实地走访了解幼儿园和小学对幼小衔接问题的看法和所做的工作。

2. 对幼儿家长进行访谈，了解家长对幼小衔接的看法。

3. 采访刚入学的小学生，记录他们的困惑和遇到的问题。

礼仪不良有两种：第一种是忸怩羞怯；第二种是行为不检点和轻慢；要避免这两种情形，就只有好好地遵守下面这条规则，就是，不要看不起自己，也不要看不起别人。

——约翰·洛克

# 第八章　国外学前教育的发展与启示

**学习目标**

- 领会：美国学前教育的机构类型；美国社区学前教育的发展概况；日本学前教育的机构类型；日本学前教育的策略；意大利蒙台梭利教育的教育理念；意大利瑞吉欧教育的教育特点；澳大利亚学前教育的途径
- 理解：美国学前教育发展对我国学前教育发展的启示；意大利学前教育发展对我国学前教育发展的启示；澳大利亚学前教育发展对我国学前教育发展的启示
- 应用：能够运用本章所学知识分析学前教育中的实际问题，并提出解决策略

**本章导读**

本章共有四个小节，分别重点讲述美国、日本、意大利、澳大利亚学前教育的发展概况（政策法规、资金投入、机构类型、目标与内容、途径与策略、师资与培训、学前机构家长工作与社区学前教育）和启示。

## 第一节　美国学前教育的发展与启示

**案例导入**

**美国某儿童保育中心的一日活动安排**

7:00～8:30 幼儿入园，脱掉外衣放入柜内，未吃早餐的儿童可进餐。自由活动：儿童可玩游戏泥、七巧板、积木或操作活动。

8:30～8:45 大组活动：教师介绍全天的活动安排。

8:45～9:45 儿童在教师安排的符合幼儿需要和兴趣的活动中进行选择，有艺术、科学、桌面游戏、积木、书、音乐、戏剧游戏、语言文字等。

9:45～9:55 清扫，收拾玩具，帮助幼儿把东西放回原处，上厕所，洗手。

9:55～10:10 点心，休息、恢复和放松的时间。

10:10～11:10 户外活动：如跑、跳、攀、爬、荡秋千、投掷、沙箱、科学材料等。

11:10～11:25 小组活动：儿童对特别的活动进行讨论，复习当天所学知识和所参加的活动，教师进行评价。

11:25～11:45 大组活动：音乐活动、律动或讲故事。

11:45～12:30 餐前准备；午餐；整理。

12:30～14:00 午睡：愿意午睡的儿童午睡。安静活动：不愿意午睡的儿童就进行安静活动。

14:00～15:00 户外活动：如跑、跳、攀爬、荡秋千、投掷等。

15:00～15:15 午点。

15:15～16:15 重复活动：继续上午的活动。

16:15～16:25 整理。

16:25～16:45 大组活动：复习与评价。

16:45～18:00 自由活动：儿童可玩游戏泥、七巧板、积木或操作活动。

18:00　幼儿回家。

[**思考**]

美国儿童保育中心的一日活动安排体现了什么教学目标和教学内容？对儿童会产生哪些积极的影响？

## 一、美国学前教育的发展概况

学前期是幼儿大脑发育最迅速的时期，对幼儿的一生有着重要的影响。美国是世界上学前教育发展最快也是最发达的国家之一，从 20 世纪 60 年代以来一直处于世界领先地位，这与美国政府近几十年来对学前教育的重视密不可分。由于经济的快速增长和对儿童生理和心理研究的新发现，促使国家和各州政府以及社会各界越来越重视学前教育。美国学前教育的机构类型多样，教育理念以儿童为中心，教育途径主要以幼儿园一日活动为主。而相关部门对幼教师资的培养和提高也给予了更多的关注，与此同时，美国重视充分利用家庭和社区资源构建社区、家庭、幼儿园为一体的学前教育体系，深化美国学前教育的改革与发展。

### （一）学前教育的政策法规

教育政策和法规是发展学前教育最强有力的保障。美国政府从社会发展需要和儿童个体发展需要出发，制定了相应的学前教育政策和法规，加快了学前教育的发展和普及。

1989年白宫与国会先后通过了重要的《日托法案》，布什政府关于美国教育改革的新政策集中体现于《不让一个孩子掉队法》和《布什谈教育蓝图》等教育法案和政策文本中。

《不让一个孩子掉队法》的核心思想主要体现在三个方面：第一，州政府负起更强的绩效责任，要求州政府在全州范围实施涉及所有公立学校和学生的绩效责任制度。第二，给家长和学生以更多的选择，对于那些在未达标的较差学校就读的学生，可以获得更好的公立学校或特许学校的选择机会，对于那些就读于持续失败的学校（即连续3—4年未能符合州级标准的学校）而且是低收入家庭的学生，还可以获得经费资助。第三，州、学区和学校拥有更多的灵活性。该法案的颁布和实施加强了联邦政府在教育事务中的作用，确保了所有人、尤其是弱势儿童能顺利完成学业，获得成功，同时也对各种教育机构如何更好地从事教育实践提出了更有力的支持。

1994年，美国国会通过了《2000年目标：美国教育法》，这部法律体现了美国联邦政府对学前教育发展的进一步规范，极大地推动了学前教育事业的发展。

2002年，布什政府发表了以《良好的开端，聪明地成长》为题的改革动议。动议的核心内容是鼓励和支持州政府发展与初等教育连为一体的学前教育质量等级体系及早期学习标准。

2007年，美国国会参众两院高票通过了有效期为五年的《开端计划》新法案。该法案规定，联邦政府应在2008年向《开端计划》提供73.5亿美元的资金支持，还增加了无家可归儿童、流动儿童、身体残疾儿童及非英语母语儿童参与《开端计划》项目的机会。

奥巴马就任美国总统以后，奥巴马政府倡导的一项学前教育计划《0～5岁教育计划》，设想每年由联邦政府拨款100亿美元，资助各州普及学前教育，希望借助该计划使每个儿童，不分贫贱，在幼年时期都能获得平等的教育，在入学前都能得到充分的准备。

**（二）学前教育的资金投入**

学前教育的健康稳定发展总是与经济上的投入成正比。美国政府持续稳定的资金投入为学前教育提供了最基础的保障。

1989年的《日托法案》促使越来越多的州政府认识到学前教育的重要性，提供和增加了教育经费。在布什总统执政期间，政府支助学前教育的经费增加了83%。美国经济发展委员会呼吁社会各界关心资助学前教育事业的发展。20世纪90年代初约有5000家企业采用不同的方式赞助和支持学前教育事业的发展，如美国著名私人基金会——卡内基基金会把早期教育作为先行支助的项目之一，以保证儿童入学准备工作的顺利开展。

2002年布什政府的《良好的开端，聪明地成长》改革动议，为了鼓励州政府发展相关质量体系和早期学习标准，联邦政府为其提供儿童保育灵活资金。要获得这一资金支持，州政府必须达到联邦政府的要求。例如，作为获得联邦政府资金支持的交换，州政府需要逐步完成建立学前教育质量等级体系、质量等级促进体系以及早期学习标准等任务。

2007年通过的《开端计划》规定，政府的健康与人类服务部门应向指定的《开端计划》实施部门提供经济援助，越来越多不同年龄、来自不同群体的学前儿童已经或正在从《开端计划》中受益。《开端计划》不向家长收取费用，其经费80%来自联邦政府的拨款，其余主要来自社区。

联邦政府的拨款自《开端计划》实施以来从未停止过，且数额始终呈上升趋势。美国联邦政府对学前教育的资金投入以有条件的拨款法为依据，并鼓励各级政府进行学前教育和保育资源整合，以有效扩大服务供应范围，监督学前教育事业的良性运行与发展。

在过去十年中，各州政府也大幅提升了其在幼儿教育与保育的介入角色，加大了对其补助的资金投入，除此以外，私人基金会或慈善团体也通过募捐的方式帮助创新的教学法或相关研究，资助幼教机构提高教育质量、支持特殊幼教机构、设立资源中心供学前教师在职进修及赞助推动改革者。

**（三）学前教育的机构类型**

美国学前教育机构类型虽多种多样，但主要形式有以下几种：

1. 儿童保育中心

(1) 临时儿童保育：为方便父母抽出时间购物、赴约等活动，短时间内照看6岁以下儿童。

(2) 雇员儿童保育：为满足机构员工保育儿童的需要，主要招收出生六周至入学前的儿童。

(3) 课后儿童保育：主要招收幼儿园至小学6年级的儿童，为他们提供课后照顾。

(4) 少年儿童保育：为未婚少女父母照顾孩子，以便他们能安心完成高中阶段的学习，并接受做父母的技能训练。

(5) 盈利儿童保育：以盈利为目的，主要招收出生六周到小学一年级的儿童。

2. 学前教育中心

目的：为儿童进入幼儿园和小学一年级做好准备。

招收对象：2.5～5岁儿童。

资金来源：可由政府提供，也由教会资助，或其他机构提供。

管理：既由政府管理，也由社会各界人士和机构的管理，同时和家长合作，聘请家长做保教人员，民主治园。

3. 幼儿园

性质：属于公立学校，由政府出资。

招收对象：4～6 岁儿童。

目的：为儿童进入小学一年级做准备。

分类：根据入园年龄，幼儿园分为前幼儿园、初级幼儿园、高级幼儿园、发展幼儿园和蒙台梭利幼儿园。

4. 幼儿学校

性质：公立和私立。

招收对象：2～4 岁儿童。

学制：半日制。

目的：让儿童在游戏情景中主动学习，为儿童做好入园准备。

5. 家庭日托

有条件的家庭在家庭中接受 4～5 个儿童，在自然状态下对他们进行监护和关心，为他们提供服务。

6. 入学预备班

目的：为儿童进入小学一年级做准备。

招收对象：在幼儿园中未取得一定进步的 5～6 岁儿童。

7. 早期补偿教育中心

目的：帮助儿童战胜贫困，为进入小学一年级做准备。

招收对象：低收入家庭儿童。

**(四) 学前教育的目标与内容**

教育如果没有目标，则会失去前进的方向和动力。随着时代的进步和社会的发展，自 1991 年美国把儿童入学准备纳入《2000 年目标：美国教育法》以来，做好儿童的入学准备被提到了美国教育的重要位置上。受布朗芬布伦纳的发展生态学理论影响，生态学取向的入学准备概念得到越来越多的认可。根据明确的教育目标，美国学前教育也确定了教育的内容。

1. 学前教育的目标

不同的学前教育机构有着不同的教育目标，他们的侧重点不同，目标也就有所不同。有的可能侧重于儿童智力的发展，有的则侧重于儿童情感的发展。尽管如此，他们的基本目标是相同的。美国北德克萨斯大学 George S. Morrison 教授在他的著作《Early Childhood Education》中把这些基本目标概括为以下几个方面，强调通过对如下目标的培养，促进幼儿的全面发展。

(1) 社会交往目标：帮助指导儿童学会如何与他人相处，懂得帮助他人、关心他人。

(2) 自我服务目标：帮助指导儿童学会如何自我服务，掌握穿戴、进餐、讲卫生以及修饰的技能。

(3) 自尊目标：帮助指导儿童了解身体的各个组成部分及其作用；帮助指导儿童学会

认识自己、自己的家庭及其文化背景，通过让儿童体验成功、提高儿童的能力，以发展儿童的自我价值观和自尊水平。

(4) 学习目标：帮助指导儿童记住自己的姓名、家庭住址、电话号码，学会分辨大小、形状、方位及颜色，认识字母、掌握正确发音、促进数的学习、掌握前书写技能，具备一定的节奏感，促使儿童小肌肉的发展。

(5) 思考目标：为儿童设置各种环境，组织各种活动，帮助儿童建立认知结构，为儿童提供发现问题、提出问题、思考问题、回答问题、解决问题、评价问题的机会，促进儿童分类、序列、计算、时空等方面的技能发展，为儿童逻辑数学思维能力的提高奠定基础。

(6) 学习准备目标：帮助指导儿童获得在以后的学校生活中取得成功的技能。

(7) 语言和文学目标：帮助指导儿童增加词汇量，学会与他人交流与交往，提高语言熟练程度与精确性，发展口头语言技能以及刚萌芽的文学技能。

(8) 营养目标：帮助指导儿童了解各种食物的营养成分与作用，为儿童提供获得准备与制作食物的经验的机会。

(9) 独立性目标：帮助指导儿童养成自己能做的事情自己做的好习惯，发展儿童的独立性，把儿童培养成为一个独立的人。

2. 学前教育的内容

美国国家教育目标委员会指出，儿童的入学准备应是多维度的，包括儿童个体水平上的、家庭社区层面的和学校层面的。这三方面的因素交互作用共同影响着儿童的入学准备。美国在发展学前教育中十分重视制定专门的教育项目，有针对性地提供教育服务，以保证每一个儿童都能受到应有支持和帮助，使他们为未来的学校生活做好基本准备。

因此，美国学前教育的内容在原有的基础上有了一定的变化，并逐渐显示出一定的特色。主要体现在以下几个方面：

(1) 儿童身体的成长

基本内容：锻炼儿童的肌肉力量，培养儿童的活动技巧，锻炼儿童在运动与转位中保持平衡，锻炼儿童学会投掷与接应，锻炼儿童的节奏感，培养儿童的时间和空间意识，并让儿童懂得休息、放松和消除疲劳。

特色内容：

① 性教育：让儿童初步认识男、女生殖器官的差异，能正确运用有关词汇；真实的回答儿童“我是从哪里来的”等问题，以此让儿童了解生命的起源，了解生育和分娩的过程；帮助儿童正确对待手淫，正确处理性游戏等。

② 安全教育：以消防教育为主，通过参观消防站、设置消防课、阅读防火画册等方式帮助儿童掌握基本自救的技能。

(2) 儿童认知的发展

基本内容:帮助指导儿童关于现状、颜色、大小、分类、顺序、数字等概念的获得,基本了解秩序、序列、因果等关系,帮助指导儿童通过感官来探索世界,发展儿童的好奇心和求知欲,鼓励儿童观察思考,学会对事物进行比较。

特色内容:

① 语言教育:通过由浅入深、循序渐进的方式,培养儿童发音清晰、丰富词汇,掌握多种句型句式,发展儿童对语言的理解力,能正确运用语言地表达思想,逐步爱上与别人交流,同时通过一定的语言游戏,训练儿童的语言游戏技能和倾听技巧,全面提高儿童的语言能力(表达能力、逻辑思维能力、比较能力、认识能力等)。

② 创造教育:帮助指导儿童通过游戏、自由探索、实验、操作、发明等机会,培养儿童敢于质疑、敢于从不同的角度思考问题寻找答案,从而激发儿童的创新意识,提高儿童思维的广泛性、变通性、批判性和独特性。

(3) 儿童情感的培养

基本内容:帮助儿童习惯与家人分离并与教师建立基本信赖和尊重,指导儿童学会了解自己的情绪,引导儿童学会控制自己的情绪,恰当处理情绪问题,帮助儿童学会了解别人,有同情心,维护儿童的心理健康。

特色内容:

① 通过理解儿童的感情,促进儿童情绪的健康发展。

② 培养儿童抑制冲动的能力,以消减儿童的攻击行为。

(4) 儿童社会性的发展

基本内容:帮助指导儿童了解自己、家庭、文化,学会控制非社会性行为,能通过社会认可的行为来满足自己的需要,能与周围的人和睦相处,能从帮助他人中获得快乐,从工作中得到满足。

特色内容:

① 礼貌教育:大力提倡对儿童进行礼貌教育,实施尊师重教,采用礼貌语言及行为。

② 多元化教育:通过对儿童进行多元化教育,帮助指导儿童不仅了解自己的传统文化,而且能尊重、欣赏和接受其他传统文化。

(5) 儿童美感的形成

基本内容:帮助指导儿童认识周围环境的美,学会用悦耳的声音唱歌,学会独立操作演奏乐器,欣赏音乐的美,培养儿童感受跳舞的乐趣,鼓励儿童即兴创编,给儿童提供许多绘画材料,让他们自由选择、自由作画,培养儿童创造美的能力,激发儿童对童谣以及手指游戏的兴趣,通过律动活动、节庆活动、揉捏黏土、剪剪贴贴等发展儿童表现美的能力。

特色内容:

① 古典音乐的启蒙教育：通过让儿童常听古典音乐名曲，刺激并进入大脑皮层，形成音乐信息记忆，培养儿童热爱古典音乐，成为一个健全的人。

② 艺术创造力的培养：不墨守成规，不给儿童提供艺术创造活动的模仿范例，不干涉儿童的艺术创造活动，理解并尊重儿童的艺术创造才能的发展水平，给儿童足够的时间和空间，让其从中得到真正的满足，给有疑虑的儿童暂时不参加艺术创造活动的权利，认识到艺术创造活动对儿童来说重要的是过程而不是结果，正确评价儿童的艺术创造过程，竭尽全力维护一个心理健康的气氛。

**（五）学前教育的途径与策略**

美国学前教育注重采取因地制宜、因材施教的方法，通过日常生活、区域活动、游戏活动等途径实施教育内容，对儿童进行综合教育，从而实现教育目标。

1. 通过半日、一日活动实施教育

半日、一日活动是美国学前教育机构对儿童实施教育的基本途径。尽管不同的学前教育机构在安排半日或一日活动时的时间和内容有所不同，但是基本框架结构却相同。一日活动的安排如章节前的，半日活动的安排大致如下：

学前教育中心的半日活动安排

9:00～9:15 大组活动：教师对当天活动的安排进行介绍。

9:15～10:00 自由活动：儿童在教师安排的活动中进行选择。

10:00～10:10 整理：早点前洗手。

10:10～10:30 早点。

10:30～10:45 小组活动：儿童对特别的活动展开讨论。

10:45～11:30 户外活动：攀爬、跑跳、投掷、秋千等。

11:30～11:50 大组活动：儿童回忆当天所学知识和所参加的活动，教师进行评估，大家一起进行音乐活动、做律动或讲故事。

11:50～12:00 收拾整理，准备回家。

学前教育机构的半日活动和一日活动安排的共同特点：教育内容实施过程中，教师起着主导作用，儿童处于主体地位，两者相辅相成。强调户内户外相结合，动静相结合，自由活动与集体活动相结合。重视音乐教育，培养与发展儿童的音乐欣赏能力，强调“温故而知新”。

2. 设置各种活动区域，教师对儿童的活动进行指导

通过设置各种活动区域，在区域内对儿童开展特定的游戏活动，教师仔细观察儿童的游戏，并适时地介入儿童的活动中，卓有成效地对儿童的游戏活动进行指导，让儿童在游戏中学习和发展，帮助儿童掌握特殊技能。常见的活动区域、活动内容以及所需物品如表 8.1：

表 8.1 区域活动设置表

| 设置区域 | 区域位置、摆放物品 | 活动内容、注意事项 |
|---|---|---|
| 玩水区域 | 室外、一长水管、一个不锈钢大水槽、各种能沉浮的物品、能溶解的物体 | 玩水时穿上防水衣或系上塑料围裙 |
| 玩沙区域 | 室外树下、大沙池、放着铲子、小桶、水管等工具的工具箱 | 戴上防护帽，教师和儿童赤脚在沙池里“挖隧道”、“搭教堂”、“造房子”等，活动结束后，教师和儿童一起给沙池盖上大油毡布，以免异物落入或沙子在雨水中流失 |
| 体育区域 | 室外、秋千、滑梯、攀登架、平衡木等运动器械 | 儿童可在此进行各种体育运动，身体得到比较全面的锻炼 |
| 积木区域 | 室内、各种大小、厚薄、长短、粗细不同的积木、各种图片 | 空间大，儿童可尽情搭建自己想搭的任何物体 |
| 绘画区域 | 室内、走廊、室外、大量颜料、纸张、画桶、画架、多种画笔 | 靠近水源，儿童可坐在椅子上、跪在地上、站坐梯子上画画，可用颜料，也可用水画，可自己画，也可和其他儿童互相帮助，每个儿童的作品均在班级展出 |
| 音乐区域 | 室内、室外、收录机、电唱机、钢琴、吉他、饮料罐、酒瓶、竹片、木片 | 远离其他区域，儿童除听音乐外，可任意敲打物品和演奏 |
| 图书区域 | 室内、长沙发、小垫子、书桌、椅子、书架、图书、画册、收录机、磁带、耳机 | 靠近窗户，光线明亮，用物体和其他区域隔开，保持安静，图书画册的封面朝向儿童，以激起儿童阅读的兴趣，儿童可边听磁带边看图书 |
| 家庭区域 | 室内、各种与家庭有关的物品 | 面积大，与别的区域有宽阔的通道，便于儿童进出。儿童可任意选用物品模拟家庭生活 |
| 木工区域 | 室外、一张巨大的桌子、木块、铁锤、铁钉、锯子等工具 | 远离其他区，儿童可和教师一起或在教师指导下，自己制作一些感兴趣的物品 |
| 操作区域 | 室内、剪刀、订书机、透明胶、塑料绳、废旧物品等 | 远离图书区，儿童可自由使用任何工具和材料 |
| 科学区域 | 室内、室外、鸟笼、金鱼、各种动物模型、植物标本、贝壳、沙子、石头 | 儿童观赏，了解自然科学 |
| 种植区域 | 室外、一块种植园 | 教师和儿童一起挖洞、播种、施肥、浇水、除草、收获、分享 |

### （六）学前教育的师资与培训

美国学前教育发展很快，一方面政府立法确保学前教育师资培训的实施，并给予资金保障；另一方面政府及教育部门不断提高对学前教育师资的要求，强调以“高质量的教师培养高质量人才”的理念为所有儿童打下坚实的基础，进而确保美国在世界各项竞争中的优势地位。由于政府高度重视,美国学前教育教师培养已逐渐形成一个起点高、体制完备、操作性强的有机体系。主要采取职前培养、新教师入职培训与在职教师专业发展培训一体化,帮助幼儿教师规划自己的专业成长生涯,采用专业权威团体研发的标准化评估体系,教师培训与教师资格认证制度相结合,促使幼儿教师不断追求卓越与优秀。培训机构主要有:研究生院、研究院、大学、学前教育学院、人类发展学院、社区学院等高等院校以及学前教育协会、职业培训中心等机构。

美国学前教育师资培养一体化的三个阶段如下:

1. 职前培养

美国学前教育教师的职前培养重视基础课、专业课和技能与操作的掌握。基础课程有:自然、科学、生物、人文、社会、艺术等;专业课包括学前儿童发展、学前儿童健康与安全和营养、学前儿童教育、学前儿童课程、学前儿童观察记录和评价、学前儿童家庭教育、以及特殊学前儿童教育等课程。培训采取教师的课堂讲授与学生的课外学习、实习和研究活动相结合的形式。评价方式重点为强调学生的实践表现与理论运用,以及强调学生与儿童相互交往、个性化指导的外部评价。

2. 新教师入职培训

为了避免新教师刚入职时因各种实际问题而导致自信心不足、教学实践和教学效果不显著,进而影响其职业选择和专业发展的状况,帮助新教师顺利通过下一阶段的执照考试,各州教育部门均会组织管理新教师的入职培训,具体由幼教机构或当地学区的教育督导负责,采取教学导师制,目标介入式培训和督导评价对新教师进行历时两三年的教学、互动、家长沟通等方面的指导,帮助新教师适应新的工作环境,使新教师尽快获得有关教学环境的管理知识、师生相处的方法以及与家长沟通的技巧,发展综合运用学科知识和教学技巧的能力,提高专业素养,在实践中反思教学行为,提高个人专业水平,并通过观察新教师的实际教学过程,对其教学能力进行适时评价和及时反馈,促进新教师教学技能的丰富与提高。这一阶段的培训是幼教专业毕业生顺利进入职业生涯的有效途径,并为个体将来的专业发展奠定了良好的基础。

3. 在职教师的专业发展培训

在职幼儿教师的专业发展培训由各州教育部管理、幼教机构与社会各教育机构合作实施,采取专业发展学校培训、个人导向专业发展、观察与评价、教学探究活动以及各种技术和教学支持培训等形式,对在职幼儿教师进行获取正式教师资格证后的所有工作阶段的专业发展培训。主要包括:第一,教育资源与咨询部门设立的教师专业发展小组提供的培训。第二,学区根据不同的主题设立不同的小组开展培训。第三,社区大学或四年制大学为没达到学士学位的在职幼儿教师提供培训和课程,使其最终能达到合格学历要求。第四,通过现场督察、同行指导和教师评价等方式,为幼儿教师专业发展提供支持,鼓励在职幼儿教师就自身教学中的一些问题开展研究。

### (七)学前机构家长工作与社区学前教育

1. 学前机构家长工作

无论是单亲家庭还是完整家庭,为人父母,都必须具备教养孩子的基本素质。为了帮助家长增强教育儿童的意识,提高父母自身的教育水平和教育能力,各学前教育机构积极开展各种活动,如下所示:

(1) 学期开学初,与家长一起,根据儿童的具体情况,制定具体的教育目标和计划,并在学期末进行评价。

(2) 利用周六,开展双亲活动日,和家长共同探讨儿童教育各方面的问题,并提出合理化的建议。

(3) 定期召开家长会,根据家长的具体情况,及时把专家们的研究成果、提出的建议介绍给家长,帮助家长掌握科学育儿的艺术。

(4) 在班级门口设置家园联系栏,通过家园联系栏,家长可以了解儿童每周的食谱,各种活动的安排。

(5) 设置家长开放日,向家长开放院所的活动,邀请家长一起布置班级环境,陈列儿童作品,让家长全面了解院所的工作,从而加强和院所的联系。

(6) 定期邀请专家讲课,举办家庭教育讲座,帮助家长树立正确的儿童观和教育观。

(7) 结合有关儿童教育社会热点问题,组织家长讨论会,以达成共识。

(8) 每月向家长发放儿童报告单,向家长介绍当月的活动安排和汇报儿童在园的学习与表现情况。

2. 社区学前教育

自然和社会是学前儿童最好的老师。亲近大自然,儿童的感官会更加敏锐,想象力更加丰富,创造力更强,生活更加充实。美国学前教育机构将社区资源视为儿童学习的“第二课堂”,非常重视利用社区资源扩展教育空间,并将社区资源运用于开放式教学实践中,主要体现在以下几个方面:

(1) 充分利用较为广泛的社区场馆资源(如图书馆、博物馆、展览馆、电脑房、公园、动物园、农场、大学校园等)来开展丰富的教育活动,幼儿园可以随时对这些资源进行整合利用,使儿童在具体的探索情境中亲身感知、尝试、发现,使实践活动成为一种有趣的探险活动,从而提升儿童的创造性思维水平,帮助他们更好地掌握知识和发展能力。

(2) 采用“请进来”的方式,深入挖掘社区中优秀的人力资源(如清洁人员、警察、画家、音乐家等),提供机会让他们发挥专业优势,让他们广泛参与到幼儿园的教育当中,使儿童能获得更为丰富的学习资源,更真实、全面地了解社区中的社会生活面貌,学会解读社区人员的不同任务角色,以此协同幼儿园教学,对教育活动进行拓展和深化,共同促进儿童的发展。

(3) 采用"走出去"的方式,有组织、有计划地把课堂扩大延伸到社区环境中去,做到与社区之间的开放性沟通,将广阔的社区空间变成儿童学习、玩耍、参观等活动的场所,让儿童的活动变得更有趣,思维更加活跃,丰富儿童对周围世界的感性知识,提高审美能力。

(4) 在不同文化的代表性节日中,邀请一些不同民族文化背景的家长到园,为儿童讲一些不同民族的传统文化故事,分享各个家庭中的趣事。利用这种和谐的群体关系促进家庭间的文化交流,对儿童进行多元化的知识启蒙教育,让儿童懂得多元文化的共性和特性,学会尊重不同的文化传统。

## 扩展阅读 8-1

### 美国学前教育的师资水平分类

由于在不同的师资培训机构学习,教师的学历和层次水平也就不同。1994 年美国国家学前教育协会把教师分为六种:

第一种水平:参加过训练,通过个人能力评估,或获得一个学位,受雇于学前教育机构,在别人的指导、帮助下进行工作。

第二种水平:成功地完成了一年学前教育证书教育;完成了儿童发展协会的职业准备教育;或完成了系统的、全面的培训课程,直接通过评估,获得儿童发展协会的证书。

第三种水平:成功地完成了一个由国家幼儿教育协会指导的培训课程,获得一个准学士学位;或在一个相关领域,成功地完成了一个准学士学位的课程学习,加上 30 个单元关于儿童发展教育方面的学习,包括在一个学前教育机构 300 小时的教育实习;或成功地证明了拥有国家幼儿教育协会规定的准学士教育后所应具有的知识、能力和素养。

第四种水平:成功地完成了由国家幼儿教育协会规定的学士教育;或满足国家幼儿教育协会、教师教育协会要求的州证书;或成功地完成了其他领域的学士学位,并有 30 个单元以上关于儿童发展教育的专业学习,包括 300 小时的教育实习,婴儿、幼儿每个年龄组各占 150 小时;或成功地证明了拥有国家幼儿教育协会规定的经过学士学位教育后所应具有的知识、能力和素养。

第五种水平:成功地完成了国家幼儿教育协会规定的硕士学位的教育;或成功地证明了拥有符合国家幼儿教育协会规定的硕士学位教育后所应具有的知识、能力和素养。

第六种水平:成功地完成了哲学博士学位或教育博士学位的教育;或成功地证明了拥有国家幼儿教育协会规定的作为一个博士学位教育后所应具有的知识、能力和素养。

资料来源:李生兰. 比较学前教育[M]. 上海:华东师范大学出版社,2003:32-33.

## 二、美国学前教育发展对我国学前教育发展的启示

美国在追求高质量学前教育中所体现的政府责任、发展理念、对学前教育师资培训的重视、对社区资源的充分利用以及所取得的成效，对我国学前教育的发展有着重要的启示，其中美国学前教育机构充分利用家庭、社区资源对儿童进行教育和关注处境不利儿童方面尤其显著。

### （一）幼儿园教育同当地社区、市民、政府融为一体

我国应借鉴美国学前教育机构的经验，地方政府需要加强在社区资源有效利用方面的投入和关注，还要通过定期监管提高资源的利用率，使其真正为学前教育带来益处。唤醒学前教育工作者对社区资源开发的主体意识，合理利用社区资源、将社区资源融入自己日常的教育教学活动中进行开放式教学，幼儿园与公益性场所之间建立起良好的沟通和合作关系。强调公民都要树立大教育观，增强社会责任感，以充分开发和利用家庭、学校、社区的教育资源。

### （二）关注处境不利的儿童，推进我国学前教育公平

美国的《开端计划》十分关注处境不利儿童，并为其制定专门的教育项目，提供适宜服务，这些项目为每个儿童的发展提供了适宜的教育条件，儿童的潜能得到了充分的发挥。

从美国的《开端计划》及其实施，我们得到了很多启示。目前，我国存在一个庞大的处境不利儿童群体。他们都是贫困农民、下岗工人和农民工的子女或单亲家庭子女、流浪儿童、残障儿童等，他们接受正常教育和特殊补偿教育的机会很有限。面对这些处境不利的儿童，面对不公平的教育现实，我们应该积极关注弱势群体，根据我国的基本国情和教育现状，采取有效的政策措施，建立和完善国家对弱势群体的资助体系和科学的补偿机制，并建立一个有效的法律执行机制，因地制宜、因人制宜地为处境不利儿童提供适宜的教育机会，充分利用社区资源为处境不利儿童及其家庭服务，建立以社区为依托的教育服务网络，维护处境不利儿童受教育权的公平，不断提高教育公平的水平，促进处境不利儿童在原有水平上获得最佳发展。

**扩展阅读 8-2**

**开端教育中的包容与合作**

Upper Des Moines Opportunity 股份有限公司进行的开端教育计划开设了 25 个全纳型学前班。我们为 18～36 个月的幼儿开设了 3 个班级，为 3～5 岁的儿童开设了 22 个班级。我们的计划是面向所有儿童，无论残疾与否，无论是何种族。很荣幸，我们的开端教育计划与当地校区和其他教育机构建立了伙伴关系。因为这种关系的力量，我们能够在计划设计时互相协作，为全体儿童创造宽松自在的环境。

在早期开端教育中，我们的员工都曾参加过为满足特殊需求儿童而设的案例管理培训。在为儿童及其家庭提供服务的过程中，他们起到了引导作用。这些服务可以在家中、课堂或日托班进行。我们为幼儿班级安排了接受过儿童早期发展培训的老师。我们组成了儿童研究小组，不断地更新教师在儿童个人进步、关注焦点和需求等方面的知识。每个儿童研究小组都由专业人士组成，如心理学家、课堂教师、特教教师和社会工作者，他们共同对儿童进行评估，并制定研究的计划。

3～5岁儿童的课堂更为包容。在一些中心里，我们允许孩子半天在开端教育中心学习，另外半天在早期儿童特殊教育的课堂上课。在某些课堂上，我们甚至安排开端教育教师和早期儿童特殊教育教师各占半个教室，共同上课，允许孩子在最为宽松的环境中完成全天课程。

在某些课堂上，主导教师拥有儿童早期特殊教育的学位，其助教也拥有儿童早期教育的背景；或者主导教师有儿童早期教育的背景，其助教拥有儿童早期特殊教育资格证。所有3～5岁儿童的课堂都配备了有经验的教师，他们正组成儿童研究小组，就儿童的进步、需求和关注点进行着交流。

资料来源：[美]乔治·S·莫里森.学前教育——从蒙台梭利到瑞吉欧[M].祝莉丽，周佳，高波，译.北京：中国人民大学出版社，2014：212.

## 第二节　日本学前教育的发展与启示

### 案例导入

**发生在日本一所幼儿园里的教育故事**

日本一所幼儿园组织了一次实践活动：带领小朋友去郊外挖红薯。孩子们在红薯地里挖得很起劲，很快挖出了一大堆。活动结束时，老师告诉孩子说，地里挖出来的红薯，大家随便拿，想拿多少就拿多少，但条件是回家时步行回去，大约需要两个小时。每个人都必须要把自己的红薯带回去，也就是说不能半途而废，必须为自己的选择负责到底。

孩子们高兴极了，都想多带些回去，送给家人。拿得多的孩子的书包重约5公斤。刚开始往回走的时候，孩子们很高兴，叽叽喳喳地说笑不停。但越走孩子们的说笑声越少，尤其是那些背得多的孩子，步伐变得越来越沉重，终于有的孩子走不动了，一屁股坐到了地上。

途中要路过一个有着几十个台阶的上坡，当走到台阶前的时候，有孩子忍不住大哭起来，老师问哭着的孩子："怎么样，需要老师帮你吗？"孩子边哭边摇头。一个壮一点的孩子将他拉了起来。逐渐孩子们都将手牵了起来，大家手拉着手继续前进，爬完了台阶，走完了最后的路程。

最后的结果是虽然每个小家伙都快累趴下了，大家都把自己的红薯带了回来。

[思考]

这样的经历给孩子留下了什么样的印象？该案例体现了日本学前教育的什么目标？

## 一、日本学前教育的发展概况

日本明治维新之后，从封建社会过渡到资本主义社会。明治维新运动以前，富有的家庭都是请家庭教师到家里来给孩子进行入学前的教育，而普通平民子女的学前教育则主要是依赖“寺子屋”来进行。日本真正学前教育机构的产生是在明治维新之后。日本的学前教育经过从无到有，从小到大，从雏形到完善，逐步形成了一个比较完整的体系。1876 年日本创办了国内第一所幼儿园，称之为“东京女子师范学校附属幼儿园”，这是一所公办性质的幼儿园，是日本学前教育机构的先驱，在日本学前教育发展史上占据重要地位。日本学前教育发展大致经历两个阶段，第一个阶段是 1876 年到第二次世界大战前，该阶段日本学前教育发展逐渐实现制度化；第二个阶段从第二次世界大战后起至今，日本学前教育从战争灾难中再度崛起，逐渐实现体系化。

### (一) 学前教育的政策法规

日本学前教育迅速达到世界先进水平的重要原因在于日本政府从 19 世纪中期开始就十分重视学前教育立法，坚持以法律为依据实施科学管理。

1872 年，日本明治政府就颁布了日本近代第一个教育法令《学制令》，制定了日本近代有关幼儿教育设施方面的一个最早规定：规定开设幼稚小学，招收 6 岁以下幼儿。1899 年文部省颁布了首次由政府颁布的有关幼儿教育的正式法令——《幼儿园保育及设备规程》。1926 年日本政府又颁布了《幼稚园令》，首次明确了幼稚园在日本教育中的位置和目的。1947 年日本文部省又颁布了《教育基本法》和《学校教育法》，并随之公布了《保育大纲》。1956 年日本文部省颁布了《幼儿园设置标准》和《幼儿园教育大纲》。1964 年日本文部省首次制定《幼儿教育振兴计划》，旨在使 5 岁儿童都能入园。1972 年再次制定《幼儿教育振兴计划》，欲使 4 岁、5 岁的儿童都能入园。1990 年文部省又颁布实施新的《幼儿园教育要领》，明确了幼儿园教育是通过环境进行的。1991 年文部省又制定了第三个《幼儿教育振兴计划》，以使 3 岁、4 岁、5 岁的儿童都能入园。1994 年文部省、厚生省等几个部门联合颁布了《天使计划》，意在调动全社会力量，关注儿童的教育。为了保证该计划的顺利实施，日本政府又发布了《紧急保育对策等五年事业》和《儿童成长计划指南》等相关文件。2001 年日本文部科学省制定了第四个《幼儿教育振兴计划》，以全面提高幼儿教育的质量。2004 年日本中央教育审议会发表了《关于幼儿教育、保育一体化的综合机构》的咨询报告。2005 年日本中央教育审议会又公布了《关于适合环境变化的今后的幼儿教育的应有状态——为了幼儿的最佳利益》的咨询报告。这些法律和法规以及咨询报告使幼儿园、保育所的各项工作有法可依、有章可循，保护了幼儿的权益，推动了日本学前教育的改革向纵深方向发展。

**(二) 学前教育的资金投入**

随着国家对学前教育重视程度的加强，政府对学前教育经费的投入也逐步增长。请看日本政府从 1955 年到 2002 年对学前教育的投资表(表 8.2)。

**表 8.2　1995—2002 年日本政府对学前教育的投资一览表**

| 年代 | 投资数目(日元) |
|---|---|
| 1955 | 81.65 亿 |
| 1965 | 350.22 亿 |
| 1975 | 3 297.96 亿 |
| 1985 | 6 563.44 亿 |
| 1993 | 9 101.31 亿 |
| 1999 | 10 025.79 亿 |
| 2000 | 9 901.70 亿 |
| 2002 | 9 983.05 亿 |

日本教育经费来自中央、地方和学校法人等。根据《学校教育法》和《儿童福利法》规定，日本的幼儿园分为国立、公立和私立三种。国立幼儿园的经费由国家负担，公立的由地方政府支持，私立的则由社会团体或个人负责。国立园、公立园相对来说费用较低，私立的相对较高，有时相差数倍。政府对私立园经常进行补贴，对低收入户也进行一定数额的入园费用补贴。

**(三) 学前教育的机构类型**

日本的学前教育对象是 6 岁前儿童，日本学前教育机构按照传统习惯划分为保育所和幼儿园两类。幼儿园属《学校教育法》规定的一种教育机构，而保育所则是《儿童福利法》规定的一种福利机构。从 1987 年开始，还出现了函授学校这样的机构和函授课程的形式。

1. 保育所：具有福利性质，由厚生省管辖，分为公立和私立、日托和全托，招收对象是 0～6 岁的儿童，全年开放。保育所的教师严格按照《保育所指南》对儿童进行施教。

2. 幼儿园：属于学校体系，由文部省管辖，分为国立、公立和私立，招收对象是 3～6 周岁儿童，一年开放 220 天，每天开放约 4 小时。教师严格按照《幼儿园教育要领》对儿童进行施教。

3. 函授学校：由班尼斯公司创办的一种特殊的学前教育形式，为 6 岁和 6 岁以下的儿童提供“可多摩挑战”函授课程。课程按年龄段分为五种不同的课程。通过课程，帮助儿童观赏卡通人物画、玩文字游戏和数字游戏，以掌握一定的科学文化知识和技能。

**(四) 学前教育的目标与内容**

1956 年日本文部省颁布的《幼儿园教育大纲》和 1990 年 4 月修订的《幼儿园教育要领》规定，对学前儿童的培养主要分为健康、人际关系、环境、语言和表现五大领域，并针对这五大领域，规定幼儿园应根据幼儿年龄特征以及幼儿园所在地区特点制定出符合幼儿身心发展状况的教育课程，并对五个领域的具体内容做出了规定。

1. 学前教育的目标

日本普遍的共识是学前教育的目的是帮助儿童建立与成人和同伴良好的社会关系，使他们能热爱自然和生活，形成良好的生活习惯和社会所期望的品质。因而，日本学前教育目标主要体现在五个方面：

(1) 培养儿童基本的生活态度和良好的生活习惯，保证儿童的身心健康成长。

(2) 培养儿童的信任感、同情心、自立精神和合作能力。

(3) 激发儿童对周围环境的兴趣，培养儿童的思考能力。

(4) 激发儿童对语言的兴趣，提高儿童的语言表达能力。

(5) 丰富儿童的知识经验，发展儿童的创造能力。

2. 学前教育的内容

日本的学前教育内容主要体现在健康、人际关系、环境、语言和表现等方面，儿童在此内容的基础上发展相应的能力。

(1) 健康：培养儿童良好的生活习惯、自我服务的精神以及防范危险的能力。

(2) 人际关系：培养儿童具有遵守公共规则、与人互助的意识和与人交往的能力。

(3) 环境：培养儿童认识自然、热爱自然、关心爱护自然界中的动植物，对周边各种环境持有好奇、探究心并将其引入生活。

(4) 语言：培养儿童以自己的语言表现经验，思考、倾听的欲望和态度、语言感觉和语言表现力。

(5) 表现：培养儿童体会生活中的美，并能通过唱歌、跳舞、绘画、演奏、手工制作、游戏等形式充分表现自己所获得的感受。通过自我表现感觉和思考，培育富有的感性和表现力、丰富创造性。

**(五) 学前教育的途径与策略**

日本的学前教育机构围绕学前教育的目标和具体内容，通过各种有效的途径和策略，开展教学活动。

1. 学前教育的途径

通过一日活动，对儿童进行有效施教。日本的一日活动根据不同年龄作具体的安排。下面介绍 2 岁与 5 岁幼儿两个比较典型的一日活动安排。

(1) 2岁幼儿的一日活动安排

7:30～9:00 来园(晨间保育),教师接待和视诊,了解家庭中的情况,放置好幼儿的物品自主游戏。

9:00～9:30 和其他幼儿一起玩,教师在室内安排幼儿活动。

9:30～10:45 小便,洗手,洗脸,吃点心,在室内、户外拿取玩具,在安全的环境中游戏。

10:45～12:00 教师放好物品,准备午餐,到盥洗室洗手,午餐。

12:00～14:30 准备睡觉,去盥洗室,换衣服,午睡。

14:30～15:00 起床,教师唤醒幼儿,去盥洗室小便,穿衣。

15:00～16:00 吃点心,洗手,洗脸。

16:00～16:30 离园准备,把幼儿的物品放入各人包中回家。个别幼儿按需要可留下照顾到18:00。

(2) 5岁幼儿的一日活动安排

7:30～9:00 来园,视诊,登记出席、缺席情况,互相问候。

9:00～9:50 活动准备,幼儿活动(讲故事、听音乐、绘画等)和观察活动(儿童近距离观察动植物并作记录)。

9:50～10:20 大小便,洗手,吃点心、牛奶。

10:20～11:30 幼儿活动(户外体育活动、游戏等)。

11:30～12:30 洗手,小便,准备午饭,午饭。

12:30～14:00 准备午睡,午睡。

14:00～14:50 起床,室内、户外自由游戏(玩积木、看书、听音乐等)。

14:50～15:20 儿童自己动手清扫整理活动场地,洗手,吃点心牛奶,休息。

15:20～16:10 幼儿活动(交谈、制作、数概念),教师评价(教师对当天所开展的活动进行评价)。

16:10～16:40 收拾,清洁,准备离园。

16:40～18:00 离园。

2. 学前教育的策略

日本的幼儿教育核心是强调多样化,全国没有统一的教材,鼓励百花齐放。为了做一个世界性的日本人,他们把幼儿园教育功能的重点放在培养幼儿社会化教育能力,培养个人融入社会的技巧、态度和价值观上。为了达到社会化的培养目标,他们主要采取以下策略促进儿童全面和谐的发展:

(1) 短期目标和长期目标相结合。各园根据不同地区、不同季节以及不同年龄的幼儿特点,制定出幼儿园的教育指导计划,教师则制定一日活动计划,不需写详细的教案,也没有严密的教学程序和步骤。

(2) 根据儿童的年龄特征和个体差异以及日常生活经验进行教育,遵守“不强迫施教”的教育原则。

(3) 充分利用儿童的周围环境和自然物实施教育,很少使用教具。

(4) 以儿童的自主活动和游戏活动为中心,注重幼儿的兴趣和实际操作。

(5) 分工合作,增加互动,集体活动、小组活动和个人活动有机结合,课堂气氛活泼轻松,形式自然灵活。

**(六) 学前教育的师资与培训**

幼儿教师被誉为人生的第一个良师益友,是重要的智力启蒙者。日本历来重视教师的素质,也十分重视幼儿教师的培养和提高。

1. 学前教育的师资

日本学前教育的师资主要由保育所的保育员和幼儿园的教师(日本幼儿园的教师称教谕)组成。日本幼儿园的教师性别构成颇有特色,偏重于聘任男教师。男教师的参与为幼儿教育注入了新的活力,促进了幼儿人格的健康发展。为了稳定教师队伍,日本政府大力提高教师的地位,改善教师的待遇,教师工资比普通公务员高出约20%。

早在1949年文部省就颁布了《教育职员许可法及其实行法》,对幼儿园教师的资格做出了规定。幼儿园教师一般应在大学里学完一般教养科目和专门科目,具有视野开阔、专业知识深厚的资质,在文部大臣认定的大学、短期大学及其他培养机关学完规定学分,并取得幼儿园教谕资格证书,才能从事幼儿园教育工作。日本幼儿园教师实行资格证书制度,有普通资格证书和临时资格证书两种,普通资格证书又分为幼儿园教谕一级普通资格证书和二级普通资格证书。

2. 学前教育师资的培训

日本学前教育的师资培训整体化、连续化,分为两个阶段进行,第一阶段为职前培养,第二阶段为在职进修,这两个阶段紧密结合。

(1) 职前培养

职前培养即学前教育师资在成为学前教育教师之前的学校培养。现在日本有300多所大学和短期大学(相当于我国的大专)担负着幼儿园教师的职前培训任务,对获得学士学位的普通大学毕业生授予一级证书,对获得62个学分的短期大学毕业生授予二级证书。持证者必须参加县(相当于我国的省)里组织的笔试、口试,考试成绩合格后才有资格当幼儿园教师。

(2) 在职进修

为了提高教师的专业水平,日本对幼儿园教师的在职进修有严格要求,以求做到制度化、规范化。日本政府为了不断提高幼儿园教员的资质,建立了在职教师进修制度。日本在1949年颁布的《教育公务员特例法》第十九、二十条规定:“教育公务员为履行其职责应不断地进行进修”,“教师在不影响正常教学的范围内,可以脱产进修或者在职长期进修”,并将教师的在职教育与获得更高一级的资格证书结合起来。

学前教育师资的进修,根据不同的划分依据可以有不同的进修方式。如根据进修机构,分为园内进修和园外进修,根据主办单位划分,主要有文部省、都道府县及市町村教育委员会、教育研究(进修)中心、民间教育团体、师资培养机关以及中小学校。根据进修目的划分,可以分为大学补修学分以获得上一级教师资格,和为充实自己而进行的进修等。从进修机关划分,有大学及师资培养教育机关、专门的进修机构以及广播电视及函授教育机构等。其中,园内培训及公开保育活动、园级间研修活动、幼儿自然教育研究会举办的暑期培训班、全日本保育研究集会等形式较受教师的欢迎。

**(七)学前机构家长工作与社区学前教育**

日本政府十分重视学前儿童的家庭教育,并采取了很多方式开展对学前儿童的家庭教育工作。各学前教育机构也通过多种形式对家庭教育进行指导。幼儿园与家庭、社区积极互动是日本学前教育一个显著特征。

1. 学前机构家长工作

考虑到学前教育机构要为家庭分忧解愁,减轻父母养育儿童的后顾之忧。日本的学前教育机构经常组织家长会,或围绕特定课题与家长交流,或让家长去找政府把幼儿园搞好,或与家长一起筹划一些活动。这不仅教给家长如何带小孩,而且让家长获得一些筹划和组织能力。主要方式如下:

(1) 开展家庭教育研究:总理府通过“双亲意识调查”,呼吁家长改变“男主外,女主内”的传统观念,对儿童提出合情合理的期望,保证儿童的正常发展。

(2) 广泛建立家庭文库:文部省定期编发幼儿家庭教育资料,为家长普及科学育儿的知识,鼓励家长用自身热爱阅读的行为,激发孩子的阅读兴趣,培养孩子的阅读习惯。

(3) 倡导推行父亲运动:通过父亲运动,呼吁父亲多花时间陪伴孩子,不要把家庭的责任全部推给女性,提高父亲的家庭意识和教育责任感。

(4) 保育参观:每学期组织一次家长来园进行保育参观,通过参观与家长交流。

(5) 家庭教育讲座:定期组织讲座,向家长传授保健学、心理学、教育学等基础知识,帮助家长掌握保教合作的技能技巧,学会科学育儿。

(6) 妈妈会议:通过“妈妈会议”,和妈妈们一起讨论“如何爱孩子才是真正的爱”,帮助妈妈们懂得教育孩子不仅要重视家庭化,还要重视社会化。

(7) 家长委员会:通过家长委员会,加强与家长的交流,利用家长委员会成员各自的特长、优势分工,共同努力,实现教育目标。

2. 社区学前教育

在社区学前教育方面,日本学前教育界已经考虑到要使学前教育机构成为“社区儿童养育中心”,并建立起“儿童教育网”,充分发挥学前教育在社区中的作用。日本倡导学前教育机构要重视家庭和社区的资源。在社区教育活动中,日本特别重视让儿童体验社会和接触自然。1999 年，文部科学省实施“全国儿童计划”，亦称“紧急三年战略”，为青少年儿童参加各种实践活动创造条件。资助农户利用闲置农田创办“学童农园”是日本加强青少年儿童社区教育的措施之一。在日本，社区幼儿教育的设施中，既有专门为儿童设立的，如儿童馆、儿童咨询所与家庭儿童咨询室、保健所与保健中心等；也有向所有社会成员开放的普通社会教育设施，如公民馆、儿童文化中心、图书馆、博物馆等。

## 扩展阅读 8-3

### 日本幼儿园令中国妈妈目瞪口呆的事

女儿田田在日本上幼儿园后，我发现日本教育小孩的方式还是有很多值得我们了解的地方。来日本以前，田田在北京上过一年幼儿园，可以说，对于幼儿园我们并不陌生，但是日本的幼儿园，有些事儿还是让我目瞪口呆。

**一、无数大大小小的包**

我们办理入园手续的第一天，幼儿园就向我们说明，要准备若干个大大小小的包。装毛毯的包、装餐具的包、装衣服的包、装备换衣服的包、装换下来衣服的包、装鞋子的包，然后 A 包多少厘米长，B 包多少厘米宽，C 包放在 D 包里，E 包放在 F 包里。我真是彻底崩溃了！搞不懂为什么日本人要弄出这么多复杂的名堂出来。有的幼儿园甚至要求所有的包都要妈妈一针一线缝制！经过这两年的磨合，我们对此已经驾轻就熟了，孩子也可以非常有条理地将东西分门别类装进去。我常想，京都人可以对垃圾精细分类处理而不觉其烦的品质，是否和从小所受教育有关？

**二、大人空着手，所有的包都由孩子背着**

这是很震撼我的一个场景——早晚接送孩子的时候，看到其他日本家长，无论是爸爸妈妈，还是爷爷奶奶，手里一律空着，而上面所说的那些——少说也有两三个大包外加书包的所有东西都由那些“花朵们”肩背手拿着，而且还都跑得飞快。我们呢，自然还是咱国内的传统，田田空手，我拿包。过了两天，老师就来和我聊天了：“田田妈，Tina 在学校可是什么都自己做啊……”日本人惯于只说半句话，后面的让你琢磨去。我立刻就明白她是在问家里的情形了，看我还在想，老师又说了：“比方说上学时拿包吧……”这就是委婉的提醒。从此我就只好让田田自己拿了。等开家长恳谈会时，我和大家说“在中国幼儿园，习惯家长拿东西。”这回轮到日本妈妈们目瞪口呆了，异口同声地问：“为什么？”为什么？是不是因为我们中国人爱孩子更多一点呢？

**三、反复脱换的行头**

田田的幼儿园是统一服装，春秋换装，全年登园时最外边都要穿幼儿园的套头衫，穿短裤，戴蓓蕾帽（夏天戴草帽），穿自己的鞋子。到了幼儿园，就要把套头衫脱下来，换一种玩耍时的罩衣，鞋子脱下来，换白色的芭蕾鞋，到操场玩的时候，自然再换自己的鞋子。

这还不是最麻烦的，开学时老师要求拿一组换的衣服，在我们看来，那自然是防备孩子玩耍时弄脏备用的，然而，并不是。只要孩子们中午睡了午觉，起来必定要重新换一套（到田田在外边住宿一个晚上的时候，光备用的换的衣服就要备好多套，真赶上那个爱新衣的皇帝了）。

刚开始每天早上去送田田，都要重复那么一套换衣程序。田田在菊花班的时候，看她实在慢，我就不免代劳。但是不久就发现日本的妈妈们都是站在一旁看着孩子，从不伸手帮忙。慢慢体会到，日本幼儿园就是通过这个每天反复的穿衣换衣，让孩子练习独立生活的能力。通过每天到校后，换衣服、放联系手册、挂手绢等等一系列的训练，让孩子们养成有条不紊做事的习惯。

**四、大冬天穿短裤**

日本幼儿园的孩子，冬天无论多么冷，都穿非常短的短裤上学。刚去的时候，田田北京的爷爷奶奶非常担心，说一定要和老师商量一下，因为我们是中国的孩子，受不了这个冻。这个……让我怎么说得出口。就算不重新唤起“东亚病夫”的记忆，起码也激活小皇帝的印象。没法子，只好入乡随俗地狠下心来，为咱争个面子。不用说，刚入园那时候，三天两头就冻病了。和日本妈妈说呢，答案又叫人目瞪口呆——“是啊，把孩子送幼儿园就是来让他们得病的。”看看一个个像小炮弹一样冲到我面前说“你好”的孩子，那个结实劲儿，我是觉得我们不能太金贵孩子了。

**五、0岁参加运动会**

刚到幼儿园，就看见很多老师怀里都抱着个小小孩，看上去也就几个月大吧，一问，才0岁。田田幼儿园的班都用花的名字命名，田田曾经是菊花班，然后变成百合班，现在已经是很有大姐姐风范的紫罗兰班了。而0岁的小宝宝，就是桃花班的，用日文叫“もも”，和咱汉字的“毛毛”同音，很是形象。这些0岁的“毛毛”，不光入托了，而且还要参加幼儿园的一切大型活动，比方运动会、演出发表会等。看这些0岁的“毛毛”哭着拼命向前爬，还是有点打动人的力量的。

**六、女孩子踢足球**

日本幼儿园到了年中组，开始上每周一次的Jumping课，相当于我们的体育和形体课；到了年长组，就有了足球大会；孩子们成天不是练习打鼓，就是练习足球，那是真踢啊，而且不断有幼儿园之间的比赛，田田的身上青一块、紫一块的，但是体力和勇气都练出来了。

说实话，刚来日本时，田田的表现真是让人汗颜。日本的孩子一般从十三四岁开始，才往上蹿个儿，之前比中国孩子矮很多。田田在班里那可是鹤立鸡群的“庞然大物”，无奈实在是外强中干。日本孩子光着脚在外边跑，田田呢，榻榻米上有一点沙子，就恨不得踮着脚走路。有一次远足爬山，是最后一个不算，下来的时候，干脆由两个矮个子的日本孩子搀扶下山。这怨不得孩子，3岁的孩子，根本没有让她徒步爬山1小时的经验。现在好了，去年在香格里拉，在缺氧的环境下，徒步4个小时没有任何问题。

**七、中国人都不过的节日日本幼儿园过**

这也是让我狠狠吃惊的地方，日本幼儿园过一切他们自己的传统节日，女孩节、男孩节、纳凉节，除此之外，他们把中国正月初七的七草节、二月的节分、七七乞巧节都认真地过上一遍。孩子回来说，今天老师问我这些节日在中国怎么过？我说：不知道。惭愧啊，妈妈也不知道。

**八、教育是为了教孩子学会“笑”和“感谢”**

在这个幼儿园，似乎完全不重视孩子们的知识教育，孩子们没有课本，只有每月一册的绘本。学校的教学计划中，完全没有数学、假名、绘画、音乐这些项目，更别说英语、奥数了。也不学轮滑，也不教游泳。问教什么，答案让你永远也想不到——“教孩子们学会笑眯眯！”在日本，无论走到哪里，无论和谁讲话，“笑眯眯”最重要，一个笑眯眯的女孩子最漂亮。还教什么？“教说谢谢”学会表达感谢。但是通过三年的幼儿园生活，我却发现田田在音乐、美术、阅读等方面也有了长足的进步，而这些方面的收获我觉得是经由综合教育的方式获得的。

资料来源：福田心田. 日本幼儿园令中国妈妈目瞪口呆的事[EB/OL]. [2010-03-10]. http://blog.sina.com.cn/tiantianinkyoto.

## 二、日本学前教育发展对我国学前教育发展的启示

日本的学前教育在学前教育目标、内容及师资等方面对我国的学前教育有所启示，尤其是日本在幼儿教师师资培训和资格认证方面的做法需要我们重视。

教师的专业发展贯穿于职前培养与职后培训的全过程，新时期的师资培养应该涵盖职前、职后教育在内的一体化的师资培养。日本不仅重视幼儿教师的职前教育，也同样重视在职教师的研究水平和素质能力的提高，对幼儿园教师的职后进修有严格要求，做到制度化和规范化。我国虽然在《教育法》、《教师法》和《幼儿园工作规程》中关于幼儿教师在职进修有所规定，但往往以学历补偿为目的。日本政府为了不断提高幼儿园教师的资质，建立了在职教员进修制度，并将教师的在职教育与获得更高一级的资格证书结合起来。进修方式、进修机关等也多种多样。而我国没有具体的条例、规范的实施，不太注重实效。因此，我们必须不断完善职后教育体系，加大继续教育的投入，多层次、多结构，灵活多样地为学前教育教师提供在职进修机会，明确职后培养的标准，从素质、能力、特长和个性上加强对学前教育教师的培养。

**扩展阅读8-4**

**中日教育，谁输在起跑线上：一位中国母亲眼中的日本教育**

8年前，唐辛子的女儿MII诞生了，唐辛子开始为孩子记日记，直到半年前，MII发现

自己的“事迹”在网上随处可见，在她要求下，唐辛子不得不关闭了个人网站，转战博客。没想到，这个转型却让她成了网络红人，很长一段时间，唐辛子自己都不明白，为什么这么多人喜欢看她的博客，在她看来，那里记的都是生活琐事。

渐渐地，唐辛子发现，读者们关注的是日本教育，人们期望看到一个微观而具体的日本，它来自一位中国母亲朴实无华的记录，没有感慨，也没有评论，只有真相。让中国读者好奇的是：日本小学生考试居然不打分，甚至学校运动会都不计个人成绩；每天早晨，小学校长最早到学校，站在校门口向全校800名学生一一问好；在日本，大多数家长不知道“不要让孩子输在起跑线上”这句名言，而这却是中国家长最爱说的话，但日本却是亚洲诺贝尔奖获得者最多的国家……

MII 3岁半时，为让她学好中文，唐辛子把她送到长沙一家非常好的幼儿园，让她吃惊的是，在日本2岁就上幼儿园的MII每次都会大哭大闹，“就跟要杀她一样”，怎么也不想去，然而，当MII重新回到日本幼儿园后，一切不适应症立刻消失。

**日本幼儿园不教课**

为什么孩子不愿意上中国幼儿园，却喜欢日本的幼儿园？原因很简单，日本幼儿园就是玩儿，根本不上课。在长沙，一个班50～60名孩子，两名老师看不过来，为防止出事，大部分时间将孩子们关在教室里学习。而日本幼儿园一个班没那么多孩子，老师主要工作是带着孩子们做手工和玩游戏。日本幼儿园面积再小，也要开出一片菜园，老师带着孩子种菜。日本绝大多数父母自己在阳台上也种菜，他们不觉得孩子种菜脏，每当孩子把收获送给父母时，父母会特别高兴。日本公立幼儿园收费是按家长收入来收费的，交费时家长带着完税单，通过它，幼儿园了解家长收入水平，比如家庭年收入在200万日元至300万日元，每月收费不超过1万日元。

**教孩子怎么吃饭**

在日本，有各种各样的“学园祭”（校园节），其中一次让唐辛子特别感动，五年级学生做了1 000多份年糕饼，招待参加活动的家长和同学们。糕饼所使用的糯米都是五年级同学在老师的带领下，自己播种、栽培和收割的。在幼儿园，中国老师会鼓励孩子吃饭快。相比之下，日本更重视“食育”，提倡细嚼慢咽，在“食育”中，“丰富的心灵”是重要的一环，它包括“快乐的进食过程”“感谢的心”和“参与意识”，不仅教孩子正确地吃，还要从吃中体会出感恩、环保和节俭的内涵来。“日本人吃得并不少，他们这吃一点那吃一点，但加起来也很可观。”在日本生活11年，唐辛子发现日本人中胖子很少，这与他们从小重视“食育”有关。此外，日本医生会要求孕妇控制体重，日本人认为，生孩子是正常的生理现象，没必要“进补”，所以日本产后发胖的妇女很少。

**鼓励学生观察生活**

像“食育”一样，日本的教育多采取润物细无声的方法，很少是说教。比如日本小学一年级就开始设立“生活课”，让孩子观察、了解身边的世界，MII二年级时，生活课的作业是到学校附近的街道、商店去考察并实地采访，这样的采访都是家长事先联系好的，店家往往会热情招待，每问必答。比如采访超市，教材列出了观察内容的要求：超市外面有什么，店员的服装，客流量。并有采访提纲：今天超市的推荐促销商品是什么？今天到现在为止接待的客人人数是多少？今天卖得最好的东西是什么？通过这样的实地采访，学生可以得出自己的看法。

**大便从娃娃抓起**

日本不仅重视“食育”，也特别重视厕所。在日本，有“学校厕所研究会”和“日本厕所研究所”，日本人认为，脏旧的厕所对孩子们的身心健康不利。此外，日本是地震多发国家，发生大地震时，学校是指定的避难所，因为那里的房子最结实，如果到学校避难的人员较多，就有可能导致厕所拥堵，所以必须提前把厕所修好。此外，环保和健康也是关注厕所的重要原因，日本有“大便教室”，教师扮成“大便先生”到各学校登门授课，告诉孩子们大便与人体健康的关系，还带着孩子们用粘土做各种形状的“大便”，告诉他们：哪种大便健康，哪种不太健康，应该在饮食上注意什么等。“大便从娃娃抓起”的好处是，日本家庭的厕所都很整洁，陌生人第一次进入时，往往不相信它是厕所。日本人到中国旅行，看到中国一些厕所只有简单的隔板，而非全封闭式的，感到很不适应。

**重视身教的日本**

每周，唐辛子都会带MII去学小提琴，她的音乐老师毕业于名门学府，是一家交响乐团的小提琴首席。然而，让唐辛子惊讶的是，这个老师特别有耐心，有时她自己都想发火时，老师却依然在鼓励MII，并跪在地上教MII该怎么做。“蹲下来，以孩子的角度和眼光，和孩子一起看世界”，这是教育的法则，可以减少大人给孩子心灵带来的压迫感，唐辛子一直以这种姿态来教育自己的孩子，但“跪下来”是比孩子更低的姿势，以便于更清晰地与孩子沟通，唐辛子说：“日本老师的态度，令我这个作母亲的人也感慨万分。”

在日本生活多年，唐辛子从来没见过老师大声呵斥学生的事情，在MII的小学中，日本校长每天最早到学校，站在门口对学生说“你好”，风雨无阻，这家学校有800多名学生，校长用这种方式来告诉孩子，什么是礼貌。

**重视自由研究**

中日都很重视对孩子的教育，所不同的是，日本教育更注重让孩子独立得出见解，以暑假作业为例，除习题外，还有“自由研究”。MII的“自由研究”是对道路下水道盖的“研究”，她将从家到超市步行5分钟路程的下水道盖数了一遍，一共21个下水道盖，发现都“长”着一张“太阳的脸”；而另一条比较旧的街道的下水道盖设计单调。这是为什么呢？通过查阅资料，她发现，1970年日本大阪举办世界博览会，“太阳之塔”是这次博览会的标志，这以后的下水道盖都以此标志来设计，而此前下水道盖没有设计。她的结论是：日本现在虽然富有，但过去也曾经很穷。人们生活得好了，连下水道盖也跟着漂亮起来了。

**强调平等的日本教育**

唐辛子带着孩子参加小学办的运动会，发现居然只有团体赛，没有个人单项比赛，最终只有胜利的团队，没有胜利的个人。强调参与，不鼓励相互对比。在日本公立学校中，小学生的考试成绩是不公开的，教师的期末评定只有"○、△、×"三档，表示优秀、良好和不好。鼓励个体和鼓励团队，体现了两种完全不同的教育理念。表面上看，中国孩子功课重，成绩好，会的才艺也更多，我们似乎已经赢在了起跑线上，但事实真是如此吗？也许，还远没到得出结论的那一天。

资料来源：唐辛子．中日教育，谁输在起跑线上：一位中国母亲眼中的日本教育[N]．北京晨报，2010-01-02.

## 第三节　意大利学前教育的发展与启示

**案例导入**

**家长学校的一堂课**

玛丽莎坐在家长夜校的桌旁和两位助理保育员开怀大笑着。三个人刚刚做了一个角色扮演游戏，玛丽莎扮演老师，帮助"学龄前"的爱丽丝和比尔解决由抢玩具引起的冲突。他们被逗笑是因为那两个老师演的太像了，和孩子打架一模一样。玛丽莎提出了解决办法，但是她担心自己并没有真正帮助孩子独立解决问题。她向负责另一个小组的老师格蕾丝请教，格蕾丝是一位全国公认的优秀教师，她给玛丽莎提出了几个小建议。

[思考]

该案例反映了意大利学前教育对家长的什么要求？从中能得到什么启发？

### 一、意大利学前教育的发展概况

意大利在学前教育发展史上具有重要地位，先后出现了闻名于世的蒙台梭利教育和瑞吉欧教育体系，后者代表了现代学前教育发展的体系。下面简要介绍意大利学前教育的政策法规、资金投入、目标内容、途径与策略、师资与培养以及对我国学前教育的启示。

**(一) 学前教育的政策法规**

19世纪，照料和教育早期儿童（尤其是婴儿和学步儿童）的工作被认为是家庭的责任，尤其是家庭里女性的责任，而不是社会的责任。那时，只有天主教教会常常为处境不利的幼儿提供慈善性的社会服务和宗教教育。

1907年，蒙台梭利在罗马成立"儿童之家"，并形成了独具特色的蒙台梭利教育法，

1915 年，蒙台梭利教育法传到了米兰。在墨索里尼统治初期，意大利成立了官办的全国母亲和婴儿组织（ONMI），为贫困家庭的孩子提供支持性服务。

“二战”后，随着经济的快速发展，工作妈妈的数量急剧增加，社会对早期保育和学前教育的需求越来越大。瑞吉欧·艾米利亚、博洛尼亚、帕尔马、摩德纳等城市开始资助、发展和提供早期保育和教育项目试验项目，这些地区的成功促成了民众对早期保育和学前教育计划的赞同。1945 年，意大利颁布了《幼儿及初等教育方针》，并在 1947 年进行了修正和补充，随后颁布了《公共教育规程》。

1968 年 3 月 18 日，意大利政府颁布了 444 号法令，正式建立了普及性学前教育制度和国立幼儿学校，明确了学前教育的目的，规定了学前教育的内容。法令规定，意大利儿童有接受学前教育的权利，3～6 岁幼儿在幼儿园“注册是非强制性的，就读是免费的”。444 号法令不仅为政府提供公费的学前教育奠定了法律基础，它也代表了意大利学前教育文化的根本转折。444 号法令规定，国立幼儿学校、市立幼儿园和私立幼儿园互为补充，促成了意大利三方（国家、地方政府、个人）承办学前教育的总体格局的形成。同时，在全国范围内建立幼儿园网。

1969 年教育部颁发了《国立幼儿园教育活动指导纲要》，特别强调家园合作、宗教教育和游戏。随后颁发了 1073 号法令，允许国家有条件地为城市和私立幼儿园提供部分资助，主要条件是幼教质量要达到最低限度的标准，并为一定数量的贫困孩子提供免费膳食。1971 年国会通过 1044 号法令，改由地区或地方政府承担组织和提供这类服务的责任。

### （二）学前教育的资金投入

意大利政府非常重视对教育的投入。政府对学前教育的经费投入是以班级为单位进行核算。同时对幼儿教育津贴的补助方式采取照顾低收入家庭的政策，根据家庭收入进行分层补贴。补贴对象是出生到入学前的幼儿，津贴包括机构补助和幼儿教养费补助两部分。国家负责其中 1/2，地方政府负责 1/4，另外 1/4 由幼儿教育机构自行承担。

意大利学前教育机构的经费来源和学费的多少与幼儿园的类别密切相关（表 8.3）。

**表 8.3　意大利学前教育机构、经费来源和学费对照表**

| 机构类型 | 经费来源 | | 学费 |
|---|---|---|---|
| 国立幼儿园 | 教师工资、游戏设施和教育材料 | 国家承担 | 免费，家长只需交纳孩子的膳食费和交通费 |
| | 房屋和家具以及辅助人员的工资 | 地方财政 | |
| 市立幼儿园 | 教师和辅助人员工资、所有设施和教育材料 | 地方政府 | 免费，家长只需交纳孩子的膳食费和交通费 |
| 私立幼儿园 | 教师和辅助人员工资、所有设施和教育材料 | 私人承担 | 多数非赢利性，低收费；部分赢利性，高收费 |
| 教会幼儿园 | 教师和辅助人员工资、所有设施和教育材料 | 国家和地方政府部分支助 | 学费不高 |

### (三) 学前教育的机构与形式

1. 学前教育机构

意大利学前教育机构以兴办方为分类标准，可分为公立和私立两类，公立部分又分为国立和地方政府创办，私立部分又分为宗教团体创办和私人创办。目前这四类幼儿园所占的比率分别是：国立幼儿园占55%，地方政府办幼儿园占15%，宗教团体办幼儿园占20%，私人办幼儿园占10%。

2. 学前教育机构的类型

意大利的学前教育机构，从教育的形式来分，有幼儿学校、幼儿园、日托中心、保育院，下面简要介绍意大利三种主要学前教育机构的类型（表8.4）：

**表8.4 意大利学前教育机构类型一览表**

| 内容＼形式 | 幼儿园 | 日托中心 | 幼儿学校 |
|---|---|---|---|
| 兴办机构 | 国立、市立、私立 | 由最初兴办机构——教会转变为全日制的幼教机构，全部或大部分由政府出资 | 公立、市立和私立，将近一半是公立。公立的资金来源有法律保障；市立与私立学校则享受国家津贴或通过公共渠道获得资金 |
| 招收对象 | 3～6岁儿童，1～5个班级 | 3个月～3岁的儿童，中心通常招收30～60个儿童。 | 学龄前儿童，一般有1～5个班级，班级人数控制在23～28人之间 |
| 开放时间 | 国立幼儿园只在非假期开放，每天开放时间从早上8:30至下午4:30；私立与市立时间有长有短，但保证每周开放时间不少于24小时 | 每天开放9小时，一周开放5天，每年开放时间10～11个月 | 幼儿学校只在非假期间开放，每天开放时间从早上8:30至下午4:30；私立机构与市立机构开放时间与公立学校相比或长或短。但应保证每周开放时间达到24个小时 |
| 特点 | 孩子在国立幼儿园入学，家长必须参加家长夜校；家长参与共同管理董事会、善事会等，家长可在教育中发挥一定的作用；教育经费不够时，家长会给一些资助，有的资助物品，有的资助食物 | 班额比较小，每班大概10个儿童组成，儿童按照年龄分班，分别是3～12个月，12～18个月，18～24个月，24～36个月。教师负责人数少，教师工作量大，培训多，要求高。为上班的妈妈、单亲妈妈、生活贫困妈妈，和有残障儿童的妈妈提供育儿服务 | 与家庭有着广泛联系。孩子在公立幼儿学校上学，家长必须参加家长夜校，另外还要共同管理基金会、董事会等。家长可在教育与管理上发挥一定的作用 |

### (四) 学前教育的目标与内容

1. 学前教育的目标

(1) 总目标：国家通过一系列方针政策为学前教育确立了总目标——发展幼儿的自

我认同、自主性和能力。

(2) 具体目标：

① 锻炼儿童的身体，发展儿童的动作，增强儿童的体力，促进儿童的健康。

② 培养儿童个性，帮助儿童认识自我和他人，培养良好的自我意识，建立自信心。

③ 培养儿童学习各种技能。

④ 培养儿童学会认识周围环境，敢于进行探究和了解未知事物的精神。

2. 学前教育的内容

意大利学前教育的内容，以教育部 1969 年颁布 1991 年修订的《学前教育教育教导指南》为教育依据。这部教导指南规定教育内容有宗教教育、情感教育、精神与社会性发展教育、游戏与创造性活动、认知发展、语言发展、艺术与艺术设计、音乐与音乐活动、体育与健康教育等方面。通过日常生活教育，训练孩子日常生活自理能力、以培养独立、自主的人格和良好的习性；通过感官教育，精炼孩子的视觉、触觉、味觉、嗅觉，使孩子五官更敏锐、进而更聪明有智慧；通过数学教育，训练儿童由少至多量的比较，最后引入加、减、乘、除等具体操作，而进入四则的运算、建立教学基础，了解空间关系及顺序和大小；通过语文教学，不但强调母语教学，同时培养儿童多种语言、特别是英语的发展；通过科学文化教育，让孩子学习如何照顾动物、植物，了解自己所居住的大环境、了解宇宙万物的奥秘、认识各种矿物等，勇于探索。

**(五) 学前教育的途径与策略**

意大利学前教育机构一直在不断地探索教育的途径，探究教育的策略，形成了从蒙台梭利到今天的瑞吉欧两大主要的教育体系。两大教育体系根据各自的教育理念和教育原则，运用各种有效途径和方法，实施教育内容，达成教育目标。

1. 蒙台梭利教育

蒙台梭利早期教育(Montessori education)又称蒙氏教育，系由意大利心理学家兼教育学家玛丽亚·蒙台梭利(Maria Montessori，1870—1952)发展起来的教育方法。蒙台梭利在世界范围内引起了一场幼儿教育的革命。蒙台梭利认为教育的目的是帮助儿童形成健全人格和建设理想的和平社会。她把前一目的称之为新人类的创造，把后者称为新社会的创建，前者是直接目的，后者是最终目的。教育就是对这两者的持之以恒的追求，是创造新人类与新社会的结合。蒙台梭利的教育法包括三要素：有准备的环境、教师和教具。蒙台梭利教育法重视儿童的内在需要，强调借助于能满足此内在需要的环境与活动，来促进幼儿的自我发展。

(1) 教育理念

① 尊重儿童。这是蒙台梭利所有教育原理的基石。

② 具有吸收能力的心灵。蒙台梭利相信，儿童能够教育他们自己。“人们也许会说，我们用自己的大脑获取知识，但儿童直接将知识吸收进他们的灵魂中去。仅仅通过与生

活环境的不断互动，儿童就学会说他们的母语。”

③ 敏感期。蒙台梭利认为在幼儿的心理发展中会出现各种“敏感期”，秩序的敏感期、细节的敏感期、协调性敏感期、触觉敏感期、语言的敏感期。正是这种敏感期，使儿童用一种特有的强烈程度去接触外部世界。在这时期，他们对每样事情都易学会，对一切充满了活力和激情。而人的智力发展正是建立在幼儿敏感期所打下的基础上的。

④ 准备充分的环境。蒙台梭利认为，在准备充分的环境中，儿童能接触到按照一定规律组织的材料，开展有条不紊的活动，达到最佳的学习状态，并且能够为他们自己做事。

⑤ 自主教育。积极融入有准备的环境中，能够自由选择的儿童会自己教育自己。

（2）教育原则

① 以儿童为中心。反对以成人为本位的教学观点，视儿童为有别于成人的独立个体。

② 不教的教育。反对填鸭教学，主张从日常生活训练着手，配合良好的学习环境、丰富的教具，让儿童自发性地主动学习，自己建构完善的人格。

③ 把握儿童的敏感期。顺着敏感期学习的特征，得到最大的学习效果。

④ 教师扮演协助者的角色。教师须对孩子的心灵世界有深刻的认识与了解，对孩子发展的状况了如指掌，才能提供对孩子适性、适时的协助与指导。

⑤ 完全人格的培养。幼教的最大目的是协助孩子正常化。

⑥ 尊重孩子成长步调。没有课程表和上下课时间，使孩子能够专注地发展内在需要。

⑦ 混龄教学。不同年龄孩子会相互模仿、学习，养成儿童乐于助人的良好社会行为。

⑧ 丰富的教材与教具。教具是孩子工作的材料，孩子通过“工作”，从自我重复操作练习中，建构完善的人格。

⑨ 摒除奖惩制度。采取尊重孩子的方式，培养孩子正在萌芽的尊严感。

⑩ 爆发的教学成果。采取尊重孩子内在需求的方式，让孩子适时、适性地成长，短期内不易察觉成果，但却会在某一时间以爆发的力量彰显出孩子内在心智的成长。

（3）教育特点

蒙台梭利认为：儿童具有巨大的潜能，他生命的发展是走向独立。通过具体的练习如生活基本能力练习、五官感觉练习、智能练习（语言、数学、科学）等形式，形成健全人格的基础。蒙氏教室是一个小社会的雏形，孩子在其中学会尊重别人，接受别人，学习如何分享自己学会的知识技巧，学会如何领导别人。蒙氏教室提供了培养儿童情感智商的环境。蒙台梭利课程，包括感觉、动作、肢能、语言和道德发展等，使个体成为一个身心统整合一的人。“自由”与“纪律”合一，“个性”与“群体”兼顾。启发幼儿使他们有能力解决困难,适应新的环境,达到自我构建和心智发展。

(4) 教育内容

① 日常生活练习:蒙台梭利在人们的日常生活中选出符合教育目的、而且适合儿童身心发展的活动作为日常生活练习的主要内容。

② 感觉教育:感觉教育是蒙台梭利教育内容中最重要、而且最有特色的部分。其内容主要是视觉、听觉、触觉、味觉和嗅觉练习五大类,它们分别由相应的教具来完成。

③ 语言教育:蒙台梭利的语言教育具体内容主要包括读和写两部分。

④ 数学教育:通过数学教具,首先帮助幼儿掌握10以内的计数活动(数名、数字和数量),进而帮助幼儿学习10以内的四则运算,最后帮助幼儿学习十位、百位、千位的进位活动和多位数的四则运算以及平方、立方等概念。

⑤ 文化科学教育:蒙台梭利主张必须让儿童学习前人所创造的文化财富即文化科学知识,认为透过学习文化科学知识可以发展智慧、丰富精神和增长教养。在蒙台梭利看来,儿童学习文化科学知识的能力出现于3岁左右,“3岁至6岁的时期是能够轻易地获取文化并自然成熟的时期,因此应该有效地加以利用”。于是,她主张应该充分利用幼儿这个易于吸收前人所创造的文化科学知识的时期,使他们能够初步地掌握一些简单的文化科学知识。蒙台梭利文化科学教育的内容主要包括简单的历史、地理、动物、植物等几个主要方面。

(5) 蒙台梭利教育活动:在准备充分的环境中,主要为儿童参与的三个基本领域提供材料和活动。

① 生活实践或运动教育。

② 为训练感官而使用的感官材料。

③ 教学生写作、阅读和数学的材料。

2. 瑞吉欧教育

瑞吉欧教育又称“瑞吉欧教育方案”,由洛利斯·马拉古齐创立,适用于3个月到6岁儿童。该教育法拥有一些核心的观点和实践方法,并形成一个结构主义教育项目。所追求的目的是儿童愉快、幸福、健康的成长,其中主动性、创造性被视为愉快、幸福、健康的前提与核心,并以此让儿童“更健康、更聪明、更具潜力、更愿学习、更好奇、更敏感、更具随机应变的适应能力,对象征语言更感兴趣、更能反省自己、更渴望友谊”。

(1) 教育理念

① 儿童观。走进儿童的心灵,以儿童的思维和立场去看待一切。

② 百种语言。儿童拥有绘画、建筑、雕塑、讨论、发明、发现、音乐、戏剧、文字等100种语言。学龄前儿童能够广泛运用这些语言来表达、沟通和认知。

③ 我就是我们。幼儿与成人共存于社会文化和社会现实中，并通过每日的活动参与发展自我。

④ 互动合作。儿童的学习是在诸多条件下，在特定的文化背景中，通过与家长、教师、同伴的相互作用，建构知识、情感和人格。

(2) 教育内容

瑞吉欧教育体系的课程内容并不是提前设置好的。教师只是说明总体目标，以及对未来活动和项目的方向提出假设，在此基础上，再做适当的准备。瑞吉欧教育体系的课程内容来自于周围的环境，来自于儿童生活中感兴趣的事物、现象和问题，来自于儿童自己的各种活动。课程内容是在每个活动或项目的进行中形成的。瑞吉欧的课程主要是以项目活动的方式开展的。项目活动是瑞吉欧教育方案的灵魂和核心，是指儿童在教师的支持、帮助和引导下，围绕大家感兴趣的某个问题或"课题"进行研究、探讨，在共同的研究、探讨中发现知识、理解意义、建构认识。项目活动包括团体讨论、实地考察、探究和展示等。

(3) 教育特点

① 社会支持和父母参与，形成全社会关心幼儿教育。在瑞吉欧镇，0～6 岁儿童的保育和教育是一项重要的市政工程，享有 12%的政府财政拨款。父母在学校中所起的种种作用是实质性的。在全镇所有的幼儿学校中，父母都有权利参与学校各个环节的事务，并自觉承担起责任。

② 学校实行民主管理与合作。在幼儿学校里，无论是教师或儿童都能获得"家"一样的感觉。教师之间没有任何层次等级，他们只是平等的共事者和合作者。这里也没有我们在一般机构中所见的那些行政事务。瑞吉欧幼儿学校实行 3 年一贯制，教师连续跟班教学，以保持教师和幼儿之间长期稳定的联系。

③ 根据项目活动，通过弹性课程与研究式教学，解决儿童真实生活中的问题，教师结成小群体进行长期深入的专题研究。没有固定的课程计划，教学活动强调生动而富有实效的学习，绝不匆匆忙忙"走过场"，要求自然而流畅。

④ 充分发挥儿童百种语言的优势，利用多种多样的教学手段进行教学。

⑤ 通过合作学习与反思实践，帮助教师不断增强自己"角色"意识，提高教学水平。

⑥ 重视学校环境的设计布置，把学校的每一个角落设置为开放的教学环境，并把开放的教学环境称为"学校的第三位教师"，让幼儿在开放的环境中愉快学习，相互合作，彼此交往。

**案例 8-1**

**小鸟的乐园**

瑞吉欧有一个经典案例《小鸟的乐园》，这个方案最初的构想来自校园里的一池清水。在校园里放置一池清水，原意是给栖息的小鸟解渴，孩子们认为如果小鸟会口渴，也一定会肚子饿，如果它们又饿又渴的话，也许会疲惫不堪的。

于是，有的孩子建议在树上搭建鸟巢，还有小鸟玩的秋千、老鸟搭乘的电梯。也有孩子建议安置一个音乐旋转木马；还有孩子建议给小鸟准备滑水用的小木片，让它们滑水；更有孩子提议做个喷泉，是又大又真实的，能把水喷得高高的那一种喷泉。于是，一个具有想象力同时也鼓舞人心的主题出现了：为小鸟建造一座真正的乐园。接着就是一个漫长的探索与实验过程，孩子们遇到了各种各样的难题。为了建一个喷泉，孩子们各自谈了自己的构思。

有一个名叫菲利普的孩子说："这是天使喷泉，我认为在这里应该有输送水的管子。水管里的水来自水道，当水流到倾斜处和进入喷泉时，水流的速度开始加快。喷水池底有一些水，也许它每年更换一次。"

一个名叫爱莉莎的女孩子认为："水来自天上，那就是雨，它从山上流下来，流入山的小洞里，最后流入山脚下的湖中，然后又有条往下倾斜的水道将水先带入另一个湖，再带入水下的通道中。地下的通路有很多条，老鼠会喝掉一些水，但喝得很少，其余的水就流入喷泉，从喷泉的石块中往上喷出，而石块就像滑滑梯一样，让水滑下来。"

另有一个名叫西蒙尼的孩子也谈了自己的创意："我真想有一个很大的装满水的储水槽，看到没有？我们做了两个，一边一个，上方有一座天平告诉你水槽中是否有水。比如：如果天平平衡，表明水槽中有水，喷泉可以喷水；如果天平倾斜，就代表水不多了，你就得按开关处的按钮，让水槽装满水。"

经过实验，孩子们为小鸟做成了水车和喷泉，还为小鸟乐园举行了开幕式。

在瑞吉欧，这类活动就是幼儿学习的过程，这是一种师生共建的弹性课程与探索性教学，一般主题都是合乎儿童生活经验和兴趣的，并且孩子们能进行操作，活动是有意义和价值的。在探索的过程中，孩子们不断地把主题引向深入、展开广度，最后问题终于得到创造性的解决，幼儿通过自己感兴趣的方式来表现和展示其成果，如绘画、卡通、泥塑、模型、连环画等。

在瑞吉欧，教师成了幼儿的伙伴，他们倾听孩子的心声，并使孩子进入主动学习状态；同时也是向导，引导孩子们在学习中观察再观察，思考再思考。各方面的能力得以发展；教师还是记录者，他们记录了大量的第一手资料，从而了解幼儿是怎样思维的；教师还是研究者，研究如何发现既有挑战性又能使孩子得到满足的项目活动等。因此，在瑞吉欧有句名言：接过孩子抛来的球！

**评析：**该案例完整体现了瑞吉欧教育体系中最具特色的部分——方案教育，根据儿童的生活经验和兴趣确立某一主题，并以该主题为中心向外发散，编制主题网络让儿童通过自己的学习和探索来了解概念的内容，方案教育的实施涉及了儿童的认知、情感、社会化、语言、体能等各个发展领域，将游戏、故事、绘画、手工、音乐、数学等方面的内容融为了一体。

**(六) 学前教育的师资与培训**

1. 学前教育的师资

意大利学前教育有两种最有影响力的幼儿教育体系的师资,一个是蒙台梭利学校教师,另一个就是瑞吉欧学校教师。

(1) 蒙台梭利学校教师,被称为"指导员""导师",由蒙台梭利培训中心培训考核。指导员不仅要具有专业知识,还要具备良好的品德,如机智、稳重、耐心、爱心、谦逊,时刻考虑到儿童,真正的爱孩子。必须做到尊重幼儿;深入了解幼儿的需要;用科学家的态度研究儿童;相信儿童、热爱儿童、耐心等待、不急于干涉儿童。其职责是指导幼儿的生活和心灵,为儿童准备学习的环境,成为儿童的观察者和引路人。

(2) 瑞吉欧学校的师资,瑞吉欧学校对教师的素质要求和能力要求非常高,一个称职的瑞吉欧教师必须促进孩子在认知、社会性、生理与情感方面的发展;对班级进行管理;准备环境;提供保育与指导;与家长、同事、行政管理人员、公众进行沟通;寻求自身职业素养的提高;积极参与与维护早期公立教育的政策制定与实施;对每日的教学进行系统性的研究。瑞吉欧学校教师的培训主要是在职培训,即在从事了教师工作以后,才开始朝一个称职的教师方向努力。

2. 学前教育的师资培训

意大利学前教育教师原来主要由中等师范学校培养,学制为三年。培训的主要内容是语言学、教育学、教学法、历史、地理、自然、数学、卫生、合唱、图画、塑造、家庭经济、家务劳动、技能训练等。从1998年开始,两部关于教师资格要求的法令实施,新法令要求幼儿园新聘教师具有大学学历,培训的主要内容也在原有基础上增加了哲学、心理学、拉丁语、意大利语、外语、物理、化学、宗教等,意大利的大学担负起了培养幼儿园教师的责任。在教师的在职进修方面,每个城市都有自己的专业发展计划,而国立幼儿园则由园长、国家视导员等管理人员制定幼儿园教师的专业发展计划。

## 二、意大利学前教育发展对我国学前教育发展的启示

意大利的瑞吉欧教育体系,重视每名儿童的发展,广泛联系家庭、儿童团体、教师、学校环境、社区和更大的社会范围,以开展教育活动。该体系在世界各国学前教育发展方面引起了极大的反响,对各国的学前教育工作有着多方面的启示。就我国的具体国情而言,虽然瑞吉欧教育体系不可能原封不动地运用到我国学前教育,但是可以通过对瑞吉欧教育体系的剖析,吸取精华,使之本土化,使之植根于我国深厚的历史背景和文化氛围中。

**(一) 正确看待教师和家长的地位和作用**

意大利瑞吉欧教育体系中,儿童观是其核心部分。瑞吉欧人认为:

1. 儿童是好奇的。他们富有好奇心、创造性和可塑性,具有巨大的学习潜能。他们

从出生之日就开始了对生命意义的探寻，不断试图了解身边的这个世界，以及形成并发展与他人的关系。

2. 儿童是主动的。他们是主动的学习者，他们通过与环境的交互作用构建知识，儿童可以产生问题、提出问题、形成假设、创建理论，试图回答他们的问题，并且寻找自身问题的解决办法。

3. 儿童是有能力的。他们能使用100种不同的语言，建构、解构、重构、象征、表征并交流他们对于世界的理解。能够成为他们成长过程中的主角，实现自我的发展。

4. 儿童是知识的合作建构者。他们与其他儿童和成年人交流，分享他们独特的认知和经历，作为独立的个体学习，同时对集体学习做出贡献。

而我国传统的儿童观和瑞吉欧教育体系的儿童观有一定区别。我国传统教育历来强调教师是课堂的主宰，忽略了儿童是一个独立的拥有自己的意识和无限潜力的个体。

因此，要改变这个现状，要促进幼教事业发展，儿童观的变革必须先行。教师必须真正把儿童当作一个独立的“个人”，尊重儿童的兴趣和需要，真正从儿童自身的兴趣和需要去考虑教学的开展。

**（二）让“环境”成为儿童教育的第三位教师**

瑞吉欧教育非常重视环境的作用，其教育体系中有两句关于环境的名言：一是没有一处无用的环境；二是环境是儿童重要的教师。教师们特别注意环境的创设和布置，以调动幼儿的兴趣，竭力创造机会，在学校的每一个角落都为幼儿提供一个幼儿探索与交流的场所，提供充分的交往机会。所创设的环境并不局限于学校内这个小系统的环境，还包括社区的环境。在室内环境创设中，教师们把空间区隔成各种规格大小的游戏区、工作坊等，以适当的比例安排封闭和开放的空间，适合孩子活动。走廊和门厅还有一个大“广场”，作为集体活动的空间，是整个校园的中心地带，孩子们可以在广场上自由集会和交流。整个环境随着幼儿的活动不断进行调整体现出动态的特点，自然地融合了智慧、艺术、安全等要素，孩子们在这样的环境里从容并且自由地进行学习活动。这样的环境设置体现了社会、社区和家庭以及学校之间的互动和合作。

然而我国幼儿园的环境过于重视装饰性，注重于空间的美观整洁，较少注重环境的教育作用；以教师布置为主；活动空间也十分狭小，仅限于操场和教室，教室和寝室的人均面积也较小。

因此，借鉴瑞吉欧教育对环境的设置得到的启发，我国幼儿园环境的布置应从幼儿的实际出发，并随着幼儿园的活动开展情况进行相应的调整，使环境有新鲜感，让幼儿对环境能保持积极互动，不断从中学到新经验、获得新知识和习得新技能。

**（三）运用“项目方案”实施幼儿园的课程**

瑞吉欧的项目方案是儿童在教师的支持、帮助和引导下，围绕某个大家感兴趣的生活中的主题或认识中的问题进行深入研究，在合作研究的过程中发现知识，理解意义，建构认知体系。让学生参与深度研究真实世界里值得研究的主题,在他们寻找自己问题的答案时,学习变得更加有意义。儿童在项目调研的每个阶段进行特定的与识字相关的活动。项目是儿童和教师学习经历的支柱。

而我国学前教育课程内容的实施,往往由于教师主导着教学的方向,使得幼儿的兴趣和需要不能得到充分的表达,也使教师错过了很多教育契机。因此,我国学前教育课程内容的实施可以尝试借鉴瑞吉欧的项目方案,根据儿童的兴趣和需要,由教师和儿童共同构建课程,把被动的教变为孩子主动的学,同时给予课程进展更大的空间,孩子有更大的选择权,使课程更有弹性,往更适合孩子兴趣和需要的方向发展。

**(四) 学会运用"记录"去观察和诠释儿童的行为**

瑞吉欧教育体系对儿童的评语和讨论记录、活动照片、使用多媒体进行学习的情况,都由"工作室设计师"与其他教师认真仔细的存档整理好,建立了一种档案,记录工作情况和学习过程,让父母了解儿童的经历,以利于他们参与;让教师更好地了解儿童,并评价自己的工作,从而促进自己的职业能力的提高;促进教育者之间的交流;使儿童意识到他们的努力非常值得肯定;能够追踪学校的发展历史,记录很多学生与教师所体验到的学习上的快乐。这种记录远远超出了传统的评价方式所能涉及的内容,为更加深入和全面地了解儿童提供了有效的途径。

虽然目前我国幼儿园也逐步使用档案袋的评价方式,但是其功能没有得到充分的发挥。内容仅限于儿童的一些基本信息的采集以及平时绘画作品的收集而已,并没有过多涉及孩子日常生活的表现、社会行为等。因此,要真正发挥记录的作用,需要教师不仅要收集原始的文字、图片、影音资料,还应当收集教师对资料本身的一些分析及评语,建立一个比较完整和高效的档案袋,并通过对这些原始资料以及做出的分析对活动不断进行计划、评估和再计划。

**(五) 关注家园"合作"所形成的教育合力**

"互动合作"是瑞吉欧教育取向的一个重要理念,也是贯彻在整个教育活动过程中的一项原则。瑞吉欧人非常强调公众在教育领域的"参与",他们认为幼儿园的教育事业是一项多方合作、共同参与的公共事业。"互动合作"包括教师和学习者的互相沟通、关怀和控制的不断循环以及教育活动相互引导的过程,不仅使儿童处于主动学习地位,同时还加强了儿童对家庭、团体的认同感,让每个幼儿在参与活动时能感受到归属感和自信心。家庭和学校的互动合作,可帮助教育新方法的发展,儿童教育责任由学校和家庭共同承担。他们深信,只有当老师与家长合作参与时,才可能带给儿童最好的经验。

"互动合作"的理念也表现在幼儿机构的管理方面,形成了社区参与学校管理的观念以及托儿所和幼儿园以社区为基础的管理方式,幼儿园设有"咨询委员会"传达家长与教育者的需要。市镇的托儿所、幼儿园董事会,由幼托机构中的咨询委员代表、幼教行政主管、教学协调人员及选出的教育官员等人组成。每一社区都有一个幼儿园管理者、教师和家长、社区成员、教学顾问等组成的社区幼儿教育委员会，该委员会负责管理、监督幼儿园各项事务，支持家长参与幼儿学习与幼儿园教学，从而使得幼儿教育事业成为整个社区和城市共同关注的公共事业。

而在我国一部分家长还是传统观念，认为教育是“学校教育”，在家庭里，家长凭着自身经验教育孩子，缺乏教育的知识。孩子进入学校之后，家长认为学校要对孩子的教育全权负责，家长只是充当教育的配角，到孩子出现问题时才主动与教师联系寻求共同解决的方案。而由于一方面，学前教育机构对家长的指导有限、家园联系不够深入，另一方面，家庭、社区和学校之间相互割裂，没有形成一个信息流通共享的整体，难以形成教育的合力。因此，我国学前教育机构必须加强与家庭和社区的合作，对家庭和社区的资源合理利用，以形成教育的强大合力。

## 扩展阅读 8-5

### 意大利罗马幼儿园见闻点滴

在每学年开始时，全体教师在一起讨论学年计划。每个班级的老师要针对自己班级不同年龄的幼儿制定教育计划。将不同年龄的幼儿编在一个班级里，便于幼儿模仿与交流，也有利于幼儿学习（如游戏、唱歌、制作）。同在一个班级，对不同年龄的幼儿要求是不一样的。3 岁幼儿主要是适应幼儿园生活，学习与人交流。游戏时，三个年龄段的幼儿在一起，3 岁幼儿的游戏比较简单，5 岁幼儿的游戏是有目的的。集体教育活动是同时进行的，如讲完故事后，要求幼儿绘画，3 岁幼儿进行涂色练习，4～5 岁幼儿根据故事内容，进行想象与创造。教师安排任何活动都要与幼儿商量，而不能简单下命令。

罗马的幼儿园比较注重与社区的配合教育，让幼儿有机会接触社会，以锻炼幼儿的交往能力。如让幼儿穿上节日的服装，到居民点表演等。幼儿家长十分理解、支持幼儿园的工作。具体体现在对幼儿园没有过分的要求；积极参加幼儿园每两个月组织的一次活动；教育经费不够时，家长会给一些资助，有的资助物品，有的资助食品。

据介绍，罗马的一些私立幼儿园仍在运用蒙台梭利教育方法，而公立幼儿园则几乎不再运用蒙台梭利教育方法了。在意大利大约有 2 万名中国人，他们在意大利大多从事餐饮、服装、小商品等行业。罗马是中国人较集中的地方，自然，他们的孩子也在这里入学。在我们参观的两所幼儿园中，有不少中国孩子。他们的父母早年到意大利闯天下，本身文化水平不高，但较重视孩子的教育。当老师指着一些黄皮肤、黑眼睛、黑头发的孩子告诉我们，这些是中国孩子时，我们抑制不住激动的心情，快步走过去与他们说话。可惜，他们听不懂我们的话，即使个别孩子能听懂一些，但仍睁着双眼看着我们，没有回答我们的问题。据老师介绍，中国幼儿的学习有一些困难，关键是语言交流上的困难。他们的父母大多不会说意大利语，也不会说普通话，因此，孩子在幼儿园听到的是意大利语，回家听到的是方言，这种语言环境对孩子的语言发展有消极影响。

资料来源:吴荷芬.意大利罗马幼儿园见闻点滴[J].幼儿教育,2001(Z1):7-8.

## 第四节　澳大利亚学前教育的发展与启示

### 案例导入

**珍妮的困惑**

珍妮是一名幼儿园教师,正在为一位新雇佣的幼儿园教师担心。珍妮曾经跟这位新来的教师交谈过很多次有关她落实州幼儿园标准的问题,可是她却一直说她一点都不担心这些标准。珍妮曾想要帮她制定教案,但是她却说,她想要边教边做计划。这名新教师说她清楚应该做什么,而制定一份手写的教案会妨碍她按照自己的灵感进行教学。她还告诉珍妮,她认为早期识字被过度的强调,已经过时了。珍妮现在担心这名新教师的学生不能很好地为上幼儿园做准备。

[*思考*]

珍妮应该怎么办?她应不应该就此事向学前教育督导汇报?她应不应该认为别的教师的实践跟她没有关系,尽管这些实践可能会损害到那些学生?

### 一、澳大利亚学前教育的发展概况

澳大利亚国家从成立至今,虽然仅有100多年的历史,但是其学前教育事业的发展非常迅速,健全的政策法规,充足的资金投入,灵活多样的学前教育机构,丰富的教育途径,有效的教育策略,严格的师资培训和家庭指导,强有力的社区支持,均保证了儿童受教育的权利和教育目标及内容的实现与完成。

#### (一)学前教育的政策法规

澳大利亚政府制定了一系列政策和计划,以利于国民能接受可承担得起的有质量保证的从儿童保育、幼儿教育到高等教育和学术研究的教育。学前教育是其中的一个重要组成部分。根据澳大利亚联邦宪法,联邦政府对学前教育没有法律上的义务,既不设置儿童保育中心,也不规定儿童保育的费用。教育事务由各州、领地政府负责管理,幼儿教育的政策与规范也依各个省和领地政府而不同。澳大利亚政府给家庭提供支助,以确保儿童能受到有品质的保育和学前教育。

1972年,联邦劳工及全国服务部通过儿童照顾法案,明确了幼儿照顾的责任归属、应支持何种形式的幼教机构、支持经费由谁负担。

1983—1990年,劳工联邦政府认为幼儿保育的提供应视为社会报酬的一部分,应由政府提供福利与设施。至此，政府开始提供大量幼教机构。增加幼儿教育的预算，由中央补助经费核对拨给地方政府。1990 年劳工联邦政府将直接补助款的资格放宽，就读营利性幼教机构的家长也可获得经济补助。

20 世纪 80 年代末至 90 年初，联邦政府越来越重视学前教育，通过各种手段介入其中，比如掌握向学前教育拨款的政策调整或建立专门教育项目等手段，更重要的作用是联邦政府可以有效的促进全国幼儿接受公正、平等的学前教育质量。

按照澳大利亚各州、各领地的法律规定，学前教育不是义务教育的一部分，但属于正规教育。尽管所有州和领地在政策上保证所有儿童在上学前都有机会接受学前教育，但是在提供学前教育方面目前还没有一个全国统一的政策。

1991 年，澳大利亚学前教育质量保障体系(以下简称 CCQA)建立。这是世界上第一个透过立法连结政府财政资助建立的学前教育质量认证制度，这个体系为所有儿童、家庭提供了获得优质儿童学前教育质量的公平机会。澳大利亚是全世界第一个对学前教育质量实行国家标准，并把其纳入法律体系的国家。统一的国家标准更有利于提高学前教育的服务质量，而纳入法律体系则有效地确保了对其质量标准的执行力度。

1994 年质量改善及认可制度建立，主要对全日托儿机构进行评估。2001 年 CCQA 体系增加了家庭日间托儿质量保证。2003 年 CCQA 体系增加了学校时间以外托儿质量保证。澳大利亚政府的持续支持确保了 CCQA 体系现已成为澳大利亚学前教育不可或缺的组成部分。

2009 年 7 月澳大利亚政府制订并公布一项儿童早期教育发展战略，提出因为儿童的早期经验的质量对于他们未来的幸福有重要的影响，澳大利亚需要花更多时间在儿童早期教育与保育上。

2012 年 1 月 1 日，澳大利亚制定并实施了《学前教育及儿童保育国家质量框架》。该框架包括了《国家教育和保育法》、《国家教育和保育条例》和《国家质量标准》、评价和评估系统、各州与领地的监管机构及全国性监管机构，基本形成了保教一体化格局，建立了完整、可操作的早期保教质量保证系统，体现了立足市场调节、提高保教质量的基本政策选择。

澳大利亚的学前教育政策当前正是改革时期。政府已经做出承诺，为更有弹性的，能支付得起的易进入的儿童保育和早期教育市场建立一个可持续的未来，以夯实国家经济，对社区、对家庭，尤其是那些必须工作的父母和成长中的孩子提供帮助。改革中最关键的一个计划是生产力委员会对儿童保育和早期教育的调查。委员会起草的报告已于 2014 年 7 月 22 日通过。政府的计划将帮助学前教育机构组织者改善并满足孩子和家长的需要，从而促进学前教育质量的提高。

根据 2013 年 9 月的最新调查数据得知，已有 1,111,100 名儿童接受了得到改善的儿童保育。773,070 个家庭中每个家庭至少有一个孩子接受了得到改善的儿童保育，

15,907所儿童保育机构得到了支助并正常运行。

**（二）学前教育的资金投入**

1972年，联邦劳工及全国服务部通过儿童照顾法案，联邦政府开始大力资助幼儿教育与保育机构。法案重点在提供优质的托幼机构，不但要符合幼儿发展需求，更是家长能承担起的。初期的补助用于雇请幼教老师及护士。

除了直接提供给儿童保育中心以保证其质量的经济支助、专业支持和包容性外，澳大利亚政府还向家庭提供幼儿保育的财力支援，这项开支是以对幼儿家庭进行“儿童保育效益”和“儿童保育税”补贴的方式进行。“儿童保育税”政策允许孩子正在接受学前教育的父母报销他们儿童保育开销的50%，每年每个孩子可达到＄7,500。

2013年，澳大利亚政府通过这些补贴，向家庭提供了＄47.7亿资金。今后的4年时间，政府将投资约＄285亿直接支助家中有接受保教儿童的父母，其中＄136亿用于儿童保育效益，＄149亿用于儿童保育税。

为了改善提高学前儿童接受入学前教育状况，从2009年到2013年6月底，5年间，澳大利亚政府向州政府和领地政府提供了＄9.55亿的资金，以保证儿童在正式进入全日制学校教育前一年可以参与一项早期教育项目计划，该计划每年600小时（每年40周，每周15小时），由有学前教育资质的教师进行指导，国家政府还同意向州政府和领地政府追加＄6.56亿以保证该计划可以持续到2014年年底。

**（三）学前教育的机构类型**

澳大利亚学前教育事业发展迅速，学前教育机构灵活多样，主要为6岁以下儿童服务。学前教育机构分为正式的和非正式的两种。正式的主要有以下几种不同形式：

1. 全日托

通常开办在某一建筑物内或建筑内的一部分，特别用作儿童保育中心。中心运行时间从早上7:30到下午6:00。为0～6岁的孩子提供专业保育，孩子以年龄和成长阶段分班。大多数日托中心按照计划在对孩子保育时会提供早期教育，为此，儿童可以一边接受保育，一边学习。日托中心通常由私人公司、地方议会、社会团体、个体、非营业机构经营管理，或老板为自己公司员工所设。

2. 家庭日托

由一位有孩子的妇女在自己的家庭中开办，招收不超过5名0～4.5岁的儿童，包括自己的孩子在内。举办者的住所必须有宽敞的户外活动空间、多种体育运动器械、安全的防护措施，举办者必须接受过保育、教育方面的培训，举办者及其服务必须符合家庭日间托儿质量保证的有关规定和国家的相关法律法规条例。家庭日托形式多样，可以是全日的，也可以是部分时间的、临时的、一整夜的、上学前的、放学后的和学校放假期间的。

3. 家庭托管

类似于家庭日托，但是托管场所不同。家庭托管是专业的保育员到儿童家里照顾儿童。家庭托管为那些有儿童而儿童又不能被其他中心所接收或其他中心不能满足他们要求的家庭服务。他们的要求通常包括以下情况：

(1) 家中儿童生病或有残疾。

(2) 儿童的监护人(或监护人的伴侣)有病或残疾，导致不能照顾儿童。

(3) 儿童居住在乡下或偏远地区。

(4) 儿童的监护人(或监护人的伴侣)的工作时间正是保育中心不接收儿童的时间。

(5) 儿童的监护人(或监护人的伴侣)正在照顾3个或更多的还未上学的孩子。

4. 小学校外小时托管中心

小学校外小时托管中心通常位于小学大厅或操场，有的位于儿童保育中心、社区服务中心、或小学附近的校外小时托管中心，为小学儿童上学前(早上7:30～9:00)或放学后(下午3:00～6:00)、学校假期或小学生自由活动时间提供托管服务。

5. 临时保育

临时保育为有临时需要的家庭提供专业的保育工作。该服务针对那些不需要常规的保育工作但偶尔又需要人照看孩子的家庭。如：就医时或约会时。大多数临时保育中心的工作时间很灵活，能满足那些家长工作时间不规律或不可预测的儿童的需要。

6. 学前教育中心

学前教育中心通常坐落在小学附近，招收3～4岁儿童，为儿童提供学前1～2年的教育，帮助他们做好进入小学的准备。儿童每周可以在中心度过两天半的时间，家长可以根据自己的需要，选择每周周一到周五的上午或下午带着儿童来中心，也可选择每周的周一至周三的上午或周三下午至周五来中心。每班教养员一人、保育员一人，儿童大约15人。

7. 游戏小组

游戏小组通常由儿童的父母发起组织，小组活动时，父母可以参与儿童的游戏，也可以对儿童的游戏进行观察，或父母们相互交流育儿信息和经验。小组每周活动1～2次，每次2～3小时。

**(四) 学前教育的目标与内容**

幼儿教育质量保障体系的运用，使得政府越来越重视学前教育机构在儿童发展、学习及社会化中的作用。

1. 澳大利亚学前教育的目标

澳大利亚学前教育的目标各州不同，但总体都是促进儿童在社会性、情感、智力和身体等方面的健康成长。以昆士兰州为例，该州的学前教育目标为：

培养儿童体育活动的技能技巧；培养儿童能通过音乐、律动、美工等艺术活动表达自己的思想和情感的能力；提高儿童的想象力和创造力；培养儿童的积极的自我意识，能理解他人情感，接受他人观点；培养儿童的自信心，学会自我推断、选择和做出决定；丰富儿童的知识经验，提高儿童的观察力和解决问题的能力；培养儿童的社会交往能力；促进儿童身心的健康发展。

2. 澳大利亚学前教育的内容

澳大利亚学前教育主要从体育、语言、科学、审美以及多元化文化等五个方面对儿童实施教育。注重培养儿童轻松愉快、活泼开朗的心境；丰富儿童的积极情感体验，减少儿童的消极情绪冲动；激发儿童探索的愿望，鼓励儿童质疑解难，强化儿童的创新行为；培养儿童合作、分享、谦让、互助的友好行为，建立良好的同伴关系；培养儿童的勇气和胆量，鼓励儿童克服内心的恐惧和对外界的困难，积极参加活动。具体内容如下：

(1) 体育方面：发展儿童的小肌肉动作，教会儿童正确使用餐具、剪刀和小铁锤等工具，能倾倒液体；发展儿童的大肌肉动作，教会儿童投球、接球、骑车、双脚同时跳过低矮物体、走平衡木等。

(2) 语言方面：教会儿童掌握一些常用词语，并能通过运用这些词语，达到丰富儿童词汇的目的；培养儿童听说技能和语言交往技能，能听懂他人说话，也能大胆表达自己的思想，还能清楚地回答他人的问题。

(3) 科学方面：让儿童初步了解动植物、空气、水、季节、气候、人体、营养、生态环境、岩石与矿石、磁力、引力、机械、机器人、电脑、游戏机、火箭、宇宙飞船等，激发儿童的科学素养。

(4) 审美方面：通过音乐、美术等培养儿童对音乐的兴趣，增强儿童对艺术的反应能力和对艺术的表现力，提高儿童的艺术创造力。

(5) 多元文化方面：教会儿童了解本国文化和其他国家的文化，理解和尊重其他国家儿童的特殊性，懂得每个人都是平等的，懂得尊重他人的价值观和文化传统，懂得和他人合作，具有自控能力和独立性。

**(五) 学前教育的途径与策略**

1. 学前教育的途径

澳大利亚学前教育机构和别的国家一样，把一日活动作为主要途径，配合设置活动区域、参观郊游、主题活动、聘请授课等对幼儿实施活泼愉快、主动创造、团结友爱、勇敢顽强等方面的教育。

(1) 各机构在一日活动的安排上略有不同，但主体是一致的，大致如下(表 8.5)：

**表 8.5　一日活动安排表**

| 时间安排 | 活动安排 |
|---|---|
| 9:00～9:30 | 儿童入园，教师和儿童谈论昨天的活动，引出今天的活动 |
| 9:30～10:30 | 儿童室内游戏活动：搭积木、拼图、看绘本等 |
| 10:30～11:00 | 儿童整理玩过的玩具和室内环境、洗手、吃自己带去的点心 |

（续　表）

| 时间安排 | 活动安排 |
|---|---|
| 11:00～12:00 | 儿童室外游戏活动：玩水、玩沙、骑车、荡秋千、绘画等 |
| 12:00～12:30 | 儿童整理用过的物品，教师讲一个短小故事，儿童洗脸洗手 |
| 12:30～13:00 | 儿童和教师共进午餐，两人一组准备午睡 |
| 13:00～14:00 | 儿童午睡，不想睡的儿童在不影响他人情况下，可以进行其他活动 |
| 14:00～14:20 | 儿童整理午睡用品，洗漱 |
| 14:20～14:50 | 儿童听教师讲故事，或一起进行娱乐活动 |
| 14:50～15:10 | 儿童自由活动 |
| 15:10～15:30 | 教师和儿童谈论一天的活动并进行评价，师生告别，儿童离园回家 |

（2）澳大利亚土地广阔，以致学前教育机构占用的空间也非常开阔。各机构充分利用这些开阔的空间，开辟出各种适于儿童活动的活动区域，让儿童根据自己的兴趣爱好自由选择（表 8.6）。

**表 8.6　区域活动设置一览表**

| 设置区域 | 区域位置、摆放物品 | 活动内容、注意事项 |
|---|---|---|
| 玩水区域 | 室外、一长水管、一个不锈钢大水槽、各种能沉浮的物品、能溶解的物体 | 玩水时穿上防水衣或系上塑料围裙 |
| 玩沙区域 | 室外树下、大沙池、放着铲子、小桶、水管等工具的工具箱 | 戴上防护帽，教师和儿童赤脚在沙池里“挖隧道”“搭教堂”“造房子”等，活动结束后，教师和儿童一起给沙池盖上大油毡布，以免异物落入或沙子在雨水中流失 |
| 体育区域 | 室外、秋千、滑梯、攀登架、平衡木等运动器械 | 儿童可在此进行各种体育运动，身体得到比较全面的锻炼 |
| 积木区域 | 室内、各种大小、厚薄、长短、粗细不同的积木、各种图片 | 空间大，儿童可尽情搭建自己想搭的任何物体 |
| 绘画区域 | 室内、走廊、室外、大量颜料、纸张、画桶、画架、多种画笔 | 靠近水源，儿童可坐在椅子上、跪在地上、站坐梯子上画画，可用颜料，也可用水画，可自己画，也可和其他儿童互相帮助，每个儿童的作品均在班级展出 |
| 音乐区域 | 室内、室外、收录机、电唱机、钢琴、吉他、饮料罐、酒瓶、竹片、木片 | 远离其他区域，儿童除听音乐外，可任意敲打物品和演奏 |
| 图书区域 | 室内、长沙发、小垫子、书桌、椅子、书架、图书、画册、收录机、磁带、耳机 | 靠近窗户，光线明亮，用物体和其他区域隔开，保持安静，图书画册的封面朝向儿童，以激起儿童阅读的兴趣，儿童可边听磁带边看图书 |

（续　表）

| 设置区域 | 区域位置、摆放物品 | 活动内容、注意事项 |
|---|---|---|
| 家庭区域 | 室内、各种与家庭有关的物品 | 面积大，与别的区域有宽阔的通道，便于儿童进出。儿童可任意选用物品模拟家庭生活 |
| 木工区域 | 室外、一张巨大的桌子、木块、铁锤、铁钉、锯子等工具 | 远离其他区，儿童可和教师一起或在教师指导下，自己制作一些感兴趣的物品 |
| 操作区域 | 室内、剪刀、订书机、透明胶、塑料绳、废旧物品等 | 远离图书区，儿童可自由使用任何工具和材料 |
| 科学区域 | 室内、室外、鸟笼、金鱼、各种动物模型、植物标本、贝壳、沙子、石头 | 儿童观赏，了解自然科学 |
| 种植区域 | 室外、一块种植园 | 教师和儿童一起挖洞、播种、施肥、浇水、除草、收获、分享 |

（3）参观郊游

教师根据教育“主题”定期带儿童外出参观、郊游，充分利用园外资源对儿童进行教育，帮助儿童健康成长。

（4）主题活动

教师围绕一定的主题，采用综合的方式，对儿童进行教育。如给儿童讲解“恐龙”时，教师给儿童讲恐龙的各种故事，教唱恐龙的歌曲，和儿童一起模仿恐龙动作，引导儿童玩恐龙的游戏，让儿童对恐龙有初步的了解，获得了语言、音乐、舞蹈等方面的知识，发展了动手操作能力和语言表达能力。

（5）聘请授课

为了扩大儿童的知识面，培养儿童的技能技巧，教师还经常邀请有特长的家长或社区服务人员到园给儿童讲课，教儿童唱歌、跳舞、绘画等。

2. 学前教育的策略

根据澳大利亚学前教育目标和内容，教师主要采用以下策略实施对儿童的科学教育、多元文化教育、社会教育和创造教育（表 8.7）。

**表 8.7　澳大利亚学前教育内容、策略、目的对照表**

| 教育内容 | 教育策略 | 教育目的 |
|---|---|---|
| 科学教育 | 朗读诗歌、讲故事 | 激发儿童对科学的兴趣 |
| | 播放录像、组织讨论 | 发展儿童科学思维的能力 |
| | 现场观察、动手操作 | 提高儿童的感官能力 |
| | 实验活动 | 强化儿童的科学探索精神 |

（续　表）

| 教育内容 | 教育策略 | 教育目的 |
|---|---|---|
| 多元化文化教育 | 食物烹饪 | 让儿童品尝不同国家的饮食，了解饮食文化 |
| | 服装表演 | 让儿童认识各国不同的服饰和穿戴方法 |
| | 乐器演奏 | 让儿童了解不同国家的乐器特点和演奏方法 |
| | 歌舞戏剧表演 | 让儿童欣赏各国不同的音乐舞蹈艺术美 |
| 社会教育 | 讲解指导 | 让儿童学会与同伴友好相处 |
| | 观察模仿 | 为儿童树立良好的学习榜样 |
| | 活动练习 | 帮助儿童把道德认知转化为道德行为 |
| | 表扬鼓励 | 强化儿童的社会行为 |
| 创造教育 | 创设宽松的心理环境，对儿童的活动过程不批评、不体罚，“蹲下来和儿童说话” | 师生关系融洽 |
| | 提出启发性问题 | 引导儿童进行创造性思考 |
| | 对儿童的新异行为给予承认、尊重、表扬，加以强化 | 鼓励儿童的创造性行为 |
| | 对儿童创造过程中的失败表示“这件事没有成功，我和你一样难过，但我却为你的尝试精神感到骄傲，你的尝试对我们大家很重要，如果你不去做，我们怎么知道这种方法行不通呢？” | 让儿童学会正确面对失败 |

### （六）学前教育的师资与培训

1. 学前教育的师资

澳大利亚学前教育的师资主要来源于大学教育学院学前教育专业的学生。学生从院校毕业后，受聘于托儿所、幼儿园、学前班等学前教育机构，独立从事学前教育工作。学前教育的师资必须具有以下素质、态度、技巧和能力，才能从事学前教育工作，这是学前教育成败的关键(表 8.8)。

**表 8.8　澳大利亚学前教育师资能力与要求对照表**

| 教师必须具备的能力 | 具体要求 |
|---|---|
| 和谐发展的个性 | 热情、真诚、富有幽默感，具有积极的自我价值观，很强的自尊心和自信心 |
| 与儿童相互作用的能力 | 儿童发展过程中游戏活动的伙伴和朋友，相互作用的程度、效率和水平，直接关系到儿童发展的水平和质量 |

（续 表）

| 教师必须具备的能力 | 具体要求 |
|---|---|
| 社会交往能力 | 较强的社会活动能力，掌握同儿童、家庭、同事交往的艺术和策略 |
| 发展课程的能力 | 充当课程的设计者、执行者和评价者 |
| 敏锐的观察力 | 通过观察，全面了解儿童的心理发展水平和学习方式 |
| 理解接纳他人的能力 | 从他人的角度、立场去看待处理问题，理解他人的价值观、儿童观、教育观、教育方法和策略 |
| 教育衔接工作的能力 | 帮助儿童愉快的从家庭到学前教育机构、从学前教育机构顺利的进入小学学习的技巧和技能 |
| 设计、运用、评估游戏活动能力 | 了解游戏中儿童成长过程中的重要性，有效地设计和运用游戏活动，寓教于乐，并能对儿童游戏发展的方向进行评价和预测 |

2. 学前教育的师资培训

澳大利亚学前教育的师资培养分为职前培训和在职培训。职前培训主要来源于大学教育学院学前教育专业，学习时间为四年。四年中，学院运用现代化教学手段与设备，通过课堂教学、讲座、研讨活动等多种直观形象生动活泼的教学方式（其中以讨论为主），使该专业的学生掌握大量的教育理论知识和有关学科的专业知识。同时，三年中，由大学教师和学前教育机构教师共同指导该专业学生见习、实习，把所学理论知识运用到实际工作中。在职培训的课程主要有：社会情感和身体发展（0～9岁）、儿童的创造性和语言、儿童的思维和问题解决、设计学前教育计划和教学策略、学前教育与社会文化发展、认知和语言（0～4岁）、当代社会教育等。

澳大利亚学前教育师资培训课程的特点是必修和选修相结合，学习各种教育理论知识；课堂教学、讲座、研讨活动相结合，形式多样、生动活泼；重视教育实践，每年都有下园时间；职前教育和在职培训相结合。

**（七）学前机构家长工作与社区学前教育**

澳大利亚学前教育十分注重幼儿园教育与家庭教育和社会教育的结合，注重发挥家长的教育作用，让家长也承担教育责任，充分挖掘社区教育资源的潜力，采用“走出去一参观访问，请进来一讲解、介绍”的方式，和家长、社会人士密切合作，协调一致的培养儿童的性格（表8.9）。

**表8.9 学前教育对家长的要求、指导和目的一览表**

| 对家长的要求 | 对家长的指导 | 指导目的 |
|---|---|---|
| 锻炼儿童身体 | 发送会谈通知、初次会谈表 | 1. 了解家庭的一般情况、儿童的身体状况、儿童的社会经验、儿童的游戏兴趣、母亲的观点。2. 让家长认识到：对教师来说，任何关于儿童的事情，都有价值；加强教师和家长的联系，对双方都有益。3. 了解家长的兴趣爱好和技能技巧，调动家长为机构做贡献的积极性 |

（续 表）

| 对家长的要求 | 对家长的指导 | 指导目的 |
|---|---|---|
| 激发儿童学习兴趣 | 家长会 | 结合社区教育的内容和重点，帮助家长习得相应的知识和技能 |
| 培养儿童独立性 | 呈现求助板 | 开展活动时，需要多种材料，取得家长的帮助 |
| 培养儿童劳动习惯 | 张贴邀请函 | 欢迎家长来园参观或参与活动，或充当教师的助手，了解儿童生活，共同组织儿童活动，掌握教育方法，利用自己的技能，为学前教育机构服务 |
| 陶冶儿童情操 | 接送时交流 | 通过交流，发现问题，给予指导 |
| 培养儿童了解外界 | 参与园外活动 | 协助教师照看儿童，组织指导儿童活动，让儿童的各种感官获得刺激，得到训练和提高 |

## 二、澳大利亚学前教育发展对我国学前教育发展的启示

澳大利亚学前教育的发展，无论是从政策法规、资金投入，还是教育目标、教育内容、教育策略、师资培养等各个方面，对我国的学前教育都有诸多启示，其中尤以学前教育质量保证体系方面比较突出。

澳大利亚是全世界第一个对学前教育质量实行国家标准，并把其纳入法律体系的国家。其学前教育质量保障体系是一个较完备的体系，是世界上第一个透过立法连结政府财政资助建立的学前教育质量认证制度，这个体系实施的目的就是为所有儿童、家庭提供了获得优质儿童学前教育质量的公平机会。它的存在确保了澳大利亚学前教育的质量，统一的国家标准更有利于提高学前教育的服务质量，而纳入法律体系则有效地确保了对其质量标准的执行力度。澳大利亚也是以拥有这样一个质量保障体系而自豪，并正积极将其推向国际世界。

### （一）制定学前教育法律法规

政府应通过立法，明确学前教育的地位、作用，明确政府及社会各方面的责任，建立良好的保障机制；通过立法将学前教育经费纳入财政经费的保障范围，进而建立政府、家庭和社会共同承担的学前教育经费承担机制，将学前教育纳入国家公共财政体系的保证范围；通过立法，政府以政策大力支持、发展公办幼儿园的同时，还应当支持民办幼儿园健康有序地发展，确保学前教育的公益性；借鉴澳大利亚的经验，可通过采用税收补助方式的政策，因地制宜，区别对待城市和农村幼儿家庭，对学前教育进行补贴，这种方式既可以补助幼儿的家庭，也防止幼儿家庭因为获得社会福利而易产生的工作惰性。同时，还应立法保障幼儿教师的地位和待遇；通过立法，建立健全的学前教育质量保证体系，对不同区域、不同层次的学前教育机构，建立多样化的学前教育质量标准，适应不同经济区

域办学需要。

**(二) 建立完整的学前教育质量保障体系**

目前,我国学前教育质量保障的现状是:认证权利集中在政府部门,没有一个独立的第三方评估机构去实施学前教育质量评估;采取的是强制性,居高临下、标准统一的评审;缺乏专业的评估机构和人员。因此,我们可以借鉴澳大利亚的认证制度政策,由政府出资组建一个非营利性质的第三方认证机构,一支高素质、多元化的学前教育评估专家队伍,不从属于任何行业组织,只对政府负责,向政府教育主管部门汇报,在评价中做到公平、公正并做工作建议。

**(三) 扩大认证对象**

在澳大利亚的学前教育质量保障体系中,幼儿园、儿童均作为重要的认证对象之一,我国的认证对象单一,仍然是幼儿园自身、上级部门、同行等。家长、儿童和民办幼儿园很少以直接的方式参与评价。因此,我国对学前教育质量保障的对象不应只局限在有限的公办示范性幼儿园,而应扩大范围,把民办幼儿园、家庭和儿童也纳入质量保障体系中。

**(四) 政府采取多种资金投入方式**

政府可以向幼儿家庭发放教育券,只有获得质量认证的幼儿园才可以获得教育券的使用权利,也就是说,无论幼儿园是公办还是民办,只要达到了学前教育质量的国家标准,就可以获得国家的经费支持。另外,政府还可以采用"以奖代补"的方式向民办幼儿园派驻公办教师,特别是向农村和贫困地区派驻公办教师,以提高民办幼儿园的教育质量。政府也可以采取"公开招标""专业领办"等方式,鼓励符合资质的社会团体或个人申办民办幼儿园,对于这些民办幼儿园,政府可采取划拨土地,免收新建幼儿园的报建费,免征幼儿园教育费、保育费的营业税,免收幼儿园餐具和玩具检疫费、水质监测费等方式实施优惠政策,最终使广大群众受益。

**扩展阅读 8-6**

### 来自新西兰、澳大利亚学前教育考察的思考

**一、是碰撞? 还是趋同?**

在中外学前教育比较中,我们常常用"观念冲突""价值碰撞""发展落差"等来形容彼此在发展中的不同。诚然,不同的地域与文化,使南太平洋彼岸的两国和我们国家确实存在着诸多的不一样。但是,在本次考察中,使我们更多地感受到,在整个世界学前教育发展的大背景下,今天,新、澳两国与我们在学前教育的理念上、在探索政府管理的思路上以及在追求低结构化课程模式的实践中,都有着趋同的倾向。

首先,在学前教育的理念上,新、澳两国都崇尚以儿童发展为本的教育理念。儿童,尤其是学龄前婴幼儿,在幼儿园里是"上帝",在教师眼里更是"唯一"。我们所到的托幼

园所，虽不宽大，但都很自在，虽不豪华，却颇温馨。孩子们在幼儿园这个“天堂”里，尽情地嬉戏、享受着，充分地快乐、成长着。联想到我们正在进行的课程改革，本质上也是在追求让每一个儿童获得一个真正属于他们自己的快乐的童年。我们的幼教工作者，同样努力地在营造儿童成长的乐园，希望我们的孩子们在学前三年或六年中，能更快乐地游戏，更自主地成长。因而，从我们共同追求的教育理念和理想上，新、澳与我们，有着趋同的价值取向。其次，在探索政府对学前教育管理的思路上，新、澳两国与我们，目前，都在努力寻求一条既能让幼儿园实现自我管理、自主发展，又能加强宏观管理、有效监督的平衡发展之路。

我们在新西兰奥克兰大学教育学院访问时了解到，为了加强对各幼儿园教育质量进行宏观管理，新西兰政府于1996年编制了历史上第一个自己开发的教学大纲，以实现对教育质量的“标准化”要求。大纲出台后，在全国范围进行说明会、介绍会及技能培训活动，以宣传大纲的思想和要求。同时，政府(教育部)下面，还专门成立了“教育检查办公室(简称ERO)”，每三年到各幼儿园去了解执行情况，负责教育质量监督。同样，在澳大利亚的昆士兰州，出台了一个《为2007学前年做好准备》的行动计划，其中，为保证学前机构的教育质量，要求各幼儿园每年要有一个总结报告，每三年进行一次总的质量评估，以确保幼儿园的办学水平。由此，我们体会到，如同我们正在如火如茶进行着的二期课改一样，我们共同都在探索着顺应现代化学前教育发展的管理新路，那就是：一方面，让每个幼儿园依据自己的文化背景与发展特点，实现最充分的自我管理与自主发展；而另一方面，政府又要强化管理职能，有效地统筹各方资源，以保证幼儿园的办学质量，保证学前教育事业的科学发展。因此，在教育管理上，我们也有着趋同的追求。

此外，在幼儿园实施的课程模式上，以低结构化的课程为主，力图让幼儿通过与环境、与材料、与同伴和成人的互动，来实现自我建构和自主发展等，都体现了新、澳与我们上海在学前教育发展中的价值趋同。

总之，碰撞与差异是客观的、难免的；而趋同却是方向、是潮流。如同澳大利亚的黄金海岸、新西兰的威特马塔港和上海的黄浦江虽各具风采，但它们最终都共同汇入博大的太平洋主流之中。

**二、是简约，更是和谐！**

踏上新西兰和澳大利亚两国的土地，映入眼帘的是蓝天白云、绿草如茵，是花繁树茂，牛羊成群，一派自然、清新、和谐的美妙景色。我们感动于大自然的恩赐，我们更感慨于在他们的学前教育领域里，也洋溢着自然、质朴和简约的风格。

环境和材料是简约的。在新、澳两国，我们走访的托幼机构，没有气派的房舍，没有豪华的设施，更没有任何昂贵的材料。幼儿活动的户外场地，基本上都是用泥、沙、草和软木屑等铺成的。孩子们在小山坡上滚爬，在废旧的车轮胎上翻跃，在木质的攀爬架上嬉戏……快乐而自由，简单而又充满生机。教室里幼儿学习与活动的材料也是简约的。在区角里，随处可见的是树叶、贝壳、沙石、纸绳，还有木制品、纸制品、布制品的玩具等。孩子们饶有兴趣地探索着，充满想象地游戏着，一切都是那么简简单单、自自然然。

课程和活动是简约的。在新、澳两国的幼儿园里，我们看到的大多是结构化程度很低的课程，教师注重的是观察、了解和分析孩子的行为与发展水平，注重的是如何创设适宜的教育环境来激发孩子的学习与活动。没有繁复的“设计”，鲜有“高结构”的教学，在平平谈谈、真真实实的活动中，与幼儿一起游戏，一起生活。课程是简约的，而孩子们的“成长档案”却是非常“复杂”的。每个婴幼儿都有一本详尽而又丰富多彩的记录本，记下了孩子成长的案例，记下了孩子发展的轨迹，也留下了教师们对每一个孩子的关爱。

简约是美好的。简约的背后是质朴，更是另一种和谐！

**三、爱运动，是终身的受益！**

晨曦中，澳大利亚的黄金海岸旁，三口之家在海滩边游泳、晒太阳；夕阳下，新西兰的红森林里，忙碌了一天后的“上班族”们，三五成群地在长跑、锻炼身体；白发老人在绿荫场上挥杆打高尔夫球，牙牙学语的孩童在露天泳池里扑腾嬉闹……这是一个热爱阳光、热爱大自然、热爱生活的民族！这是我们在考察中又一个强烈的感受。

缘何那里的人们如此热爱运动？我们在幼儿园里找到了答案。

在新西兰基督城教育学院的早期幼教中心，孩子们正在洒满阳光的户外场地上活动。教师们创设了多样的、又富有野趣和挑战的运动环境，刺激婴幼儿大胆地锻炼。我们看到，一位老师正积极鼓励一个只有2岁的男孩，从足有一米半高的距离上往下跳。开始，男孩有些惧怕，在老师的鼓励下，试跳一次成功后，他就一次又一次地反复跳跃，不断体验着过程的乐趣，体验着成功的愉悦。幼教中心的老师向我们介绍：运动，能让婴幼儿获得身心真正的健康。一个从小爱运动、会运动的孩子，将来一定是个热爱生活，意志坚强，人格健全的人。

联想到我们正在进行的课程改革，追求的是让幼儿获得对其终身发展有益的品质，追求的是能让这一代人将来在世界的舞台上能与别人进行全方位的较量而立于不败之地。现实引发我们思考，对于在中国文化背景中成长起来的这一代独生子女来说，不缺乏刺激学习的环境与动力，而缺失的正是鼓励、刺激运动的环境与条件。因此，考察归来，我们得反思，什么是真正有利于孩子终身发展的课程，如何才能让我们的婴幼儿能更健康、更全面、更和谐地发展与成长。

资料来源：佚名. 来自新西兰、澳大利亚学前教育考察的思考[J]. 国外幼儿园教育，2007(5)：20.

# 本章结构图

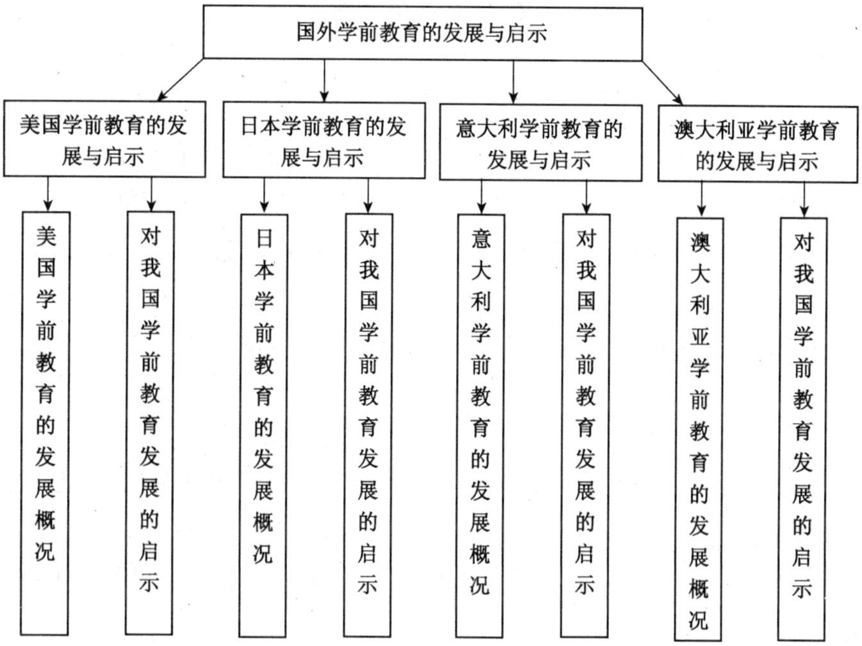


# 本章检测

## 一、简答题

1. 美国学前教育的机构类型。
2. 美国社区学前教育的发展概况。
3. 日本学前教育的机构类型。
4. 日本学前教育的策略。
5. 意大利蒙台梭利教育的教育理念。
6. 意大利瑞吉欧教育的教育特点。
7. 澳大利亚学前教育的途径。

## 二、论述题

1. 结合实际论述美国学前教育发展对我国学前教育发展的启示。
2. 结合实际论述意大利学前教育发展对我国学前教育发展的启示。
3. 结合实际论述澳大利亚学前教育发展对我国学前教育发展的启示。

## 三、案例分析

当我问学生们是否有人看到我桌子上的球，而学生们回答说“一个双语的人拿走了”的时候，我知道这之间出现了问题。我的这群学生对一群说西班牙语的儿童产生了歧视，而事实上，他们并不了解这群学生，也很少与他们接触。面对这种情况，如果你是幼儿教师，你会采取什么策略教会孩子们学会尊重和宽容，让他们成为朋友？

## 课后推荐

**图书：**

1. [日]日本文部省.幼儿园教育指南[M].邢齐，译.北京：教育科学出版社，1981.

2. [日]日本文部省.幼稚园教育要领[M].东京：大藏省印刷局，1998.

3. 孙建荣，冯建华.憧憬与迷惑的事业——美国文化与美国教育[M].北京：中国社会科学出版社，2000.

4. 李生兰.儿童的乐园：走进21世纪的美国学前教育[M].南京：南京师范大学出版社，2011.

**期刊：**

1. 赵中建.从教育蓝图到教育立法——美国《不让一个儿童落后法》评述[J].教育发展研究，2002(2).

2. 袁军，毕诚.美国职前、入职和在职教师教育评估体系简介[J].外国教育研究，2004(11).

3. 周谊.1948—2002年日本幼儿园的发展[J].上海教育科研，2004(11).

4. 周谊.日本幼儿园经费情况介绍[J].早期教育，2005(6).

5. 朱宗顺.美国幼儿教师教育标准及启示[J].教师教育研究，2006(4).

6. 张允，李稚阳.美国幼儿教师资格制度述评[J].幼儿教育，2006(7).

7. [美]帕梅拉·基廷.为明日的学生重新设计教师标准[J].熊建辉，译.全球教育展望，2008(3).

8. 吴琼.美国开端计划的教育公平取向及其启示[J].幼儿教育(教育科学版)，2008(6).

9. 易凌云.美国优秀幼儿教师专业标准及其启示[J].学前教育研究，2008(10).

10. 李生兰.美国学前教育机构利用社区公园进行教育的现状与启示[J].早期教育(教师版)，2010(3).

## 实践拓展

1. 找到你周围去过美国、日本、意大利和澳大利亚的朋友，请他们讲述那里的发展情况，和对学前教育的见闻。

2. 去幼儿园采访那些去过美国、日本、意大利和澳大利亚交流的幼儿园教师，请他们谈谈国外学前教育和我国的异同。